QUELLE HISTOIRE !

Du même auteur

Comment en est-on arrivé là ? Histoire d'un chaos politique, Robert Laffont, 2016

Le Monde selon Mitterrand : Combats, pensées, arrière-pensées, piques, polémiques, Tallandier, 2015

Le Rose et le Gris : Prélude au quinquennat de François Hollande, Fayard, 2012

Cahiers secrets de la Ve République, 1997-2007, vol. 4., Fayard, 2011

Mitterrand : Carnets de route, Pluriel, 2011

Cahiers secrets de la Ve République, 1986-1997, vol. 3., Fayard, 2009

Cahiers secrets de la Ve République, 1977-1986, vol. 2., Fayard, 2008

Cahiers secrets de la Ve République, 1965-1977, vol. 1., Fayard, 2007

Politic circus, Archipel, 2004

Carnets secrets de la présidentielle : mars 2001-mai 2002, Plon, 2002

Les Secrets d'une victoire, Flammarion, 1995

Les Miroirs de Jupiter, Fayard, 1986

La Sixième République, Flammarion, 1974

La Collaboration, 1940-1944, Armand Colin, 1964

MICHÈLE COTTA

QUELLE HISTOIRE !

Carnets secrets 2016-1017

Robert
Laffont

Ouvrage édité par Jean-Luc Barré

ISBN 978-2-221-19779-0
Dépôt légal : octobre 2017

Introduction

« Quelle histoire, hein, quelle histoire ! » Tel fut, au soir du 10 mai 1981, le premier commentaire de François Mitterrand en apprenant son élection à la présidence de la République. Pour y arriver, il avait mis seize ans. Il a suffi de dix mois à Emmanuel Macron. L'année politique qui vient de s'achever avec son arrivée à l'Élysée est unique sous la Ve République.

Depuis cinquante ans, je tiens jour après jour dans des carnets la chronique de la vie publique. Ce livre est le dernier d'une longue série. Parce que nous avons vu sous nos yeux, depuis un an, le monde politique voler en éclats sans que nous l'ayons prévu, et que, j'en suis convaincue, les repères qui sont les nôtres depuis des décennies seront dans les quelques années qui viennent totalement bouleversés.

Que n'ai-je écrit sur les combats, les trahisons, les défaites ou les victoires qui ont déchiré le monde politique, depuis 1965, date des premiers carnets. J'y ai suivi, avec méticulosité, les parcours des présidents et des Premiers ministres, observé les mouvements, souvent désordonnés, de la classe politique pour conquérir le pouvoir ou éviter de le perdre. J'ai recueilli des confidences parfois amères, parfois allègres. J'ai vu des guerriers de la politique atteindre des sommets puis sombrer dans l'abîme, des victoires vite assombries, des défaites miraculeusement transformées en succès. Il n'y a jamais de morts en politique, disait-on. Et en effet, j'en ai vu se relever plus d'un que l'on croyait recouvert de cendres. Et disparaître bien de ceux ou de celles dont on pensait au contraire qu'ils étaient promis à un avenir radieux.

Ce qui s'est passé cette année est sans précédent.

De l'« alignement des planètes » selon l'expression désormais consacrée, qui a amené Emmanuel Macron à l'Élysée, puis en a fait un président sûr de lui et dominateur, trop peut-être, ce livre est le récit quotidien. Il est la marque de bout en bout d'un grand chambardement que personne n'a vu venir. D'un chamboulement qui a emporté, les uns après les autres, hommes et partis politiques. Les hommes : les anciens ténors de la droite, Nicolas Sarkozy, Alain Juppé, François Fillon, les grands dirigeants de la gauche, Manuel Valls et, dernier en date, François Hollande, ont en un an quitté la scène, emportés par le ressac d'une vague qui a tout balayé sur son passage.

Plus qu'eux encore, les partis politiques, ceux qui depuis cinquante ans définissent le fonctionnement constant de notre système politique, comptent leurs morts. Militants abandonnant leurs formations par milliers, dirigeants épuisés incapables d'empêcher l'hémorragie, en panne de ligne politique : les Républicains, à droite, le Parti socialiste, à gauche, ont terminé exsangues cette année meurtrière pour eux. Le bipartisme, dont on disait qu'il était consubstantiel à l'élection d'un président de la République au suffrage universel, n'a pas lui non plus survécu aux quelques mois qui viennent de s'écouler. Un quadripartisme s'est installé en France, entre partis de gouvernement moribonds et mouvements radicaux de gauche et de droite extrême.

Tout cela alors que les Français plongeaient dans une crise de confiance d'une gravité jamais atteinte. On les sait facilement rebelles, ils l'ont été souvent dans leur histoire depuis la fin du XVIIIe siècle, les jacqueries ne datent pas d'hier, l'antiparlementarisme non plus, et un vieux fond d'anarchisme est toujours présent chez eux, à l'image du *Canard enchaîné* qui, depuis sa fondation pendant la Première Guerre mondiale, distribue ses bonnes et ses mauvaises notes au personnel politique.

Jamais pourtant, au cours de cette année, la distance entre les citoyens et leur classe politique n'a été aussi grande. Pas seulement parce que les sondages sont, de ce point de vue, éclairants et répétitifs. Mais aussi parce que 2017 a été l'année de la colère, du dégoût même – le mot a été employé –, devant l'inefficacité reprochée aux dirigeants politiques des partis de gouvernement, de gauche et de droite. La crise, bien sûr, y a été pour beaucoup, même si aujourd'hui les indicateurs reviennent au vert l'un après l'autre. Mais ils y sont revenus si lentement que pas grand monde n'a ressenti de progrès pendant la dernière année du quinquennat de François Hollande.

Ajoutons à ce climat d'extrême défiance la montée des inégalités, le sentiment que deux France, celle d'en haut et celle d'en bas, vivent mal leur coexistence, la crainte de la mondialisation et du déclassement. Ajoutons aussi les peurs nées d'une immigration qui, alors qu'elle est moins importante que partout ailleurs en Europe, paraît néanmoins erratique, mal maîtrisée, et plus encore celles liées au terrorisme qui frappe la France depuis 2015, et l'on comprend bien, tout en le déplorant, que certains se soient enfermés dans le refus, que d'autres cherchent leur salut ailleurs que dans la classe politique existante.

Voilà pourquoi le danger de l'extrême droite a dominé l'année 2017. Fini le temps où le réflexe républicain balayait au second tour Jean-Marie Le Pen au profit de Jacques Chirac, qui fut, du coup, en 2002, le président le mieux élu de la Ve République. Combien de fois, ces derniers mois, a-t-on entendu dire : les difficultés de la mondialisation ? Elles profitent à Marine Le Pen. L'immigration ? Elle est la raison de la montée continue du Front national aux différentes élections municipales, européennes, régionales, départementales qui ont ponctué le quinquennat. Le terrorisme ? Il fait le lit de l'extrême droite en France.

Eh bien, là non plus, les choses ne se sont pas passées comme prévu : Marine Le Pen, longtemps sur la plus haute marche des intentions de vote, a raté sa dédiabolisation tandis que, comme en Grande-Bretagne, en Espagne, en Grèce et aux États-Unis, naissait une gauche tribunicienne et radicale. Celle qu'a portée, dans les derniers mois, par son éloquence et son talent, Jean-Luc Mélenchon.

De ce pays politiquement divisé en quatre, et non plus en deux, qu'est devenue la France, Emmanuel Macron a été le pur produit, même si son ascension n'a pas été immédiatement décelée par les observateurs les plus avertis.

Ce livre est ainsi progressivement devenu, plus que la chronique d'un quinquennat finissant, où le président n'a pas été même en mesure de se représenter, celui de l'irrésistible montée d'Emmanuel Macron. En dix mois seulement, dans ce décor politique dévasté, il a gagné le combat présidentiel, mis cul par-dessus tête la gauche et la droite. Il s'est installé en position centrale dans un jeu politique où tant de centristes avant lui, dont François Bayrou, n'étaient pas parvenus à trouver leur place. Il a, une fois élu, désigné autour de lui de nouveaux venus, équilibrant avec soin un Premier ministre ancien porte-parole d'Alain Juppé et des ministres venus de la gauche et du centre, mêlant dans le même exercice du pouvoir quelques parlementaires socialistes et des élus baptisés « constructifs », en provenance des Républicains. Et, pour finir, appelé à gouverner des hommes et des femmes venant de la société civile.

Ce faisant, il a achevé de détruire la classe politique qui le précédait, changé du tout au tout la donne politique qui s'est longtemps résumée, depuis 1965, à un combat droite-gauche. Et il s'est donné une nouvelle majorité au moment où les Français en avaient assez de cette alternance qui a permis si longtemps aux uns de détruire systématiquement ce qu'avaient fait les autres, comme s'il s'agissait d'un jeu.

Tout cela en dix mois qui ont tout chamboulé.

« Il me doit tout », a dit un jour imprudemment François Hollande, d'Emmanuel Macron qui fut longtemps son collaborateur préféré. C'était mal connaître celui qui allait lui succéder, assuré de ne devoir quoi que ce soit à personne d'autre qu'à lui-même. Premier à avoir analysé le dépérissement des partis, donc leur mort prochaine, premier à avoir prévu que François Hollande ne remonterait pas de l'abîme dans lequel son impopularité l'avait plongé, il a été aussi celui qui, en déployant au bon moment son dispositif politique, lui a porté l'estocade fatale.

Pendant que François Hollande analysait, non sans impuissance, dans un livre qui fit sa perte : *Un président ne devrait pas dire ça...*, les difficultés de sa charge et les paralysies d'un pouvoir qu'il exerçait de moins en moins, Emmanuel Macron, lui, apprenait du président en exercice, en l'observant avec une attention ambiguë, tout ce que, à son sens, il ne faudrait pas faire, pas reproduire le jour où il serait à sa place.

Ce journal, tenu du 16 août 2016 au 14 juillet 2017, retrace l'histoire d'un monde qui est mort, enterré. Il analyse aussi les premiers pas de celui qui, avec une autorité parfois maladroite, entend lui succéder. Déjà, certains craquements se font entendre, le pouvoir faisant mauvais ménage avec l'hyperpouvoir.

Ce sera à d'autres que moi de commenter le nouveau livre de la Ve République qui vient de s'ouvrir.

2016

16 août

La primaire républicaine aura-t-elle lieu ? Les futurs candidats feront-ils jusqu'au bout confiance à Laurent Wauquiez, représentant de l'extrême droite des Républicains, proche de Sarkozy, numéro deux du parti, pour organiser, dans la neutralité dont il se réclame, le vote dans les quelque dix mille bureaux nécessaires ? Et si, à un moment, Alain Juppé renversait la table et présentait une candidature directe, sans attendre, à la présidentielle 2017 ? Il pourrait le faire, certes, mais il ne le fera pas. Par peur de trahir l'unité factice des Républicains, par crainte de susciter, en retour, un déchaînement contre lui de tous ceux qui feindraient avoir joué le jeu dans la justice et la sérénité ? Sans doute. Et puis parce qu'on n'a pas suivi les règles, respecté les accords toute sa vie, pour les enfreindre à soixante et onze ans. C'est pourtant ainsi, en se soumettant, qu'il risque de perdre la dernière et la plus importante de ses batailles.

Benoît Hamon, candidat à la primaire socialiste, rejoint ainsi le peloton qui, après Filoche et Lienemann, avant Montebourg (candidature prévue la semaine prochaine après la traditionnelle fête de la Rose de Frangy), va allègrement vers un vote dont il ne sortira que des décombres. Benoît Hamon, qui recommande l'allègement du temps de travail, l'économie participative dont on ne sait pas au juste ce qu'elle veut dire, la démocratie directe et l'écologie pour tous, qui pas une fois n'a évoqué le terrorisme, ni les moyens de l'exorciser, n'a pas l'air de douter une seule seconde de la politique économique qu'il propose. Pitoyable spectacle que cette foire d'empoigne entre dirigeants, ou supposés tels, politiques. Croient-ils vraiment qu'ils aient une autre chance que celle de se débarrasser de François Hollande ? Non seulement la gauche sera éliminée en 2017, mais elle aura jusqu'au bout offert le spectacle de la division et du ridicule. La défaite de Jospin en 2002 était un accident de l'Histoire, celle de la gauche en 2017 sera le coup de grâce d'un parti qui n'a pas assumé ses responsabilités. Je sais bien que partout en Europe, la social-démocratie, coincée entre le social-libéralisme et le libéralisme social, se meurt. C'est en France qu'elle connaîtra la première, et la plus définitive, si je puis dire, de ses défaites.

19 août

Emmanuel Macron. Personnage insolite dans cette période de folie. Après un début politique prometteur – jeunesse, modernité, libération des tabous –, il tente d'établir entre les Français et lui un véritable lien, celui qui n'existe plus entre Hollande et eux. On le voit qui cherche une place dans la tragi-comédie du pouvoir. La une de *Paris-Match*, où il pose en maillot de bain aux côtés de sa femme Brigitte, tout sourires, la visite, dans toute la France, d'entreprises dont la modernité garantit l'avenir, et puis, finalement, le Puy du Fou. Incroyable de penser qu'aucun ministre de gauche n'a jamais trouvé le moyen d'aller assister à ce spectacle unique, passionnant, fascinant. Sans doute est-ce que l'épisode vendéen a été pendant la Révolution de 1789 en marge de la marche de l'Histoire : oui, il y a bien eu une résistance éperdue des hobereaux contre les sans-culottes, des catholiques contre les impies révolutionnaires. C'est une partie de l'histoire de la Révolution que beaucoup aimeraient oublier, comme certains font mine de penser que la Commune de Paris n'a jamais existé. Mais enfin, de là à choisir Philippe de Villiers, qui n'en attendait pas tant, pour dire, comme sous son contrôle, qu'il n'est pas socialiste, il y a une marge.

La vérité est qu'Emmanuel Macron s'empêtre dans le destin qu'il tente de se fixer. Dommage. Il y a quelque chose d'unique, une flamme, un charme, chez cet homme, qui peut assurer sa naissance à la politique ou, au contraire, l'éliminer des futurs combats. Ce n'est pas, contrairement à ce que dit Hollande aujourd'hui, qu'il n'a aucune expérience de la politique ; il est assez intelligent pour se passer des préliminaires. C'est plutôt qu'il y a moins de place qu'il ne le pensait entre la gauche de la droite, la droite de la gauche, le centre. La jeunesse et la modernité, qu'il incarne, ne font pas tout, ne sont pas tout. Déplacer les lignes, c'est le rêve de beaucoup des aspirants à la célébrité et au pouvoir politique. Peu y sont parvenus, parce que, comme disait Pompidou, il faut gagner les voix de ses adversaires sans perdre celles de ses partisans. Dans son cas, il lui faut gagner les électeurs de droite sans perdre ceux de gauche. Mais à droite, ils sont une bonne dizaine à monter la garde : Macron, pour eux, est la personne idéale tant qu'il appartient à un gouvernement de gauche, parce que c'est à gauche qu'il porte le fer. Qu'il veuille prendre ses distances du camp dans lequel il est né et a grandi, c'est autre chose. Il devient un rival, un concurrent, un coucou prêt à s'installer dans le lit de la droite. Sympathique aux leaders de la droite lorsqu'il malmène son propre gouvernement, il leur devient insupportable lorsqu'il choisit de chasser sur leur terrain.

Cela n'empêche pas que cet homme soit hors du commun. Une photographie de lui, publiée récemment dans un hebdomadaire, le montre à l'âge de 20 ans, avec une expression d'intelligence et d'audacieuse jeunesse. Il est sans doute plus facile de séduire un philosophe comme Paul Ricœur, réputé comme étant dur avec ses assistants ou ses étudiants, que d'entraîner derrière soi les Français qui, pourtant, assurent en avoir assez de leur classe politique. Ils en ont assez, peut-être, mais pas au point de choisir l'aventure. Ils aiment la jeunesse de Macron mais ils vieillissent eux-mêmes, ce qui ne les incite pas à renverser la table.

21 août

Arnaud Montebourg a réussi sa rentrée. Après s'être pratiquement lui-même exclu du gouvernement il y a tout juste deux ans, il avait, depuis, choisi le retour à la vie civile. Depuis sa montée au mont Beuvray, symbole emprunté au Solutré de François Mitterrand, il y a quelques mois déjà, on savait qu'il brûlait du désir de revenir à la politique. C'est fait, après la traditionnelle fête de la Rose de Frangy-en-Bresse où il vient tout juste, cette après-midi, de parler près d'une heure et demie. On l'attendait éloquent, brillant dans la forme, à sa manière, combative et efficace. On s'attendait moins, en revanche, à ce qu'il se présente dès aujourd'hui en adversaire principal à gauche de François Hollande. L'auditoire était séduit d'avance, certes, mais il s'est adressé, au-delà du millier de personnes massées devant lui, sur la pelouse, après un banquet baptisé « républicain », à la gauche tout entière. Annulation de toutes les hausses d'impôts prononcées depuis cinq ans, retour au service militaire obligatoire, charges répétées contre l'Europe telle qu'elle va, responsable, selon lui, de l'austérité qui s'est abattue sur les pays de la zone euro, refondation de la Constitution de la Ve République, tout cela recouvert de l'expression patriotique : « Faisons France ». J'en passe, évidemment, car le discours était véritablement dense et fourni, tout cela a donné, en une après-midi, une vraie dimension à un personnage dont je me demandais quelle place il prendrait, au milieu de tant d'autres, dans l'année présidentielle qui vient. La réponse est claire : Montebourg a laissé loin derrière lui, hier, tous les prétendants de gauche à la primaire de gauche prévue pour décembre. Oubliées, après l'avoir écouté, les déclarations de candidature de Benoît Hamon, de Marie-Noëlle Lienemann ou même de Cécile Duflot. Jean-Luc Mélenchon, qui fera sa rentrée le 28 août, devra lui aussi sérieusement défendre son pré carré devant Montebourg, qui lui dispute désormais la vedette, sur son terrain.

Ce n'était pas vraiment la volonté première de celui qui fut l'ancien ministre du Redressement productif de 2012 à 2014. Ce qu'il souhaitait, c'était apparaître comme, venu du Parti socialiste, le challenger direct de François Hollande pour 2017. Il n'a pas eu de mots assez durs contre celui dont il fut deux ans et demi le ministre, faisant mine de regretter de « ne pas pouvoir le soutenir », jugeant son bilan « indéfendable » et lui conseillant même, entre les mots, de ne pas se représenter. On imagine déjà la violence d'une primaire socialiste, si elle a lieu, ce dont je doute encore, et si elle oppose Montebourg au président de la République en exercice. Beau débat à offrir en spectacle à la terre entière.

Demain le discours de Montebourg sera assurément mis en pièces par la gauche et par la droite. Il n'empêche : il ne jouera pas, dans cette bataille, les seconds rôles, encore moins les utilités.

En fin de soirée, j'ai Cambadélis au téléphone. « Un discours vintage », se hâte-t-il de me répondre, lorsque je lui dis à quel point le discours de Montebourg m'a semblé construit, encore que sûrement, demain, il se révélera rempli d'inexactitudes et truffé de vœux pieux. L'essentiel est qu'il a rendu public un projet global, cohérent, complet, d'une future autre République. Camba s'irrite un peu : aucune importance pour lui, la conjoncture est difficile pour Montebourg comme pour les autres. Il se situe « en challenger de Hollande, mais Hollande le battra à la primaire, voilà tout ».

Et si Montebourg ne passait pas par la primaire, s'il se déclarait candidat sans attendre un débat interne qu'il juge forcément truqué ?

« Il ne peut pas faire autrement que passer par la primaire. S'il le faisait, il serait exclu du parti. Il peut peut-être l'envisager, mais pas Laurent Baumel, pas les socialistes, frondeurs ou pas, qui se sont rangés derrière lui. Ils savent qu'ils seraient balayés. »

Il m'assure que de toute façon, le tir de barrage contre lui sera général demain, Henri Emmanuelli a parlé dans *Sud-Ouest*, paraît-il, de combat des « ego ». Tout ce qu'il a dit, sur le Sénat, l'Assemblée nationale, dont il faut limiter le nombre d'élus, il l'avait déjà dit, tempère Cambadélis. Quant aux « mélenchoniens », ils ont commencé dès ce soir à souligner que Montebourg en 2011 avait fini par se rallier à Hollande, qu'il est resté deux ans et demi dans son gouvernement, et que son retournement est bien tardif. De ces critiques, Montebourg est d'ailleurs conscient, puisqu'il les a devancées dans son discours d'aujourd'hui en précisant qu'il avait présenté sept fois sa démission à Hollande, et qu'il avait tout fait pour le convaincre de respecter ses engagements auprès du « peuple de gauche ».

Mais enfin, si primaire il y a, avec un président en exercice, quelle tournure prendra cet affrontement public ?

« Ah, bien sûr, me dit-il, ce sera violent, très très dur, mais François l'emportera sans problème. »

Et si ce n'était pas le cas ? Cambadélis ne veut même pas écouter mon interrogation. Montebourg n'est pas majoritaire au sein du PS. Il pourrait être soutenu par les communistes et les Verts, mais ceux-ci sont déjà derrière Mélenchon, qui n'a pas dit son dernier mot. Les socialistes à la primaire voteront Hollande, qui en sera conforté.

Et si Hollande était battu par la coalition de tous ses adversaires ? C'est à cela que pensait Montebourg, lorsqu'il a, sans le dire, demandé à Hollande de se retirer du combat.

On ne m'ôtera pas de l'idée que la multiplication de ces primaires, de gauche, de droite, des écolos, est en train de faire exploser la Ve République. C'est la constitution d'écuries rivales dès le début d'un quinquennat, c'est l'organisation systématique de la division. Au surplus, comme l'a dit drôlement Camba au *JDD* aujourd'hui, la compétition présidentielle n'est pas « la chasse aux Pokémon ».

Aux yeux de Jérôme Cahuzac, il est évident, je le note entre parenthèses, que le discours de Montebourg a été largement préparé par Aquilino Morelle, qui prend ainsi sa revanche à l'égard de Hollande.

28 août

Semaine Sarkozy. À quel train il a lancé sa campagne ! Émissions, interviews dans *Le Point* et dans *Valeurs actuelles*, passage sur TF1 ! Puis un livre assez bien écrit, non par lui sans doute – il paraît qu'il l'a dicté –, en réalité un programme de campagne. À droite toute, sur les problèmes de sécurité, d'identité, de lutte antiterroriste. Sur tout le reste, social, économie, ses adversaires sont les fonctionnaires, les « assistés », sinon les chômeurs et les syndicats. Quant à la lutte antiterroriste, je suis sûre qu'aujourd'hui, le discours prononcé à Grenoble en 2000, qui avait fait sensation, même à droite, ne choquerait plus personne. Les Français n'y comprennent plus rien : la dixième fois que la presse révèle que l'auteur d'un attentat était fiché S, ils s'irritent contre le laxisme des dirigeants politiques.

C'est sur cette défiance, cette incompréhension que Sarkozy, j'en suis sûre, remontera du terrain par rapport à Alain Juppé.

La semaine à peine terminée, le week-end a marqué la revanche de ses concurrents et de ses adversaires. D'un bout à l'autre de l'Hexagone, les partants pour l'élection présidentielle de 2017, qu'il s'agisse pour eux de participer aux futures primaires de la gauche ou de la droite, ou même, comme Jean-Luc Mélenchon, de se porter directement candidat à l'Élysée, ont tenu meetings et réunions. Et l'on a vu ce que l'on a vu, assez exactement ce que l'on attendait : une mêlée générale.

Qu'ils l'avouent ou pas, qu'ils multiplient les allusions à leurs concurrents ou qu'ils le fassent par petites touches, il est évident que, dans leur ligne de mire, figuraient Nicolas Sarkozy pour ses compétiteurs de droite et François Hollande, voire Manuel Valls, pour ses concurrents de gauche.

Après cette semaine verrouillée par Nicolas Sarkozy, Alain Juppé à Chatou samedi et François Fillon à Sablé dimanche piaffaient tous deux de s'adresser à leurs supporters. Ceux-ci ont été nombreux à se déplacer, presque héroïques sous une température approchant les 40 degrés à l'ombre. Sécurité, identité, place de l'islam : à sa manière, plus souple, plus discrète, Alain Juppé a dès le début de son discours, samedi, marqué ses distances avec l'ancien président de la République, sous le slogan qui sera le sien pendant toute la durée de sa campagne, l'« identité heureuse ». Qu'est-ce que le mot « heureux » a à faire dans le débat politique ? Eh bien, c'est tout ce qui sépare, aujourd'hui, Sarkozy et Juppé. Le premier pousse au plus loin ses propositions quitte à cliver, le second joue au contraire le rassemblement. L'un prône le combat, l'autre la sérénité. L'un décrit une France plongée dans le drame, l'autre met l'accent sur son avenir en couleur pastel. On voit clairement se dessiner deux lignes différentes. Prenant acte de la « droitisation » de la société française, Nicolas Sarkozy se déporte sur sa droite, pour attirer les suffrages des militants républicains et, au-delà, pour récupérer ceux du FN. Alain Juppé, lui, pense au contraire qu'il y a entre la droite dure et la gauche défaillante une voie majoritaire et plus apaisée. Celle qu'il ne craint pas de prendre, mais qui peut lui valoir la désaffection d'une partie de ses partisans. Un bon point pour lui : il ne cherche pas à biaiser, à jouer la droite pour le premier tour de la primaire, quitte à arrondir les angles pour le second. Il a assez bien dit, je trouve, que lui n'avait pas changé, et qu'il était comme il était, incapable de modifier son discours selon la conjoncture. Il joue, sans se forcer, la sincérité. J'espère pour lui que ses électeurs prendront cela comme une preuve de son caractère, et ne seront pas sensibles aux contorsions des autres.

Et François Fillon, dans tout cela ? Pour se démarquer de Sarkozy, le moins qu'on puisse dire est qu'il ne prend pas de gants, avec cette phrase terrible : « Qui imaginerait le général de Gaulle mis en examen ? » Assortie de quelques interrogations sur des présidents de « faits divers », ou de « rubriques mondaines ». Contrairement à Juppé, Fillon n'y va pas par quatre chemins. Peut-être, d'ailleurs, en lui évitant de taper trop fort sur l'ancien président, Fillon se révèle-t-il, sans le vouloir, comme le meilleur soutien d'Alain Juppé. Je me demandais, tout à l'heure, en écoutant son discours à Sablé, s'il n'y avait pas, dès aujourd'hui, un accord avec Juppé : je tape, ça t'évite de le faire toi-même, et on se retrouvera pour le second tour. Car il a beau dire, Fillon, il est en quatrième position, derrière Bruno Le Maire. Lui qui a voulu cette primaire, qui l'a imposée à Jean-François Copé, parti le premier dans la course, il est aujourd'hui largement distancé : quelle autre solution que de préparer son ralliement à Juppé pour le deuxième tour de la primaire ? Partage des rôles entre les deux ? Je m'interroge.

À gauche aussi, François Hollande est l'ennemi commun de Jean-Luc Mélenchon, dont l'éloquence est restée la même, aussi belle depuis sa dernière campagne présidentielle en 2012, et de Benoît Hamon, qui peine à faire croire à ses chances réelles pour 2017. Haro sur Hollande, donc. Mélenchon au moins n'entend pas passer par la primaire de gauche parce que, comme il le dit avec sincérité, il refuserait, en cas de victoire de Hollande, de se ranger derrière lui. Mais ce pauvre Hamon, tentant de se hisser à la hauteur d'un personnage qu'il n'est pas, refusant toute inflexion des lois sécuritaires, faisant comme si nous avions tous inventé que le terrorisme ciblait la France, et sortant ses arguments sur les dérives sécuritaires du pouvoir, ça vraiment, c'est trop. Je ne vois pas pourquoi cela m'étonne. Il prend la primaire comme elle peut être prise : un droit de passage sur les différentes antennes nationales ; le JT de TF1 ou de France 2, voilà l'objectif, ou encore Jean-Jacques Bourdin sur RMC ou Apolline de Malherbe sur BFM TV.

Mêlée générale, foire d'empoigne. La multiplication de ces primaires, à droite, à gauche, chez les écolos, donne une image éclatée de la politique française. S'ajoute à cela que c'est à l'intérieur de chaque camp, pour éliminer les autres, que s'échangent les premiers uppercuts. De Gaulle mis en examen, tout de même, quelle phrase terrible ! Il fallait voir Fillon, d'ailleurs, au JT de TF1 ce soir, prétendre sérieusement qu'il ne pensait pas à Sarkozy lorsqu'il a dit cela, que cela valait pour tout le monde, etc. J'ai trouvé ça ridicule : pourquoi se renier devant les téléspectateurs, qui au surplus ne sont pas idiots ?

29 août

Le petit monde parle, assez sérieusement, du départ d'Emmanuel Macron du gouvernement. Il a croisé la semaine dernière Jean-Luc Barré au Récamier et lui a lâché cette phrase : « Ça ne peut plus durer longtemps. »

Il attend, j'en suis sûre, que Hollande prenne l'initiative de s'en séparer. Ce dernier, malin, n'en fera rien. Si cela avait dû être fait, la date du 14 juillet dernier était la plus judicieuse, après la première réunion à la Mutualité avec les jeunes d'En Marche !, où Macron n'a guère caché ses intentions, et avant la pause de l'été. Hollande et Valls ont tenu bon, avec des sentiments différents sans doute : Hollande légèrement ennuyé du tour qu'ont pris les choses. Un ministre de l'Économie moderne et jeune, cela fait bien dans le tableau. Qu'il batifole à la marge des états-majors, qu'il marche sur les plates-bandes du Premier ministre, pas mal non plus. Qu'il rabatte des voix, en fin de course, pour Hollande, si celui-ci est candidat, c'est encore mieux. Mais qu'il prenne le large, après s'être abrité dans le sein présidentiel, c'est autre chose. D'ailleurs, Hollande continue de ne pas y croire. Quant à Valls, il est trop fin politique pour réclamer le départ d'un ministre indocile et indiscipliné. Rien ne serait pire pour lui que de passer pour un homme médiocre, soucieux de ne pas voir contester son autorité.

Donc il faudra bien qu'Emmanuel Macron se décide tout seul à couper les ponts. Ce qu'il commence à faire, d'ailleurs, en coulisse. Un témoin de la scène me disait hier, au cours d'une émission, qu'il a entendu un échange téléphonique entre le patron éditorial de *Valeurs actuelles* et Macron. Les deux commentaient le livre d'Antonin André et de Karim Rissouli, sur les confidences présidentielles. Il apparaît, à travers ce livre, que le président a rencontré les deux auteurs des dizaines de fois. Mêmes fréquentes entrevues pour les deux journalistes du *Monde*, Davet et Lhomme. Et encore pour la journaliste des *Échos*, Elsa Freyssenet. Je ne parle pas des cinq heures que j'ai passées avec lui, en quatre ans, autrement dit, rien du tout. « Quand je pense, a soupiré Macron dans l'oreille du directeur de *Valeurs actuelles*, qu'il ne m'a accordé, depuis que je suis ministre, que deux fois une demi-heure... »

31 août

Comme prévu, Emmanuel Macron a claqué la porte du gouvernement. Ça s'est passé hier après-midi, avec une couverture médiatique inouïe, des heures et des heures sur les chaînes d'information en continu, une demi-heure de Macron au JT du soir, quelques phrases sans intérêt, parce qu'elles ne traduisent pas une seconde l'intensité de ce qui a pu se passer entre Hollande et lui. Le voilà donc en haute mer, après avoir été le protégé de l'Élysée depuis quatre ans.

Dirai-je que le personnage ne me séduit plus guère, même s'il fait un pari fou ? Ce n'est pas tant le côté Brutus, assassin de son père, qui me choque. Car après tout, si Hollande n'avait pas été à ce point affaibli, Macron n'aurait pas choisi de l'affaiblir davantage.

Ce qui me gêne, c'est le côté peu sympathique de sa démarche. Tellement médiatisée, tellement léchée, peaufinée, précuisinée que, du coup, il apparaît comme un jeune requin cynique. C'est ce que doit ressentir au plus haut point Manuel Valls : le vendredi précédant l'annonce de son départ, Macron et Valls se sont longuement vus à Matignon. Les deux hommes se sont parlé de la rentrée, des premiers combats prévus avec l'opposition. Macron n'a pas soufflé mot de son départ. Ce que Valls, dit-on autour de lui, n'a vraiment pas apprécié.

Assurément ce départ est terrible pour François Hollande. Décidément, il n'aura rien vu, ni rien prévu. Passe encore qu'il l'ait nommé, à l'instigation de Jean-Pierre Jouyet, passe encore qu'il ait eu pour ce jeune homme talentueux quelque fascination. Mais c'est la deuxième fois qu'il se laisse mener par le bout du nez par un ministre et qu'il ne voit pas venir le pire. Cela a été le cas avec Christiane Taubira, qu'il a essayé de retenir à toute force, avec laquelle il a eu, en décembre 2015, des heures et des heures de conversation, sans qu'elle lui révèle qu'elle était déjà en train de relire les épreuves d'un livre où elle annonçait et commentait son départ. Sans doute, en ce qui concerne Emmanuel Macron, a-t-il longtemps pensé que sa présence à l'intérieur du gouvernement était préférable à son éviction. Et pourtant ! Je sais qu'à Matignon, on pensait que mieux aurait valu s'en débarrasser plus tôt et notamment après son meeting du 12 juillet dernier. Macron y avait pourtant laissé entendre, comme grisé par la nombreuse assistance autour de lui – à laquelle, n'ayant jamais fait de politique, il n'est pas habitué –, que son mouvement irait jusqu'à la victoire en 2017. Le 14 juillet, au lieu de l'admonester à nouveau comme un enfant récalcitrant, il aurait fallu le virer.

Aujourd'hui voilà l'ex-ministre de l'Économie qui feint de découvrir les blocages, les lenteurs, les pesanteurs de l'action publique. Il a raison de dire que seul le président de la République peut influer sur le cours des choses et, donc, de laisser présager que l'Élysée est dans sa ligne de mire. C'est, du même coup, convenir que François Hollande a privilégié les compromis de dernière heure, les petits arrangements au détriment d'un intérêt national plus haut. Il a eu, sur TF1, hier soir, une façon de rendre hommage à son mentor, celui dont il était l'« obligé », qui est une manière de l'enfoncer davantage.

Hollande est-il le grand perdant de l'opération ? Oui, si on considère que son espace, déjà étroit, se rétrécit davantage : entre Mélenchon, Montebourg et maintenant Macron, le « trou de souris » paraît bien difficile à trouver. Non, si on pense que la candidature de Macron peut lui fournir l'occasion de renoncer à se présenter, trahi par les siens, abandonné par les autres.

Il reste que lors du premier Conseil des ministres sans Macron, aujourd'hui, Hollande a laissé tomber un « Il m'a trahi avec méthode » qui en dit long. Monumentale trahison, a écrit *Le Monde* cette après-midi. Jusqu'à quand Hollande a-t-il pensé pouvoir le retenir ? Trop tard en effet. Un bon moment de la vie politique avait précédé ce Conseil : la passation des pouvoirs entre Macron et Sapin, déjà ministre des Finances, qui le remplace au ministère de l'Économie. Les deux ne s'aiment guère, mais là, leur échange a atteint le comble du sous-entendu. « La France a besoin de talents, tu en fais partie, mais aussi de stabilité dans la gestion de son administration », a dit Sapin, évoquant la désertion de son collègue. Et encore : « Je suis persuadé qu'il y aura du Macron 2 et même du Macron 3, mais il faudra attendre quelques années. » Il a conclu par une invitation à rester à gauche, et à jouer collectif. Pour le collectif, c'est trop tard ; pour le « rester à gauche », c'est plus compliqué pour quelqu'un qui affirme dépasser les clivages entre la gauche et la droite. Macron, sur un petit nuage, avait l'air de se moquer comme d'une guigne de ce que disait Sapin, pour lequel il ne doit avoir que du mépris.

Macron, combien de bataillons ? Lorsque j'entends parler des 50 000 militants dont il dispose, je suis incrédule : je sais que, moyennant une faible somme, 5 ou 10 euros, beaucoup de gens ont répondu à son appel. De là à former les guerriers nécessaires à la campagne présidentielle, il y a un abîme. À noter pourtant que se sont déjà ralliés à lui des parlementaires qui, sur toutes les antennes, se succèdent pour expliquer la stratégie et le dessein politique d'Emmanuel Macron. Un député du Finistère, Richard Ferrand, un autre de je ne sais où, et, en prime, Gérard Collomb en coulisse l'épaulent déjà. Par comparaison au temps qu'il a fallu à Juppé pour trouver, en dehors de Benoist Apparu, un porte-parole, on conclut que, chez Macron, l'opération a été beaucoup plus médiatiquement préparée. Pour conquérir les Français, il lui reste néanmoins le plus dur : transformer ce qui est en effet depuis quelques mois le phénomène politique Macron en véritable courant d'opinion, transformer le rêve d'unité des progressistes en un mouvement qui serait, comme il le veut, capable d'abolir les clivages, de surmonter la division entre la gauche et la droite. Beaucoup d'hommes politiques ont essayé, avant lui, d'y parvenir. Sans succès. Parce que, dans un système électoral où, pour la présidence de la République, seuls les deux candidats arrivés en tête au premier tour sont qualifiés pour le second, il risque bien de ne pas y avoir de place pour ce centre, ce juste milieu progressiste dont Emmanuel Macron se veut le fédérateur. Bref, il lui reste, au-delà de sondages peut-être encourageants, à trouver son espace politique.

À vrai dire, le seul véritable atout d'Emmanuel Macron tient à sa jeunesse, et surtout au fait qu'il n'ait pas encore eu le temps de devenir un homme politique, espèce que beaucoup de Français disent espérer en voie de disparition. Ils affirment volontiers leur désir de renouvellement, leur envie de têtes nouvelles. Mais il arrive aussi que l'expérience les rassure, plus que la nouveauté.

Si j'avais besoin d'un élément supplémentaire pour penser que Hollande ne se présentera pas, je le trouverais dans le discours de Valls, au séminaire socialiste avant-hier : si Hollande n'est pas candidat, a-t-il laissé entendre, il le sera, lui. Burkini ou pas burkini.

1er septembre

Rencontré, avec Carole Barjon, Frédéric de Saint-Sernin, ancien chiraquien, reconverti aujourd'hui, par lassitude de la politique, en humanitaire. Il nous raconte comment, au cours d'un dîner d'anciens proches de Chirac, il y a quelques mois, il a eu la surprise de voir qu'une majorité des participants se déclarait favorable à Sarkozy plus qu'à Juppé. Pour Baroin, présent, cela peut aisément s'expliquer : ayant été écarté, avec les «juppettes» du gouvernement

Juppé, en 1995, il n'a jamais pardonné à celui-ci de l'avoir traité avec cette désinvolture. Mais les autres ? Trop distant, pas sympa, glacial. Un écho de cette rencontre paraît dans *Le Point*. Juppé appelle Saint-Sernin, très désagréable, et lui reproche de ne pas l'avoir défendu. Saint-Sernin l'assure du contraire : il avait été le seul, au contraire, à le soutenir.

« Mais comment, lui dit Juppé, vous n'aviez pas invité Gaymard ? Je vous demande d'inviter Gaymard la prochaine fois.

— Ce n'est pas une institution, c'est un dîner privé, difficile d'imposer à l'hôte d'inviter quelqu'un. »

4 septembre

La Baule, aujourd'hui. Les rivaux de la droite, après avoir jeté leur venin en tous sens la semaine dernière, ont semblé faire assaut de politesse. Les principaux protagonistes de la future primaire se sont abstenus, cette fois, de tout « pugilat ». Ils ont tout au plus évité de se croiser.

Seul Alain Juppé, samedi, est allé saluer ses rivaux François Fillon et Bruno Le Maire qui déjeunaient séparément, entourés de leurs supporters. Donc, cette fois, François Fillon n'a pas réitéré son attaque frontale contre l'ancien président de la République. Mais il a eu, plus tard, cette phrase terrible : « Les Français méritent autre chose qu'un duel entre un président battu et un président dont les Français ne veulent plus. » En une phrase, beaucoup de choses sont dites... Alain Juppé a tout fait pour imposer son image de sérénité, et Nicolas Sarkozy a affirmé comme les autres orateurs qui se sont succédé à la tribune qu'ils se retrouveraient tous derrière le candidat choisi à la primaire.

Il ne faut pourtant pas se donner beaucoup de mal pour trouver, dans leurs discours, au-delà des bonnes intentions d'unité, quelques sérieux « tacles » contre leurs adversaires. À qui pense Sarkozy lorsqu'il dit qu'il s'adresse aux électeurs de droite et du centre ? À Juppé, auquel il reproche d'être le « candidat de la droite, du centre et de la gauche ». Et à qui pense Alain Juppé lorsqu'il parle de rester « sur une ligne raisonnable ». Est-ce une façon de sous-entendre que Nicolas Sarkozy n'en fait rien ?

Au premier regard, tout sépare les protagonistes de la future primaire. Leur allure surtout : Juppé, chemise blanche et manches relevées, calme et plaidant l'identité heureuse ; Fillon, l'air d'un ange tombé en enfer ; Sarkozy, avec sa démarche de chef de gang, Le Maire, qui fabrique son personnage jusqu'au bout des ongles. On ne peut imaginer plus dissemblable que ces quatre hommes.

6 septembre

Hier, à l'ouverture de son procès, Jérôme Cahuzac a décidé de révéler l'origine de son compte en Suisse : le financement de l'éventuelle campagne de Michel Rocard que ses amis espéraient en 1995. Mais après sa défaite aux élections européennes, Rocard a mis un terme aux espérances de ses compagnons. Cahuzac a expliqué aux juges, hier, toutes les raisons pour lesquelles il n'avait rien dit. Je ne suis pas sûre que le système de défense choisi soit le plus efficace. Je continue de penser que, même si c'est vrai, même si Carcassonne lui a longtemps servi de mentor, même si c'est lui qui lui a conseillé de garder l'argent, quitte à le remettre à la disposition de Rocard plus tard, il a beaucoup à perdre en transformant son affaire personnelle en affaire d'État. Les juges risquent de condamner beaucoup plus fort celui qui a bravé les lois du financement politique que celui qui a été tenté tout simplement de cacher son magot dans une banque suisse. Il reste qu'il a choisi de se battre, quitte à ne convaincre ni les juges ni les Français.

Le hasard, ou la malignité des juges, a fait que le même jour, hier, le parquet s'est prononcé pour traduire Sarkozy en correctionnelle. Ce sera aux trois juges de décider s'ils obtempèrent ou pas. Herzog, l'avocat de Sarkozy, crie au déni de justice, au complot. Sarkozy fait bonne figure, il n'en enrage pas moins.

8 septembre

Salle Wagram ce matin pour écouter Hollande auquel ses partisans demandaient de forcer l'allure, après, surtout, le claquage de porte de Macron. Dans la salle, j'éprouve comme une idée du « temps retrouvé ». Beaucoup d'hommes et de femmes, la dernière garde de François Hollande, un millier de personnes environ – autant que peut en contenir cette vieille salle au rouge passé – qui ont vieilli de quatre ans. Je retrouve, en jetant un coup d'œil sur les rangs qui se remplissent petit à petit, d'anciens soutiens de Mauroy, comme Jean-Michel Rosenfeld, des anciens mitterrandistes, comme Jack Lang, ou Michel Vauzelle, d'anciens collaborateurs de Lionel Jospin, des partisans de la première heure de Hollande comme Jean-Michel Ribes ou l'ancien (et éphémère) président du Sénat, Jean-Pierre Bel. Tout le gouvernement, ou à peu près. Peu de jeunes, hormis ceux de la Fondation Jean-Jaurès qui ont organisé cette séance.

Sursaut ou enterrement ? Personne, ici, n'ose poser tout haut le problème de cette façon. Derrière les visages angoissés, on sent pourtant que chacun s'interroge. De quel discours Hollande est-il capable aujourd'hui, lui auquel on reproche de ne pas savoir expliquer aux Français leur histoire ? L'état-major du PS est là aussi, Valls, souriant pour une fois, Cambadélis, Le Roux. Je suis assise à côté d'Yves Colmou qui m'a l'air très affecté des accusations de Cahuzac contre les financiers du rocardisme. Une seule femme voilée dans la salle : la mère d'une des victimes de Mohammed Merah[1]. Pendant que François Hollande s'installe au premier rang, pour écouter les quelques mots d'ouverture prononcés par les responsables des trois organisations à l'origine de cette matinée, les applaudissements, longs, nourris, l'accueillent, et plus encore lorsqu'il monte à la tribune. Au bout de quatre années, cet homme demeure un mystère : le voilà, aujourd'hui, qui retrouve les accents de sa campagne électorale de 2012. Il est calé devant son pupitre,

1. Il s'agit de Latifa Ibn Ziaten, mère d'un des soldats abattus à Toulouse par Mohammed Merah. (*Toutes les notes sont de l'auteur.*)

appuyé sur son coude, comme jadis François Mitterrand, et prend plaisir, du moins le dirait-on, à se retrouver ce matin devant ses fidèles. Il parle avec aisance, direct, chaleureux, éloquent, comme celui qu'il a été, il y a longtemps, bien longtemps, au Bourget. De la démocratie, bien sûr, mais aussi des attentats qui « nous ont arrachés à notre engourdissement ». Franchement je n'ai pas trouvé que la France soit engourdie de béatitude, mais enfin si c'est ce qu'il pense...

Un discours très construit, ne laissant aucune place à l'improvisation ou à la candeur : le terrorisme islamique occupe le monde entier, il a fait en France 238 morts, « il s'érige en faux État de droit dirigé par de vrais assassins ».

« Voilà l'ennemi. » L'opposition ne pourra plus lui faire grief de ne pas vouloir désigner le coupable. « Ennemi cruel, poursuit-il, et insatiable », qui veut « détruire le passé et interdire l'avenir ».

Lorsqu'il descend de la tribune, longuement applaudi, beaucoup dans la salle ont la larme à l'œil. D'autres sont rassurés : ils ont retrouvé leur candidat de 2012. Pourtant, d'autres, *mezza voce*, ironisent : « Vous souvenez-vous du dessin de Jacques Faizant, dans *Le Figaro*, en 1965 ? » me dit l'un d'entre eux, amateur d'archives. Il précise : lorsque le général de Gaulle a accepté de s'adresser enfin aux téléspectateurs, après s'être refusé à le faire avant le premier tour de la présidentielle, en décembre 1965, Jacques Faizant, dans *Le Figaro*, a dessiné une Marianne épanouie, sur les genoux du général de Gaulle, lui roucoulant à l'oreille : « Ah, pourquoi ne m'as-tu pas toujours parlé ainsi ? »

En effet. Le discours qu'il a prononcé aujourd'hui, il aurait eu de multiples occasions de le faire auparavant, dans des périodes plus calmes et pas pour ses seuls amis politiques. Lui faut-il des drames pour qu'il entre dans ses habits présidentiels ? Cet homme est-il fait pour les tempêtes ou bien rêve-t-il de les éviter ? « C'est le mystère Hollande », me dit Serge July, à qui, quelques instants plus tard, je raconte la scène. Nous nous apercevons qu'en réalité, nous ne savons rien de lui, de ses ressorts. La politique, oui, bien sûr, il sait faire, il passe pour un maître en la matière, si bien qu'on lui prête parfois des intentions qu'il n'a pas. Mais son personnage, affable et dur, ce qui le fait courir, ce qui le fait aujourd'hui, contre toute raison, se lancer dans une nouvelle campagne plus qu'hasardeuse, derrière les sourires et les petites phrases gentilles, je serais bien en peine de le décrire.

9 septembre

Presse unanime sur François Hollande : beau discours enfin, cap fixé, costume présidentiel endossé. Il est pourtant trop tard, du moins est-ce l'analyse générale.

12 septembre

Dîner chez Jean-Pierre et Nisa Chevènement. Le voilà donc écopant de cette mission sur l'islam de France, pour laquelle il a été pressenti par Bernard Cazeneuve, sans être officiellement désigné. « Il n'y a que des coups à prendre, dit-il, mais je n'ai pas cru pouvoir la refuser. » Cela dit, il est sans moyens, sans grand relais. Il a tout de suite senti l'hostilité d'une partie des socialistes, tandis que d'autres jugeaient que, n'étant pas musulman, il n'avait aucun droit à organiser l'islam de France. Sa première phrase recommandant la discrétion aux musulmans a été, d'emblée, raillée ou vilipendée. En demandant aux musulmans la « discrétion », il la recommandait en réalité à tous les religieux : pas de signes ostentatoires, voulait-il dire, pas de croix trop apparentes, pas de kippa, pas de burka. J'ajoute que c'est ce que pensent, dans leur bon sens, tous les Français. Ils veulent bien, et encore pour certains avec difficulté, ne pas faire d'amalgame entre musulmans modérés et radicalisés, encore faut-il qu'ils ne soient pas les seuls à revendiquer publiquement leur différence. Un voile, ça va, une burka, bonjour les dégâts, en somme. Je m'étonne au surplus que cette demi-bronca vienne des socialistes, et d'une partie de la gauche : ils ont oublié sans doute leur enthousiasme pour la guerre d'Irak, que seul Chevènement s'était refusé à faire. Aujourd'hui, les mêmes, dont la courte vue a créé le désastre au Moyen-Orient, accusent Chevènement de mépris, en quelque sorte, vis-à-vis des musulmans !

Pour le reste, il s'indigne de la décision d'Alstom de fermer son usine de Belfort : il aurait suffi pour l'éviter que le patron actuel – qui bénéficie en outre d'une aide de l'État entré à son capital à hauteur de 20 % – accepte que les locomotives soient construites à l'étranger, ce qui peut se concevoir, mais avec des travailleurs exclusivement locaux. « Il aurait été facile pour le patron d'Alstom d'inclure dans les conventions signées la présence de 10 % pour le moins d'ouvriers français. »

Il est exaspéré, au-delà d'Alstom, par la façon dont, depuis quarante ans, les politiques et la technocratie française ont favorisé, organisé, la désindustrialisation française, au moment où l'Allemagne est parvenue à maintenir son industrie à son plus haut niveau, au moment où ses exportations bondissent, voitures, machines-outils. Je lui cite le cas, heureux pour la France, de l'aéronautique. Certes, me répond-il, mais dans ce domaine même, les Allemands arrivent à faire jeu presque égal avec la France.

Lorsqu'il se reporte en arrière, il n'est pas tendre avec les prédécesseurs de François Hollande. Si Georges Pompidou avait bien compris l'importance de l'industrialisation, cela n'a pas été le cas de Giscard, ni celui de Mitterrand, encore moins celui de Chirac, et de Hollande. Il raconte qu'un des collaborateurs de Chirac lui ayant un jour vanté les mérites des réformes de Gerhard Schröder dans les années 2000, Chirac lui avait répondu qu'avec sept syndicats nationaux en France, il était impossible d'envisager quelque réforme que ce soit. Il est vrai que la tradition du seul grand syndicat allemand, le DGB, est la participation, la négociation, ce qui a largement facilité le travail de Schröder. De quoi, tout de même, faire réfléchir depuis longtemps les dirigeants français.

Le coût du travail ? La différence entre la compétitivité allemande et française ? Cela ne lui paraît pas le problème essentiel, le coût du travail, dit-il, n'étant pas tellement plus élevé en Allemagne qu'en France. L'essentiel était de maintenir le tissu industriel, de ne pas réduire l'activité française aux banques, à la finance et aux services.

« Il est injuste, ajoute-t-il lorsqu'on parle d'Alstom, de dire que la décision d'Henri Poupart-Lafarge, le patron d'Alstom, a été entérinée par Macron. C'est faux. S'il était resté au gouvernement, il y aurait été radicalement opposé. Poupart-Lafarge a précisément sauté sur la démission de Macron pour annoncer sa décision. »

Il s'irrite : « Tous ces patrons qui ont découpé Alcatel et Alstom, qui ont vendu les richesses de la société à General Electric, tous ceux qui parlent finances au détriment de l'industrialisation de la France... Tous, patrons, État, coupables depuis quarante ans. »

Et Macron justement, quel destin lui prévoit-il ? Il reste vague, ayant été en 2002 candidat lui-même, refusant que Jospin soit seul à porter les couleurs du socialisme. Il juge néanmoins que Macron est véritablement un homme de gauche, ne croit pas qu'il se ralliera à la droite, et trouve son attitude honorable. Il est vrai que l'ancien ministre de l'Économie a adhéré au CERES de Chevènement quand il avait moins de dix-huit ans.

Formidable Chevènement, méconnu, raillé, sinon détesté, par beaucoup de socialistes, demeuré cependant, au-delà de toutes ses positions iconoclastes sur la gauche, l'Europe, le Moyen-Orient, la Russie, une figure incontestée de la politique française. Les Français ont compris quel homme de conviction il était, et le respectent, à l'heure où ses cheveux ont blanchi.

Il est profondément frappé, comme nous tous, par l'horrible période que traverse la France. Effroyable, inimaginable il y a seulement dix ans. Et pourtant, contre l'afflux des migrants, il s'est battu le premier, déclenchant les foudres du PS. Aujourd'hui, il pense qu'il nous faut relancer l'Europe. Je m'étonne : l'Europe, il a bien dit l'Europe ? Oui, l'Europe des États opposée à celle de Bruxelles. L'Europe des États forts, et pas des États faibles. L'Europe sans le Royaume-Uni, la Pologne, la Croatie, mais avec l'Italie, la Hongrie, l'Allemagne. L'Europe à refonder autour des États. Le voit-il, cet homme ou cette femme, désireux d'exercer un pouvoir fort en France ? Non, il ne le voit pas, mais c'est bien dommage. Pour le moment les seuls représentants de la force sont à l'extrême droite. Est-ce cela que nous voulons ?

13 septembre

Valls devant les députés PS, s'épuisant à demander l'unité à des parlementaires qui n'en veulent pas. Il paraît qu'ils sont déjà, tous ces élus, en train de retourner sur leurs terres pour assurer leur réélection. Sachant Hollande attaqué, ils se joignent au concert d'imprécations. Non, il n'y aura pas d'unité, oui, il y aura de multiples candidats à gauche. Oui, Valls a raison de dire que le PS va mourir. Il prêche dans le désert.

14 septembre

Controverse entre Juppé et Sarkozy sur l'« identité heureuse ». Au premier, la lutte contre le déclinisme, la volonté de redonner de l'enthousiasme aux Français, en leur montrant que tout est encore possible, que la France a des atouts, qu'elle a un avenir. De l'autre côté, Sarkozy jouant le drame, la fin de la France, l'identité française en panne. Une fois de plus, Nicolas Sarkozy tente de s'adresser aux électeurs du FN. À noter que, pendant ce temps-là, Marine Le Pen veut atteindre les Républicains raisonnables. Étonnant chassé-croisé. Du coup, les Républicains trouvent que Sarkozy va trop loin, et les frontistes sont déçus par le langage de Marine.

Franc-tireur presque dans cette primaire où il s'est imposé *in extremis*, Jean-François Copé a appris à ne pas mâcher ses mots. Brouillé, gravement, avec Sarkozy qui a essayé de lui mettre l'affaire Bygmalion sur le dos, témoin assisté seulement dans l'affaire du dépassement des comptes de campagne de Sarko, en froid toujours avec François Fillon qu'il a évincé de la présidence de l'UMP en 2012, il tire tous azimuts. Ainsi vient-il d'accuser Sarkozy de mensonge. Lorsqu'il parle de suspendre le regroupement familial, Sarkozy sait très bien que c'est irréalisable, sauf à quitter l'Europe, et pas seulement sortir de Schengen. « Il ment, assure Copé avec force. Il ment. »

La scène est passée inaperçue. Pendant que François Hollande parlait, salle Wagram, début septembre, le téléphone de Bernard Cazeneuve se met à vibrer. À l'appareil, son directeur de cabinet lui faisant part d'un risque imminent d'attentat. Rien, sur le visage du ministre de l'Intérieur, ne trahit d'émotion. À mi-voix, à deux pas de la tribune où le président continue de s'exprimer, il organise une réunion de l'ensemble de ses services pour midi et demi. Dans la journée, trois femmes radicalisées prêtes à commettre des attentats gare de Lyon et dans une autre gare de l'Île-de-France sont arrêtées. Dur, dur, la Place Beauvau en ce moment. Ce petit homme toujours impeccable, dont la voix ne grimpe jamais d'une octave, qui ne bronche pas, ne s'énerve jamais, réservant à ses amis l'humour dont il est, dit-on, pourvu, est inimitable. Sans doute est-il le soutien le plus solide de François Hollande. Rien ne l'y prédisposait : maire de Cherbourg, il a toujours été un proche de Fabius, qui, d'ailleurs, avait demandé en 2012 qu'il soit ministre délégué à l'Europe tandis que lui, Fabius, était aux Affaires étrangères. Depuis, les liens qu'il a tissés pendant la campagne électorale avec Hollande, dont il était le porte-parole chargé des problèmes économiques, n'ont cessé de s'approfondir. Je me demande ce qui se serait passé en France si, en 2014, Hollande l'avait nommé à Matignon. Valls serait resté à l'Intérieur, de mauvaise humeur, certes. Mais peut-être Cazeneuve aurait-il été plus rond que Valls, tout en laissant celui-ci se préparer, sans pouvoir le cacher, à la présidentielle.

Et puis Macron qui fait un bond dans les sondages de la presse de province. Entre 16 et 18 % des voix, laissant derrière lui Hollande à 9 %. Macron, superstar ou feu de paille ? Quinze jours pile après avoir quitté le gouvernement, il a pris une dimension nouvelle. Il aurait pu, abandonnant sa fonction, se retrouver dans un désert absolu : accusé de trahison par la gauche, et par la droite d'avoir été l'inspirateur numéro un de la politique économique suivie par François Hollande depuis 2012. Il aurait pu tout simplement sombrer dans le marais de ceux, ils sont nombreux, qui ont pensé franchir les frontières de la politique, et se sont retrouvés entre deux camps, entre deux eaux, entre deux chemins.

Pour l'instant, Emmanuel Macron a échappé à ces périls. Il n'a pas encore trouvé de trésor de guerre pour préparer la présidentielle, mais chaque jour lui apporte une petite moisson de supporters qui adhèrent à son mouvement En Marche ! : à 19 heures, hier, ils étaient 79076 – j'ai regardé son site – à avoir apporté leur soutien et leur obole à Emmanuel Macron. C'est beaucoup de sympathisants, mais peu de militants capables de relayer, dans la France entière, l'action de celui qui a largué les amarres.

Emmanuel Macron a deux atouts essentiels. Le premier est d'être un homme non seulement jeune, mais neuf. Dans un pays qui rêve, sans trop y croire, d'une nouvelle classe politique, il apparaît comme le petit nouveau de la classe, encore vierge, en quelque sorte, libre de ses paroles et de ses actes. Le second est de s'inscrire entre la gauche et la droite. Ce n'est pas vraiment original, bien d'autres s'y sont exercés avant lui, mais les Français ont en tête un tel souhait d'unité nationale, une telle envie d'effacer les clivages, les partis, les chicayas politiques qu'ils croient Emmanuel Macron capable de renverser les tabous.

Ira-t-il comme il l'a dit lui-même «jusqu'à la victoire»? Il n'y parviendra sans doute pas, ou, du moins, pas cette fois-ci.

15 septembre

Extraits, à la une du *Monde*, de l'entretien accordé par François Hollande à Pierre Nora et Marcel Gauchet pour la revue *Le Débat*. Un long plaidoyer pour une social-démocratie qui se meurt, laissant la place à une gauche de revendication, de refus, de renoncement.

Tout cela est très intéressant, mais c'est un formidable constat d'échec. Il le dit lui-même, il a cherché à asseoir son pouvoir sur un compromis, qu'il croyait possible, entre un patronat moderne et un syndicalisme réformiste. C'est peu de dire qu'hélas, ça n'a pas marché.

Curieuse, cette attitude : il entend recommencer une campagne, reconquérir le terrain perdu, et il commence par convenir qu'il a échoué.

Longue émission de Nicolas Sarkozy sur France 2. A-t-il changé, est-il toujours le même ? Oui, il est resté le même, quelques cheveux gris en plus, avec la même pugnacité, la même vivacité dans la réponse, avec la même conviction, essentielle, d'être meilleur que les autres, plus énergique, plus intelligent, plus expérimenté. Quatre ans ministre de l'Intérieur, cinq ans président de la République : sans être devenu un sage – qualificatif qu'il laisse sans doute bien volontiers à Alain Juppé –, le voici redevenu tout neuf, présidentiable. Un retour aux sources en somme puisque, à l'en croire lui-même, il n'a jamais songé qu'à cela. Et puis cette passion de l'action, cette façon, très « pro » de rester presque impassible, de ne pas accuser le coup tout en renvoyant quelques traits acides à ses interviewers, lorsqu'il s'agit de répondre aux questions qu'il juge, c'est visible, « bobo » ou agressives, cette bouffée de satisfaction à l'évocation de la réussite de sa médiation, sans sanctions, entre la Géorgie et la Russie de Poutine : aucun doute, cet homme aime à se pencher davantage sur ses réussites que sur ses erreurs, même s'il admet, du bout des lèvres, qu'il lui est arrivé d'en commettre.

A-t-il changé ? Oui, si l'on joue au jeu, toujours meurtrier pour quelque homme politique que ce soit, des comparaisons entre les petites phrases exhumées des archives et les propos d'aujourd'hui. Il ne voulait pas de révision constitutionnelle en 2007, il en juge une nécessaire aujourd'hui sur le burkini. Il a plaidé en 2007 la discrimination positive pour les minorités, aujourd'hui il parle de leur nécessaire assimilation. Sa position a varié sur le mariage pour tous, qu'il conserverait aujourd'hui, même s'il a dit le contraire hier. Quant au combat écologique du Grenelle de l'environnement, il n'a jamais été pour lui qu'une concession faite, pour des raisons politiques, à son ministre centriste Jean-Louis Borloo et à l'éternel Vert Nicolas Hulot.

Il faut dire, à sa décharge, que le monde d'aujourd'hui n'est pas celui qu'il était pendant son quinquennat. Lorsqu'on lui oppose l'État de droit, il argumente que dans une France où les attentats terroristes ont fait en dix-huit mois 236 morts, l'État de droit ne peut être immuable. Et de reprendre sa proposition de la rétention administrative pour les fichés S. C'est d'ailleurs sans doute sur ce thème qu'il a convaincu sans difficulté les 38 % des téléspectateurs qui se sont déclarés, hier soir, séduits par sa prestation. Il a changé, plaide-t-il, parce que les circonstances ont changé. Dont acte.

Il y a un point, cependant, sur lequel Nicolas Sarkozy montre la plus grande continuité, c'est sur l'art d'accommoder la vérité à son goût. Interner préventivement les personnes fichées S ? Le Conseil d'État y a donné un avis défavorable en 2015 dès lors que les fichés S n'ont justement jamais été condamnés pour des projets ou des actes terroristes. Faut-il changer le Conseil d'État, changer la Constitution et la Convention européenne des droits de l'homme ? Peut-être, mais laisser croire que l'internement préventif des fichés S sera possible dès 2017 est une tromperie.

Il a été mis en examen dans l'affaire Bygmalion, dit-il, pour le seul délit formel de « dépassement du plafond de campagne ». À ceci près qu'il s'agit d'une mise en examen pour « financement illégal de la campagne électorale ». Approximation au mieux, autre tromperie au pire.

Il ira, dit-il, jusqu'au bout. Personne n'en doute. Mais où est ce bout ? Il a, sans le vouloir, laissé entendre que ce serait dans neuf mois. Dans sa tête, il a déjà franchi le cap de la primaire.

17 septembre

La rentrée politique du FN à Fréjus aujourd'hui ne s'appelle pas université d'été, comme dans les partis politiques « classiques » autrefois, mais les Estivales. Pas de sigle Front national, pas de flambeau bleu, blanc, rouge. Comme si Marine Le Pen voulait chasser plus loin encore le père. Autour d'elle, Marion Maréchal-Le Pen, Floran Philippot et David Rachline, le jeune maire de Fréjus qu'elle a désigné aujourd'hui comme son directeur de campagne. Les trois ne s'aiment guère, mais n'en laissent rien paraître. Chez Marine, personne n'a le droit d'avoir d'états d'âme. On se supporte, même si les divergences existent entre le national-socialisme de Philippot et la droite pure, dure et catholique de Marion Maréchal-Le Pen.

Sans hésiter, en oubliant le vocabulaire passé, celui de son père, mais aussi le sien, Marine Le Pen cite le général de Gaulle, et se veut à la tête, tout simplement, de la France libre.

Elle cite de Gaulle comme Sarkozy, en 2007, citait Jaurès.

19 septembre

Déjeuner avec Jean-Marie Le Guen à l'hôtel de Clermont.

Nous parlons longuement de la gauche. Les frondeurs, dit-il, sont peu nombreux à s'engager derrière Montebourg ou Hamon. Une vingtaine tout au plus. Si on ajoute à cela qu'il y aura peu de lois, pendant les sessions parlementaires jusqu'en 2017, qui fâcheront la gauche de la gauche, il n'imagine donc plus de protestations, dépôts de motions de censure dans les mois qui viennent.

« Et puis, dit-il, on voit bien que les thèmes chers aux frondeurs n'ont que peu d'écho. C'est à Macron que les jeunes des banlieues donnent raison parce qu'ils veulent justement le travail et la liberté. Ils ne vivent pas, ou plus, dans le mythe de l'économie administrée. La gauche de Mélenchon ne correspond plus à rien dans les quartiers. Il n'y a pas d'alternative de gauche à François Hollande. L'alternative est plus proche de Macron que de Mélenchon ou Montebourg. »

Il confirme, en réponse à ma question, que oui, Hollande a bien mis Macron dans les pattes de Valls pour l'empêcher d'avoir la tête enflée. « Mais aujourd'hui, comme Ségolène autrefois, il lui a échappé. » Il n'attache donc aucun crédit aux interrogations sur la réalité des relations entre Macron et Hollande : est-ce Frankenstein qui a échappé à son maître ou, comme le disent encore certains, Macron est-il un rabatteur de voix pour Hollande ? Aucun doute pour Le Guen, Macron n'est plus le « chouchou » de l'Élysée.

« Peut-être, en effet, Macron perdra-t-il des voix lorsqu'il sortira de ses ambiguïtés. Pour le moment, et sans doute jusqu'à la fin de l'année, il restera à un niveau très élevé dans les sondages, d'autant que ses thèmes les plus libéraux sont acceptés par une grande partie des Français, y compris à gauche. »

20 septembre

Rencontre avec Nathalie Kosciusko-Morizet, dans son QG, si on peut appeler cela un QG, du 107 boulevard Saint-Germain. Évidemment c'est une femme hors norme : ingénieure passée par Polytechnique, elle a fait son service militaire dans la Marine nationale. Elle est née dans une famille dans laquelle père, grand-père et arrière-grand-père ont fait de la politique ; père maire de Sèvres, grand-père ambassadeur de France et arrière-grand-père, André Morizet, cofondateur en 1920 du Parti communiste français. Quand on ajoute à cela qu'elle a longtemps été mariée à un ancien maire socialiste[1], dont elle vient de divorcer, on pense en effet que son parcours n'est pas rectiligne. C'est manifestement une personnalité transgressive. Ce que traduisent nombre de dirigeants de son parti, lorsqu'ils préfèrent déclarer que c'est une « emmerdeuse ». Je me doute en effet qu'elle doit l'être, comme elle l'avait été avec son ministre de tutelle Jean-Louis Borloo en le traitant de « lâche », et avec Sarkozy, dont elle était la porte-parole, qu'elle a étrillé à je ne sais quelle occasion. Enfin, en se faisant élire à Longjumeau, alors qu'elle est loin d'être une banlieusarde.

Elle me fait tout un développement plein de belles phrases sur l'idée, qu'elle juge essentielle, que « le monde a changé ». Elle ajoute, pour se faire comprendre : « Il y a des moments dans l'Histoire où se produisent les grands changements : c'est au moment où la technologie rencontre des valeurs. Il y a parfois des évolutions non linéaires. »

Si je comprends bien, elle veut me dire, en une grande phrase, que nous vivons, à l'heure de l'informatique et du numérique, un bouleversement. Elle est plus originale quand elle affirme que la technologie numérique crée, fabrique des hommes qui n'attendent plus rien de l'État. Il n'y a pas, dit-elle, de sujet plus important.

« Les autres candidats à la primaire se définiront les uns par rapport aux autres. Moi, je suis ailleurs. »

---

1. Jean-Pierre Philippe a été maire socialiste de Villefontaine, en Isère, de 1989 à 1995.

« Nous sommes dans un monde, poursuit-elle, dans lequel on demande à chacun de nous, sur Internet ou les réseaux sociaux, son avis sur tout. Sauf sur la politique. La différence est désormais trop grande entre la politique et la vie sociale. Il faut bousculer les partis, les révolutionner. »

« Les Français, conclut-elle, ont droit à un monde politique figé dans un monde en mouvement. Soit on jette le bébé, soit, d'urgence, il faut tout transformer. »

Je sors de chez elle perplexe. Je suis sensible à son charme, à sa conviction, à sa bonne volonté démocratique, mais que de grandes phrases, pour dire des choses simples.

23 septembre

Hier, premier meeting parisien de François Fillon au Cirque d'Hiver, fauteuils de vieux velours rouge, travées étroites, décoration kitsch. Pour moi, Fillon est une énigme. Il a tout pour plaire à la droite : j'écoute avec soin son discours, en prenant note sur note. Le propos est clair. Il rejoint, à quelques nuances près, sur la politique économique, le tronc commun habituel de la droite : baisse des impôts et des charges sociales des entreprises, baisse des dépenses et du nombre de fonctionnaires, âge de départ à la retraite plus tardif, réforme du marché du travail, suppression des 35 heures, etc. L'auditoire est attentif et chaleureux. Il fait ce qu'il faut pour gagner l'oreille des femmes et des familles. Il parle avec clarté, son programme est compréhensible par tous. Il a même poussé les choses jusqu'à le synthétiser, sous forme d'abécédaire, du mot « ambition » jusqu'à l'expression « zéro impunité ». Sa voix est posée, son éloquence classique. Il n'est pas, comme on l'a dit de Sarkozy, de Hollande aussi d'ailleurs, un président de faits divers, il est sérieux, propre sur lui, comme on dit, et de bonne qualité. Qu'est-ce qui fait qu'il soit à ce point distancé, dans les sondages du moins, par Sarkozy et Juppé ? Pourquoi, selon une formule que je ne comprends pas toujours, « n'imprime-t-il pas » ? Parce que, Premier ministre de Sarkozy pendant cinq ans, il est jugé coresponsable de la défaite de 2012 ? Pourquoi ferait-il aujourd'hui ce qu'il n'a pas fait hier ? Il a beau expliquer que Sarkozy l'a empêché d'aller plus vite et plus loin dans la réforme, que, s'il avait eu les mains libres, on aurait vu la différence... Est-ce parce qu'il est apparu trop longtemps comme numéro deux, de Philippe Séguin ou de Sarkozy ? Je pense que tout cela est vrai, certes. Pourtant, ce qu'il paye, c'est son échec à la présidence de l'UMP où il a été battu, de façon sans doute contestable, par Jean-François Copé à l'automne 2012. Il a loupé l'élection essentielle, celle qui lui donnait tous les pouvoirs politiques, matériels. Depuis, il n'est jamais parvenu à remonter ce handicap. Quoi qu'il fasse, ça ne marche pas. Et Alain Juppé, dont il croyait le destin terminé, est arrivé au bon moment dans la querelle qui a déchiré le parti. Il a essayé une médiation, puis a accepté que Sarkozy en devienne le président, tandis que Fillon a donné l'impression de bouder. A suivi le déjeuner de Fillon avec Jean-Pierre Jouyet, où il a sans doute tenu les propos qu'on lui prête, demandant que l'on accélère les poursuites judiciaires contre Nicolas Sarkozy, avant que celui-ci ne prenne officiellement le départ dans la course présidentielle. Peut-être l'a-t-il fait autrement, se contentant d'une phrase plus prudente, du genre : Vous savez, s'il prend le départ vous ne l'arrêterez plus. Qu'il se soit exprimé de façon « soft » ou « hard », il est passé pour traître dans son camp.

J'ajoute qu'aujourd'hui, il a durci son discours, et que l'on ne sait plus très bien de quel Fillon il s'agit : le séguiniste, le sarkozyste ? Il répète, tout au long de son discours, qu'il est gaulliste. Mais on ne sent pas le gaulliste en lui, la volonté de s'inscrire entre deux mondes, sauf peut-être lorsqu'il parle de politique internationale. C'est dans cette partie que je le trouve le plus convaincant : nécessité de se rapprocher de Poutine pour faire la paix au Proche-Orient, lutte contre le terrorisme en Europe. Pourtant, c'est le domaine où, pour la grande majorité des Français, de droite ou de gauche d'ailleurs, qui voient en Poutine le successeur de Staline, il l'est le moins.

Quand je sors du Cirque d'Hiver, alors que les militants, au nombre de 2 000 ou 3 000, l'entourent encore, je me dis que la politique est peut-être injuste, mais qu'il n'est pas parvenu, ce soir, à renverser la courbe de ses sondages.

24 septembre

La Macronmania est-elle en train de gagner la France ? Un mois tout juste après qu'il a quitté le gouvernement, Emmanuel Macron se fait, très vite, une place singulière dans la politique. Il a été accueilli avant-hier à Lyon, à l'occasion d'une rencontre des progressistes européens, comme le véritable héros de la fête. Certes, Gérard Collomb[1] est son principal supporter, son coach en quelque sorte : ce n'est pas un hasard si la réunion qu'il avait organisée dans sa ville ressemblait plus à un galop d'essai présidentiel d'Emmanuel Macron qu'à un débat de fond sur l'avenir de l'Europe. Entouré de la forêt de caméras et de micros qui l'accompagne désormais partout, Macron sourit et serre des mains. Il n'a pas encore dit si oui ou non, il sera candidat à la présidentielle de l'année prochaine, il n'a pas non plus précisé quel serait son programme, mais enfin, de jour en jour, le suspense diminue. On sera fixé dans le courant du mois d'octobre.

En attendant, il ne perd pas de temps. Le mouvement qu'il a fondé continue de recruter, les sondages le créditent déjà de plus ou moins 15 % des voix, et il a recueilli en moins de temps qu'il n'en faut pour le dire les fonds nécessaires à une campagne présidentielle. Autant dire que le voilà prêt.

En tout cas, il ne laisse pas la classe politique indifférente. C'est qu'il représente maintenant un vrai danger, à gauche, à droite et au centre. On l'a bien vu à Lyon : l'annonce de sa présence, l'importance qui lui a été donnée, a amené bien des désistements. Notamment ceux d'invités socialistes ou de dirigeants syndicaux français et étrangers. Sur ordre de l'Élysée ? Qui aurait pu en effet intimer l'ordre à certains de ses alliés de ne pas se rendre à Lyon ? Par exemple à Sigmar Gabriel, le vice-chancelier socialiste allemand, le commissaire européen Pierre Moscovici ou encore Matteo Renzi, le président du Conseil italien. L'absence des autres, dont celle de François Bayrou, est plus probablement due à leur souci de ne pas apparaître publiquement, ne serait-ce que quelques heures,

1. Gérard Collomb est maire socialiste de Lyon depuis 2001.

comme autant de soutiens officiels à l'éventuelle candidature de Macron. À leur prudence aussi, parce que tout de même, il ne faut pas s'engager trop vite en politique.

Pour la même raison, Jean-Louis Borloo lui-même s'est décommandé. Il est vrai que son projet d'électricité en Afrique nécessite l'aide appuyée de François Hollande. La réalité est qu'Emmanuel Macron menace tout le monde. Il chasse au centre de l'échiquier politique sur les terres de François Bayrou, qui le premier a pris ses distances vis-à-vis de ce concurrent qu'il n'attendait pas. Quant aux Républicains, de Nicolas Sarkozy à Alain Juppé, à droite, ils se méfient, eux aussi, de ce nouveau venu, qui ne sème pas seulement la pagaille à gauche, mais risque bien de l'étendre à la droite. En affirmant sa volonté de s'inscrire au-dessus et en dehors des mouvements politiques, Emmanuel Macron séduit bien des électeurs de droite en quête de modernisation.

Sa présence dans le peloton présidentiel affaiblit certes la position de François Hollande, mais elle menace aussi Alain Juppé, notamment, dans sa recherche d'une large union de la droite modérée et du centre. Macron a le mérite de la nouveauté et de la jeunesse. Tels sont, pour le moment, ses principaux atouts.

26 septembre

Le coup est fatal pour Hollande. C'est le vrai tournant de la campagne : le chômage est reparti à la hausse au mois d'août. Pas une petite hausse, mais au contraire, une augmentation significative : + 0,5 % en un mois. Certes on voit bien ce qui, durant l'été, a pu favoriser une telle tendance : la peur du terrorisme ravivée par l'attentat de Nice, mais aussi l'attentisme précédant la campagne électorale. Qui aujourd'hui emploierait sans hésiter un jeune musulman de banlieue ? C'est le cycle infernal. Les jeunes issus de l'immigration se sentent abandonnés parce qu'on ne les engage pas. Et on les engagera de moins en moins parce qu'ils font de plus en plus peur. Lorsqu'on sait que 28 % des musulmans résidant en

France, jeunes la plupart, ont choisi de se radicaliser, on mesure la poudrière qu'est aujourd'hui la France.

Et tout cas pour Hollande, qui continue, quels que soient ses efforts, à stagner au plus bas dans les sondages, c'est un coup terrible. J'imagine déjà la presse de demain.

Hollande a lié son sort à l'inversion de la courbe du chômage, se laissant ainsi, comme me l'a dit un jour Cambadélis, une porte de sortie pour ne pas se représenter. Va-t-il profiter de cette annonce pour se retirer de la course ? Ou bien s'accrochera-t-il au vague espoir d'une éclaircie économique ?

1er octobre

Chacun son tour : la semaine, pour Sarkozy, a été effroyable. Livre de Buisson ; affaire Bygmalion, qui ressurgit avec la diffusion sur France 2 d'un documentaire accablant sur les fausses factures de l'UMP pendant la campagne présidentielle de 2012 ; mise en examen du son grand flic préféré, Bernard Squarcini, qui aurait exécuté pour Sarkozy quelques basses besognes de renseignement.

Pour le moment, Juppé, face à lui, ne fait pas d'erreur. Il reste sur sa ligne d'union entre le centre et la droite, délibérément différente de celle de Sarkozy. À ceux qui lui reprochent d'appartenir à la droite « molle », il oppose son programme économique, qui n'a rien à envier à celui de Sarkozy. Lorsque Sarkozy plaide qu'accepter des voix de gauche, c'est pour Juppé se préparer à appliquer un programme de gauche, il répond, non sans humour, que dans ce cas, Sarkozy, qui courtise les électeurs d'extrême droite, se prépare à appliquer le programme du Front national. Lorsque Fillon, qui s'exaspère de jour en jour à l'idée de ne pas rattraper Juppé, juge que son discours est « de la tisane », il répond que Fillon, lui, plaidant en faveur d'un rapprochement avec la Russie, n'a que trop tendance à abuser de la vodka.

Seule séquence originale cette semaine : Hollande a invité Sarkozy à faire dans son avion le déplacement en Israël pour l'enterrement de Shimon Peres. Lors de la mort de Mandela, Sarkozy avait refusé l'invitation. Là, il a accepté. On imagine le voyage où, l'un à côté de l'autre, après tant de noms d'oiseaux échangés, tant de combats menés, les deux ont peut-être posé les armes, pendant trois heures. Peut-être se sont-ils dit que le pouvoir était bien difficile à exercer, se sont-ils trouvé des pensées, des sentiments en commun, des lassitudes semblables. En tout cas, ils n'entendent ni l'un ni l'autre aisément renoncer à ce pouvoir qui leur fait tant de mal.

3 octobre

Jacques Julliard fait commandeur de la Légion d'honneur par Hollande à l'Élysée. Des rocardiens, dont Manuel Valls, des habitués des joutes télévisées comme Luc Ferry, ou quelques nouveaux philosophes, et encore Jean d'Ormesson et l'éditrice Malcy Ozannat, des journalistes, comme Christine Clerc, Raphaëlle Bacqué, Laurent Joffrin. Jolis discours échangés entre le président et Julliard. *Le Figaro* a publié ce matin, non sans quelque malignité, un article de Julliard sur les valeurs de la gauche, qu'il accuse, sans le dire clairement, le gouvernement de négliger. Hollande a improvisé, avec talent, un passage, non prévu dans le discours qui lui avait été préparé, un petit développement bien senti, et amical à la fois, dans lequel il a fait mine de ne pas être dans le viseur de l'auteur de l'article. Sur le mode : À quelle gauche vous adressiez-vous ? Pas à la mienne, assurément. La laïcité ? Le Premier ministre reste-t-il muet sur le sujet ? Le savoir, la connaissance ?

Tout cela très bien dit, avec ce qu'il fallait d'humour, sans reculer sur ses valeurs à lui. Très bien, vraiment.

Pendant qu'il attendait sur l'estrade le président qui avait quelques minutes de retard, Jacques Julliard, son discours à la main, restait figé, l'œil dans le vague, ne sachant que faire. À côté de moi, Jean d'Ormesson le regarde, puis, éclatant de rire, lance : « On dirait un condamné à mort ! » Boutade d'un goût légèrement douteux, qu'heureusement l'intéressé, qui devait répéter dans sa tête les propos préparés, n'a pas entendue.

J'ai longtemps parlé avec Évelyne Richard, qui attendait, elle, à une autre porte de la salle des fêtes de l'Élysée, la sortie du président africain qui rendait visite à Hollande juste avant la cérémonie Julliard. Toujours présente – elle a officié sous six présidents de la République –, elle m'a parlé du désert de l'Élysée. Les collaborateurs importants s'en vont les uns après les autres, la « trahison » de Macron a fait un tort considérable, dans l'esprit des habitués et des cadres de l'Élysée, à François Hollande qui n'a rien vu venir, et n'a pas su juger à temps du caractère et des ambitions de Macron. Cela vaut aussi pour son secrétaire général, Jean-Pierre Jouyet, dont Macron était l'ami et le protégé, et qui s'est trouvé tout autant trahi.

Elle me raconte une maison désormais sans boussole, avec une cellule politique et une cellule diplomatique qui ne se parlent pour ainsi dire pas, ce qui multiplie les rendez-vous à décommander, à fixer de nouveau, les susceptibilités froissées, les usages malmenés. Elle est véritablement désolée, pour Hollande, pour les autres. Elle soupire à l'idée que la fonction présidentielle soit si affaiblie, malgré, dit-elle, la résistance du président qui semble, aujourd'hui encore, épargné par le temps : je le regarde de près pendant que, cherchant naturellement la compagnie des journalistes, il se dirige, comme aimanté, vers Franz-Olivier Giesbert qui fait son numéro.

Hier, Arnaud Montebourg a sauté le pas : il a donc accepté de participer à la primaire de la gauche, plutôt que de se présenter directement devant le suffrage universel. Comment Cambadélis lui a-t-il vendu la chose ? En tout cas, les premiers sondages sont, hélas, déjà tombés : à la primaire, Montebourg devancerait François Hollande. On imagine d'ici les choses : Montebourg en tête au premier tour, Marie-Noëlle Lienemann et Hamon se désistant pour lui, et Hollande battu par une coalition des perdants au deuxième tour. Je n'arrive pas à penser que cela soit possible. Hollande va-t-il prendre ce risque ? En tout cas, Évelyne me le confirme, il est déjà en campagne. Certes, mais le restera-t-il jusqu'au bout ? Terrible, la solitude dont cet homme est maintenant entouré. Jusqu'à quand pourra-t-il le supporter ?

Auprès de lui, Valls, qui contrairement à tous les Premiers ministres de la Ve République se consume tant à Matignon qu'il y a perdu des kilos, ne semble pas non plus ébranlé par la dureté des temps. Se prépare-t-il à prendre le relais, attend-il patiemment le moment où Hollande, «empêché», lui passera le flambeau? Il sourit, lorsque je lui pose la question. Il est heureux là où il est, me dit-il. Ce n'est plus l'enfer de Matignon, c'est le désert de l'Élysée.

4 octobre

Jean-Marie Le Pen est un malin. Toujours en pleine forme, à quatre-vingt-huit ans, il a le sens de la formule. En disant aujourd'hui, dans un entretien au *Parisien* : «Sarkozy se jeanmarise», il a d'une seule phrase, et d'un néologisme, fait d'une pierre deux coups. Un coup contre Nicolas Sarkozy, d'abord. Sous-entendre que l'ancien président de la République met ses pas dans les siens, le féliciter en somme de vouloir «prendre une part du gâteau» de l'extrême droite est à double tranchant. Surtout lorsqu'il ajoute qu'il ne peut pas l'empêcher de «faire les mêmes analyses» que lui et d'en arriver aux mêmes conclusions. Nicolas Sarkozy se serait bien passé de ce soutien encombrant.

En fin d'après-midi, Macron à Strasbourg pour son deuxième grand meeting public après celui de Lyon. Je n'entends pas son discours, qui n'est pas télévisé. Son arrivée est spectaculaire. Il joue de l'hostilité de la classe politique qui le condamne, de Manuel Valls à Alain Juppé. Quoi? Juppé le traite d'incompétent et de déloyal? Il feint de s'étonner : Alain Juppé aurait-il retrouvé son arrogance de jeunesse? C'est certain, il a du répondant, ce petit jeune. Et aussi ses fans, qui ne savent rien de son programme et s'en fichent comme de leur première chemise. Aussi a-t-il décidé de dire qu'il serait élu sur son image et pas sur son programme. Il a raison, personne ne lit les programmes et tout le monde regarde les images. Tout de même, quel tour de passe-passe : quitter le gouvernement pour incarner une autre ligne, et dire quelques semaines plus tard qu'il sera élu sur sa jolie petite gueule!

5 octobre

J'ai demandé, en marge de la cérémonie de l'autre jour à l'Élysée, à laquelle était invité Hervé Gaymard, s'il voyait, autour de lui, se rallier à Juppé, coudes au corps, les parlementaires qui s'étaient hier ralliés à Nicolas Sarkozy. Il me raconte, en riant, comment, après la longue interview d'Alain Juppé publiée cette semaine dans *Le Journal du dimanche*, il a reçu un tas de coups de téléphone ou de messages. Les plus prêts, la semaine dernière, à rejoindre Sarkozy se sont en grande hâte précipités pour chanter à ses oreilles les louanges du maire de Bordeaux.

Macron n'avait pas encore prononcé son discours lorsque j'ai écrit hier ces quelques lignes sur son arrivée à Strasbourg. Une allure folle, ce meeting, avec tout ce qu'il faut de jeunes vêtus de tee-shirts, de spectateurs et spectatrices enthousiastes. Mais sur le fond, rien. L'homme conserve son mystère. Il ne s'est fait applaudir que lorsqu'il s'en est pris, classiquement, à Sarkozy et à Juppé. Pour le reste, la mise en scène était parfaite, mais le texte, pauvre.

7 octobre

Coup de téléphone d'Hubert Falco à Charles Villeneuve pendant la préparation de l'émission *Les Grandes Voix*. La voix de l'élu du Var résonne de sorte que tout le monde, autour de la table, entend ce qu'il dit. *Nice-Matin* m'a prévenue hier que le sénateur-maire de Toulon, ancien ministre de Sarkozy[1], s'était rallié à Juppé. Cela m'avait étonnée car il semblait beaucoup plus proche de Sarkozy que de Juppé, puisqu'il a participé au gouvernement Fillon pendant trois ans, gouvernement dans lequel il avait été nommé par Nicolas

1. Hubert Falco a été successivement secrétaire d'État aux Personnes âgées, ministre délégué à l'Aménagement du territoire et secrétaire d'État à la Défense et aux Anciens Combattants, de 2002 à 2010.

Sarkozy. Je pensais de surcroît que le poids du Front national dans le Var, et à Toulon précisément, amènerait Falco à adopter le langage et le style de Sarko, pour gagner les faveurs d'une partie de ses électeurs. Eh bien non ! Il raconte au téléphone en quelques phrases qu'il ne cesse de rencontrer sur son chemin du matin au soir des Toulonnais qui lui disent : « On en a assez de Sarkozy » ou, selon la formule méridionale : « Enlevez-le-nous du milieu ».

« Ce n'est plus supportable », conclut-il. Je ne suis pas sûre que, si les sondages de Sarkozy étaient au plus haut, il tiendrait le même langage. Mais enfin, Hubert Falco, on le sait, a un flair politique exceptionnel. « C'est un chien truffier », dit-on de lui dans le Midi. Il décèle, mieux et plus tôt que quiconque, les vainqueurs des luttes politiques. Aucun doute : il sent la glissade de Sarkozy et la montée impériale de Juppé.

Il devait être suivi, m'avait-on annoncé, dans son ralliement à Juppé par Xavier Bertrand[1], Celui-ci a pourtant choisi de garder encore le silence. Il attend peut-être d'autres sondages pour prendre sa décision, naturellement par conviction.

10 octobre

J'écoute Alain Juppé répondant, depuis son bureau de Bordeaux, j'imagine, aux questions de Ruth Elkrief. Évidemment, ses concurrents à la primaire rappellent à qui voudrait l'entendre que l'ancien Premier ministre de Chirac, qui a été pendant des années son collaborateur à l'Hôtel de Ville, a été condamné dans l'affaire des emplois fictifs à la mairie de Paris[2]. Juppé, qui a souffert de cet

1. Xavier Bertrand a été élu président du conseil régional des Hauts-de-France, regroupant les régions du Nord-Pas-de-Calais et Picardie. Les électeurs de la gauche se sont portés sur son nom au moment de l'élection en 2015 pour barrer la route à Marine Le Pen.

2. Alain Juppé a été condamné en 2004 à quatorze mois de prison avec sursis et à un an d'inéligibilité. Abandonnant ses mandats politiques, l'ancien Premier ministre de Jacques Chirac a été réélu à la mairie de Bordeaux en 2006. Ministre d'État en 2007, puis entre 2010 et 2012, il a été considéré comme le numéro deux du gouvernement Fillon.

éloignement de la vie publique et arrive aujourd'hui à peine à parler de l'épreuve qu'il a assumée largement en lieu et place de Jacques Chirac, a trouvé sa réplique : « En matière judiciaire, dit-il, mieux vaut avoir un passé qu'un avenir. »

L'allusion aux démêlés de Sarkozy avec la justice est claire. Si vraiment Nicolas Sarkozy cherche Juppé sur ce terrain, il le trouvera.

Je pense, au moment où Juppé lâche cette petite phrase, à tout ce qu'ont dit de lui, il y a quelques semaines à peine, tous ses adversaires, et je rigole parce que je n'ai jamais partagé leurs jugements : « Juppé s'effondrera dès que commencera la campagne », « Juppé, c'est Balladur, il se dégonflera comme une baudruche ».

Ce matin, rencontré à LCI Thierry Solère, le grand organisateur, avec la Haute Autorité, de la primaire républicaine. Nous parlons, évidemment, du premier débat télévisé organisé, le 13, sur TF1 et LCP. Il m'assure que tout se passera bien, que les sept participants se tiendront bien, éviteront les prises de bec.

Pour en être sûr, il a invité à déjeuner, jeudi, le jour de leur prestation commune, les directeurs de campagne des sept compétiteurs. Il sait, comme nous, à quel point ce show télévisé est inédit dans la vie politique française. C'est la première fois que les héritiers, plus ou moins lointains, du mouvement gaulliste ont accepté de se soumettre à un verdict préalable des Français. Fini, le culte du chef, du chef unique, du chef aimé et incontesté. Dieu sait que, lorsque les socialistes ont établi les premiers ce mode de désignation, la primaire ouverte à tous, pour choisir leur candidat à la présidence de la République, en 2011, les ténors de l'UMP se sont esbaudis devant cette pratique politique inconnue, presque incongrue, en France. D'autres, plus gravement, ne se sont pas privés de critiquer cette consultation, qu'ils disaient contraire à l'esprit de la Vᵉ République.

Seulement voilà ! Les socialistes sont, aussi loin qu'on remonte dans le temps, organisés en clans et en chapelles, ils ont toujours eu l'habitude des confrontations internes entre leurs différents leaders. La présence, sur le même plateau, des sept candidats de droite et du centre est au contraire tout à fait inhabituelle : qu'un ex-président de la République y soit confronté à deux anciens Premiers ministres, et à quatre autres candidats moins « capés », c'est, à droite, une véritable révolution.

Deux raisons à l'intérêt de ce premier débat :

1. La personnalité qui sera choisie à l'issue de la confrontation, en novembre prochain, devrait figurer, sauf croche-pied de dernier moment, au deuxième tour de l'élection présidentielle. La gauche étant d'ores et déjà en mauvaise passe, et divisée de surcroît, le candidat de l'opposition choisi à l'occasion de cette élection primaire de novembre 2016 aura donc en 2017 les meilleures chances d'être confronté à Marine Le Pen après le premier tour. Donc, sauf dans le cas où Marine Le Pen crèverait son fameux « plafond de verre », de l'emporter au deuxième tour face à la présidente du Front national, et d'entrer dans la foulée à l'Élysée.

2. Quels que soient les efforts des différents candidats à la primaire républicaine, le combat est devenu, progressivement, un duel entre Nicolas Sarkozy et Alain Juppé. Qui viendra perturber cet affrontement ? Fillon, avec ses convictions, Le Maire, avec sa volonté de renouveau portée en bandoulière, Jean-François Copé à peine épargné par l'affaire Bygmalion, NKM, avec ses larges idées, parfois confuses, sur la nouvelle société, ou l'inconnu du bataillon, Jean-Frédéric Poisson, le successeur de Christine Boutin au Parti chrétien-démocrate, qui entre nous n'a rien à faire là ?

13 octobre

Titre de *L'Obs* d'hier : « Je suis prêt ». François Hollande, en couverture, a choisi, dès maintenant, de faire le bilan de son action à l'Élysée depuis quatre ans. Je pense depuis longtemps que pour mille et une raisons, la principale étant son impopularité, il devrait s'abstenir de prendre le départ. Carole Barjon, qui a fait, avec d'autres, son interview-fleuve dans l'hebdomadaire est sortie de l'entretien persuadée du contraire, qu'il était déjà sur les *starting blocks*. Il a longtemps, y compris salle Wagram, annoncé qu'il se prononcerait après la primaire républicaine, semblant ainsi attendre de savoir quel type de campagne il allait faire, Sarko et Juppé étant deux adversaires bien différents, à traiter donc différemment. Je ne sais pour quelle raison il a voulu accélérer le mouvement. On me dit que c'est pour faire le bilan, répondre au procès en trahison qui lui est fait par une partie de la gauche, et régler l'ardoise justement avant de se lancer dans la reconquête.

Je n'ai même pas encore eu le temps, depuis hier, de lire la dizaine de pages de *L'Obs*, que toute l'opération remise en orbite de François Hollande explose. *Un président ne devrait pas dire ça...*, c'est le titre qu'ont choisi Lhomme et Davet[1] pour dynamiter la communication mise au point soigneusement par François Hollande, avec, sans doute, Gaspard Gantzer à la manœuvre. J'attendais ce livre avec crainte, car le mien, *Comment en est-on arrivé là ?* sorti la semaine dernière, est littéralement explosé par le leur. Mes craintes sont confirmées, et au-delà : les propos tenus devant eux par le président de la République pendant ces quatre années, alors que sur la table, devant lui, le magnétophone tournait, sont proprement stupéfiants. Est-ce un suicide, volontaire ou pas, un acte manqué, de François Hollande ? À quel mauvais côté de lui cela correspond-il ? Comment ce politique, trop occupé de petite politique, a-t-il pu faire cette bourde, ces bourdes magistrales ? Je lis, stupéfaite, les premiers extraits qui me semblent réellement meurtriers pour lui. Je ne vais pas tous les citer ici, puisque je n'ai pas encore lu le livre, mais les quelques phrases publiées par *Le Monde* font des ravages. J'ai entendu à la radio la première : « Dans dix ans, la Marianne française sera voilée. » J'ai eu un choc. Pourquoi ? Parce que toutes les femmes françaises porteront le voile ? On me dit que, sur ce point précis, j'ai tort : dans le contexte, ça signifie au contraire, m'assure-t-on, que lorsque les femmes musulmanes se sentiront réellement françaises, elles enlèveront leur voile. Façon bien compliquée, et bien dangereuse, de dire les choses. Le reste des conversations privées est à l'avenant. La justice ? C'est une « institution de lâcheté », confie-t-il dans l'intimité aux deux journalistes. Quatre jours auparavant, au

1. Tous deux journalistes au *Monde*, ils suivent François Hollande depuis le début de son mandat.

congrès de l'USM qui recevait pour la première fois un chef d'État français, il avait dit, dans une belle envolée devant un parterre d'auditeurs conquis : « Il n'y a pas d'État de droit si l'autorité judiciaire n'est pas respectée. »

Jamais la distance entre le discours public et le discours privé n'a été aussi grande. Un abîme. Sur l'immigration, Notre-Dame-des-Landes, l'islam qui « pose problème », les assassinats « ciblés » ordonnés en haut lieu, c'est-à-dire par Hollande lui-même, ou encore la simplicité d'esprit des footballeurs, que de confidences inutiles ou dangereuses.

14 octobre

Première émission réussie pour la primaire républicaine : pas de dérapage, pas d'empoignades. Les téléspectateurs qui s'attendaient à l'échange d'invectives ou de noms d'oiseaux sont restés sur leur faim.

Chacun était dans son style, hier soir. Prudent et modéré, présidentiel en un mot, peut-être un peu trop tôt, pour Alain Juppé. De son côté, Nicolas Sarkozy paraissait irrité de voir cinq challengers, qui lui doivent beaucoup, passer en revue les échecs de son quinquennat passé. Net, précis, convaincu, peut-être toujours un peu trop sévère, François Fillon a évité de ranimer le conflit qui l'avait opposé en 2012 à Jean-François Copé, qui lui a été malhabile et peu convaincant. Bruno Le Maire, moins bon qu'à l'habitude, trop mal à l'aise en début d'émission, s'en est tenu à quelques belles phrases sur le renouveau nécessaire de la classe politique et NKM a démontré qu'après tout, et même légèrement décalée, favorable à une droite ouverte, elle avait sa place sur le plateau.

Tous avaient en tête, au moment où ils parlaient, l'étrange atmosphère de la journée précédente, avec les stupéfiantes confidences de François Hollande. C'est parce que le président en exercice ne rate pas une occasion de se desservir lui-même – on parlait, hier, d'hara-kiri politique – que la primaire républicaine est importante. La voie vers l'Élysée est libre, ou presque. Chacun des sept candidats d'aujourd'hui se sent pousser des ailes : le pouvoir est à portée de main.

Le tirage au sort a désigné Alain Juppé comme devant conclure cet échange à sept. « Peut-être est-ce un signe positif du destin, on verra bien », a commencé Juppé avec la conviction d'avoir dominé le débat. Sarkozy, derrière son pupitre, lance à mi-voix une petite phrase rageuse, que les téléspectateurs n'entendent pas, mais que le micro enregistre : « Les derniers, c'est pas toujours les premiers. »

16 octobre

Qui est vraiment Hollande ? Quatre ans que chacun cherche à cerner sa personnalité, son personnage. Et puis, aujourd'hui, ces inutiles et nuisibles confessions.

Comment en est-on arrivé là ? Comment Hollande en est-il arrivé là ? Des heures et des heures d'échanges avec Lhomme et Davet, de conversations complices, de dîners intimes, de laisser-aller, lui que je pensais cadenassé, fermé, verrouillé. Pourquoi, mais pourquoi, avoir laissé ces deux journalistes, qui n'ont jamais caché leur intention de publier un livre à partir de ses confidences, entrer ainsi dans son intimité ? Comment lui-même a-t-il osé tenir, en privé, des propos qui sont à l'opposé de son discours public ? Mystère. Après la publication du livre *Un président ne devrait pas dire ça...* la semaine horrible de François Hollande n'en finit pas de finir. Et d'ailleurs, finira-t-elle un jour ? Car les propos dont il a abondamment abreuvé ses auteurs stupéfient son entourage et même, au-delà, tous les acteurs de la vie politique. Autour de lui, une sorte de sidération s'est installée. Au Parti socialiste surtout, dont le premier secrétaire, Jean-Christophe Cambadélis, m'avoue presque tristement qu'en effet, le président ne se rendait pas la tâche commode. Façon de dire qu'il la compliquait considérablement pour ceux, dont lui, qui sont ses plus fidèles soutiens. J'imagine le désarroi, la colère qui doivent être les siens. Il se démène, depuis des semaines, pour rendre possible la candidature de Hollande, il recrée la gauche plurielle, il s'efforce d'organiser le dernier carré des fidèles. Tout ça pour ça. Claude Bartolone, le président de l'Assemblée nationale, a publiquement affirmé sa stupéfaction devant les confessions hémorragiques du président. Ministres et parlementaires, eux, affectent pour la plupart consternation ou incrédulité. « On est entré, dit l'un d'entre eux, dans mission impossible. » À l'Élysée même, l'ambiance est à la morosité et le doute s'est installé. D'autant que les phrases dévastatrices du président ont été rendues publiques au moment même où il donnait à *L'Obs* une interview – relue par lui, cette fois – qui se voulait le premier acte de sa reconquête.

Quant à l'opposition, elle enfonce, avec entrain, le couteau dans la plaie : Hollande discrédité, Hollande « empêché », Hollande irresponsable, Hollande attentant gravement à la fonction présidentielle, chacun des candidats à la primaire républicaine a décliné à sa manière son couplet « hollandicide ».

La semaine tumultueuse de François Hollande succède à celle que Nicolas Sarkozy a traversée il y a déjà quinze jours. Rien ne lui avait été épargné, ni les témoignages à charge de l'ancien grand manitou de l'Élysée avant 2012, Patrick Buisson, ni les reportages, sévères, sur l'affaire Bygmalion et le financement de sa campagne électorale de 2007.

Cette concomitance dans la mise en cause de l'ancien président et du président actuel n'est pas une simple coïncidence. Les sondages, en berne pour François Hollande, qui donnent par ailleurs Nicolas Sarkozy largement distancé par Alain Juppé à la veille de la primaire républicaine, apportent une indication identique pour l'un comme pour l'autre.

De la campagne présidentielle qui commencera dès le deuxième tour de la primaire, Nicolas Sarkozy et François Hollande sont-ils, dès à présent, les perdants ?

Quel coup, tout de même, pour la fonction présidentielle ! Quelle incompréhensible erreur ! Il n'a pas cette fois de casque sur la tête, et n'est pas allé conter fleurette à une jolie femme dans la nuit, c'est encore plus grave : c'est à lui qu'il a porté atteinte, lui qu'il a blessé.

C'est un tournant, c'est du moins ainsi que le voit Valls, seul à être épargné dans le livre, et pourtant le plus sévère, depuis le Canada où il est en visite officielle. On sent bien que, depuis quelques semaines, les relations entre eux, fidélité ou pas, se dégradent. Valls ne sait plus sur quel pied danser : le président y va, n'y va pas ? Les dix mois qui viennent seront-ils une lente glissade vers la sortie de l'Élysée ? J'ai envoyé à Valls un SMS, il m'a répondu : « Je réfléchis. »

C'est déjà prendre ses distances.

19 octobre

Le psychodrame continue. François Hollande confirme sa volonté d'aller jusqu'au bout, encore qu'il fasse toujours mine d'attendre la fin décembre. Autour de lui, ses amis se déchirent. Cambadélis, après avoir manifesté sa mauvaise humeur, revient à son point de départ : aucun autre candidat ne peut faire l'unité du PS. Valls, ce serait la division immédiate (d'ailleurs je note qu'en effet les frondeurs se taisent parce que, en définitive, ils préfèrent Hollande à Valls). Macron, cris d'orfraie. Ma conviction est que les hollandais, même les plus fidèles, considèrent aujourd'hui que Hollande n'a aucune chance, et pourtant qu'il est le seul à ne pas trop scinder le parti entre deux gauches « irréconciliables ». Peu leur importe qu'il se ridiculise avec 10 % des voix, peu leur importe que 80 % des Français n'en veuillent pas, l'essentiel est que le PS puisse rebondir après l'échec.

On me dit pourtant que Le Drian est hostile à la candidature de Hollande, qu'il pousse au contraire Valls. L'idéal pour Valls eût été que Bernard Cazeneuve soit Premier ministre, et que lui-même reste à l'Intérieur. Il aurait été moins affaibli par les deux ans passés aux côtés de Hollande.

Hier, réponse sanglante de Régis Debray dont Hollande, parlant à ses interlocuteurs préférés, avait dit qu'il « croyait à la France disparue[1] ». « Me prêter l'idée que la France a disparu, écrit Debray

1. François Hollande a dit : « Quant aux élites intellectuelles, on ne peut pas dire qu'elles soient très passionnées par l'idée de la France. Ou alors, c'est une espèce de culture nostalgique à la Régis Debray sur le thème : la France a disparu. »

dans *Le Monde* d'hier, quand elle connaît tout simplement une métamorphose, c'est m'attribuer une sottise proche de la calomnie... » Il rappelle que, pour lui, c'est le souvenir réactualisé de la mémoire qui permet d'avancer. « Par chance pour notre pays, les révolutionnaires de 1789 ont eu la nostalgie de la République romaine. » Et il conclut : « N'ayant pas l'honneur de fréquenter l'Élysée depuis de nombreuses années, je me résous à éclairer votre lanterne par voie de presse comme vous éclairez la nôtre. »

Aller se faire un ennemi de Régis Debray quand on n'a pas lu une seule ligne de lui, il faut le faire.

Jacques Chirac est sorti de l'hôpital. Il a rejoint sa chambre médicalisée chez Pinault : il ne peut plus s'alimenter, ne reconnaît plus grand monde, se plaint néanmoins qu'on ne vienne pas le voir. Une seule interrogation, paraît-il, l'amène à réagir. Qu'on lui demande s'il souhaite que Sarkozy soit réélu, il crie : « Non ! » Comme le cri du cœur de Simone Veil, à qui son fils demandait qui elle trouvait le plus méchant, de Bernadette Chirac ou de François Bayrou. « Aucun doute, Bernadette », a-t-elle répondu.

22 octobre

Un président de la République morigéné par son Premier ministre : on n'a jamais vu cela sous la Ve République. Après avoir interrogé députés et conseillers, je reviens sur ce qui s'est passé lors de cette journée du 19 octobre. Valls et Hollande se sont expliqués. Réunion hebdomadaire du groupe socialiste à l'Assemblée nationale mardi matin. Émoi, embarras, inquiétude, incompréhension – tout cela autour d'un livre que beaucoup n'ont pas lu –, on imagine que l'humeur des parlementaires était sombre. Valls n'esquive pas les choses. Il pense que si la dérive continue, la gauche de gouvernement sera, c'est son mot, « pulvérisée » en avril prochain. Il faut taper du talon et remonter du fond de la piscine. Il y a pourtant, dit-il, un besoin de gauche face au programme libéral des sept candidats à la primaire de la droite. C'est dès aujourd'hui qu'il faut commencer le combat. Voici le Premier ministre devenu l'autorité morale de la gauche, au moment où Hollande est dans la tempête, tempête qu'il a lui-même provoquée.

Le soir, dîner de la majorité à l'Élysée autour de Hollande. Claude Bartolone, éprouvé par les phrases de François Hollande telles que les ont reproduites Lhomme et Davet, boude la réunion. Dans le salon et autour de la table, les présidents de groupes parlementaires, Bruno Le Roux et Didier Guillaume, Jean-Christophe Cambadélis, Manuel Valls. Dès le début, Cambadélis donne le ton : « As-tu d'autres livres prévus ? interroge-t-il. Dans ce cas préviens-nous, avant que nous l'apprenions par la presse. »

Interrogé, Valls ne cache pas qu'il considère que ce livre est une lourde erreur, qu'il complique et même bouche l'avenir. Ce ne sont pas ses termes exacts, je me les ferai confirmer plus tard, mais c'est bien l'esprit de son intervention. Il fait part aussi du désarroi des socialistes, de leurs interrogations, de leur malaise. Encore ne dit-il pas ce que rapportera, vrai ou faux, *Le Canard enchaîné* le lendemain, mercredi : « C'est irresponsable, consternant, indéfendable et ça peut être cataclysmique. »

S'il ne le dit pas mardi soir, il le pense très fort.

Le paradoxe est que cette critique ferme de François Hollande aboutit à lui demander de faire mouvement plus vite, d'annoncer, sans attendre, qu'il est candidat ou qu'il ne le sera pas. On voit mal, en réalité, comment Hollande pourrait aujourd'hui presser le pas. Certains parlementaires, autour de Frédérique Espagnac, son ancienne assistante, aujourd'hui devenue sénatrice, s'apprêtaient hier à rendre public un appel à sa candidature. Ils ont remis leur texte dans leur poche, en attendant des jours meilleurs. On parle au contraire, aujourd'hui, d'un appel qui lui serait adressé par d'autres parlementaires l'exhortant à ne pas se représenter.

Quant aux déclarations des uns et des autres, y compris des amis proches de Hollande, elles vont dans le même sens : « À la question posée par Hollande, dit Malek Boutih[1] : "Quitte ou double", je réponds : "Quitte" ! » « Je souhaite qu'il s'évite une humiliation »,

1. Malek Boutih est député socialiste de la 10e circonscription de l'Essonne.

va même jusqu'à confesser l'avocat Jean-Pierre Mignard, son ami de toujours.

J'ajoute que 78 % des Français jugent ses confidences injustifiées, et que l'image de Valls est au zénith : il est jugé plus compétent, davantage capable de faire aboutir les réformes, plus courageux que le chef de l'État. Et il a la stature d'un président de la République. Hollande ne l'emporte sur lui que sur un point : il est plus sympathique. Voilà la seule qualité qui lui est reconnue : c'est un peu court.

Lorsque j'ai fait ma petite enquête à Matignon hier, Yves Colmou m'a éconduite, gentiment mais fermement, en me disant qu'il ne voulait pas ajouter à la polémique. Harold Hauzy, lui, tout en minimisant l'intervention de Valls, me l'a tout à fait confirmée.

Valls est vraiment sur la corde raide. Il ne se présentera pas si François Hollande est candidat. Il n'est pas Brutus, pas Macron. Force est de dire pourtant qu'il s'installe en chef de la majorité. Il vient, il y a quelques heures, de prononcer à Tours un magistral discours, celui que Hollande ne fait pas, appelant les socialistes, de Macron à Montebourg, à l'unité, sans laquelle la gauche de gouvernement, et la gauche tout court, d'ailleurs, disparaîtront. Je ne connais pas encore les réactions à cet appel, et notamment pas celle de François Hollande. Valls plaidera que de toute façon, sans savoir qui sera le candidat socialiste, ce discours d'unité était nécessaire. C'est vrai, à cette nuance près qu'il occupe peu à peu la place de Hollande. Il n'a pas le choix, plus le choix : la politique déteste le vide.

Bruno Le Maire a beaucoup insisté pour avoir « son » temps de parole sur France 2, c'est-à-dire un temps équivalent à celui de Sarkozy et de Juppé. C'est de bonne guerre. Mais la télévision, contrairement à ce que croient les politiques, ne se domestique pas ainsi, on ne force pas les gens à la regarder avec des kalachnikovs. Il a certes été malmené par ses interlocutrices, deux syndicalistes, mais cela n'explique pas son faible score : moins de deux millions de téléspectateurs. Cet homme est trop fabriqué, il a trop voulu construire sa carrière et a sans doute prétendu trop tôt à la présidence. Cela m'avait gênée, déjà, dans son livre sur son expérience au ministère de l'Agriculture : une construction bien écrite, d'ailleurs, de sa future trajectoire ; tout était pensé, le moindre mot choisi pour faire de lui le personnage politique qu'il n'était pas encore. Il ne l'est toujours pas : c'est la conclusion que les Français ont tirée de sa prestation.

Une preuve : *Valeurs actuelles* organise, depuis le début de la campagne pour la primaire, des dîners avec les candidats. Sarkozy et Juppé avaient fait le plein. On a dû décommander le dîner Le Maire parce que seuls trente convives s'étaient inscrits. Cela ne trompe pas.

23 octobre

Anniversaire de Jean-Jacques Augier. Lui qui connaît bien Hollande – il a été le trésorier de sa campagne – n'est pas surpris par le livre de Lhomme et Davet, et surtout par ce qu'il révèle. Il dit que dès la composition du gouvernement, après son élection en 2012, il avait su le mépris que Hollande avait pour ceux dont il a fait ses ministres, même le premier d'entre eux.

« C'est un homme qui méprise les gens, sûr de leur être supérieur. À la façon dont il est parti dans son quinquennat, j'ai su qu'il allait rater son mandat. »

Je n'oublie pas que Jean-Jacques Augier a failli être mis en cause, à tort d'ailleurs, en tant que trésorier de la campagne de Hollande et que celui-ci a immédiatement pris ses distances en le laissant tomber. Cela, en effet, relâche les liens. Il reste qu'Augier l'a beaucoup aimé, avant d'être progressivement écarté, puis profondément déçu par lui. « Il n'aime personne, conclut-il. Au fond, Hollande ne s'est jamais entouré que de médiocres, pour être sûr de les dominer. Il a toujours craint les esprits plus forts que lui. »

25 octobre

Déjeuner avec Renaud Dutreil qui, ancien ministre des PME sous Jacques Chirac, vient de rallier Macron. Et veut animer, à ses côtés, « la droite avec Macron ». Comment se sont-ils rencontrés ? Lorsque Macron s'est intéressé à la transmission des entreprises, il a voulu consulter sur le sujet Renaud Dutreil, un spécialiste des entreprises. À noter, au passage, qu'il n'a pas demandé de consultation à un ancien ministre socialiste ! Un rendez-vous conclu après un appel téléphonique raté ; la fille de Renaud Dutreil a mal compris, la première fois, le nom de l'interlocuteur qui appelait son père : « Tu as eu un coup de fil, M. Mocron t'a appelé », avait-elle dit à son père. Celui-ci n'a compris que le lendemain que Mocron était Macron.

« Nous nous sommes vus à cette occasion, raconte-t-il. Je lui ai dit, à la fin de notre entretien, qu'il devait faire de la politique. Il n'a pas tardé à en faire. »

Dutreil a été un des premiers auxquels Emmanuel Macron a appris qu'il allait démissionner, en même temps qu'il lui racontait sa dernière rencontre avec Hollande, le lundi matin. « J'ai entendu ce que tu as dit, a rapporté Macron de sa conversation avec le président. Tu m'as dit que je devais choisir entre le gouvernement et le mouvement En Marche !. J'ai choisi. Je quitte le gouvernement. »

Aucun doute dans l'esprit de Dutreil : lorsque le ministre de l'Économie a quitté le président, il avait bel et bien l'intention de se présenter en 2017. Avec quelle organisation, quel parti derrière lui ? Dutreil hausse les épaules.

« Les partis sont inefficaces, détestés, leurs militants et leurs cadres sont dépassés, tandis que les comités En Marche ! se créent partout en France. Le mouvement compte environ 100 000 adhérents. » Adhérents ? Il s'agit simplement de gens qui cliquent sur leur ordinateur ou leur tablette. Un peu facile de considérer qu'ils sont tous décidés à faire la campagne de Macron. « Pas du tout, dit-il, ils ne demandent au contraire qu'à servir, ce que ne veulent plus les militants des partis traditionnels. »

Renaud Dutreil me fait l'effet d'entrer en religion. Je l'interroge sur la personnalité de Macron. Il réfléchit : « Il y a un côté mystique chez lui. Il est porté, inspiré. »

Il n'a pas tort : il y a en effet quelque chose de mystique dans son visage. Comme s'il se sentait désigné par une main divine pour recomposer la politique française. L'image ne choque pas Dutreil.

« En face de lui, qui y a-t-il ? Sept Nixon républicains et quatre Nixon de gauche. Tandis qu'il y a chez Macron un côté Bonaparte face au Directoire. »

Il continue à filer la comparaison historique : « Il y a trois Horaces, désormais, à gauche : Hollande, Valls et Macron. Et trois Curiaces à droite : Sarkozy, Juppé et Le Pen. Dans le combat final qui se dessine entre Alain Juppé et Emmanuel Macron, Juppé va faire de la morale, comme toujours, et lui, Macron, va redonner du moral aux Français. Juppé récite le passé, Macron l'avenir. Juppé est obsédé par tout ce qu'il n'a pas fait, la suppression de l'ISF par exemple. Il tire ses regrets comme un boulet. »

Il se projette déjà au-delà de l'élection du printemps prochain.

« Juppé se prépare à une majorité difficile, avec un groupe parlementaire centriste dont il a déjà accepté le principe et un groupe LR qui restera proche de Sarkozy et de Wauquiez. Les Français vont le sentir : le programme de Juppé est un programme de réparation et non de transformation. D'autant qu'il annonce ne vouloir faire qu'un seul quinquennat. Il dit lui-même : “Je suis de passage.” Il ne gouvernera pas. »

Il ajoute, pour en finir avec Juppé : « Il n'a pas de goût pour le débat public, il écoute les gens par politesse. Ce qui est, entre nous, ajoute Dutreil sorti lui aussi de l'École normale supérieure, contraire à l'esprit de cette grande école. Il faut être créatif, il faut avoir un peu de cette *furia francese* nécessaire pour redonner espoir aux Français. »

Oui, l'alternative, à ses yeux, est Emmanuel Macron, qui seul redonnera aux Français le moral et la confiance. L'Europe ? « Il y jouera son rôle sans états d'âme : il croit nécessaire que la France reprenne son leadership. C'est chose faisable, après le Brexit. »

Les Français ?

« Il peut rallier à lui les politiques de tous bords. »

Il ajoute : «Nous pouvons être audacieux, car la présence du Front national rend archaïque le clivage entre la droite et la gauche.»

«C'est un libéral-colbertiste», résume-t-il, fier de sa trouvaille.

«Il est rarement dans l'indécision, il voit tout de suite l'objectif. Il est rationnel, cartésien mais imaginatif. Il va très vite, car il a une vision. Il est habité par sa mission. Pour l'instant, il est troisième à l'élection présidentielle. Le sursaut de foi dans le pays passe par Emmanuel Macron.»

28 octobre

Longue rencontre, ce matin, avec Marine Le Pen. J'ai eu un mal fou, dans un Nanterre défiguré par les travaux, à l'issue d'un parcours chaotique, à trouver le petit bunker blanc dans lequel elle s'est installée avec une poignée de collaborateurs. Il faut montrer patte blanche pour y entrer : un garde méfiant m'accueille, me conseille d'aller me garer plus loin. Il ne peut même pas m'ouvrir la grille, qu'on ne peut manœuvrer que d'un autre endroit, caché aux regards, dans le fond de la petite cour. Bref, j'arrive avec un bon quart d'heure de retard, après avoir cherché mon chemin au milieu des excavations de la route en réparation. Marine Le Pen me reçoit tout de suite, sortant à peine d'une réunion en petit comité avec son staff de campagne, dans lequel, bien sûr, figure au premier rang Sébastien Chenu, que j'ai connu il y a quelques années à l'UMP. Elle a singulièrement maigri, mais, quand je la regarde, en jean et veste bleue, elle a gardé son charisme. Quoi qu'on dise d'elle, que ses sourires carnassiers font peur, ou que sa voix, éraillée, frôle la vulgarité, quand elle est dans une pièce, on ne voit et l'on n'entend qu'elle. Pendant que je la regarde, comme si elle sentait que j'évaluais ses kilos perdus (avec envie), elle me dit, ce dont je me doutais, qu'elle a été obligée de faire une pause avant l'été. «Des années que je n'avais pas levé les yeux du guidon, j'ai dû m'arrêter quelques semaines, il fallait calmer le jeu.» Elle a repris le combat et désormais, affirme-t-elle, «nous n'avons plus de porte bloquée».

Puis elle entre dans le vif du sujet, me disant de la présidentielle qui vient qu'elle est profondément différente de celles qui l'ont précédée : il ne sera pas question de gestion, selon elle, mais de civilisation.

« On ne parlera pas de croissance à 2,5 %, mais de savoir s'il est encore possible que la France reste une nation démocratique, laïque, ou bien si elle sera un espace multiculturel sous tutelle européenne. »

Après cette déclaration musclée, la conversation part sur les chapeaux de roues. Sa conviction : sur ces grands choix, le FN est majoritaire dans le pays. Les électeurs frontistes le savent, et c'est pour cette raison qu'ils ne seront pas tentés par le vote Sarkozy, comme cela a été le cas en 2007. Nous parlons, du coup, de la primaire de la droite et du centre :

« Il y a un effet mécanique de la primaire. Ce n'est pas dans la culture de la droite bonapartiste. L'UMP [elle dit toujours l'UMP, et pas les Républicains – à cause de l'UMPS, sans doute, terme auquel elle ne veut pas renoncer] n'arrivera pas jusqu'au bout à maintenir une façade de sérénité dans ces débats. La façade s'est déjà effondrée sur Sarkozy. »

Parenthèse sur Nicolas Sarkozy : celui-ci vient d'assurer à Jean-Jacques Bourdin qu'entre Marine Le Pen et Hollande, au deuxième tour de la présidentielle, il ne voterait pas pour elle mais pour Hollande, « pas de gaieté de cœur, donc ».

« Sarkozy n'a pas de colonne vertébrale, enchaîne-t-elle. Tant qu'il a eu Buisson près de lui, il semblait tenir debout. Mais si on lui retire son corset, il n'y a plus personne. C'est un invertébré, Sarkozy, un Barbapapa, un simple boute-en-train, au sens oiseau qui cherche à faire chanter les autres. » Elle, en l'occurrence, je pense !

« Regardez, poursuit-elle, il a changé de stratégie au milieu de sa campagne à la primaire, c'est une erreur politique. Il pouvait s'en sortir autrement, dire que de toute façon, la gauche ne serait pas au deuxième tour. Non, il avait commencé sa campagne à droite, il a voulu donner un coup de barre à gauche. Tout, chez lui, repose sur une contradiction fondamentale : son programme économique est dicté, je dis bien dicté, par l'Union européenne.

En revanche, son discours contre l'immigration est contraire à celui des dirigeants européens. Aucune cohérence chez lui. »

« J'ai toujours pensé, moi, conclut-elle sur le sujet, qu'il n'arriverait pas à se représenter. Il a minimisé le rejet dont il fait l'objet. »

La seule chance pour Hollande de figurer au deuxième tour, selon elle, aurait été que Nicolas Sarkozy soit le candidat désigné par la droite, donc que François Bayrou, son alliance avec Alain Juppé ayant volé en éclats, décide de présenter également sa candidature au centre. Face à cette division, Hollande pouvait tirer son épingle du jeu.

« Mais les choses ne se présenteront sans doute pas comme cela. Au deuxième tour, ne resteront, dans l'hypothèse la plus probable, que Juppé et moi. »

Cela lui déplaît ? Non, elle juge au contraire qu'entre Juppé et elle, le débat sera intéressant : « Dans la campagne, nous allons aller jusqu'au bout des grands choix. Nous le ferons par gros temps : mais Juppé est-il un marin de gros temps ? Je n'en suis pas sûre. »

« Juppé, continue-t-elle, va accélérer la recomposition de la vie politique française. Une partie des LR votera directement pour Marine Le Pen [comme son père, elle parle d'elle à la troisième personne]. Une partie des socialistes votera Juppé, ce qui précipitera l'éclatement du PS. »

Et Macron ?

« Quand il sortira du bois, ce sera pour être Premier ministre de Juppé. »

« Avec Juppé, enchaîne-t-elle, nous nous retrouverons projet contre projet : France nation souveraine contre France province européenne. Chef de l'État français, gouverneur d'une province européenne ou président de la République ? Je lui demanderai : Quelle est la place de l'État ? Quel rôle attribuez-vous au service public, alors que votre programme est ultralibéral ? Vos "accommodements raisonnables" avec l'islam, avec les Frères musulmans, sont-ils compatibles avec la laïcité ? Quelles associations sont derrière les immigrés, qui les finance ? »

Et voilà, nous repartons, comme prévu, sur l'immigration. Elle parle de la suppression de toute possibilité de régularisation obtenue directement en France :

« Les réfugiés doivent d'abord rentrer chez eux, leur dossier sera instruit depuis leur pays. Ils ne pourront revenir en France que si l'autorisation leur en est donnée par les services français. Pour moi, c'est une forme d'honnêteté : il est malhonnête de leur dire de venir en France, et de les enfermer dans la jungle de Calais. Il faut au moins à leur égard exercer une sorte de dissuasion. »

Thème connu, sur lequel elle s'exprime encore pendant quelques minutes, jugeant que l'attitude d'Angela Merkel a été « une incitation, non seulement à ce que les migrants viennent en Allemagne, mais aussi chez nous ».

Je lui dis que la France n'est pas la destination la plus courue pour les réfugiés. Elle lève les bras au ciel : et quoi, 200 000 réfugiés par an, la ville de Rennes chaque année, et ça ne suffit pas ? Rien de nouveau dans ce qu'elle me dit, sinon que, sur les solutions qu'elle propose, elle a la conviction que la majorité des Français est avec elle.

Serait-elle seulement capable de gouverner ? Elle balaie mon objection en accablant sans mesure, et comme je m'y attendais, la classe politique française :

« Elle ne veut pas de nous, car nous ne devons rien à personne. Il n'y a rien de plus dangereux que des gens libres. L'important, pour eux, est de partager l'apparence du pouvoir. Hollande, par exemple, il sait ce qui se passe, il comprend, et il laisse faire. Même chose pour Sarkozy. Moi, je dis ce que je pense partout. Nous sommes meilleurs qu'eux parce que nous sommes plus convaincus. Les autres ne sont pas sûrs d'eux-mêmes et encore moins de leurs électeurs. »

Je sens en l'écoutant à quel point les certitudes qu'elle défend là, devant moi, sont partagées par des Français. Je sens aussi à quel point ses propos sont destructeurs.

« Nous sommes patriotes, poursuit-elle, donc pour l'État-nation. Eux, tous les libéraux [qu'elle met dans le même sac], ils ont une vision de la France post-nationale. »

Je la ramène à la façon dont elle pourrait, si le plafond de verre du FN se brise, gouverner. Elle affiche la plus grande sérénité.

« Si nous avons eu raison sur tout, c'est que j'ai autour de moi les gens les plus compétents pour analyser la situation de la France aujourd'hui. J'ai tout ce que je veux pour composer un gouvernement : je travaille déjà avec mes futurs ministres, y compris avec certains qui restent dans l'ombre. Après tout, mon directeur de campagne, Rachline, est au moins aussi compétent que bien des ministres de ce gouvernement et de ceux qui l'ont précédé ! Les politiques ne doivent pas se soumettre à leur administration, et je vous garantis que mes ministres ne s'y soumettront pas. Je m'appuierai sur une majorité présidentielle, composée des gens qui ont contribué à mon élection, de ceux qui se seront ralliés entre le premier et le deuxième tour de la présidentielle, ainsi que sur tous ceux qui viendront après. Vous verrez, cela fera du monde. J'ai ouvert le Front national, et j'ai accueilli tous ceux qui voulaient y entrer. Cela m'a causé davantage de bonheurs que de déceptions. »

Elle en profite pour me raconter, non sans plaisir, l'anniversaire, récent, de l'hebdomadaire de droite *Valeurs actuelles*, « où, me dit-elle en passant, j'ai croisé beaucoup de journalistes de gauche ».

« Je parlais avec Philippe de Villiers lorsque Nicolas Dupont-Aignan s'est rapproché de nous. Moi, lui a dit Philippe de Villiers, je suis capable de sauter le pas, d'adhérer au FN. Toi, tu ne le feras pas. » Réponse de Dupont-Aignan : « Qu'est-ce que tu en sais ? »

La réponse de NDA l'a, on l'imagine, ravie au plus haut point.

Je la quitte, perplexe. Beaucoup de mes confrères pensent qu'elle n'a, comme son père, aucune envie d'arriver au pouvoir, qu'elle en a peur. Je pense le contraire : elle ne rêve que d'apporter à son père la preuve que, là où il a échoué, elle a réussi. C'est son désir profond, inexprimé, qui explique, tout de même, la sorte de mégalomanie qui est la sienne. En voilà une, convaincue de son intelligence et des faiblesses des Français, que le doute n'ébranle pas.

« C'est du pipeau », me dit Philippe Martel avec lequel j'évoque dans l'après-midi la facilité avec laquelle, m'a-t-elle dit, elle constituerait un gouvernement. Pourquoi ? Parce qu'elle est loin d'avoir selon lui les équipes nécessaires. Ne sachant pas les difficultés de gouverner, elle n'en a pas l'appréhension, en effet.

Puis déjeuner au ministère de la Défense avec Cédric Lewandowski, déjeuner où je suis accueillie par Le Drian lui-même qui, libre de toute obligation, a décidé de se joindre à nous.

Nous parlons quelque temps, avant que Cédric ne nous rejoigne, de Mossoul et des frappes chirurgicales qui y sont menées, très différentes, m'assure-t-il, des frappes contre Alep. Il y a dans la ville une dizaine de milliers d'islamistes, prêts à mourir. On n'en viendra pas à bout, comme la presse semble le penser, me dit-il, en quelques jours. C'est l'histoire de plusieurs mois.

Je me demande comment passer au sujet numéro un de mon ordre du jour : le faire parler de Hollande et de Valls. Il y arrive assez vite, et sans difficulté. Nous parlons de la vente des Mirage (il me dit qu'en mai prochain, le volume des ventes réalisées par lui avoisinera un record jamais égalé), puis de Nicolas Sarkozy, qui s'est enorgueilli, lui, de la vente des Rafale avant qu'elle soit signée : les discussions n'étaient pas encore terminées qu'il bombait le torse devant les journalistes. « C'est le contraire qu'il faut faire, me dit Le Drian, modeste. Le vendeur doit se taire, c'est à l'acheteur de communiquer. »

D'un président à l'autre nous voici, plus facilement que je ne le croyais, à François Hollande. Le Drian, si proche qu'il soit de Hollande, me semble perdu lui aussi :

« Je suis dans le bleu, je n'arrive pas à comprendre comment les choses vont pouvoir se passer. »

Il est convaincu que François Hollande a décidé de se présenter et que rien ne l'en empêchera. Lewandowski pense le contraire. Mais le temps court, et la marge de manœuvre du président est comptée. Il aurait pu dire il y a déjà plusieurs semaines qu'il ne se représenterait pas. Mais maintenant, attendre la victoire de Juppé pour renoncer à se présenter ? Ce serait considérer par avance que Juppé a déjà gagné, avant même la campagne électorale. Alors, passer par la primaire, débattre longuement avec des candidats à la candidature comme Lienemann ou Filoche, ou encore entre Hamon et Montebourg, et risquer en fin de course d'être battu par l'un des deux derniers, quelle terrible humiliation ! Et, en admettant qu'il gagne, se déclarer candidat alors que les sondages l'assassinent ? C'est s'exposer à un désaveu encore plus cuisant, encore plus déstabilisateur pour la gauche.

De toute façon, dans l'esprit de Le Drian comme du mien, les confidences à Davet et Lhomme ont constitué le tournant définitif. Avant, on pouvait envisager qu'il tente de se succéder à lui-même.

«Un appel des parlementaires était prêt, confirme-t-il, il a été retiré, il ne sera jamais repris. Tout était prêt, le bilan dans *L'Obs*, l'appel des députés, et puis tout a basculé avec ce livre. Désormais, les choses deviennent très compliquées. Il est à craindre que personne ne puisse suivre Hollande.»

Comment explique-t-il cette erreur du président ? Il ne s'explique pas, pour commencer, pourquoi celui-ci a choisi ces deux journalistes auxquels rien ne l'attachait, sur lesquels il n'avait ni prise ni recul. Je lui apprends qu'ils étaient tous les deux les auteurs, en 2011, du livre *Sarkozy m'a tuer* : c'est à ce titre-là qu'il a pensé pouvoir travailler avec eux, en leur faisant une confiance totale.

«Ah oui, c'est cela, murmure-t-il, il est obsédé par Sarkozy.»

Pourtant, on le sait, ceux qui ont tué un président ne rêvent que de faire un coup avec celui qui lui succède. D'ailleurs, ils ne sont ni l'un ni l'autre coupables de quoi que ce soit : ils ont retranscrit la réalité d'un homme qui, pendant cinq ans, ne leur a rien caché. Il voulait une apologie, il a eu un verbatim.

«Ça ne m'étonne pas, commente Le Drian, il a une relation particulière, complètement incompréhensible avec les journalistes.»

Il me raconte comment, au cours d'un engagement militaire au Moyen-Orient, où il avait proposé au président de l'accompagner pour féliciter les militaires, Hollande, délaissant les militaires, avait improvisé une conférence de presse d'une demi-heure avec les journalistes qui le suivaient.

«C'est moi qui ai été obligé de lui dire : Allez, il faut partir, reprendre l'avion. Il était prêt à discuter là pendant des heures. Il devait réconforter, féliciter, séduire les militaires. Il ne s'est intéressé qu'aux journalistes. Tout le bénéfice que j'espérais de cette rencontre avec l'armée, sur le terrain, a été anéanti. Il avait passé moins de temps avec les militaires qu'avec les journalistes.»

Alors, besoin de se raconter, de dire du bien de lui alors que tout le monde en disait du mal ? Orgueil, sentiment de supériorité, impression que lui seul peut être son propre chroniqueur ? Sûrement. Sans se préoccuper trop des raisons psychologiques qui ont poussé le président de la République à s'épancher dans le sein de Davet et Lhomme, Le Drian conclut que Hollande s'expose, en se présentant, à un monumental échec dont la gauche ne se remettra pas.

Le Drian et Lewandowski ont écouté, mais non pas sur place, le discours que Hollande a prononcé au Louvre, avant-hier. Un discours de candidat, à coup sûr, de candidat qui profite de l'hommage rendu à Mitterrand à l'occasion du centième anniversaire de sa naissance pour, en allusions subliminales, se comparer à lui. Le ressort de Mitterrand ? La détermination. Il a pris des coups, sans jamais fléchir, résistant aux « outrances » de ses adversaires (le mot prononcé par Hollande, « outrages », ne figurait pas dans son discours initial et n'a donc pas été repris par la presse). Le lapsus n'est pas anodin : Hollande, le galet, doux à l'extérieur, dur à l'intérieur, qui fait semblant de ne jamais être atteint, se sait désormais outragé. Comme moi, Le Drian a retenu de ce discours la détermination de Hollande à se présenter. Comment l'en empêcher, et par qui le remplacer ?

Une seule personnalité s'impose selon lui : Manuel Valls. Son chemin reste pourtant étroit : il n'entend pas trahir. Un jour, pourtant, il risque de franchir la ligne rouge sans le vouloir, au détour d'une phrase. Et alors que se passera-t-il ?

Comment empêcher Hollande de se présenter ? En fait, Le Drian comme tant d'autres se pose la question sans trouver de réponse. Les arguments chiffrés, sondages et autres enquêtes glissent sur lui comme sur les plumes d'un canard. Je demande à Le Drian s'il a parlé à Hollande comme il vient de me parler. Il ne me dit pas en quels termes, mais m'assure qu'il l'a fait, et je le crois.

Le créneau, étroit, se rétrécit de jour en jour : s'il ne veut pas avoir l'air de capituler devant Juppé, Hollande n'a plus que trois semaines pour se décider.

Le déjeuner se termine. Comme toujours, au ministère de la Défense, la tradition est respectée : le déjeuner était excellent. Lewandowski me raccompagne sur le perron. Il me parle de l'aveu fait par Hollande, dans ce livre, d'ordres d'exécution d'hommes donnés aux services secrets. Cela, vraiment, de mémoire de président, personne ne l'a jamais fait. Irresponsabilité de ces confidences, qui lui ont fait des ennemis mortels. Comme Claude Bartolone, outré que Hollande ait glissé aux deux journalistes qu'il n'avait pas l'« envergure nécessaire ». Tant de noms n'auraient jamais dû figurer dans ce livre.

Chez Hollande, l'intelligence le dispute à l'ego. On l'a toujours dit intelligent, peut-être trop. Personne n'avait vu que se dissimulait, dans son personnage « normal », une volonté surdimensionnée de se révéler, face à l'Histoire, comme un grand président socialiste. Que restera-t-il de lui ? De sa volonté, sincère, de réformes, pourtant non abouties ?

Pas grand-chose, je le crains.

29 octobre

Manuel Valls a parlé hier dans l'avion qui l'amenait en Gironde de « colère » et de « honte » pour évoquer les ravages causés par les confidences présidentielles. Il pense si fort à se présenter lui-même qu'il dit tout haut ce qu'il devrait continuer de penser tout bas.

30 octobre

Sur le thème « le discrédit de Hollande sème la panique dans son camp » (titre du *Monde* daté d'aujourd'hui), on comprend que Hollande ne sera candidat que par défaut parce que, dit-on, il est le seul à réunir la gauche. Valls est rappelé à l'ordre. Jean-Christophe Cambadélis, qui un instant avait envisagé un accord avec Manuel Valls, se voit lui aussi pris la main dans le sac. Ce qui se profile donc, c'est une primaire avec un président en exercice confronté à Hamon et à Montebourg, dans une désaffection générale des Français. Moins de six mois nous séparent de l'élection d'avril-mai. C'est un siècle ! Un siècle de dégringolade.

1er novembre

La dégringolade, sans doute, menace aussi Sarkozy. Valérie Pécresse vient de se rallier officiellement à Alain Juppé. Sa décision était inévitable : elle a trop de centristes dans sa majorité régionale pour se poser des questions. Pour Fillon, c'est une défection de plus, plus humiliante, plus cruelle, sans doute, que les précédentes. Elle l'avait en effet soutenu en 2012 dans le duel qui l'avait opposé à Jean-François Copé, pour la présidence de la défunte UMP. Elle n'en a pas moins aujourd'hui, sans attendre le deuxième tour, choisi le maire de Bordeaux. Son argument : pour éviter le retour de Sarkozy, il faut apporter le maximum de voix, au premier tour, à celui qui a le plus de chances de remporter la primaire. Pour Sarkozy, c'est une méchante gifle. Certes celui-ci en avait fait la ministre de l'Enseignement supérieur et de la Recherche, puis du Budget et des Comptes publics de 2007 à 2012. Certes, plus tard, il l'a également désignée comme chef de file LR pour les régionales de 2015 en Île-de-France, région qu'elle a arrachée après une dure campagne au socialiste Claude Bartolone. Il n'empêche : entre l'ex-président de la République et elle, le courant a toujours été alternatif, oscillant entre cordialité et affrontement, irritation et résignation. Hervé Gaymard m'avait raconté un jour comment Sarkozy l'avait publiquement humiliée en lui rappelant un peu trop fort qui l'avait faite reine. Elle ne le lui a jamais pardonné.

Pourtant, les relations personnelles n'expliquent pas tout. À la tête de la région Île-de-France, Valérie Pécresse a ouvert très largement sa majorité régionale aux centristes. Elle n'a aucune envie de voir la politique choisie par Nicolas Sarkozy casser cette harmonie difficile. Le choix d'Alain Juppé, soutenu par la droite et massivement par le centre, lui semble plus proche de celui qu'elle a fait elle-même en 2015.

Avant de faire le choix de Juppé, Valérie Pécresse avait tenu à faire savoir par lettre aux candidats ce qu'elle attendait d'eux. Nicolas Sarkozy ne lui a pas répondu, François Fillon a interprété le questionnaire envoyé par la présidente d'Île-de-France comme une façon de prendre ses distances vis-à-vis de lui. Alain Juppé, au contraire, s'est rendu lui-même à la présidence de la région pour remettre en main propre ses réponses, favorables, à la lettre de Valérie Pécresse, non sans avoir laissé entendre, auparavant, qu'elle ferait un excellent Premier ministre.

Les bonnes manières entraînant les bonnes manières, et la politique faisant finalement la loi, la présidente a choisi Alain Juppé, « la bonne personne, a-t-elle dit, à la bonne place ».

Oui, décidément, le temps de la primaire douce est fini. Flingues et flingueurs seront de sortie pour le deuxième débat jeudi prochain.

2 novembre

Coup de fil de François Bayrou. Je suis au volant de ma voiture, au milieu d'un embouteillage insensé Porte de la Chapelle. Il me parle en rigolant, un peu jaune, de la campagne menée par Sarkozy contre Juppé : c'est sur lui, Bayrou, que la bataille entre les deux hommes se focalise. « Ces gens-là sont fous, me dit-il, quelle haine, quelle haine contre moi ! »

Interrogé sur Europe 1, Jean-Pierre Chevènement, qui vient de publier un livre passionnant et sévère (« C'est comme cela qu'un président devrait écrire » titre, non sans humour, *Le Figaro*), résume une fois de plus à merveille ce que je pense. J'ai l'impression que, à propos de François Hollande, Chevènement a fait beaucoup de chemin depuis l'été. Il avait pour lui une sorte de tendresse, d'indulgence, pour un des seuls dirigeants socialistes à ne pas lui avoir fermé sa porte depuis 2002. Il est pourtant aujourd'hui convaincu qu'en aucun cas il ne devrait être candidat à sa propre succession en 2017 : « Il n'y a pas de déshonneur à ne pas se représenter. »

Après tout il y a, dit-il, Montebourg, Valls et Macron qui, à eux trois, couvrent l'éventail de la gauche. Il n'y aurait que des avantages, surtout pour lui-même, au fait que Hollande laisse passer son tour. S'il va à la primaire, c'est d'abord un nouveau coup porté à la fonction présidentielle. Si en outre il perd la partie face à Montebourg, c'est un camouflet sans précédent. Il est vrai que rien dans le quinquennat ne s'est passé de façon ordinaire. Mais là, tout de même, ce serait pour lui la fin du cauchemar.

3 novembre

Deuxième débat de la droite et du centre, mené de façon musclée par Ruth Elkrief et Laurence Ferrari. Plus libre, plus direct, plus vachard aussi que la première fois. Qui a gagné, qui a perdu ? Sarkozy, qui a concentré sur lui des attaques particulièrement dures, puisque venant de gens qu'il avait nommés, Fillon, Le Maire ou même NKM, pendant son quinquennat et qui ne lui avaient pas fait savoir, que l'on sache, leur volonté de quitter le navire lorsqu'il en était le commandant. L'ancien président a contre-attaqué avec finesse, sans brutalité, faisant tout de même quelques remarques ironiques à son grand pourfendeur Bruno Le Maire. L'expérience l'a servi, comme elle a servi Sarko, Juppé, Fillon, le trio de tête. Les autres développaient leurs thèses hors-sol. Je n'ai pas trouvé Juppé brillant, mais enfin, personne n'ayant cherché véritablement à le déstabiliser, il est apparu comme déjà vainqueur, donc par avance ménagé par les autres. Par rapport à la colère et aux tonnes de boue que ses proches avaient déversées sur le couple impossible Juppé-Bayrou, Sarkozy a semblé beaucoup plus calme et, du coup, moins efficace. Fillon a été très bon, quoi que faisant vraiment une gueule pas possible : il a été le seul à se revendiquer du gaullisme, ce qui est assez bien tombé, personne ne paraissant plus y penser !

Voilà pour le commentaire immédiat autant qu'évident. Je pensais plutôt, en les écoutant, à tous les non-dits entre eux. Quelques exemples, notés pendant qu'ils parlaient, de ce que, selon moi, ils avaient les uns et les autres en tête ? Lorsque Juppé veut rendre à la fonction présidentielle « sa dignité perdue », lorsque Fillon parle de « présidence digne », ils ne pensent pas seulement à François

Hollande mais à Nicolas Sarkozy. Lorsque Fillon parle de l'honneur qui a été le sien d'avoir été Premier ministre pendant cinq ans, il évite de dire que cela a été pour lui une insupportable contrainte et une humiliation constante.

Nicolas Sarkozy souligne, lui, la difficulté extrême de la fonction présidentielle. Il pense très fort, si fort qu'on devine ce qu'il veut dire, que les autres, Le Maire, Copé et NKM, n'ont aucune idée de ce que c'est et qu'ils sont loin d'être à la hauteur. Il doit également faire la même analyse pour Juppé et Fillon, puisqu'il compare en privé le premier à Balladur s'effondrant pendant la campagne, et ne cesse de souligner, en privé toujours, que Fillon n'a jamais pesé grand-chose face à lui. À qui pense Jean-François Copé, qu'une haine tenace oppose à Sarko depuis que celui-ci a tenté de le charger dans l'affaire Bygmalion ? Copé le lui rend au centuple ce soir. Il ne cite personne lorsqu'il dit que les Français attendent d'un président qu'il ne soit ni inconstant ni versatile. En vrai, il a envie de lui dire : « Salaud, tu as essayé de me faire porter le chapeau, je t'ai bien eu. Aujourd'hui, c'est toi qui es mis en examen, pas moi. »

Lorsque Juppé se prononce sur le mandat présidentiel unique, Sarko et les autres ont en tête l'âge d'Alain Juppé, dont ils n'osent pas parler, mais qui ce soir en effet se lit sur le visage très pâle, très creusé du maire de Bordeaux. Il n'y a guère que Fillon pour noter que le quinquennat unique ne figure pas dans la constitution de la Ve République et qu'il n'y a pas de raison de changer quoi que ce soit à son fonctionnement. Il pense que lui, président, ne s'enfermerait pas dans un seul mandat présidentiel. Juppé est poussé au quinquennat unique par nécessité, et Sarkozy le défend tout simplement parce qu'il a été battu au bout de cinq ans : « Cause donc, pense à coup sûr Fillon, il a des leçons à nous donner, Sarkozy, sur le quinquennat unique, qui lui a été imposé par les Français et qu'il essaie maintenant de rendre constitutionnel. En réalité s'il le pouvait, il se ferait élire président à vie. »

Lorsque Le Maire, trop sentencieux, parle du renouvellement nécessaire de la classe politique, les autres se mordent la langue pour ne pas lui dire : « Et toi qui as été au pouvoir pendant cinq ans, pourquoi ne te renouvelles-tu pas toi-même ! » Lorsque le même parle avec assurance de la fin des monopoles syndicaux, Juppé, Sarkozy et Fillon, qui ont tous mené des combats difficiles contre les syndicats, pensent pendant qu'il parle : « Qu'est-ce qu'il croit ? Si c'était si facile, on l'aurait fait ! »

Parlant de la sécurité, NKM part sur la nécessité de donner du travail aux jeunes des banlieues, le trio en tête se dit avec ironie : « Tiens, voici une idée neuve, originale, à coup sûr. Aucun de nous n'y a jamais pensé. Heureusement qu'elle est là pour le dire ! »

Il faut dire que NKM aligne avec grâce et conviction un grand nombre de banalités. Sarkozy, le premier à l'avoir affublée du qualificatif d'emmerdeuse, a l'air, en l'écoutant, de ne pas avoir changé d'avis sur ce sujet. Interrogé plus tard sur le retour des djihadistes, Sarkozy redit, avec une énergie qui lui manquait depuis le début de l'émission : « Les binationaux, on les met dehors, les Français, on les met en prison, car à période d'exception, justice d'exception. » Les six autres compétiteurs qui portent l'humanisme en bandoulière se gardent bien de le contrer car ils savent que les militants partagent entièrement l'avis de l'ex-président. Dans les journaux, Juppé et Fillon s'opposent à toute déviation de l'État de droit, mais là, devant les téléspectateurs, ils choisissent de se taire. Tout en enrageant *in petto* contre des propos qu'ils jugent tous deux condamnables.

Bref, j'entends, pendant qu'ils parlent, les sous-dialogues : « salaud », « traître », « velléitaire ». Copé n'oublie pas une seconde que Sarkozy a essayé de le charger dans l'affaire Bygmalion et Sarkozy n'oublie pas que Copé l'a balancé aux juges. Ce qui explique qu'il n'ait pas été lui-même mis en examen.

Lorsque Juppé se tait, je sais qu'il pense plus important que tout, ce soir, de passer à travers les gouttes, de garder son avance dans les sondages, même s'il affecte de ne pas s'en occuper. D'ailleurs voici l'échange par SMS que j'ai avec Gilles Boyer pendant le débat.

« Le débat est sympa, m'écrit-il, je trouve. »

Je lui réponds : « Presque trop. Ils sont tous sympas, il en faut un qui se dégage. »

« Ou pas ! » me rétorque-t-il.

Ça vient du fond du cœur : que personne n'éclipse Juppé, et il est assuré de sa victoire.

8 novembre

À l'instant, pendant que j'écris sur un coin de table au Récamier où j'attends Bernard Poignant, hollandais de cœur, mon téléphone sonne. On me dit qu'Emmanuel Macron sera candidat à la présidentielle et officialisera sa candidature « avant le 10 décembre ».

C'est lepoint.fr qui l'annonce.

François Hollande serait-il donc parvenu à empêcher Manuel Valls, qui lui est resté fidèle, non sans quelque difficulté, de se présenter, pour laisser Macron qui l'a trahi rafler les voix de la gauche démocrate-socialiste? L'a-t-il fait volontairement? Est-ce un coup monté? Hollande a-t-il laissé à Macron le temps de s'installer pour court-circuiter Valls? Ce serait fort de café, mais pas impensable. Quand on lit Davet et Lhomme, on se dit que ce serait dans l'ordre du possible.

Je m'interromps : Poignant arrive. Je retranscrirai ce soir notre conversation.

Évidemment, celle-ci a commencé par la question la plus directe : la candidature de Hollande. Poignant dit la vérité, c'est-à-dire qu'il n'en sait rien.

« Vous savez, explique-t-il, il ne dit lui-même pas un mot sur le sujet. Dans ces cas-là, il est secret. Ce qui explique les avancées de Valls et de Sapin. Avec eux aussi, il se tait. »

Poignant, toujours très méthodique, sort son calendrier. Il tente de démontrer, pour autant que je ne me perde pas entre les dates qu'il retient, comment Hollande ne peut qu'annoncer sa candidature début décembre. Il énumère les dates qui marquent le mois.

« Le 13 novembre, c'est l'anniversaire de l'attentat du Bataclan. Le 17, c'est le dernier débat de la droite et du centre, le 20 le premier tour, le 27 le second. Les 24, 25, 26 novembre, réunion du Parti communiste qui prendra la décision de présenter lui-même un candidat ou au contraire de se rallier à Mélenchon. Les 8 et 9 décembre doivent être consacrés à la désignation des candidats socialistes aux législatives de 2017. Le 17 décembre, se tiendra le conseil national du PS sur l'organisation de la primaire de la gauche. Conclusion : Hollande doit se déclarer entre le 1er décembre et le 8. »

Nous verrons plus tard si ce calcul méticuleux est juste.

Nous reprenons non moins méticuleusement ses chances :

« Le total des voix de gauche n'excède pas 35 % des suffrages. Conclusion : aucun des candidats de la gauche n'est capable d'être présent au deuxième tour, même pas lui.

— Dans ces conditions, ne vaut-il pas mieux pour lui se retirer ? »

La réponse à la question est immédiate : non. Pourquoi ?

« Parce que, dans ce cas, Manuel Valls, Martine Aubry, Ségolène Royal, Anne Hidalgo monteront au créneau. François Hollande est le seul candidat capable de faire l'unanimité du parti derrière lui. »

Une candidature « sacrificielle » en quelque sorte. Le mot lui plaît :

« Oui, en quelque sorte. D'autant qu'ils sont nombreux ceux qui, à l'intérieur de la majorité, répètent : Il nous a mis dans la merde, qu'il aille jusqu'au bout. »

« Dans la gauche dévastée, continue-t-il, il est le seul à tenir le bâton, le talisman de l'unité. »

Je me demande de quelle unité il peut bien s'agir : le Parti socialiste est en lambeaux. Poignant cite le nombre de militants dans le Finistère, sa circonscription : ils étaient 2200 avant l'arrivée de Hollande au pouvoir, ils ne sont plus que 900.

« Nous sommes au terme de l'Histoire avec un grand H, de la social-démocratie. C'est fini. »

Mon téléphone sonne : « C'est un autre candidat ? » me demande-t-il, sans rire.

Il me quitte sur une nouvelle confidence : il a tenu à réunir autour de lui, l'autre jour, une dizaine d'électeurs du Front national. Comment cela s'est-il passé ?

« À merveille. Ils étaient très contents de pouvoir se faire entendre, d'être écoutés. Leur refus tient essentiellement à leur détestation du système des élites, Ils avaient voté Mitterrand dans les années 1980, Front national depuis les années 2000. Mais après tout, m'ont-ils expliqué, rien ne leur interdirait de changer leur vote, s'ils trouvaient mieux. Cette conversation, je l'ai eue en catimini, je n'en ai parlé à personne, car cela ferait scandale au PS. Je pense pourtant qu'elle a été utile, pour moi et pour eux. »

9 novembre

Je pars dans le Nord retrouver François Fillon : déjeuner-débat à Lens, avec des chefs d'entreprise locaux, puis visite de la maison natale, ou presque, du général de Gaulle à Lille, et grand meeting à 19 heures au Grand Palais. Je suis convaincue, en l'écoutant, et surtout en regardant autour de lui, que quelque chose se passe dans sa campagne. Une force, une énergie nouvelle. J'avais déjà été étonnée d'entendre, à la Foire du livre de Brive, il y a quelques jours, tant d'électeurs de la droite (et du centre, j'en conviens) me dire que, c'était décidé, ils voteraient Fillon à la primaire. Dans ce fief mi-chiraquien, mi-hollandais, j'ai trouvé cela bizarre, mais intéressant. Il faut bien dire que Juppé y a raté sa prestation dans les grandes largeurs. Il avait la veille été accueilli en Corrèze avec chaleur par Claude Chirac et Frédéric Salat-Baroux. Ceux-ci en avaient profité pour souhaiter publiquement à Alain Juppé, le « fils de Jacques Chirac », une grande victoire à la primaire.

Le maire de Bordeaux était présent à la Foire du livre, le lendemain. Les nostalgiques de Jacques Chirac s'attendaient à ce que, comme lui, il parcoure les allées de la foire, serrant des mains et se fendant d'une remarque gentille pour l'un ou l'autre. Chirac se comportait à Brive, à cette occasion, comme au Salon de l'agriculture. Quant à François Hollande, il parcourait chaque année les stands et trouvait des mots amicaux pour chacun des auteurs.

Cela n'a pas été le cas pour Alain Juppé. Les organisateurs avaient, à sa demande, aménagé une porte tout près du stand où il devait signer ses livres. Il n'en a pas bougé. Plutôt que de profiter de la présence de Jean-Louis Debré pour arpenter le salon en tous sens, réservant ici une petite phrase pour Frédéric Mitterrand, ailleurs un mot pour la gagnante du Goncourt 2016, non. Il a préféré rester derrière sa pile de livres. Personne, ou presque, ne s'est aperçu de sa présence. Une occasion manquée.

Je reviens à Fillon et à ce sentiment d'un sursaut dans sa campagne, que je ressens plus que je ne l'explique. Le meeting du soir, à Lille, le confirme : près de 2 000 personnes, dans la salle prévue pour 1 500, un vrai succès, une foule enthousiaste, comme semble-t-il, il n'en a pas connu avant le deuxième débat à la primaire. Pourquoi ? J'interroge autour de moi. Sa prestation au débat de la primaire, d'abord, où il est resté en dehors des petites querelles entre candidats pour se situer dans les hauteurs du gaullisme dont il a été le seul, parmi le septuor, à se revendiquer. L'émission de France 2, ensuite, où il a été sincère, sans fioritures, ne cherchant pas d'effet et défendant ses convictions. Troisième élément, qui ne manque pas d'étonner lorsqu'on connaît les réticences qui sont les siennes à parler de lui : interrogé sur M6 par Karine Le Marchand, la plus « intimiste » des interviewers, il a, enfin, révélé un tout petit bout de sa personnalité, moins triste, moins terne qu'on ne le croit, et parlé, enfin, de ses passions : la course automobile, la randonnée, etc. Et aussi, pour la première fois, de ses cinq enfants. Le plus drôle est que sa fille, mariée et mère de deux enfants, a été l'héroïne de cette *ambition intime*. Il a suffi qu'elle paraisse pour affoler la toile comme on dit, et recueillir, en quelques minutes selon son père, « un paquet de demandes en mariage ».

Tout cela pour dire que l'homme rigide se livre peu à peu : au bout de près de quarante ans de vie publique, personne ne savait que sa fille était jolie, ni même qu'il en avait une. Il a fallu toute l'insistance d'Anne Méaux, sa communicatrice en chef, pour qu'enfin il dévoile une toute petite partie de sa vie familiale.

Je pense aussi qu'il profite, réellement, d'un espace nouveau que lui ont laissé Juppé et Sarkozy : entre Sarkozy, qui frôle les thèmes du Front national, et Alain Juppé, que l'alliance avec François Bayrou déporte vers le centre, il y a place pour un candidat de droite qui se déclare gaulliste tout en affichant son libéralisme. Les deux favoris auraient pu l'écraser comme une noix entre deux cailloux. Cela a été le cas en septembre. Deux mois plus tard, il résiste. Aujourd'hui, lorsqu'il dit : « Vous verrez bien que je serai au second tour », personne n'y croit, mais plus personne ne rit.

Au surplus, la victoire de Donald Trump à la présidence des États-Unis lui a donné un coup de jeune : Hillary Clinton a été soutenue par tous les médias, annoncée en tête dans tous les sondages, et c'est lui qui a été élu. Fillon en tire deux arguments, de poids : le premier est que les sondeurs sont incompétents ; le deuxième, que rien n'est joué.

11 novembre

Suite du voyage dans le Nord. François Fillon est donc entré dans l'arène, hier soir, à Lille, avec une énergie et un ton nouveaux. Auparavant, il a rencontré à Lens trois cents entrepreneurs au cours d'un déjeuner-débat. Il en a profité – on a dû lui dire d'insister sur lui, son personnage – pour fendre, certes pas beaucoup, mais un peu, l'armure puisque tel est le terme consacré. II y parvient un peu, pendant ce déjeuner, où il n'a pas même le temps de manger, pour évoquer l'amour de ses trois petits-fils pour le football. Il faut dire que le banquet a lieu dans une halle du grand stade de Lens. Il feint de penser à son retrait de la politique, pour se répondre à lui-même qu'il peut encore être utile à la France. Son meilleur souvenir ? Son entrée, à vingt-huit ans, à l'Assemblée nationale dont il était le benjamin. Et puis aussi – il réfléchit : la première fois où il s'est assis à la table du Conseil des ministres[1]. Et aussi la première fois où il a été chef de gouvernement.

Je note que tous ses meilleurs souvenirs tournent autour de la politique et de sa carrière. Il ne dit pas : « le jour où je me suis marié », ou « le jour où ma fille, Marie, est née ». L'autre jour, à la question posée par Karine Le Marchand : « Si vous pouviez communiquer avec un mort, qui appelleriez-vous ? » il a répondu, sans l'ombre d'une hésitation : Philippe Séguin. Il n'a pas dit : ma mère, ou : mon père. Non. Philippe Séguin ! Il ne se découvre que d'un fil, mais enfin il répond aux questions posées par l'entrepreneur qui joue les M. Loyal. Après s'être – un tout petit peu – dévoilé, il sert aux chefs d'entreprise du Nord ce qu'ils veulent entendre : un discours profondément libéral, assorti de la défense et illustration de la famille, discours qu'il dit avoir préparé avec tous les Français rencontrés dans ses pérégrinations depuis le début de cette campagne pour la primaire. Il est en réalité, je ne l'avais jamais autant vu

1. François Fillon a été nommé ministre de l'Enseignement supérieur et de la Recherche en 1993. S'étant rallié à Édouard Balladur, il sera après l'élection de Jacques Chirac à l'Élysée un des rares balladuriens à entrer dans le gouvernement Juppé en 1995. Enfin il sera Premier ministre après l'élection de Nicolas Sarkozy à la présidence de la République en 2007.

qu'aujourd'hui, un animal politique qui en vaut bien d'autres, même s'il fait moins de bruit.

Auparavant encore, au cours d'une rencontre dans un bistrot de Lille – à côté de la maison natale du général de Gaulle qu'il avait tenu à visiter – avec une trentaine d'élus locaux qui le soutiennent, il a trouvé cette phrase, dont il s'est immédiatement réjoui : « Moi, a-t-il dit, je fais campagne pour redresser la France. Mes compétiteurs font campagne pour faire campagne. » Il la replacera tout à l'heure, au cours de son discours, une sorte de monologue qu'il récite, tout en arpentant la vaste scène du Grand Palais, avec conviction, sans emphase mais avec énergie, sans trébucher sur un seul mot, une seule expression, d'une voix basse, agréable, chaude. Techniquement, une bonne performance. Ambiance bruyante, avec musique de bastringue, drapeaux bleu, blanc, rouge déployés, hurlements du public. Politiquement, une soirée réussie. Quelques phrases dures sur Hollande, son casque et son deux-roues, sur ses révélations à Lhomme et Davet, qui le « disqualifient ». Il change vite de sujet, tant pour lui la page Hollande est tournée. Une phrase clef, qui dans sa bouche étonne, mais résume assez bien ce qu'il veut dire : « Que l'État arrête de nous emmerder. » C'est le credo de son libéralisme, le gage d'une alternance musclée, d'une transformation économique et sociale profonde.

Pendant que je l'écoute, je me demande ce qu'il fera vraiment, s'il gagne. Certes, il détaille toutes les réformes qu'il a déjà faites, sous Chirac et Sarkozy, réforme des télécommunications lorsqu'il était ministre sous Chirac, réforme des retraites en 2013, s'enorgueillit des deux millions et demi de personnes qu'il a mises dans la rue à cette occasion – signe qu'il ne recule pas. Et s'il a remballé sa réforme de l'Éducation nationale, lorsqu'il en était le ministre, c'est tout simplement parce que Jacques Chirac n'avait pas osé le suivre. Mais jusqu'où pourra-t-il aller en 2017 lorsqu'il s'agira, comme il le dit, de raboter de 100 milliards le budget de l'État tout en donnant satisfaction aux agriculteurs, aux maires, aux infirmiers, aux policiers, aux magistrats ? Sa volonté : un gouvernement de quinze ministres seulement, compétents – « ça doit se trouver » –, dont certains viendront de la société civile. Il cite en exemple « André Malraux, Georges Pompidou, Simone Veil ou

Raymond Barre». Et des réformes menées grand train, entre le 1er juillet et le 30 octobre 2017, la première étant celle du marché du travail sur lequel ont échoué les socialistes. S'il arrive à changer à toute allure ce qu'il se propose de faire, chapeau. Comme s'il m'entendait, ou s'il entendait les doutes de ceux qui l'écoutent, il martèle plusieurs fois avec conviction qu'il n'est pas homme à reculer, qu'il ne l'a jamais fait et ne le fera pas.

Nous nous retrouvons dans le train qui nous ramène à Paris. Précédé d'une contrôleuse bavarde, à laquelle il a demandé de me retrouver dans la voiture, il s'assoit à côté de moi. Manifestement, il est content de la tournure que prend sa campagne. Un souffle, un élan nouveaux. À quoi attribuer cette accélération brutale, ou, plus exactement, ce que je pense être une accélération? Les électeurs qui se portent en fin de campagne sur François Fillon abandonnent-ils Alain Juppé? Juppé a-t-il fait une erreur en annonçant trop tôt sa collaboration avec François Bayrou?

«Il l'a fait, me dit-il, pour convaincre les électeurs que lui, Juppé, était le seul à pouvoir éviter une candidature centriste. Le seul à réunir, au-delà des Républicains, quand Sarkozy divise. Que ce rapprochement serait au premier tour la garantie d'une victoire assurée au second. Mais il est allé trop vite, c'était trop subtil, et cela s'est retourné contre lui.»

Il ajoute :

«Alain Juppé pense que la France est fragile, qu'il faut y aller en douceur. Je le comprends. Mais, en le disant, il envoie un autre message aux Français : il leur dit implicitement qu'il est prêt à reculer sur tout...»

Quant à Sarkozy, il faudrait être aveugle pour voir que sa stratégie ne marche pas autant qu'il le voudrait. Ancien président de la République, il entend sortir de l'État de droit, s'affranchir de l'Europe. Bref, il n'est plus audible que par son clan. Lui, Fillon, veut réformer l'Europe. Il n'est ni proeuropéen comme Juppé, ni déchaîné contre Schengen comme Sarkozy. Il reste ce qu'il est depuis vingt ans, ce qu'il était derrière Philippe Séguin lorsqu'il n'a pas voté le traité de Maastricht : l'Europe se disloquera si elle n'est pas réformée.

«Savez-vous que j'ai suivi Séguin dans sa croisade de 1992 contre Maastricht à Bruxelles et à Aix-la-Chapelle? lui dis-je.

Je fais partie des gens qui aimaient entendre Séguin parler. Il aurait lu le Bottin que je l'aurais écouté pendant des heures. » Il rit, me dit que lui aussi.

Pour la première fois, Fillon, l'éternel second, se sent devenir le premier. Entre Juppé et Sarkozy, le « trou de souris » est ainsi devenu pour lui, du moins le croit-il, un boulevard.

L'univers qu'il décrit n'est ni aussi terrifiant que le dit Sarkozy, ni l'identité heureuse que prédit Juppé : le monde est à hue et à dia, la menace islamique ne s'éloigne pas (il a écrit un livre sur le sujet), la guerre au Proche-Orient nécessite une coalition avec Poutine, bref, l'avenir n'est pas rose.

Un instant, il s'interrompt. Minute de doute :

« De temps en temps, je me dis que je suis fou, que je m'engage dans une vie monstrueuse, et puis, l'instant après, je suis reparti. »

En effet, il est reparti. Qu'est-ce qui fait courir cet homme, en réalité moins calme et moins serein qu'on ne l'imagine ? D'abord, les cinq années passées avec Sarkozy : il ne souffrira plus jamais des humeurs, ni des humiliations de quelqu'un d'autre. Ensuite son tempérament : il est loin d'être le gentil garçon dont il a l'air. Il n'a jamais manqué d'ambition, depuis le jour où il a été élu à l'Assemblée nationale. Premier ministre, il voulait déjà l'être en 2002, quand Chirac a confié la fonction à Jean-Pierre Raffarin. Président, il y a toujours pensé.

Il est enfin plus rebelle qu'on ne croit. Il a été exclu, enfant, de l'établissement scolaire où il faisait ses études, pour avoir organisé une manifestation de ses camarades d'école contre, je cite, l'« incompétence » de ses professeurs. Je me dis aussi qu'un homme passionné de sport automobile ne peut pas aisément s'accommoder du manque de témérité des autres. Avec quel plaisir il a raconté l'autre jour à Karine Le Marchand que Sarkozy était mort de peur à ses côtés lorsqu'il lui avait fait faire un seul tour du circuit du Mans, que Roselyne Bachelot n'avait cessé de crier. Un homme qui dit cela se sent invincible, ou presque, parce que ne connaissant pas la peur.

Je lui dis que j'aimerais bien essayer, après mes quelques essais de course sur glace. « Est-ce que vous étiez au volant ? » dit-il, avec un soudain intérêt. Non, je n'étais que passagère. Sa considération diminue d'un coup. Je sens qu'il ne me fera pas faire un tour de circuit.

« En réalité [il a poursuivi sa pensée pendant que je parlais], je n'aurai, si je suis élu, qu'une seule difficulté : faire passer les fonctionnaires de 35 à 39 heures par semaine. Là est la vraie difficulté, il ne devrait pas y en avoir d'autre. »

Nous arrivons à Paris. Tout à l'heure, à Lens, à l'heure du déjeuner, un des patrons lui a posé la question : « Votre défaut ? »

Il a longuement hésité, signe que la modestie n'est pas sa qualité prédominante. Puis répondu : « Je devrais affirmer plus fortement mes convictions. » Je ne vois pas comment il pourrait les affirmer davantage !

Qualité : « La persévérance, la sérénité, la solidité de ma ligne politique. »

Celle-ci a pourtant, au cours de sa carrière, pas mal changé. Cela n'est pas le cas, il est vrai, depuis maintenant quatre ans.

14 novembre

Coup de téléphone à Bernard Poignant, tout requinqué par les propos tenus, le soir même où nous avons déjeuné ensemble, par François Hollande. Il ira jusqu'au bout, cette fois, Poignant en est certain. Pas seulement parce qu'il a affirmé avec force devant les parlementaires réunis devant lui qu'il irait jusqu'au bout pour sauver ce qui peut être sauvé, c'est-à-dire pas grand-chose. Mais aussi parce que le ton employé par Hollande mardi dernier est celui du candidat qu'il a été en 2012.

Est-ce un signe, et quel crédit accorder aux réseaux sociaux ? À Europe 1, samedi, j'ai évoqué, en quelques mots, la montée de Fillon. Quelques minutes plus tard, les tweets tombaient dru. Eh quoi, ce traître, ce salaud, qui a trahi Sarkozy, qui est allé demander à Jean-Pierre Jouyet de s'en débarrasser ! Qu'est-ce qui comptera pour les électeurs de la primaire ? Le libéralisme musclé de Fillon ou son déjeuner avec Jean-Pierre Jouyet ?

Je viens d'écouter Alain Juppé au Zénith de Paris. Une salle comble : important, à l'issue d'une campagne où Sarkozy n'a cessé de se gausser du petit nombre des supporters du maire de Bordeaux. Unité parfaite à la tribune : Patrick Devedjian, venu de chez Sarkozy, a parlé le premier. Puis la centriste Marielle de Sarnez, proche de François Bayrou. Enfin, la dernière recrue de Juppé, Valérie Pécresse, avec un discours plus « droitier ». Dans les premiers rangs, Jean-Pierre Raffarin, inusable soutien de Juppé, et Jean-Louis Debré, chiraquien comme personne.

Comme Fillon l'autre jour, Juppé passe moins de temps à évoquer l'échec de François Hollande qu'à étriller ses compétiteurs à la primaire. Une phrase contre Fillon, dont il dit avec force qu'il n'a pas été courageux lorsqu'il était au pouvoir (je retrouverai demain le terme exact), mais surtout de très nombreuses attaques contre Sarkozy dont il ne cite jamais le nom (alors que celui-ci, qui tient meeting à Bordeaux pendant que Juppé parle à Paris, le fait siffler par ses troupes). Mais enfin lorsqu'il parle de tous ceux qui, autour de lui, parmi les candidats, « montrent leurs biceps », on peut comprendre de qui il s'agit.

15 novembre

Alain Juppé déjeune aujourd'hui avec la rédaction d'Europe 1. Il est rajeuni, ravi d'avoir fait la démonstration qu'il pouvait réunir au Zénith plus de monde que n'en a amené Sarkozy. Il ne s'en réjouirait pas tant si Sarkozy n'avait cru bon de railler, depuis le début de la campagne pour la primaire, la faible quantité des participants aux meetings de son adversaire. Il a perdu, ce faisant, une autre bonne occasion de se taire.

Ce n'est désormais qu'une question d'heures : Macron va annoncer sa candidature demain. Cet homme ne doute de rien. Et moins encore de lui-même.

16 novembre

Macron candidat à la présidence de la République. On a presque envie de dire : «Enfin!», tant a duré le suspense entretenu par l'ancien ministre de l'Économie de François Hollande. Le moment choisi n'est évidemment pas dû au hasard : Emmanuel Macron s'engage dans la bataille quatre jours avant le premier tour de la primaire de la droite et du centre. Et bien avant que François Hollande fasse savoir si oui ou non, il sera candidat lui-même à sa succession. Le tout nouveau candidat prend ainsi tout le monde de court, espérant dès maintenant dynamiter ses futurs adversaires, à quelque bord qu'ils appartiennent.

Sans rien dans les mains ni rien dans les poches? Pas tout à fait. Le capital politique d'Emmanuel Macron se limite, ce n'est certes pas rien, à de bons sondages et une popularité qui laisse loin derrière lui ceux dont il était, il y a quelques mois, le ministre, François Hollande et Manuel Valls. Peut-être profite-t-il aussi, du moins pour le moment, du chaos politique : une gauche en miettes, que la candidature de Macron émiette au demeurant davantage, et une droite dont les principaux leaders, aiguillonnés par la primaire, soulignent avec ardeur tout ce qui les sépare plutôt que ce qui les réunit.

Pour le reste, la «révolution démocratique» que promet Macron reste vague, les quelques propositions avancées ne sont pas d'une bouleversante nouveauté, et son socle électoral est limité, même s'il compte parmi ses soutiens quelques parlementaires influents.

C'est donc d'abord sur sa personnalité, sur sa jeunesse, sa croyance en lui-même, son refus du «système» – dont il faisait partie il n'y a pas si longtemps – qu'il compte pour entraîner derrière lui les progressistes de gauche et de droite. Pourquoi donc Emmanuel Macron fait-il peur à tout le monde? Parce qu'il chasse sur toutes les terres, et entend faire venir à lui les déçus de la gauche, ceux de la droite et aussi, pour faire bon poids, les sceptiques ou les dégoûtés de l'action politique. Contre lui, de toutes parts, les armes sont affûtées. Alain Juppé, hier, l'a complaisamment décrit comme Brutus, prompt à planter un couteau dans le dos de François Hollande dont il a été longtemps le favori. Manuel Valls a dénoncé, lui, l'aventure individuelle d'un homme sans expérience, sans ancrage politique, hors-sol, en quelque sorte.

Emmanuel Macron perturbe peut-être la droite, mais c'est le duo exécutif, si l'on peut encore parler de duo, qu'il met dans une situation difficile, sinon impossible : comment François Hollande aurait-il une chance d'être élu si son ancien ministre lui dispute une partie de son électorat déjà fragilisé par la multiplicité de candidatures à gauche ? Comment Manuel Valls peut-il espérer, lui, si François Hollande jetait l'éponge, incarner une gauche de gouvernement moderne, alors que, resté un électron libre, Emmanuel Macron s'est installé, avant lui, sur ce créneau ? Macron candidat ? Des morts à gauche, à coup sûr.

17 novembre

Était-ce le débat de trop ? Celui où l'attention s'évade, où l'on est plus sensible aux redites, lassantes, qu'aux nouveautés, d'ailleurs rares ? Deux débats, ça va ; trois, pas de dégâts, mais l'ennui menace.

Heureusement, François Fillon a bousculé la routine qui semblait déjà s'installer dans ces échanges calibrés de quatre-vingt-dix secondes par candidat, minutés, pesés, soupesés, passant sans doute trop vite de la politique extérieure à la sélection à l'université, des rythmes scolaires aux minima sociaux, du statut de la Corse à celui de l'Alsace. Il a dit simplement à Pujadas et à Jean-Pierre Elkabbach, pressés par le temps, et désireux d'établir – ainsi que les organisateurs de la primaire le leur avaient demandé – l'égalité stricte des temps de parole entre les sept candidats : « Laissez-nous parler ! » Il était évident qu'il exprimait tout haut, à sa manière, ce que pensaient ses compagnons de plateau. Fillon n'est pas un enfant de chœur : son intervention relevait moins de l'indignation que de la tactique. Depuis le début de sa campagne, il condamne la dictature des sondages, qui le plaçaient, au début, loin derrière Alain Juppé et Nicolas Sarkozy. Et plus généralement, les médias, qui s'alignent derrière eux. Il avait rué dans les brancards déjà, à la fin de l'émission politique qui lui était consacrée, également sur France 2, en jugeant mal à propos l'intervention de la jeune humoriste chargée de conclure les débats. Ceci explique-t-il cela ? C'est à partir de cette sortie que François Fillon s'est mis à grimper dans les sondages à une allure qui a surpris tout le monde. Aucun doute : il n'a pas été mécontent, hier soir, de refuser spectaculairement la « politique spectacle », même si, en l'occurrence, il y avait plus de politique que de spectacle dans les propos échangés sur le plateau. Et il a marqué des points vis-à-vis de ses six compétiteurs, soulagés, presque admiratifs, de l'entendre dire tout haut ce qu'ils pensaient tout bas.

Cela suffira-t-il à celui qui est, jusqu'à présent, le troisième du trio, pour arriver, comme il le croit et le dit depuis le début, en numéro deux ? Peut-être bien, mais peut-être pas. Impossible après ce dernier débat de dire dans quel ordre arriveront les trois hommes en tête du peloton.

Hier soir, Alain Juppé était plus offensif, plus souriant aussi, qu'il ne l'a été les deux premières fois. Même si son avance, selon les sondages qui énervent les autres candidats, fluctue et même diminue, il n'en est pas moins toujours en tête. Il avait ce que sondeurs et commentateurs appellent un « déficit d'autorité ». Il l'a comblé plusieurs fois au cours de ces deux derniers débats avant le sprint final et notamment dans sa conclusion, où en réponse aux accusations d'« alternance molle », il a répondu fermeté (« Je gouvernerai fermement ») et rassemblement.

Quant à Nicolas Sarkozy, il a été comme d'habitude au centre des attaques, s'entendant rappeler, y compris par ses anciens ministres, tout ce qui n'a pas été fait, ou fait à moitié seulement, pendant son quinquennat. Son avantage, avoir été président de la République, est aussi ce qui fait, aujourd'hui, son handicap. Mais son carré d'inconditionnels ne le quittera pas pour un empire.

Cette soirée est la dernière d'un genre politique nouveau sous la Ve République, une campagne pour la primaire. Une campagne réussie. D'abord parce que les différents leaders ont su de bout en bout affirmer leurs différences sans se prendre au collet. Ensuite parce que, jour après jour, meeting après meeting, chacun des candidats a réuni autour de lui des milliers et des milliers de personnes, Fillon à Lille, Sarkozy à Nice, Juppé au Zénith de Paris. Et puis disons-le, les sept candidats à la primaire ont tous de l'allure. Ils honorent plutôt, quel qu'ait été leur parcours, la politique. Je ne sais pas quel est celui qui sortira de la consultation, mais aucun, en tout cas parmi les quatre premiers, n'est indigne d'exercer le pouvoir. Ils pourraient même un jour l'exercer ensemble.

Qui dit que les Français n'aiment pas, ou n'aiment plus, la politique ? En tout cas, cette campagne les a réveillés, comme les réveillera sans doute, plus tard, la primaire de la gauche. Non prévue par la constitution de la Ve République, attaquée parfois par ceux qui s'en disent les scrupuleux défenseurs, la primaire semble être devenue désormais incontournable.

20 novembre

Quelle soirée ! Sarkozy éliminé et Fillon à 44 % dès le premier tour : seize points de plus que Juppé, le double des voix de Sarkozy. Quel coup de balai ! Je suis contente d'avoir pronostiqué la chevauchée fantastique de François Fillon, stupéfaite par le score de Sarkozy, et pas trop étonnée par celui de Juppé, qui me paraît depuis le début faire une campagne trop centriste pour les électeurs de droite. Pourquoi avoir révélé ce pacte avec Bayrou si tôt ? Ne fallait-il pas attendre le deuxième tour ? Sarkozy, en voulant abattre Juppé, si souvent dénoncé par lui comme le candidat de la gauche, a propulsé Fillon à la première place et s'est éliminé lui-même. Après tout, pourquoi voter pour Sarko dont les électeurs de droite savent bien que le pays ne veut plus alors qu'on a, à portée de bulletins de vote, un homme qui défend les valeurs de la droite (famille, catholicisme, libéralisme), et n'a pas les mêmes casseroles que Sarkozy ?

21 novembre

Deux anciens Premiers ministres face à face à la télévision ce soir ! Qui aurait imaginé ce scénario ? Bien sûr, je savais, depuis déjà plusieurs jours, à les écouter, que beaucoup d'électeurs de Juppé l'abandonnaient pour Fillon. De là à prévoir que la remontée spectaculaire amorcée il y a quinze jours à peine par François Fillon, en troisième, voire en quatrième position dans la course depuis des mois, le porterait aussi haut, c'est une autre affaire. Un échec cuisant pour l'ancien président de la République, un revers considérable pour Juppé qui était resté d'un bout à l'autre le favori de la campagne. Une revanche éclatante pour François Fillon, qui avait vu, à l'automne 2012, la présidence de l'UMP lui passer sous le nez à l'issue d'un dépouillement douteux des votes militants. Un incroyable succès pour lui qui, seul contre tous, ou presque, disait, alors qu'on ne lui donnait aucune chance sérieuse, qu'il figurerait dans l'ultime duel du second tour. Comme Hollande en 2011, personne ne l'a vu venir. M. Nobody est devenu quelqu'un.

Dimanche prochain, donc, François Fillon sera opposé à Alain Juppé. Un nouveau match commence, dans lequel il sera sans doute difficile, vu l'écart qui les sépare, au second de rattraper le premier. À moins qu'une autre surprise ne succède à la surprise du 20 novembre. Les deux hommes se connaissent bien, leurs itinéraires se sont croisés de nombreuses fois dans leur vie, sous plusieurs présidents de la République, et ils s'apprécient : il n'y a entre eux ni contentieux ni mauvaise querelle. L'un et l'autre, sérieux, ont eu beaucoup de mal dans leur vie politique pour « fendre l'armure ». Alain Juppé ne se livre qu'avec parcimonie, et il a fallu à François Fillon attendre la dernière ligne droite pour commencer à sourire.

Les deux droites qu'ils représentent aujourd'hui sont différentes, même si leurs programmes comportent bien des analogies, notamment sur les premières réformes à faire pour rétablir compétitivité et sursaut de l'économie française. Alain Juppé joue, depuis près d'un an, le rassemblement entre une droite libérale et ouverte, retrouvant, comme ce fut le cas longtemps sous la Ve République, les centristes, et allant même jusqu'à envisager, au cas par cas, le ralliement des « déçus du hollandisme ». François Fillon plaide pour une droite de « rupture », plus libérale que celle de Juppé sur le terrain économique, plus conservatrice sur les valeurs sociales et sociétales. Soutenu par les catholiques, opposant lui-même à l'adoption pour les couples homosexuels, il a été le seul à faire entendre sa voix, remarquée, sur le calvaire des chrétiens d'Orient. Le seul aussi à répondre il y a déjà quelques semaines à la lettre adressée par les évêques de France aux candidats. Bref, il représente une droite à la fois plus dure et plus traditionnelle que celle du maire de Bordeaux, plus pragmatique et plus prudent...

Je l'écrivais hier : ma conviction est que, en s'attaquant comme il l'a fait au rapprochement entre Alain Juppé et François Bayrou, Nicolas Sarkozy a, sans le vouloir, donné un sérieux coup de main à François Fillon. Alain Juppé présenté comme le représentant d'une droite « molle », François Fillon ne pouvait qu'apparaître comme le tenant d'une droite musclée. Son score inattendu montre que les Français de droite ont préféré la rupture franche à une recomposition politique en douceur. Match retour dimanche prochain.

Dès dimanche dernier, Sarkozy a appelé à voter Fillon.

Il faut croire que Sarkozy hait Alain Juppé plus encore qu'il ne déteste François Fillon. Si on veut chercher le lien, historique, entre Sarkozy et Fillon, on ne trouve, dans leur histoire à l'un et à l'autre, qu'un seul point commun : ils ont l'un et l'autre jugé que Jacques Chirac, « roi fainéant » pour Sarko, n'avait pas fait les réformes nécessaires et que ses douze ans à l'Élysée se soldaient par un immobilisme total. Fillon n'aimait pas Chirac, et Sarkozy pas davantage. Est-ce la raison pour laquelle Sarkozy a choisi de barrer la route à Alain Juppé ? J'en suis certaine.

22 novembre

Conversation avec Alain Minc, soutien de Juppé depuis le début de la campagne. Il me confirme qu'Alain Juppé dénoncera avec force, d'ici à dimanche prochain, la politique économique de

François Fillon, et surtout son échec programmé : il propose l'élimination de 500 000 fonctionnaires, alors qu'en cinq ans, il est parvenu à en dégager 150 000 seulement. L'augmentation de la TVA de 2 et quelques pour cent ? Elle mettra la France à feu et à sang. J'entends ce matin Juppé enfoncer ce clou, sur Europe 1, droit dans ses bottes mais l'amertume dans la voix. Alain Minc espère encore : il suffirait, me dit-il, de 300 000 électeurs de gauche et du centre pour renverser la tendance. D'autant que les attaques contre François Fillon se multiplient (dans *Libération,* qui en fait un Thatcher français, ou dans les syndicats, même si je tiens ceux-ci – la CGT surtout – pour principaux responsables de la « droitisation » d'une large partie de l'électorat, écœuré comme moi par les moulinets de Philippe Martinez).

Je n'y crois guère, je le dis à Alain Minc, qui n'y croit pas vraiment non plus.

Au moment où nous parlons, Fillon est en train de remercier, à la Maison de la chimie, ceux qui l'ont aidé avant le premier tour et ceux qui se sont ralliés à lui. La victoire allant toujours aux vainqueurs, Xavier Bertrand fait savoir, après avoir entretenu volontairement le suspense politique, qu'il a voté pour Fillon. Je l'avais vu en effet au premier rang au meeting de Lille lorsque Fillon y a pris la parole. Il n'était pas présent, en revanche, pour la réunion d'Alain Juppé. Disons qu'il a pris le minimum de risques, attendant le résultat confortable, et à mon sens sans appel, du premier tour, pour assurer le vainqueur de sa fidélité. Valérie Pécresse, toujours aidée et soutenue par Fillon lorsqu'elle figurait dans son gouvernement, a pourtant rallié Juppé quinze jours avant la primaire. Éric Ciotti, lui, a abandonné le camp Fillon pour rejoindre Sarkozy. Tous deux doivent aujourd'hui regretter leur inconstance.

Si Juppé, face à Fillon, comble au deuxième tour son écart par rapport au premier, c'est-à-dire si l'électorat est volatil, il lui faudrait des centaines de milliers d'électeurs centristes et socialistes pour lui apporter leurs bulletins de vote. Dans ce cas, il lui sera difficile par la suite d'ancrer à droite sa candidature à la présidentielle.

Je pose à Alain Minc la question qui me taraude depuis plusieurs semaines : pourquoi Juppé a-t-il annoncé avant le premier tour son pacte avec Bayrou ? Est-ce parce que Bayrou l'y a poussé ? Alain Minc n'en convient pas ouvertement, mais il me laisse entendre que, dans son for intérieur, et peut-être sans le savoir, Bayrou a toujours eu envie de se présenter lui-même. Sans doute n'a-t-il pas échappé, ne serait-ce qu'involontairement, au désir de faire trébucher Alain Juppé ?

« D'autant, ajoute Minc, que François Bayrou s'est lancé, avant le premier tour, dans une polémique violente, et inutile, avec Sarkozy, après que celui-ci a agité son épouvantail sous le nez des électeurs à la primaire. »

Bayrou souhaiterait-il inconsciemment la défaite de Juppé pour pouvoir se présenter lui-même contre François Fillon ? C'est ce que suggère mon interlocuteur. Mais comment soupeser l'inconscient des gens ? Le conscient est déjà difficile à connaître.

23 novembre

Cérémonie de remise de la Légion d'honneur à Luce Perrot dans les grands salons du ministère de la Défense par Jean-Yves Le Drian. On ne parle, dans les rangs des journalistes, que de la primaire. Deux sons de cloche bien différents se font entendre.

D'un côté, tous les soutiens de Juppé, Jean-Louis Debré par exemple, soulignent l'opportunisme de François Fillon : il détestait Jacques Chirac mais a néanmoins été trop heureux d'entrer dans le gouvernement Juppé en 1995. Il se proclamait gaulliste social, séguiniste en un mot : il est devenu bien vite libéral.

« Du courage, Fillon ? clame l'ancien président du Conseil constitutionnel. Laissez-moi rire ! À l'Assemblée, lorsqu'il était au banc du gouvernement, on l'appelait “Monsieur Pipi”. Pourquoi ? Parce que, dès qu'il avait une décision à prendre, il gagnait les toilettes. Courage, Fillon, plutôt. »

Plus nombreux sont ceux qui, dans l'assistance, condamnent le comportement d'Alain Juppé, parti en guerre pour le deuxième tour :

« Il attaque son camp en multipliant les attaques contre celui qui a obtenu 44 % de l'électorat de droite au premier tour. Il aurait dû jeter l'éponge, plutôt que de créer l'irréparable.

— Alors, proteste Debré, il fallait dire auparavant que la primaire n'aurait qu'un tour. Sinon comment exiger d'un candidat arrivé en deuxième position de faire profil bas ? Il se bat, voilà tout. »

Rentrant à la maison, je lis que 250 députés de la droite et du centre, trop contents d'avoir trouvé un leader, viennent de signer un texte en faveur de François Fillon, stigmatisant, sans le dire, la contre-attaque de Juppé, qui juge son compétiteur trop à droite, trop catholique, trop libéral. Jean de Boishue m'envoie d'ailleurs le dernier sondage avant le débat de demain soir : 65/35 en faveur de François Fillon. La messe est dite, si j'ose dire.

24 novembre

La déclaration de candidature d'Emmanuel Macron n'a pas paru bouleversante aux hiérarques socialistes qui l'ont jugée trop classique, trop convenue, presque contre-performante. Pour le moment, il n'a encore rien annoncé qui puisse séduire ou rebuter les électeurs socialistes. Certains d'entre eux espèrent encore, malgré ses démentis, qu'il pourrait bien être en train de tailler la route pour François Hollande et se retirer devant lui le moment venu. L'espoir fait vivre.

Longue conversation ce matin avec Jean-Christophe Cambadélis ; Hollande et Valls ont-ils parlé en tête à tête, les yeux dans les yeux, de la présidentielle ? Camba ne le croit pas. Ils le feront sans doute après le deuxième tour, c'est-à-dire, pense-t-il, après la victoire de Fillon, soit lundi prochain.

« Au fond, me dit-il, je crois que Hollande laisse volontairement le jeu ouvert. Si Juppé avait été désigné, ce qui paraît impossible aujourd'hui, il se serait vraiment interrogé sur ses chances et aurait peut-être conclu qu'il n'en avait guère. À la fois parce que Juppé est un homme d'État, un personnage de la Ve République, et parce que, il le sait, une partie des électeurs de gauche aurait voté pour Juppé dès le premier tour. Mais la victoire de Fillon rouvre le jeu. Tant qu'il pensait la candidature de Juppé possible, il ne fermait pas la porte à Manuel Valls. Parce qu'il préférait que Valls perde plutôt que lui-même. Face à Fillon, c'est différent. Non, ce qui a déplu violemment à François, ce qu'il n'a vraiment pas apprécié, c'est la montée de gueulards, Malek Boutih, Jean-Marie Le Guen, tous des proches de Manuel, faisant assaut d'agressivité en le poussant à se retirer. »

L'état exact des relations entre les deux hommes ?

« Manuel estime que François Hollande est, comme d'habitude, dans le déni. Qu'il veut le mettre devant le fait accompli : sa deuxième candidature ou son retrait, sans avoir une explication avec lui. François estime que Manuel Valls pousse trop loin son avantage. Le résultat est qu'entre eux, la méfiance s'est installée. »

La fin du suspense, c'est pour quand ? Cambadélis penche pour une candidature rapide de François Hollande, soit juste après le 3 décembre, où doit avoir lieu la convention de la Belle Alliance populaire que lui, Cambadélis, a mise laborieusement en marche, ou dès le 26 novembre, après la réunion que Martine Aubry, Christiane Taubira et Anne Hidalgo ont organisée en Seine-Saint-Denis, où Claude Bartolone devrait être leur hôte.

« Pour elles, le candidat ne peut en aucun cas être Valls. Si c'est François Hollande, elles accepteront. Mais si c'est Manuel Valls, elles s'y opposeront par tous les moyens, y compris par une candidature Christiane Taubira. »

En attendant, qui fait campagne pour François Hollande, qui ose faire campagne pour lui ? Cambadélis me cite les noms de Bruno Le Roux, Stéphane Le Foll, d'autres encore : François Rebsamen, Julien Dray, Marisol Touraine. En sa faveur, se prononcent aussi les gros bataillons du PS : les fédérations de Bourgogne, de l'Aquitaine ou de Midi-Pyrénées, de la Normandie ou de Bretagne. Celle du Pas-de-Calais est partagée entre les partisans de Valls et ceux de Hollande. Quant aux députés socialistes qui se prononcent d'ores et déjà contre Hollande, ils sont peu nombreux, une vingtaine à peu près.

« Si quelqu'un, m'assure-t-il, lançait un appel contre la candidature de François Hollande, il ne serait pas suivi aujourd'hui. »

De cette irrésolution à gauche, il se console en partie à l'idée que Fillon soit le vainqueur de la primaire de la droite et du centre.

« C'est un candidat résolument conservateur, son programme est bien identifiable : il est catho, hostile au mariage pour tous, supprimerait les 35 heures, imposerait un nouveau code du travail et le départ de 500 000 fonctionnaires. Idéal pour nous. »

J'ose à peine le lui demander, mais comme il se garde d'en parler, je lui pose la question : « Et Macron ?

— Comme prévu, François Bayrou bloque sa dynamique au centre. »

Bref, aucun candidat ne s'impose, la candidature de François Fillon laisse en jachère le centre, ce qui donne une chance soit à Bayrou, soit à Macron. Pas aux deux.

François Hollande, qui a accepté (à mon avis bien dangereusement) de s'y soumettre, est-il certain de gagner la primaire de la gauche ?

« Il n'y a pas de candidat porteur face à lui. Arnaud Montebourg vient de faire appel aux électeurs de droite pour battre Hollande : c'est contre-performant. En outre, le candidat des socialistes dits "révolutionnaires", c'est Jean-Luc Mélenchon, ce n'est pas Montebourg. Pour que Hollande soit "dégagé", pour qu'il soit contraint d'abandonner, il faudrait qu'un candidat plus central, plus centriste, se présente contre lui. »

Tout de même, il faudrait bien que le suspense entretenu par François Hollande s'arrête vite, non ?

« Oh, me dit-il désabusé, il est en mesure de tout faire : il peut renoncer à se présenter, être au contraire candidat, passer par la primaire, refuser d'y passer.

— Tout de même, lui dis-je, vous vous battez pour qu'il participe à la primaire de la gauche depuis plusieurs semaines. Il a donné son accord. Peut-il vraiment faire le contraire, dans quelques jours ? Ce serait vous mettre dans une position impossible, non ? »

— François Hollande peut tout faire, me répond-il avec un air d'une totale indifférence, il ne se sent lié par rien ni personne. Il a du sang-froid, il comprend les rapports de force, et peut choisir à tout moment un autre chemin que celui qu'on attend, que ses amis attendent. Il peut faire tout et le contraire de tout. »

Je le sens sans illusion sur le personnage Hollande, même s'il a tout fait pour lui permettre de se présenter. Il envisage même, avec toute sa lucidité, que Hollande le ridiculise en décidant au dernier moment de ne pas se soumettre à la primaire. Le président est-il à ce point imprévisible, fluctuant ?

« Cela n'a pas que des inconvénients, mais ça en a un, certain : le fait qu'on peut, par exemple, penser comme Claude Bartolone qu'on est un de ses amis, à qui il demande de l'aider, et apprendre au détour d'un livre dont Hollande n'a parlé à personne qu'on est un personnage sans envergure. Si tu lui es utile, tu existes, si tu ne lui sers à rien, tu disparais de son champ de vision. Si tu lui nuis, il ne va pas te faire de vacherie immédiatement, mais tu trouveras dans quelques semaines un candidat aux législatives contre toi ! »

Eh bien, quel sinistre portrait de Hollande me trace-t-il, ici et maintenant, à quelques jours de sa possible candidature !

« C'est comme ça qu'il a gagné en 2012, conclut mon interlocuteur, c'est comme ça qu'il a perdu par la suite et qu'il perdra peut-être demain. »

Bon, terminé pour Hollande. Passons à Emmanuel Macron.

« Pour le moment, il a derrière lui 70 % des gens venus de la droite et 30 % seulement de la gauche. L'enjeu qui est le sien, c'est de progresser. S'il ne progresse pas, il tombe. Je vois bien ce qu'il souhaite : il ne pense pas à la victoire pour tout de suite, il veut un groupe au Parlement, qui fasse la charnière entre la gauche et la droite, et qui lui permette de faire les rois et les princesses. Il estime que le Parti socialiste ne produira pas, avant longtemps, un autre présidentiable. Donc, il est, lui, le possible homme de la situation si Fillon est élu. »

Comment le définirait-il, Emmanuel Macron ? Il réfléchit :

« C'est un extraordinaire séducteur, avec les hommes, avec les femmes. Il n'est pas dans la lignée des Mitterrand, et il est moins politique que Giscard. Il est dans un calcul simple : il pense être le seul vrai candidat du centre, il pense aussi que la gauche s'effondrera après son échec probable aux législatives, que Hollande soit candidat ou pas, et que donc lui seul, Emmanuel Macron, pourra alors créer une coalition libérale et centriste autour de lui. Comme les socio-libéraux anglais, avant qu'ils ne disparaissent. »

Quant à la candidature de Fillon, elle ne l'effraie pas :

« Il va taper, fonctionner par ordonnances. Comme Thatcher, le mécontentement social ne lui fait pas peur. Cela ne fera pas de mal à la gauche : dans l'adversité, le PS va reprendre, au contraire, du poil de la bête. »

Et Marine Le Pen ? Cambadélis pense qu'elle peut gagner :

« Fillon bloque pour le moment sa dynamique, mais au deuxième tour, si la gauche, Valls ou Hollande, est en deuxième position, la droite risque de ne pas se déplacer pour aller voter à gauche, et, en revanche, si c'est Fillon, comment fera-t-il pour mobiliser les fonctionnaires contre le FN ? »

Valls ou Hollande, a-t-il dit? Cambadélis n'exclut donc pas, aujourd'hui, que Manuel Valls soit candidat si François Hollande ne l'est pas ? Ou même s'il l'est ?

« Manuel est clivant, Hollande ne l'est pas, me répond-il, François Hollande n'incarne peut-être pas grand-chose, mais il est rassembleur. Voilà pourquoi je dis à Manuel Valls, aujourd'hui : "Préserve-toi, si tu te présentes cette fois-ci, tu vas à l'abattoir." »

25 novembre

Hier, déjeuner du Prix du livre politique. Jean-Louis Debré, le président du jury de cette année, semble marqué, lui aussi, par le livre de Lhomme et Davet.

« Je croyais Hollande gentil, me confie-t-il, je l'ai découvert méchant. Je pensais qu'il avait le sens de l'État, il n'a que celui des petits calculs. »

Il ne m'avait pas caché, il n'y a pas si longtemps, sinon son amitié, son attachement à François Hollande pour lequel, entre nous, il avait voté en 2012. Il l'a rencontré ce matin à la cérémonie d'ouverture de l'exposition des œuvres données par La Charrière au musée des Arts premiers.

« Je me demandais ce qu'il faisait là, au musée Chirac », résume-t-il d'une voix sévère.

Aujourd'hui, Hervé de Charette me dépeint Fillon comme un petit bonhomme rancunier et médiocre. Il faut dire que c'est Bruno

Retailleau – avec la bénédiction de Fillon, devenu député de Paris –, qui l'a éliminé, ainsi que tout le centre, de la région dont il a si longtemps été l'élu. J'en conclus que, comme François Hollande en 2011, personne ne s'est méfié de François Fillon, personne ne l'a vu venir. Un peu tard, maintenant, pour regretter Juppé.

27 novembre

Pendant que j'attends les résultats du deuxième tour de la primaire, j'ouvre *Le Journal du dimanche*. Face à ce qu'il appelle le « doute » et le « désarroi », Manuel Valls n'exclut plus, il le dit ce matin, de se présenter lui-même. Un président candidat contre son Premier ministre, certes, on n'a jamais vu ça. C'est presque une crise de régime. Il me semble que, cette fois, Valls va trop vite et trop fort. Il faut dire qu'il est sur la corde raide depuis déjà plusieurs semaines. Il ne croit pas, ou plus, aux chances de François Hollande pour 2017, mais enrage, je le comprends, de devoir attendre l'ultime moment pour prendre le relais de François Hollande au moment où celui-ci est au plus bas de sa popularité. Valls tombe dans le piège qui lui est tendu. Son interview dans le *JDD* coupe le souffle. À la question : « N'êtes-vous pas en train de mettre ouvertement la pression sur le président ? », il répond : « Le moment est grave et historique. Chacun doit en être conscient. Je mets la pression sur chacun d'entre nous. »

J'entends bien Valls appeler au rassemblement de la gauche, à la candidature unique, la sienne de préférence, pour avril prochain. Il n'a commis qu'une erreur, grave de ce point de vue : c'est lui qui a parlé des deux gauches « irréconciliables ». Comment, aujourd'hui, plaider pour la réconciliation ?

Coup de téléphone de François Loncle, soutien ferme de Manuel Valls pendant que j'écoute les premiers commentaires sur la primaire de la droite. Il est en train de mettre au point l'« impeachment » de Hollande : il essaie d'obtenir de quelques députés un texte courtois, mais ferme, demandant à Hollande de se retirer. Ils n'ont guère de chances d'être entendus. Ils le seront par la presse, non pas par lui.

François Loncle me raconte la teneur de la réunion qui a eu lieu, il y a plusieurs jours, chez Stéphane Le Foll. Il fait partie des parlementaires qui ont mis en garde François Hollande :

« Tu ignores ton impopularité sur le terrain, lui a-t-il dit, tu ne peux pas te représenter, tu n'en as pas le droit, ce serait une catastrophe dont tu porterais seul la responsabilité. »

Hollande n'a pas bronché :

« Viens me voir à l'Élysée », lui a-t-il dit.

Tout cela est resté sans suite.

Ce soir, raz-de-marée pour Fillon qui l'emporte avec près de deux tiers des voix.

Quelle aventure, tout de même, cette primaire, pour un homme comme lui, en troisième, en quatrième position même depuis l'été, plébiscité en quelques semaines. Je n'ai pas le souvenir d'une telle « remontada » sous la Ve République. Qu'est-ce qui l'explique ? L'ennui profond dans lequel la France morose est tombée ? L'envie d'alternance ? Le besoin d'autorité ? La nécessité ressentie par tous d'un coup de pied aux fesses général ? Tout cela sans doute en même temps.

Toujours est-il qu'en quelques mois, François Fillon s'est littéralement transformé. Pas seulement parce que sa course effrénée d'un bout du pays à l'autre lui a donné le sentiment, meeting après meeting, qu'il était celui que la France attendait, même si, alors, il était le seul à le penser. Mais surtout physiquement. Il a épilé une partie de ses sourcils, certes, mais ce n'est pas ce qui lui donne envergure et présence. C'est qu'après avoir rongé son frein des années à Matignon, Fillon ne doute plus de lui un seul instant, si tant est qu'il en ait jamais douté.

Ce soir, il apparaît comme le seul point fort, le seul pôle, face à une gauche dévastée.

28 novembre

La presse tout entière revient ce lundi matin sur l'initiative, hardie pour le moins, de Claude Bartolone mettant sur le même plan pour la candidature à la primaire de la gauche, le président et son Premier ministre, et sur l'interview de Valls au *Journal du dimanche*. Qu'allait faire Hollande après les déclarations de Valls ? Le mettre à la porte ? À moins que celui-ci ne démissionne. Eh bien, rien ! Passez muscade ! On attendait le divorce après le traditionnel déjeuner entre le président et le Premier ministre à midi. Manuel Valls ne démissionnera pas. Le président de la République est à l'Élysée, son Premier ministre reste à Matignon. Les Français, comme les vaches, seront bien gardés. La politique à gauche reprend son cours.

Mais aucun communiqué d'apaisement, qu'il émane de François Hollande ou de Manuel Valls, ne mettra un terme au psychodrame du dernier week-end. Tous deux en sortent en capilotade. Manuel Valls parce que, en perdant son sang-froid, il a montré qu'il était fragile, pas encore à la hauteur. François Hollande parce qu'il a, par son silence, montré qu'il savait pousser à la faute un Premier ministre ardent, enthousiaste et plein d'autorité. Cette autorité, Valls l'a perdue aujourd'hui. Mais Hollande ne l'a pas retrouvée.

De Jacques Chirac, cette phrase, que me cite Arnaud Ardoin, en train d'écrire un livre sur lui. Tous les soirs, celui qui fait fonction de majordome, ou de garde-malade, lui dit : « La nuit est tombée. » Chirac lui répond, de son fauteuil roulant : « J'espère qu'elle ne s'est pas fait mal. »

1er décembre

Eh bien voilà, le rideau tombe sur François Hollande. Depuis des mois et des mois, je dis, j'écris que, contre toute attente, il ne se représentera pas. J'entends encore ceux de mes confrères qui levaient les yeux au ciel devant ma naïveté.

« C'est un optimiste à tout crin, me disait-on, il pense toujours qu'il peut gagner. »

À vrai dire, avec moi, François Hollande ne s'est jamais montré optimiste. J'avais noté en sortant d'un rendez-vous avec lui à quel point, au contraire, il m'avait paru triste. Et lucide, surtout lucide, c'est d'ailleurs le mot qu'il a employé dans sa courte allocution de ce soir. Les comptes, il sait les faire et il a vu, depuis l'automne, qu'il ne pourrait pas remonter le terrain, recomposer la gauche autour de lui. Il attendait que la droite se déchire, que Sarkozy soit élu d'une courte tête. Cela n'a pas été le cas : la droite a au contraire fait son unité, après une primaire qui aurait pu faire exploser la machine. La gauche pendant ce temps a continué de voler en éclats.

La désignation de Fillon n'était pas une mauvaise chose pour lui : les 500 000 fonctionnaires, la Sécurité sociale menacés, il tenait là les premiers éléments de sa reconquête. Mais le Davet-Lhomme avait été mis en librairie dès avant la désignation de François Fillon. Jamais en vérité on ne saura pourquoi François Hollande a favorisé l'écriture de ce livre, dont il ne maîtrisait pas le contenu. Acte manqué ou volonté de laisser d'autres que lui, qu'il jugeait proches de lui et qui ne l'étaient pas, faire le bilan de son action ? Il faudra qu'il s'explique, plus tard, sur ce gigantesque raté. Manuel Valls attendait-il cette faute ? Ou bien a-t-il été sincèrement bouleversé, irrité au-delà de la mesure, par ces confidences inutiles et nuisibles qui se sont retournées contre leur auteur ? La question que je me pose est celle-ci, même si ma sympathie pour Valls est réelle : n'attendait-il que cela, a-t-il sauté sur la faute de l'abbé Hollande pour jouer sa partie, qu'il préparait depuis longtemps ? Je n'oublie pas la façon dont Peillon m'a, un jour de 2012, parlé de Valls : « le spécialiste du coup de poignard dans le dos ». Je sais bien que le malade allait sur sa fin. Valls l'a-t-elle précipitée ?

En tout cas, fin de partie pour Hollande.

Hier, ses yeux étaient tristes et sa voix méconnaissable. Il a suffi de dix minutes, sans doute les plus longues de sa vie, pour qu'il jette l'éponge. Du jamais-vu sous la Ve République où Jacques Chirac et François Mitterrand ont été réélus, Valéry Giscard d'Estaing et Sarkozy battus à l'issue de leur mandat. Mais un abandon au bout d'un premier mandat n'a pas de précédant.

François Hollande n'a jamais eu besoin de dessin pour comprendre le désamour des Français. À un seul moment, trop bref, il a cru qu'il allait réussir à mettre sur pied la social-démocratie en France. C'était le 14 janvier 2014, il annonçait la baisse des charges des entreprises, le pacte de responsabilité, la future négociation sur ce point avec syndicats et patronat. Les remous à l'intérieur de la gauche, la fracture entre gauche de gouvernement et gauche d'opposition, n'ont cessé depuis de paralyser la machine. La nomination de Manuel Valls n'a pas bouleversé le sort du quinquennat, malgré une brève période où l'espoir a semblé possible au duo exécutif. Le moindre projet de loi a été par la suite régulièrement mis en charpie par l'opposition, même s'il allait partiellement dans son sens, et délibérément combattu par une partie des socialistes. Je ne parle pas seulement de la binationalité, que le monde politique au complet avait applaudie à Versailles. Mais aussi de la première loi Macron, microscopiquement libérale, de la loi El Khomri sur le travail. La CGT s'est vite radicalisée et le patronat désolidarisé.

Des erreurs, il y en a eu, bien sûr, pendant les quatre années écoulées, et la discussion parlementaire sur la binationalité n'est pas la seule. L'impréparation des deux premières années, les chamailleries entre ministres, l'enlisement sur la réforme constitutionnelle joints, sur ce sujet comme sur tant d'autres, au désordre dans la gauche, le manque d'explication et de vision ont été cruellement, quotidiennement, mis en évidence. Pour ses ennemis et parfois ses partisans, l'imprécision de François Hollande a souvent semblé proche de l'indécision ou du petit calcul politique.

Il a eu raison de le dire lui-même, jamais sans doute un président de la République n'a eu à affronter un péril terroriste de cette nature, le terrorisme islamique. Mais il n'est pas arrivé à créer autour de lui l'union nationale nécessaire. Après les assassinats des journalistes de *Charlie Hebdo* et des clients et membres du personnel de l'Hyper Cacher Porte de Vincennes, en janvier 2015, une immense manifestation a bien mis dans la rue des centaines de milliers de Français, précédés par les dirigeants du monde entier. Moments d'émotion, de recueillement, de réflexion, vite oubliés. Les querelles ont vite repris. Elles menaçaient après le drame du Bataclan fin 2015, elles ont explosé après l'attentat de Nice en juillet 2016.

En annonçant qu'il quitterait bientôt la scène, François Hollande – pensant que s'il ne le faisait pas lui-même, personne ne le ferait – a tenu à faire son bilan, comptes publics assainis, Sécurité sociale à l'équilibre, dette contenue, transparence des élus, préservation du modèle social français. Quelques résultats aussi sur le chômage, sur lequel il avait imprudemment engagé sa survie, trop tardifs pour infléchir le jugement des Français.

Paradoxalement pourtant, je n'en suis pas surprise, ce n'est pas sur sa politique économique – échec total pour ses adversaires, semi-réussite pour ses amis – qu'il a pris, après de si longues journées de réflexion, la décision de quitter le pouvoir dans cinq mois. C'est surtout de son échec politique qu'il a parlé hier, de son échec à fédérer les mille et une gauches qui ont fait entendre, pendant quatre ans, leur tohu-bohu assourdissant. De ce désordre grandissant, il n'est pas évidemment le seul responsable. Le moins qu'on puisse dire est que la gauche l'a aidé, et même enfoncé[1]. Il est vrai que partout en Europe aussi, la social-démocratie a été remise en cause par d'autres fractions d'une gauche plus dure, où l'idéologie a conservé sa place et raffermi son influence. En tout cas, la bataille de la réconciliation des gauches François Hollande considère, avec la lucidité dont il se réclame, l'avoir perdue. C'est cette défaite-là qui l'amène aujourd'hui à renoncer. D'autant que, ces derniers jours, nombreux sont ceux qui se sont relayés à son chevet, non pas pour lui demander de faire acte de candidature, mais pour le supplier d'y renoncer. On n'a pas idée de ce qu'il a dû subir, avaler, pendant ces dernières semaines. Un chemin de croix.

1. « Comme socialiste, a dit François Hollande, je ne peux accepter, je ne peux me résoudre même à la dispersion de la gauche, à son éclatement... J'ai décidé de ne pas être candidat à l'élection présidentielle. Je ne veux pas que la France soit exposée à des aventures qui seraient coûteuses. Aujourd'hui, je suis conscient de ce que ferait courir une démarche qui ne rassemblerait pas largement. »

Ce n'est pas un sacrifice volontaire pour l'intérêt supérieur des Français : c'est un départ contraint et forcé.

Extraordinaire moment. Unique sous la Ve République. En quelques jours, trois têtes sont tombées : Nicolas Sarkozy d'abord, puis Alain Juppé, François Hollande enfin ont dû tirer leur révérence. Place donc aux nouveaux venus. On verra bien, avec eux, si le mal français vient de ceux qui les dirigent ou des citoyens qui n'acceptent pas d'être dirigés, et ne trouvent les réformes nécessaires que quand elles ne les concernent pas.

C'est son propre camp qui l'a mis hors jeu.

Commentaire de Jean-Pierre Chevènement, que je joins au téléphone :

« C'est une sortie digne dans une situation qui ne l'était pas. »

2 décembre

Déjeuner avec Jean de Boishue, qui nage dans le bonheur de la victoire de Fillon. Deux choses, pour aller vite.

Fillon lui demande de rendre visite à l'ambassadeur de Russie en France, Alexandre Orlov. L'objet : demander de la part du futur président français à Poutine de modérer ses coups à Alep.

« Je vous parle non comme un ami, a tenu à ajouter Boishue, mais comme le représentant de François Fillon. »

Orlov prend note sans mot dire. Un peu plus tard dans la conversation, il reprend la formule :

« Je vous parle, dit-il, non en ami, mais au nom de la Russie : nous avons décidé de rompre avec le Quai d'Orsay. Plus rien ne passera par Jean-Marc Ayrault ni par ce gouvernement. C'est avec François Fillon que nous parlerons désormais, avant même qu'il soit élu. »

Boishue jugeait, il le lui a dit avant le deuxième tour, trop libéral, trop peu social le programme de François Fillon. Le prenant par le bras, Fillon lui a répondu, avec un sourire :

« Tu n'as rien compris, je fais un programme de droite pour la droite, voilà tout... »

À propos, qui a dit : le programme de Fillon c'est Robin des Bois à l'envers ?

Alain Madelin, avec cette explication :

« Robin des Bois prenait l'argent aux riches pour le donner aux pauvres, Fillon, lui, prend de l'argent aux pauvres pour le donner aux riches. »

3 décembre

Je pense ne pas avoir encore pris la mesure de ce qui vient de se passer. Un président jetant l'éponge, après avoir compris que le trou de souris espéré était devenu un chas d'aiguille. Sarkozy, hier encore maître du parti Les Républicains, qu'il avait reconstitué pour le mettre à son service, éliminé sans qu'on ait vu venir une défaite aussi considérable. Alain Juppé, en tête de tous les sondages depuis plusieurs mois, renvoyé à Bordeaux. Tout cela fait bien des morts et des blessés dans le monde politique français, où chaque équipe panse ses plaies, et prend congé.

Je reviens sur le récit, ou sur les bribes de récit, de ces deux jours qui viennent de s'écouler. Une certitude : plus encore que les pétitions ou autres mises en garde de ses « amis », c'est l'intervention de Ségolène Royal et de ses enfants qui a eu la plus grande importance. Comme celle de Jean-Pierre Mignard, son ami avocat, l'objurguant de choisir entre deux humiliations, renoncer à se présenter ou être salement battu en 2017.

Il est certain désormais que c'est avec l'assentiment de Manuel Valls que Jean-Marie Le Guen, avec les parlementaires qui l'ont suivi, a mené la fronde contre Hollande. Peut-on toutefois reprocher à Valls, persuadé qu'il était comme nous tous que Hollande allait vers une défaite historique, d'avoir forcé les choses ? Évidemment, cela n'a pas dû rapprocher les deux hommes, mais comment aurait-il pu en être autrement ? Or je le remarque ce soir : les mêmes commentateurs qui s'apprêtaient à dire que Hollande était fou de vouloir se présenter au printemps prochain reprochent aujourd'hui à Valls d'en avoir tiré les conséquences...

À noter aussi qu'après cette période de tension extrême entre Hollande et Valls, les proches de Hollande, Ségolène pour ne pas la nommer, font mouvement vers... Macron. Ce n'est pas un hasard si Hollande n'a pas mentionné le nom de Valls dans son allocution de non-candidature. Et s'il a parlé, reprenant le thème cher à Emmanuel Macron, d'union des progressistes. Entre Macron et Valls, il a choisi Macron. Pourquoi ? En vertu du fait qu'on en veut toujours plus à celui qui vous a trahi en dernier, encore plus quand il avait des raisons de le faire.

Valls n'est pas au bout de ses peines. Il abandonnera sans doute Matignon dans les prochains jours. Après, il lui restera à affronter les (rares) amis de Hollande qui restent (Le Foll et autres) et à gagner la primaire, malgré les intrigues et autres chausse-trapes. On peut continuer la longue liste des difficultés sur le chemin de Valls. S'il gagne la primaire, il ne pourra pas compter sur Montebourg ou sur Hamon. Etc.

4 décembre

Tous les jours en ce moment, à 22 heures, je m'assois devant mon ordinateur. Pas l'ombre d'un répit. La politique est comme les Galeries Lafayette, il s'y passe toujours quelque chose.

Aujourd'hui, coup de téléphone de François Bayrou, après son émission à Europe 1 ce matin. Une cacophonie inouïe, où il pouvait à peine parler, les trois interlocuteurs se livrant à une course à l'échalote pour savoir qui l'interromprait le plus souvent.

« J'ai pu tout de même dire quelques petites choses, mais à peine. »

Nous parlons de François Hollande auquel, contrairement à François Fillon, il a rendu hommage jeudi soir. Il est à terre, inutile de lui envoyer des coups de pied. Sans qu'il soit question de l'absoudre. Et Bayrou ne l'absout pas.

« Je lui avais dit, il y a déjà longtemps : "Tu es mort." Mort parce qu'il est resté dans le cadre d'une ancienne gauche, qui n'existe plus. Puisqu'il devait changer la ligne économique défendue pendant sa campagne, il devait, pour survivre, se donner une nouvelle majorité, un nouveau fonctionnement qui lui permette de recueillir sur telle ou telle réforme une majorité d'idées. »

Il revient avec moi sur sa marotte, que je trouve au demeurant juste :

« Ce qui fait la crise politique française, répète-t-il après l'avoir précisé dans son émission tout à l'heure, c'est un système électoral qui fait que 60 % des Français soient exclus de la représentation nationale. Les deux partis dominants sont minoritaires, ça ne peut pas marcher. Nous sommes dans une démocratie représentative dans laquelle une majorité de Français ne sont pas représentés. »

Et le FN, dans ce cas, lui ont demandé noblement ses interviewers, quoi, prendre le risque de le faire entrer au Parlement ?

« Je me suis battu contre le Front national, me répète-t-il, mais je considère que les Français qui votent pour Marine Le Pen méritent d'être représentés. »

Et Fillon qu'il doit rencontrer cette semaine ? Dans quel objectif ? Il reste vague car, il le sait et je le sais aussi, s'il veut faire pression sur Fillon pour qu'il adoucisse son programme, il n'a aucune chance d'y parvenir. Fillon pense que Bayrou compte pour du beurre. D'abord parce que ce serait la quatrième fois qu'il se présenterait, ce qui fait beaucoup. Ensuite parce que Macron lui dispute, cette fois, son terrain au centre.

À propos de la formule, « Fillon, Robin des Bois à l'envers », je lui demande si c'est vraiment Madelin qui en est l'auteur ?

« Non, me répond-il en riant, c'est moi, au cours d'un échange avec lui. J'ai préféré la lui attribuer, parce qu'il ne passe pas pour le champion du social ! »

Puis vu Henri Weber.

« Ce que Cambadélis espère, me dit-il, c'est que le programme de Fillon suscite une levée de boucliers à gauche.

— Oui, mais au profit de qui ? »

Pas de réponse à la question.

Un silence. Puis cette phrase :

« Valls au moins nous promet une défaite honorable. »

5 décembre

Valls candidat. Un discours énergique. Peut-être un ton en dessous de son ton habituel. On sent bien que sa première préoccupation est de colmater les brèches qu'il a lui-même dénoncées, voire révélées, au sein du PS. Il a des ennemis au sein de son parti, des ennemis puissants, et surtout coalisés. Martine Aubry a eu une phrase, hier, sur ces deux gauches :

« S'il y en a deux, a-t-elle dit, c'est que l'une d'elles est à droite. »

Les frondeurs célèbrent avec enthousiasme son départ de Matignon. Les hollandais l'accusent d'avoir forcé François Hollande à renoncer. Comme si la question de la « renonciation » d'un président condamné par les sondages et l'opinion publique se posait vraiment. Hollande ne s'est pas sacrifié pour l'intérêt général du pays. Expert unique dans l'art de soupeser et de peser l'état des forces politiques, il n'a pas eu à céder aux pressions extérieures, et notamment pas à celles de son Premier ministre. Hollande n'est pas un enfant de chœur, il a toujours su, au moins autant que tout le monde, les ambitions nourries par Valls. D'ailleurs ce dernier ne lui a pas menti sur ce sujet, pas plus qu'il ne m'a menti. Des ministres, anciens ou actuels, lui en veulent personnellement : il en a brutalisé plus d'un, d'Emmanuel Macron à Cécile Duflot. Quant à lui faire endosser la responsabilité de la déchéance de la nationalité et de la réforme constitutionnelle de 2016, c'est un mauvais procès. J'ai fait une enquête poussée l'année dernière sur ce sujet. C'est François Hollande et lui seul qui, lors du Congrès de Versailles, en eut l'idée. Lui encore qui, recevant les chefs des partis, dont Nicolas Sarkozy, s'est accroché à la réforme de la déchéance, en pensant qu'elle pouvait être à la base d'une sorte d'union nationale. Valls était hostile à l'idée au début. Ou plutôt sceptique. Il l'a confié quelques jours plus tard à des journalistes qu'il recevait à déjeuner. C'est même cette confidence qui a amené à Christiane Taubira à dire, publiquement cette fois, qu'elle n'accepterait jamais le principe de la déchéance de nationalité. Face aux remous suscités par cette idée, Hollande a pensé un moment, début janvier, reculer. Il a consulté Valls, et c'est Valls, à ce moment, qui, en effet, lui a conseillé de ne pas le faire : trop tard, a-t-il dit, pour que le recul sur ce sujet ne soit pas interprété comme une défaite en rase campagne. A-t-il eu tort, a-t-il eu raison, c'est une autre question.

Pour le reste, qu'il se soit laissé aller, il l'a fait avec moi à plusieurs reprises, à pointer du doigt les erreurs de Hollande de 2012 à 2014, qu'il ait reproché certaines hésitations au président, qu'il ait même jugé honteux les propos tenus à Davet et à Lhomme, je n'ai pas le moindre doute à ce sujet. Il m'est arrivé de l'interrompre dans une conversation en lui demandant s'il était bien conscient de ce qu'il disait à une journaliste, laquelle pouvait rapporter ses propos, ce que j'ai fait, intégralement. En tout cas, c'est lui qui est monté au créneau à l'Assemblée nationale pour défendre cette déchéance de nationalité dont il n'avait pas eu l'idée.

Et on pourrait penser que seul, le président de la République ne savait pas ce que disait son Premier ministre ? Non, il a utilisé l'énergie de Valls, son talent, surtout de 2014 à 2016, en pleine connaissance de cause, persuadé qu'à la fin, il saurait le rappeler à l'ordre et lui imposer le silence.

Quant à savoir si Manuel Valls arrivera à réunir la gauche en éclats, celle qui veut gouverner et celle qui ne veut surtout pas, celle qui a préféré baisser les charges des entreprises, alléger le code du travail et celle qui voudrait obliger les entreprises à embaucher, la gauche sécuritaire et celle ouverte aux quatre vents, la gauche de la raison et la gauche du cœur, ça, franchement, je n'en sais rien.

Il a rendu hommage à François Hollande, juste ce qu'il devait, pas trop.

Reste que oui, Valls a beaucoup d'ennemis au PS. Trop peut-être. Il n'est pas même sûr d'être retenu à la primaire de la gauche. Mais il a de l'énergie, de la volonté. Et l'autorité ne lui fait pas défaut. Pour le reste...

6 décembre

Manuel Valls et Emmanuel Macron sont dès maintenant face à face. À cette différence près que l'un, Valls, s'apprête à passer par la primaire de la gauche, et que, ce faisant, il a encore un écueil de taille à surmonter, tandis que l'autre, Macron, s'en est affranchi en faisant directement acte de candidature à l'Élysée. Les deux « bébés Hollande », qui se sont émancipés tous deux de leur maître, rêvent depuis longtemps déjà de se disputer en avril-mai prochain les faveurs de l'électorat. Mais de quel électorat ? Pour Valls, ce sera forcément celui de la gauche, de toute la gauche. Le problème est que cette gauche est divisée, qu'il a lui-même théorisé la fracture entre gauche de gouvernement, la sienne, et gauche d'opposition, qui n'a cessé de lui mettre des bâtons dans les roues. La primaire ne sera pas pour lui une promenade de santé. Arnaud Montebourg et Benoît Hamon, ses anciens ministres, lui donneront du fil à retordre. Si l'un des deux l'emporte, c'en sera fini, au moins pour 2017, de l'aventure présidentielle de l'ancien Premier ministre. Si la victoire revient à Manuel Valls, au contraire, il est douteux que Montebourg et Hamon se rangent en ordre de bataille derrière lui.

Quant à Emmanuel Macron, il refuse d'écouter les vibrants appels de Jean-Christophe Cambadélis, le patron du PS, qui l'a exhorté hier à concourir à la primaire.

« Quand on prétend présider aux destinées d'un pays, a-t-il répondu sèchement, on n'est pas là pour s'enfermer dans des querelles de clans. »

Il s'adresse, lui, aux « progressistes », qu'ils soient à gauche ou à droite. Le problème est que les deux camps dont il parle ont la vie dure. Entre la droite et la gauche, il y a le centre. Outre que François Bayrou pourrait bien prochainement en disputer le monopole à Emmanuel Macron, le centre n'a jamais eu de chance sous la Ve République, où seuls deux compétiteurs sont retenus pour le deuxième tour.

C'est dire que Macron comme Valls sont tous deux au début d'une bataille qui, les opposant à François Fillon, va commencer d'abord par les opposer entre eux. Certes ils comptent sur le programme du candidat de la droite pour refaire l'unité de la gauche et du centre contre lui. Mais dans ce cas, qui en profiterait ? En comptant que le troisième larron, Jean-Luc Mélenchon, sera lui aussi de la partie, on comprend, sans être mathématicien, qu'aucun d'entre eux n'a selon toute vraisemblance la moindre chance de l'emporter.

Mais en politique, rien n'est jamais sûr, comme viennent de le montrer la sortie de terrain inattendue de Nicolas Sarkozy ou encore la décision prise par François Hollande de ne pas se représenter, au moment où beaucoup annonçaient son entrée dans l'arène. L'espoir fait vivre. Les futurs candidats à la présidentielle n'en manquent pas.

Donc, Cazeneuve à Matignon. Normal, qui d'autre ? Hollande a-t-il également pensé à Jean-Yves Le Drian ? Oui, me dit son directeur de cabinet, Cédric Lewandowski, mais « nous sommes attachés au rocher de l'hôtel de Brienne ». D'ordinaire, c'est la course pour aller à Matignon. Cette fois, j'ai plutôt l'impression que cela a été une course en sens inverse, pour ne pas y aller.

11 décembre

Philippe Martel m'a rappelé, il y a peu, la prédiction de Jean-Marie Le Pen : il y aura un jour, avait-il dit, une tension majeure entre Marine et Florian Philippot. Il avait raison, à ceci près que ce n'est pas avec la présidente du FN, Marine, mais avec sa nièce, Marion Maréchal-Le Pen que les relations avec le vice-président du FN se sont carrément détériorées. Elles n'ont certes jamais été excellentes. Depuis longtemps, la position de Marion sur l'avortement, auquel elle ne cesse de réaffirmer son hostilité, est dénoncée par l'état-major du Front national comme archaïque, tout simplement ringarde. Inutile en tout cas. Traçant sa route, tentant même de se démarquer, par petits coups, de la direction de son mouvement, Marion Maréchal-Le Pen est allée plus loin la semaine dernière en s'opposant publiquement au remboursement intégral de l'IVG.

Le recadrage par Marine Le Pen n'a pas traîné. Il n'y aura selon elle « aucune modification ni du périmètre ni de l'accès, ni du remboursement de l'IVG ». Et, pour que sa nièce la comprenne mieux, Florian Philippot a retoqué sans ménagement quelques jours plus tard la proposition de Marion Maréchal-Le Pen, qualifiée de « personne seule et isolée » au FN. Marion Maréchal a simplement fait remarquer, visage fermé, qu'au dernier congrès de son mouvement, elle avait recueilli le plus grand nombre de voix des cadres et des militants du parti. Seule ? Elle ne l'est pas tellement, en effet.

La mauvaise humeur exprimée par Florian Philippot, la réaction épidermique de Marion Maréchal-Le Pen cachent, me dit Philippe Martel, des frictions plus importantes. Au sein du FN, beaucoup reprochent à Florian Philippot, qui se vante d'avoir appartenu autrefois à l'équipe de Jean-Pierre Chevènement, ses orientations plus à gauche que celles de Marine Le Pen. D'autant que celui qui est aujourd'hui le vice-président du FN aime bien parfois la provocation. Ainsi l'autre jour, le 22 novembre, empêché par quelques étudiants de Sciences Po de se rendre dans la salle où devait se tenir sa conférence, Florian Philippot avait entonné, face à ceux qui lui interdisaient l'entrée, le chant révolutionnaire *L'Internationale*. Bigre ! Chanter l'air préféré des communistes et de l'extrême gauche à Sciences Po, voilà qui est apparu comme excessif à de nombreux militants.

12 décembre

Et maintenant, Vincent Peillon candidat, lui que l'on croyait définitivement en rupture de politique. Incroyable week-end. Macron fait un tabac devant une salle de 15 000 personnes à Paris, tandis que Vincent Peillon se présente le lendemain à la primaire de la gauche, pour, dit-il, incarner le courant « central » du parti.

Ce que je ne sais pas, tout le monde étant par ailleurs aux abris, c'est le rôle de François Hollande dans ce capharnaüm. A-t-il vraiment poussé Peillon contre Valls ? A-t-il vraiment osé ça ? Je ne puis le croire. Après moi le déluge, quelle médiocrité ! Jamais, en cinquante ans d'observation de la vie politique, je n'ai vu un tel spectacle à gauche. J'en viens à préférer Jean-Luc Mélenchon, qui au moins est resté sur sa ligne, sans bouger, sans céder.

Performance du dernier meeting de Macron, qui n'est pas pourtant un habitué des estrades, plus proche de ces messies évangéliques que l'on trouve à Hyde Park que d'un orateur politique. Il a tout pris de la gestuelle de Ségolène : bras en croix, tête vers le ciel, la façon de faire don de sa personne au public et à la France. Je ne suis pas sûre de tout aimer de ce qu'il dit, mais en l'écoutant de bout en bout, je comprends la sorte de ferveur qu'il suscite chez les jeunes, lesquels étaient nombreux Porte de Versailles samedi soir : en fait, il joue sur le mot liberté. Sans faire un dogme du libéralisme, il prône la souplesse du travail, car la vraie liberté c'est précisément de travailler, et de travailler aux heures qu'on choisit – plus exactement que les chefs d'entreprise choisissent, mais il se garde de le dire. Droit de démissionner d'un poste, dit-il, pour prendre un nouveau départ. Ce qu'il ne dit pas, c'est que peu, très peu de salariés lorsqu'ils ont un travail, veulent aller voir ailleurs s'ils y sont. Parce qu'ils ont une maison, achetée à crédit, des enfants à l'école. S'ils choisissent de tout planter là, Macron leur assure que les allocations chômage leur seront allouées, même s'ils n'y ont pas droit puisqu'ils démissionnent de leur propre volonté. Droit à l'erreur, dit-il, pour les entrepreneurs qui feraient une première faillite. Mais comment distinguer l'arnaque de la bonne foi ? Oui, liberté, c'est son maître mot, et pas libéralisme, et pas socialisme.

Comment dire, je suis plus que sceptique, plus que défiante sur ce qu'il promet aux jeunes qui l'écoutent.

J'aime bien en revanche son « N'ayez pas peur » face aux changements, l'informatique, la mondialisation, désignées comme autant de chances.

Bref, je n'aime pas vraiment chez cet homme ses transes, son exaltation. Les dernières phrases de son prêche, le ton sur lequel il les a prononcées, m'ont fait froid dans le dos.

13 décembre

Jean de Boishue me parle des premières difficultés de François Fillon dans la compétition qui s'annonce. Il est tout seul. Seul chez les Républicains, où Patrick Stefanini, son directeur de campagne, fait le ménage. Il fait leur place à quelques juppéistes, quelques partisans de Le Maire, se méfie des sarkozystes. En effet, quel coup de balai ! Sarko, Juppé, disparus en un tournemain, il faut bien à la fois renouveler et unir. Dès le début, l'engagement de Fillon sur la sécurité sociale et le déremboursement des « petits risques » a fait problème. À gauche, évidemment, il s'y attendait. À droite, en revanche, ses propres partisans ne l'ont pas épargné.

Le texte n'a sans doute pas été assez relu ni revu. En tout cas, Éric Woerth a bafouillé sur le sujet dimanche dernier chez Elkabbach, et Jérôme Chartier, pitoyablement, s'est lancé dans une explication sur le rhume, où tout le monde s'est noyé : un petit rhume, un gros rhume, un rhume qui se transforme en bronchite, petit ou gros risque ?

Il semblerait que Fillon, une fois qu'il a gagné la primaire, se soit payé le luxe de souffler, de se donner quelques semaines avant d'entrer dans la bataille. Erreur.

« Nous avons été, dit Jean, comme ces gens qui, une fois le baccalauréat en poche, ne font plus rien pendant tout l'été. François Fillon s'est mis en roue libre, laissant la place à des seconds couteaux. L'opinion a commencé à décrocher. »

Pourtant Fillon s'organise. Je peux me tromper, mais je pense que l'actuel président du Sénat, qui lui a été fidèle de bout en bout, pourrait fort bien se retrouver Premier ministre. C'est avec lui, en tout cas, qu'il a mis au point, hier, le texte de l'entretien que Fillon a donné au *Figaro* ce matin, où il s'explique (ou recule) sur ses fameux déremboursements. Bref, à l'en croire, personne n'a rien compris : il ne s'agit pas de dérembourser, mais de payer davantage les soins dentaires et oculaires. Je n'avais rien compris, et Éric Woerth non plus.

François Fillon et ses amis semblent surpris de se retrouver au centre des attaques. La gauche s'oppose à la destruction du modèle social français. Pas surprenant. C'est surtout, de l'autre côté, le FN qui en fait son premier ennemi. Pourquoi ? Il semblerait qu'à Béziers, chez Robert Ménard, fief du FN, Fillon ait été littéralement plébiscité par les électeurs. Les mêmes, semble-t-il, qui ont voté pour Ménard en 2012. D'où la panique à Béziers et ailleurs, où l'on craint l'hémorragie. Il est vrai que l'électorat catholique, sur lequel compte Marion Maréchal-Le Pen, a été pris en main méthodiquement par François Fillon depuis l'été dernier. L'association Sens commun n'a pas été pour rien dans sa victoire. Normal que le FN s'alarme, même si Marine fait comme si le problème n'existait pas.

15 décembre

Mauvais début de Valls dans la campagne : il convient ce matin sur France Inter de ses regrets d'avoir dû utiliser le 49.3 et annonce que, s'il était au pouvoir, il restreindrait l'usage de cet article, pourtant tout ce qu'il y a de constitutionnel, aux textes budgétaires, parce que le gouvernement d'une nation, dit-il, est obligé d'avoir un budget. Pour le reste, plus de 49.3. Quelle erreur ! Qui a pu lui mettre dans la tête qu'il fallait, d'entrée de jeu, se débarrasser de ce 49.3, annoncer haut et fort qu'il avait commis une erreur et que promis juré, il ne la commettrait plus. Ce que les Français apprécient en Valls, c'est son autorité, sa sincérité. Il ne doit surtout pas y renoncer. Voilà que, à l'occasion du premier tour de la primaire, il se désavoue lui-même, bruyamment de surcroît. Comment ses adversaires ne s'engouffreraient-ils pas dans l'énorme brèche ? Comment ne railleraient-ils pas celui qui vient s'excuser, en quelque sorte, devant eux ?

C'est le piège de la primaire : s'il veut faire le plein des voix des électeurs socialistes, il doit tenir compte de leurs réserves sur le 49.3 qu'ils jugent contraire à la démocratie. Peu leur importe de savoir combien de temps les socialistes seraient restés au pouvoir s'ils ne l'avaient pas eu à leur disposition. Ni d'ailleurs combien d'autres gouvernements, sous la Ve République, auraient sombré prématurément.

Hollande avait nommé Valls à Matignon pour qu'il « fasse du Valls ». Si Valls renonce à faire du Valls, il n'existe plus. Que faire, pourtant ? Il ne veut pas traîner ce boulet pendant toute la campagne primaire. Il n'empêche : c'est dur, pour lui, de laisser entendre qu'après en avoir éprouvé la perversité, il jure la fin de cette arme constitutionnelle la plus efficace.

17 décembre

Je reçois un petit mot d'Emmanuel Macron aujourd'hui. Il me remercie de lui avoir envoyé mon dernier livre, *Comment en est-on arrivé là ?*, et conclut, d'une phrase comme s'il savait que j'en doutais : « Merci et croyez-moi, je vais au bon rythme. En amitié. Emmanuel Macron. »

20 décembre

Le Solferino est la brasserie la plus proche du siège du PS. C'est là que j'ai retrouvé cette après-midi Alain Bergounioux. Juste pour sentir l'atmosphère chez les socialistes à la veille de cette primaire qui ne dit rien qui vaille à personne. Jean-Christophe Cambadélis, qu'il me décrit comme « abattu et sombre », est parti prendre quelques jours de vacances, accablé par le début de la campagne. Notre conversation de l'autre jour était prémonitoire. Il pensait probable que François Hollande lui reproche, tôt ou tard, cette primaire qu'il avait pourtant acceptée il y a quelques mois. Entre l'Élysée et la rue de Solferino, depuis déjà plusieurs semaines, rien ne va plus. François Hollande en veut en effet, aujourd'hui, à Camba de lui avoir proposé une élection primaire qui devait le « relégitimer », et à laquelle désormais il ne se présentera pas. Il l'avait néanmoins approuvée. Et maintenant, il accuse Cambadélis de l'avoir entraîné dans ce piège.

Les proches collaborateurs du président ont reçu consigne de ne pas afficher leurs préférences entre l'un ou l'autre des candidats. Alain Bergounioux me dépeint Hollande comme « étouffé par le ressentiment », « furieux contre ceux qui lui ont pourri son quinquennat». Cela se voit sur son visage, désormais fermé, sourire disparu, yeux pétillants éteints.

«Il rumine», me dit Bergounioux. Contre qui? Les frondeurs, d'abord, mais aussi Montebourg, Hamon, Valls, Valls surtout. Car il lui tient rigueur de la façon dont il l'a trahi. Trahi, le mot est prononcé par les intimes de Hollande à l'Élysée, alors que les choses sont à nuancer, il me semble. Nous refaisons ensemble la chronologie de l'automne qui vient de s'écouler. Tout était prêt – sauf les sondages, au plus bas – pour une candidature de François Hollande; discours du Rond-Point avant l'été, discours de Wagram, centenaire de la naissance de François Mitterrand au Louvre. Ce qui a tout bouleversé, ce n'est pas le *forcing* de Manuel Valls, mais l'effet dévastateur du livre de Davet-Lhomme. Déjà, depuis des mois, Valls trouvait qu'il était de plus en plus difficile de travailler avec Hollande. D'abord parce que celui-ci hésite, recule, avance, fait des pas de côté. Ensuite parce qu'il s'est souvent défaussé sur Valls des décisions qu'il avait prises et ne voulait pas défendre. Ainsi du débat sur la déchéance de nationalité à l'Assemblée nationale, sur lequel il a laissé Valls prendre tous les risques. Que Valls, dans l'incertitude absolue de la décision qu'allait prendre Hollande, ait un peu trop forcé les choses, notamment dans l'interview du *JDD* trois jours avant la renonciation du président, c'est probable. Mais Hollande n'aurait sans doute pas été mis en cause si son quinquennat avait été réussi, si les résultats avaient été au rendez-vous, s'il avait imposé sa voie et sa vision. Et surtout s'il avait gardé pour lui les confidences faites aux deux journalistes du *Monde*.

L'accusation de trahison faite à Valls est donc excessive. Lorsqu'il a refermé derrière lui la porte de l'Élysée, Emmanuel Macron, lui, a vraiment porté un coup de poignard à celui qui l'avait hissé si haut. Ce n'est pas le cas de Manuel Valls, par quelque bout qu'on prenne l'histoire.

Et puis, la candidature de Vincent Peillon pour tout arranger! Poussé par Moscovici, qui a envie de refaire carrière en France, qui déteste Valls pour l'avoir éloigné du président, et le tient pour responsable d'avoir été mal traité par François Hollande.

« Ceux qui se rallient à Peillon hiérarchisent leur haine. Ils préfèrent Peillon à Valls, ou Peillon à Montebourg. »

Du coup, Peillon a eu très vite le soutien d'Anne Hidalgo, tandis que Martine Aubry, indécise, ne se sent d'atomes crochus avec personne. Pas même avec Benoît Hamon dont elle sait le programme irréalisable.

Valls n'est donc pas assuré de sa victoire.

« Sa rivalité avec Macron, que Hollande lui avait mis volontairement dans les pattes, a tout gâché. Elle l'a amené à avoir recours au 49.3. Certes, la loi dite Macron (ouverture des commerces le dimanche et libéralisation des autocars) n'était pas assurée d'avoir la majorité à l'Assemblée nationale. Mais fallait-il un 49.3 ? Valls ne l'a-t-il pas utilisé pour éviter que Macron ne triomphe trop fort, au cas où il aurait recueilli, sans y recourir, une majorité ? » Je note sans le lui dire que l'année dernière au moment du vote de la loi Macron, il m'avait précisé le contraire.

« Quant à la réforme du travail poursuit-il, par la suite, elle n'a été confiée par Manuel Valls à Myriam El Khomri que pour ne pas en donner la responsabilité à Macron qui, lui, l'aurait sans doute mieux préparée et mieux gérée. La rivalité a été mauvaise conseillère... »

Alain Bergounioux a vu Valls hier, à son QG de la rue de France, derrière la Très Grande Bibliothèque. Le début de campagne de Valls est raté, c'est certain. Pourquoi avoir dit son remords d'avoir employé le 49.3 ? Pour se débarrasser d'une accusation qui, s'il ne l'avait pas fait, aurait empoisonné le restant de la campagne peut-être. En attendant, il a perdu sa cohérence. « Oui, c'est vrai, a convenu Valls, j'ai été trop vite. »

Mon interlocuteur continue :

« Manuel Valls peut très bien “faire président”, il a pour lui l'autorité, sa “présidentialité”, rare à gauche. Il doit retrouver sa cohérence autour de sa stature présidentielle.

— Et sa dimension sécuritaire ? »

Alain Bergounioux me fait remarquer que, pour plaire à l'électorat de gauche à la primaire, cette dimension n'est pas essentielle, elle est même contre-productive.

« La sécurité est un argument pour les Français, pas pour les socialistes. Mieux vaut pour lui, ajoute-t-il, faire campagne sur la justice. D'ailleurs je lui ai fait remarquer que le journal de Clemenceau, son maître, avant de s'appeler *L'Aurore*, s'est appelé *La Justice*.

Valls doit être le candidat de la "présidentialité", de l'autorité et de la justice. »

Impossible de ne pas parler, à ce stade, d'Emmanuel Macron :

« C'est un personnage beaucoup plus politique, politicien, même, que l'on ne croit. Avec une touche de romantisme, en plus. Sans oublier son côté messianique. »

Il me cite cette phrase de Jean-Louis Bourlanges : « Macron est un séducteur, ce n'est pas un conquérant. »

Entre nous, qu'est-ce qu'il en sait ? L'un n'est pas incompatible avec l'autre. Pour quelqu'un qui n'est pas un conquérant, il se débrouille assez bien : 10 000 personnes à la Porte de Versailles, et puis aujourd'hui, sa campagne effrénée outre-mer. À noter que sa femme, là-bas, s'est faite discrète : toutes les images montrent le beau jeune homme en train de danser les danses locales avec de superbes Noires aux fesses rebondies.

La vérité est que, sans le dire, Macron fait une campagne mi-gauche mi-droite qui le rendra très dangereux pour le candidat qui sortira de la primaire.

« Sur la Sécurité sociale, les fonctionnaires, les 35 heures, Macron a pris des positions sans équivoque. Et sur les questions de société, banlieue, islam, il est un bobo. Sa seule exigence, c'est de réformer le code du travail, ce qui est déjà partiellement fait. Pour le reste, quoi qu'il ait dit de sa volonté de transgresser la ligne de partage entre la droite et la gauche, il se garde d'aller trop loin. »

Et Cambadélis, qui menace d'exclure les candidats socialistes aux législatives qui se réclameront de Macron ?

« Comment fera-t-il, s'interroge mon interlocuteur, si, après une primaire ratée, en admettant qu'elle le soit, celui-ci engrange des ralliements nombreux ? On ne pourra pas exclure tout le monde... »

En effet.

Dernière question : que fera François Hollande, après la primaire ? Peut-on exclure qu'il soutienne en sous-main Macron ? Non. Après tout, la nécessité de transformer le PS en parti progressiste

(Hollande en a expressément confié le désir à Davet et à Lhomme) est une idée reprise et vulgarisée par Macron.

Pour le reste, Jean-Pierre Mignard, Ségolène Royal, dès aujourd'hui dans le camp de Macron, n'est-ce pas un signe fort ?

22 décembre

Une heure avec François Bayrou hier. Comme d'habitude il me reçoit dans son grand bureau. Pas grand monde ce soir au Modem. Une secrétaire et un jeune assistant, personne d'autre. Bayrou est seul devant son ordinateur sur lequel il rédige les dernières pages du livre qui devrait être publié dans les premières semaines de l'année. Il est étonnamment calme, dans ce monde politique en furie, sans paraître affecté par l'agitation de la gauche et de la droite. Sur son bureau, quelques livres anciens à la reliure de cuir qu'un ami vient de lui donner. Beaucoup de livres de littérature classique et romantique dans la bibliothèque derrière lui, quelques romans d'écrivains plus récents, des recueils de poèmes : si je le mentionne, c'est qu'aujourd'hui, nos hommes et femmes politiques lisent peu de romans – même lorsqu'ils sont écrits par des prix Nobel de littérature.

Une demi-heure avant, j'étais avec Thierry Solère, député LR des Hauts-de-Seine et grand organisateur de la primaire de la droite, sur le plateau d'Arlette Chabot sur LCI.

« Chercherez-vous à négocier avec François Bayrou ? lui ai-je demandé à la fin de l'émission.

— Sûrement pas, m'a-t-il répondu. Il a coûté cher à Alain Juppé, pas question de nous coller les mains avec le sparadrap Bayrou. »

Ça a le mérite d'être clair.

« Ils changeront peut-être d'avis au cours de la campagne », commente Bayrou à qui je rapporte, sans dire le nom de mon interlocuteur ni employer le mot de « sparadrap », la sentence d'exclusion.

Il enchaîne :

« Fillon est sur une pente glissante. Son programme est ultraréac, et ce n'est pas ce que veulent les Français. C'est le piège de la primaire, il a séduit quatre millions de proches de la droite, cela ne suffit pas pour entraîner derrière lui plus de 50 % des électeurs. Il est obligé d'y réfléchir. Le centre de gravité de la primaire n'est pas celui de l'élection. »

Il ajoute :

« Les fonctionnaires, depuis le débat de l'entre-deux-tours de la primaire, y réfléchiront à deux fois avant de voter pour Fillon. Cela fait environ cinq millions d'opposants, auxquels il faut ajouter leurs conjoints. Dix millions de Français contre lui, oui, ça peut faire réfléchir. »

Même raisonnement sur la Sécurité sociale. Quant aux questions de société, elles pèsent lourd aussi.

« Par exemple, insiste Bayrou, je ne crois pas possible de revenir sur l'adoption d'enfants par les couples homosexuels, c'était une attente à laquelle il ne pourra pas si facilement toucher. »

Fillon négociera, nuancera-t-il son programme, en gommera-t-il les aspects les plus durs ?

« Restera-t-il sur le programme de la primaire, prendra-t-il conscience des difficultés devant lui, dira-t-il : c'est à prendre ou à laisser ? Dans ce cas, moi je dirai : je laisse. »

Je ne trouve pas Bayrou abattu à cette perspective. Mais quelle voie choisira-t-il ? Difficile de le savoir, je ne suis pas sûre qu'il le sache lui-même. Il me répète qu'il est un homme libre, et que, pour le moment, cette liberté est un bien précieux.

Tout de même, la chute immédiate de François Fillon dans les sondages, notamment celui du *JDD*, me semble de mauvais augure pour lui : il est tiré à vue, avant même d'avoir digéré sa victoire à la primaire.

« N'exagérons rien, dit Bayrou en riant, quand on est dans un match de rugby, il ne faut pas s'étonner de prendre des gnons. »

À propos de gnons, nous reparlons de l'échec cuisant de Juppé. Il me rappelle qu'il a toujours, lui Bayrou, pensé que la primaire était un piège pour Juppé, que celui-ci ne s'adressait pas au noyau dur des électeurs de droite, et qu'il perdrait facilement dans ce genre de scrutin.

« J'ai vu le piège, je lui ai dit plusieurs fois qu'il devrait se présenter directement aux suffrages des Français, sans passer par la case primaire. Mais il n'a pas voulu rompre le cordon ombilical avec son mouvement. »

Fillon d'un côté, Emmanuel Macron de l'autre, quelle est la voie pour Bayrou ?

« Entre celui qui promet une augmentation de deux points de TVA et celui qui propose d'augmenter la CSG, il n'y a pas tellement de différence, finalement », me dit-il, comme pour éviter la question que je lui pose.

Certes, mais que va-t-il faire, lui ? Sa route est tracée :

« D'abord poser publiquement des questions sur le programme Fillon. J'attends ensuite le résultat de la primaire de la gauche, je sors un livre[1] au lendemain de cette primaire. Dans les quinze jours qui viennent, je me contente de regarder ce qui se passe. Où en sera la gauche dans un mois, où en sera Fillon... Je me sens désintéressé, prêt à affronter les événements qui viendront. Je pose des angles, simplement. »

Langue de bois parfaite, qui ouvre toutes les portes et n'en ferme aucune, qui me démontre qu'en réalité, à l'heure qu'il est, Bayrou ne sait pas quel parti il prendra.

Pour le reste, pour tous ceux qui s'agitent dans la perspective de la primaire de la gauche, il a cette expression assez dure :

« La politique est un alcool trop fort pour eux. »

30 décembre

Hier, nouveau déjeuner avec Jean de Boishue. L'indignation de Henri Guaino contre le programme de François Fillon, sa verve, ses envolées effraient les fillonistes. Tant de talent pour accabler Fillon. François Fillon a demandé à Nicolas Baverez de clouer le bec à Guaino. Ce que fait Baverez dans un texte un peu lourd, embarrassé. C'est dire à quel point Fillon redoute désormais les défections dans son camp. D'ailleurs je note que les sarkozystes ne

1. *Résolution française*, éditions de l'Observatoire, qui sera publié en février 2017.

sont pas aux avant-postes de sa campagne, et qu'Éric Woerth lui-même est en retrait. Quand aux juppéistes, à l'exception de ceux, rares, qui se sont rangés, bien obligés, derrière Fillon, ils sont pour la plupart discrets.

Et puis cette histoire de non-cumul des mandats. Fillon s'est engagé, pendant sa campagne à la primaire, à interdire le cumul des mandats. La majorité des Républicains y est hostile, bien entendu. Au surplus, Fillon a promis quatre circonscriptions au moins aux législatives aux cathos de Sens commun. Autant de sièges que les sortants républicains n'auront pas.

François Fillon a peut-être commis l'erreur, l'élection terminée, de partir au ski. Curieux de voir comme il a fait la même erreur, quatre ans plus tard, que François Hollande après la présidentielle de 2012. Gagner un combat, puis laisser le champ libre à ceux que l'on a battus, quelle naïveté. Certes, il annonce un JT le 2 janvier, en réponse à l'allocution de fin d'année de François Hollande. Et une conférence de presse le 15. Mais le temps va vite, trop vite, impossible de prendre le moindre repos.

À la tête de la distribution des investitures, l'inconditionnel Jean-François Lamour est bien décidé à ne pas céder d'un pouce face aux récriminations de ceux à qui il retirera leur label, parce qu'il faut faire de la place, ou simplement parce qu'ils ont déplu.

Le plus dur commence pour Fillon : se battre contre le camp adverse, et se battre surtout à l'intérieur de son propre camp.

Plus tard, émission sur LCI avec David Assouline, sénateur socialiste et supporter de Vincent Peillon. Qui donc, au PS, a rappelé l'ancien ministre de l'Éducation nationale? Comme tous les Français, en entendant François Hollande annoncer qu'il ne se représenterait pas, il s'est dit, se frappant de front : Eurêka, j'ai trouvé, le prochain candidat socialiste, c'est moi. Difficilement crédible : les ennemis de Valls, Hidalgo, Aubry, ne sont pas étrangers à cette candidature spontanée. Un candidat de plus, ce sont des voix en moins pour les autres.

Dans la même primaire donc, quatre anciens ministres de Hollande se retrouveront face à face. Un degré de plus dans la décomposition.

Assouline me démontre que la primaire n'est qu'une première étape. Après, le vainqueur de la primaire tendra la main à Macron et Mélenchon qui accepteront, c'est sûr, de s'effacer. On se demande s'il est idiot, ou s'il fait semblant. Ou s'il me prend pour une idiote.

Puis déjeuner avec le directeur de campagne de Jean-Luc Bennahmias.

« Par la primaire, lui a dit Hollande avec fermeté le 15 novembre dernier, je me dépouillerai du poids de la présidence et je pourrai me faire entendre à nouveau en homme politique, et pas en chef de l'État. »

« Je serai libéré du statut de président, a-t-il insisté, qui me contraint à me taire. »

Un mois après cette conversation plutôt optimiste, Hollande annonçait que, premier président sous la Vᵉ République, il ne se représenterait pas. Les raisons du renoncement ?

« Il a compris, m'assure mon interlocuteur, que contrairement à ce qu'avait pensé Cambadélis, en lançant la Belle Alliance, contrairement à ce qu'il avait pensé lui-même, la primaire, avec Montebourg, Hamon, dans l'extrême division où était la gauche, risquait de se transformer en hallali contre lui. Il s'est convaincu que non seulement sa présence, lui président en exercice, dans la confrontation des 20 et 27 janvier, écornerait violemment sa position en Europe et dans le monde, mais aussi qu'il ne pourrait pas gagner la primaire. Le vote se serait transformé en référendum pour ou contre lui. »

2017

1er janvier

Vœux de François Hollande. Digne, presque soulagé. Pas de remords ni de regrets. Une défense de son bilan, de ses résultats, arrivés trop tard. Des félicitations aux Français qui ont su résister au terrorisme, et surtout une triple mise en garde. Contre l'extrémisme, au moment où les démocraties montrent partout qu'elles sont fragiles. Contre la « brutalité » de l'action politique. Autrement dit, sans les nommer, Marine Le Pen et François Fillon. Et, surtout contre la division d'une gauche qui peut, si elle ne se ressaisit pas, bel et bien disparaître. Pas le moindre mot de soutien à Manuel Valls, pas davantage à Macron, pas la moindre intervention directe dans la primaire qui vient. Un président hors jeu, qui aura bien du mal à exister dans les cinq mois qui viennent. Tristounet.

Quelques minutes avant lui, dans l'après-midi, François Fillon, lugubre comme un jour sans pain, a adressé ses vœux lui aussi aux Français. Il pose dans la bibliothèque de sa maison de la Sarthe, sans un sourire, les yeux cernés, raide comme un passe-lacet. Un hobereau de province. Son allocution, brève, est en revanche assez bien écrite (dois-je reconnaître le style de Mitrofanoff ?), avec quelques phrases bien venues sur « la résistance et l'espérance ». « Que tous ceux qui ont le genou en terre trouvent la force de se relever », car ils ont en eux « une flamme qui ne demande qu'à se rallumer ».

2017 sera « l'année du redressement », et « le mur des critiques » ne l'arrêtera pas.

Manuel Valls, sinistre aussi, quoique d'un sinistre plus ardent, a tenu en fin d'après-midi depuis Évry le discours du Premier ministre qu'il n'est plus, sur la sécurité et le dévouement des personnels policiers et hospitaliers. Seule Marine Le Pen est apparue extraordinairement agitée, excessivement guerrière, pour débiter des banalités. Je l'ai trouvée, pour une fois, bien mauvaise. Il faut dire qu'on n'y comprend plus rien, à son Front national. Est-il celui, le sien, qui annonce un référendum sur l'euro après son élection, ou celui de Philippot qui déclare dès maintenant que la France doit au plus vite sortir de la zone euro, tandis que Marion ne parle que de chrétienté ? À noter que de très nombreux « identitaires » chrétiens rejoignent en rangs serrés le FN, signe d'une montée de Marion Maréchal-Le Pen, représentant désormais une menace pour sa tante. À peine l'élection terminée, dans cinq mois, les couteaux sortiront.

3 janvier

Fillon sur TF1. Il était attendu, car pratiquement silencieux (hormis ses vœux) depuis près d'un mois. Pas le moindre changement chez lui, ni dans sa mine, où le sourire est rare, ni dans son discours. Certes, il a rectifié un passage, une bêtise grave : dans son texte initial sur la réforme de la Sécurité sociale, il avait proposé de « focaliser l'assurance publique universelle sur des affections graves et de longue durée », et l'assurance privée sur le reste.

Rectification ou changement ? lui demande-t-on. Petite rectification, plaide-t-il. Entre nous, il a bien raison, car je suis étonnée de voir la presse juger qu'il a changé lof pour lof, alors qu'il s'est simplement aperçu, et ses équipes avec lui, qu'une maladie grave, un grand risque pour l'un, la grippe par exemple à quatre-vingts ans, pouvait être un petit risque pour un jeune homme de vingt ans. C'est cette notion qui ne résistait pas à l'analyse, et c'est donc cela qu'il a modifié. Pour le reste, il a certes renoncé dans sa tribune au *Figaro* à la privatisation des soins par les assurances privées, mais il n'en propose pas moins de créer une agence pour coordonner assurance maladie obligatoire et organismes complémentaires. Autrement dit, il n'a pas reculé. Sur le vocabulaire, si. Sur la réforme de la Sécurité sociale qu'il propose, non.

Pour le reste, tandis qu'il est interrogé sur la réduction des fonctionnaires, la diminution de la dépense publique, son libéralisme, il tient bon, persiste et signe.

Je remarque à quel point pourtant les attaques venant de Guaino l'atteignent. Fillon ne veut pas laisser à Guaino le monopole du gaullisme. Je me dis que leur aversion date sans doute de quelques années, lorsque Philippe Séguin se plaisait à jouer de l'un contre l'autre, alors tous deux à son cabinet. François Fillon était déjà irrité par un Guaino trop véhément. Voilà pourquoi il se revendique maintenant plus ouvertement du gaullisme et manie souvent, pour se définir lui-même, la comparaison avec le général qui lui aussi était, explique-t-il, un « libéral ».

Un de ses atouts également, il y revient ce soir, est d'avoir négocié une première réforme des retraites avec le patron de la CFDT de l'époque, mort hier, François Chérèque. Sauf que celui-ci en attribue la réussite à Jean-Pierre Raffarin, alors Premier ministre, qui avait repris la négociation alors qu'elle était au point mort[1]. Il n'empêche : Fillon a laissé partout où il est passé, aux Affaires sociales ou à l'Éducation nationale, en effet, une image de négociateur habile. On le dit brutal, il répond « gaulliste social ». Il faut dire que pendant les débats de la primaire, le côté social du personnage n'était pas évident, même s'il a dans son cœur, on le sait, l'image de Philippe Séguin.

Je m'arrête un instant sur l'emploi du mot « chrétien ». Il s'affirme à la fois gaulliste, on peut le comprendre, mais chrétien, pourquoi, sinon pour en tirer une démonstration politique ? « Jamais, dit-il, je ne prendrai de décision contraire au respect et à la dignité humaine. »

Indignation. D'abord parce que nous sommes dans un État laïque, certes d'origine chrétienne, mais laïque, c'est-à-dire dans lequel la religion reste une affaire privée, à ne pas mélanger aux affaires publiques. Comme l'a dit François Bayrou, qui me l'a

1. *In Si on me cherche*, avec Carole Barjon, Albin Michel, 2008.

rappelé tout à l'heure au téléphone, qu'est-ce qu'on aurait dit si un candidat à la présidentielle avait dit : je suis juif, voilà pourquoi je n'attenterai pas aux droits de l'homme. Ensuite parce que se servir d'une religion comme une arme, un argument politique, est plus que douteux. Après tout, les catholiques, c'est aussi l'Inquisition, la révocation de l'édit de Nantes et les massacres des protestants. Dieu nous garde, si j'ose dire, de mêler, au XXIe siècle, politique et religion.

Cela ne m'empêche pas de penser qu'il a raison de ne pas transformer, amodier, changer, son programme. Rien ne serait pire pour lui que de laisser penser qu'il est comme les autres, capable de gagner la primaire sur un programme, et d'en changer avant le premier tour de la présidentielle. Il fait aux hommes politiques, de gauche et de droite, le procès de changer au gré des vents. Il ne fera pas la même chose, convaincu qu'il y perdrait en sincérité et donc en efficacité.

5 janvier

François Fillon le dit en privé comme en public : il ne compte pas reculer sur ce qui fait le corps de son programme – celui qui lui a permis d'écraser ses concurrents à la primaire. Brutal, son programme ? Non, dit-il, c'est un programme qui a été mis en œuvre dans d'autres pays européens. Peut-être, mais en France, ses mesures les plus libérales, suppression du tiers payant généralisé ou diminution du nombre des fonctionnaires, suscitent déjà l'opposition de près de deux tiers des Français. La France décidément n'est pas l'Allemagne.

La raison essentielle qui pousse François Fillon à rester droit dans ses bottes est sa conviction que, de compromis en concession, les hommes politiques ont perdu leur crédibilité, bref, que c'est en cherchant à arranger les choses qu'on finit par être paralysé. C'est bien sur ce terrain que l'attend Marine Le Pen, qui concentre ses attaques sur le candidat de la droite, en le doublant avec maestria... sur sa gauche.

6 janvier

Je comprends mieux la mine longue affichée par tous les « vallsistes » aujourd'hui. Henri Weber, qui le soutient, me laisse entendre au téléphone qu'il ne croit guère en sa victoire à la primaire. Tony Dreyfus est persuadé que son erreur initiale, la condamnation de l'emploi qu'il a fait lui-même du 49.3, l'a sévèrement plombé pour la suite.

Hier, l'émission politique sur France 2 dont il était l'invité a confirmé ces doutes. Cette émission a été un véritable piège pour Valls comme elle l'avait été, il y a quelques semaines, pour Nicolas Sarkozy.

Jamais sans doute Manuel Valls, candidat à la primaire du Parti socialiste, n'a autant mesuré à quel point le costume qu'il vient tout juste de quitter, celui de Premier ministre, lui collait à la peau. Pas une seconde au cours de ces deux longues heures sans qu'un de ses interlocuteurs ne lui ait jeté à la figure les échecs du quinquennat, comme s'ils étaient tous les siens, pas une minute sans qu'il ne se soit vu reprocher tout et le contraire de tout, d'avoir porté atteinte au sacro-saint droit du travail, comme le lui a dit le patron de la CGT, et de ne pas y avoir introduit assez de souplesse, comme l'a regretté un petit patron. D'aimer l'entreprise, comme il l'a dit à de nombreuses reprises, et de ne pas assez aimer les salariés. De vouloir imposer sa conception de la laïcité, comme si celle-ci n'était qu'un glaive brandi contre l'islam, et pas la garantie d'un meilleur « vivre-ensemble », comme si elle n'existait que pour interdire le voile à l'école, et l'autoriser au contraire à l'université.

En gros, et en détail, sa prestation a été contre-productive. Certes il a trop abruptement commencé sa campagne en voulant se débarrasser trop tôt, comme s'il s'agissait d'un papier collant, du fameux article 49.3 qu'il a utilisé au Parlement, il y a seulement quelques mois. Du coup, l'accusation d'incohérence, dès les premiers instants, a dominé l'émission. Accusation dont il ne s'est pas véritablement dépêtré, et dont il a continué à entendre égrener la liste, qu'il s'agisse de la suppression des 35 heures ou de la défiscalisation des heures supplémentaires, disposition qu'il a inscrite dans son programme de 2017 alors que François Hollande l'avait supprimée avant même qu'il ne soit son Premier ministre. Manuel Valls a été de bout en bout, sur ces sujets, acculé à la défensive, y compris lorsque le jeune paysan des Alpes-Maritimes poursuivi cette semaine pour avoir été chercher à la frontière italienne et accueilli chez lui des migrants lui a reproché de manquer à une élémentaire conception de la solidarité.

Oui, à ce moment, il était évident qu'avoir été Premier ministre est pour Manuel Valls plus un handicap qu'un avantage. « J'ai changé », a-t-il affirmé à plusieurs reprises. Aucun communicant (Fuchs où es-tu ?) ne lui a-t-il dit que cette phrase, utilisée avant lui par Nicolas Sarkozy, résonnait mal aux oreilles des téléspectateurs de gauche ? « Je ne suis plus le même » aurait été moins nuisible.

En réalité, Valls n'est bon que lorsqu'il est lui-même. Lorsqu'il veut se « dépersonnaliser », arrondir ses angles, il le fait mal, parce que cela n'est pas dans sa nature. En revanche, il est bon, très bon, sur les terrains purement régaliens. En fait, Manuel Valls est une sorte d'OVNI dans le Parti socialiste, même s'il y a passé toute sa vie politique. L'autorité et la sécurité n'y font guère recette. Lorsqu'il a été contraint, parfois, de faire preuve d'autorité, comme il l'a fait à Matignon, un Premier ministre de gauche a le plus grand mal à en assumer la responsabilité devant la majorité des militants, en même temps qu'il ne parvient jamais à convaincre la droite de sa fermeté.

Quant à la sécurité, c'est aussi un gros mot pour une partie des socialistes, même au moment où les Français ont tendance à penser qu'ils ne sont jamais assez protégés. Le terrorisme a été pratiquement absent du débat, sauf lorsque Manuel Valls a assumé la proposition faite devant les parlementaires par le chef de l'État après les attentats du 15 novembre dernier de déchoir de la nationalité française les djihadistes ayant été jugés pour crimes et assassinats contre des citoyens français.

L'émission terminée, le téléspectateur ne sait rien, ou pas grand-chose, du programme de Manuel Valls. Lequel n'a pas répondu à la question qui ne lui a pas été posée, ou à peine, parce qu'apparemment elle n'intéressait ni Léa Salamé ni Pujadas : que ferait-il, dans les cinq ans qui viennent, qu'il n'ait pas pu faire avant, ou que François Hollande l'ait empêché de faire ? Il a une vision, a affirmé l'ex-Premier ministre, presque en fin d'émission. Laquelle ? Il faudra attendre les débats télévisés de la primaire la semaine prochaine pour la connaître.

7 janvier

Hollande en Corrèze aujourd'hui. La boucle est bouclée, le voilà revenu, cinq ans plus tard, sur les lieux de sa conquête. Il arrive à sourire, à plaisanter, je ne sais pas comment. Pas même de tristesse dans le regard. À quoi peut-il penser ? À son échec, à la gauche en miettes, au Hollande *bashing* qui n'a pas cessé une seconde pendant ces cinq années, aux résultats qui viennent trop tard, à Jacques Chirac, qui, lui, avait été réélu.

On attendait le livre d'Aquilino Morelle[1] sur Hollande, avec intérêt, mais il arrive bien tard, trop tard, alors que les jeux sont faits, et la pièce terminée. Il y a sans doute beaucoup de choses à reprocher à Aquilino Morelle, qui, sans le vouloir, a démontré à quel point ces conseillers parfois perdent le sens commun, ne savent pas ce qu'ils font ni où ils sont.

Et puis voilà qu'aujourd'hui, il fait remonter au mois de juillet 2012, au premier échec de François Hollande auprès d'Angela Merkel – sur la renégociation du pacte de stabilité –, la déception qu'il a fait naître dans son camp et parmi ses amis. À l'époque, Aquilino Morelle m'expliquait, comme le président, que l'Europe avait ses contraintes et que le couple franco-allemand était plus important que tout, que d'ailleurs Angela Merkel elle-même avait fait un pas dans son sens, puisqu'elle avait accepté d'ajouter au pacte déjà signé avec Sarkozy un volet sur la croissance. Tout petit volet, qui n'a pas été ouvert assez grand, premières brèches dans la popularité présidentielle.

1. Conseiller politique de François Hollande en 2012, Aquilino Morelle a dû quitter l'Élysée en 2013.

Je retiens de la première interview d'Aquilino Morelle sur son livre l'idée que je crois vraie : Hollande ne s'est jamais donné les moyens d'être, de « faire » président ; il a aimé, comme tant d'autres, comme Chirac par exemple, la conquête, mais pas l'exercice du pouvoir. J'en avais eu comme une révélation lorsque François Hollande a rendu publique, l'été 2012, la photo officielle de son élection : sur cette photo, pourtant du très grand Raymond Depardon, je me suis dit qu'il avait l'air de passer par hasard, promeneur solitaire, dans les jardins de l'Élysée. C'est que Depardon, avec sa science de l'instant, a fixé sur la pellicule la réalité du personnage de Hollande à cet instant précis : il était à l'Élysée, et il n'y était pas, il était président sans l'être encore tout à fait, et sans même jamais y parvenir. Commentateur de son action, je l'ai écrit souvent, pendant toutes ces années, extraordinaire chroniqueur de son propre quinquennat.

9 janvier

Je demande à Jean-Pierre Chevènement si, comme on le dit, il figure parmi les soutiens d'Arnaud Montebourg.

« Non, me répond-il, je ne veux pas participer à une élection primaire du PS, que j'ai quitté depuis 1985. Mais en effet, il a beaucoup de qualités, Montebourg, d'éloquence, d'intelligence. Nous avons parlé souvent, avant l'annonce de sa candidature, d'Europe et de politique étrangère. J'ai cru qu'il tiendrait compte de mes conseils, et il a d'ailleurs, sur la Russie par exemple, en novembre dernier, semblé partager, dans une tribune, mon point de vue sur le nécessaire rapprochement avec elle. Et puis, non, aujourd'hui, il dit qu'il n'a jamais écrit cela. Bref, il varie selon le temps. Je lui avais envoyé mon livre, l'automne dernier. Je pense qu'il n'en a pas lu une ligne. Pas de vision, pas de perspectives, des petites annonces sur le pouvoir d'achat. Pas de souffle. »

Il parle presque tristement, comme s'il avait l'impression qu'avec ce combat des sept, tout un monde s'achève : Peillon dépassé, Valls engoncé dans son personnage, Hamon démagogue,

Montebourg, avec panache, mais creux, quelle image cette gauche donne-t-elle d'elle-même, quel avenir pour le Parti socialiste ?

« Ils ne sont pas allés jusqu'au bout, ils sont restés au milieu du chemin, il fallait détruire, puis reconstruire, ils n'ont rien fait. »

J'en conclus que, dans le lot, c'est encore Montebourg qu'il préfère, sans doute parce qu'il lui rappelle les grands combats de la désindustrialisation, et qu'il juge les autres bien petits par rapport à l'action, déconstruction puis reconstruction, qui reste à accomplir.

« Tout de même, conclut-il, avoir pris Guy Bedos comme son président de comité de soutien, franchement, à quoi ça ressemble ? »

Il n'y a pas un homme, ou une femme politique, faisant campagne à gauche ou à droite à qui Emmanuel Macron ne fasse peur. Il dérange tous les plans, bouleverse les sondages, apparaît à l'endroit où on ne l'attend pas, incarne le système, comme le lui a dit l'autre jour un de ses contradicteurs populaires, et pourtant s'en détache avec détermination. Il s'inscrit entre la gauche et la droite à un moment où la première est éclatée, où la seconde vient à peine de se trouver un candidat.

Lorsque Emmanuel Macron est apparu dans les radars des tours de contrôle politique, au printemps dernier, chacun s'accordait à le trouver charmant, angélique et déraisonnable. Beaucoup de qualités, certes, mais trop peu de troupes à ses côtés pour nourrir la moindre ambition présidentielle. Macron, c'était une bulle, une bulle médiatique et politique qui se dégonflerait, un ballon rempli d'hélium qui ne résisterait pas à la moindre piqûre d'épingle.

Vint, à Paris en juillet, sa première grande réunion publique, celle où je ne suis entrée que d'extrême justesse, alors qu'il avait déjà commencé à parler. On y attendait, et lui-même aussi, probablement, une assistance convenable, plutôt « bobo », bon chic bon gente. Ce furent des dizaines de jeunes qui luttèrent, pendant deux bonnes heures, pour pouvoir pénétrer dans la grande salle de la Mutualité, où le meeting avait élu demeure. Puis ce fut la démission : en quittant le ministère de l'Économie, Emmanuel Macron ne mettait pas seulement fin à des années de collaboration avec le président de la République, il lui infligeait un coup sévère, et, pire, il est apparu comme un des premiers à le trahir. Brutus, Emmanuel

Macron ? La seule évocation de celui qui, après avoir été le préféré de César, l'assassina en plein Sénat, risquait d'être fatale à l'audacieux. Contre toute attente, l'ancien ministre de l'Économie résista à la fâcheuse comparaison historique. Et lorsque, quelques semaines plus tard, il déclarait sa candidature directe à l'élection présidentielle, la page Brutus était tournée. Le renoncement du président de la République, la montée en force de Manuel Valls, accusé à son tour d'avoir poussé le chef de l'État dans les escaliers, ferma définitivement la séquence.

Deux mois plus tard, la bulle Macron ne crève pas. Elle enfle au contraire de jour en jour. À droite, la désignation de François Fillon, au programme raide sinon radical, laisse à Emmanuel Macron un boulevard au centre et parmi les modérés des Républicains. À gauche, la confusion permet à Emmanuel Macron, en tout cas pour l'instant, d'être la seule incarnation d'un progressisme moderne, sans dogmes et sans tabous. À la gauche, il ne cesse de dire qu'elle est ringarde, à la droite qu'elle est inhumaine. Une position centrale, donc ? En est-il délogeable ?

10 janvier

Très tôt, ce matin, je retrouve Cédric Lewandowski, le directeur de cabinet de Jean-Yves Le Drian, à son poste, dans le bureau qu'occupa autrefois Lucien Bonaparte, immense pièce qui donne sur le jardin, qui à cette heure-ci, sort de la nuit. Nous ne nous sommes plus vus depuis que François Hollande a abandonné la partie. Nous reparlons du livre, *Un président ne devrait pas dire ça...*, qui, selon lui, a définitivement écarté François Hollande du pouvoir.

« L'impact a été terrible ici, à la Défense », me dit-il, me rappelant que pour la première fois le président avait parlé à des journalistes dans le détail d'opérations spéciales contre le djihad.

J'imagine d'ici, le lendemain de la sortie du livre, la stupeur, les protestations, l'indignation parfois des patrons et des agents de la DGSE.

« D'autant, ajoute-t-il, que les choses ne se passent jamais comme cela. Aucun agent de renseignement français ayant au bout de son revolver un chef djihadiste particulièrement dangereux, dans des pays en guerre, n'a le temps de téléphoner à l'Élysée pour demander si vraiment, il peut tirer. Non, les opérations dites "Homo" ne sont pas autorisées au coup par coup par le chef de l'État. »

Des cibles sont définies, certes, mais une fois que la liste est communiquée aux agents en place, ils décident eux-mêmes de l'endroit et du moment où ils feront leur boulot. Encore une fois, il s'agit d'une guerre. Une seule opération, me dit-il, a été effectuée dans un territoire qui n'était pas dans le champ du conflit, il s'agit de l'exécution d'un des chefs islamistes, mais il s'agissait de représailles après l'assassinat d'un otage français.

Nous tentons ensemble de répondre à la question : pourquoi Hollande en a-t-il tellement dit à ces deux journalistes ? Pourquoi les a-t-il si souvent vus, revus, au point de regarder avec eux matches de foot ou autres événements sportifs ? Lorsque Jean-Yves Le Drian a posé directement la question à François Hollande, il n'a obtenu qu'une réponse penaude :

« Je ne savais pas qu'ils allaient sortir ce livre avant la fin du quinquennat. »

« Je pense, me dit Lewandowski, qu'il considérait ces deux hommes comme ses porte-bonheur personnels. Ils étaient venus le trouver en 2011 au moment où personne ne donnait la moindre chance à Hollande. Ils ne pouvaient pas publier un livre sans son consentement, pensait-il, il ne s'est donc pas méfié d'eux, il a fait une confiance incroyable à des gens qu'il ne connaissait pas. »

« Et puis, poursuit-il après un instant de silence, il a peut-être eu une réaction d'orgueil, lui qui reconnaît dans le même livre un certain sentiment de supériorité. Il a voulu montrer, en plein Hollande *bashing*, qu'il était bien le roi et qu'il décidait de tout. C'est véritablement puéril, enfantin, de revendiquer quatre assassinats, c'est du fantasme total. Il n'a pas eu à en donner l'autorisation, il lui a suffi une fois de dire : La France fait la guerre au Mali, et cela a suffi pour que les opérations spéciales fassent leur travail. S'il s'était agi, en revanche, d'une opération dans un pays non en guerre, si par exemple, le patron d'al-Qaida avait élu résidence dans un hôtel allemand, là, oui, avant de déclencher une opération spéciale en Allemagne, on lui aurait demandé s'il était d'accord. »

Je note, pendant qu'il parle, qu'il me raconte cette histoire d'hôtel allemand comme s'il s'agissait d'un cas simplement donné à titre d'exemple, mais finalement je n'en suis pas sûre. Peut-être cette opération a-t-elle été exécutée un jour, je n'en saurai pas davantage.

« À vrai dire, continue-t-il, le pouvoir n'est pas sa préoccupation essentielle. En rentrant de Rio, cet été, à une question d'une journaliste : "Que ferez-vous, lui demandait-elle, si vous n'êtes pas réélu ?", il a répondu : "Moi, le pouvoir ne m'intéresse pas, ce qui m'intéresse, c'est la politique." »

Après la sortie du livre, et lorsqu'il fut à peu près certain que François Hollande ne pourrait pas se représenter, Manuel Valls a demandé son avis à Jean-Yves Le Drian. Il pensait, à juste titre, me dit mon interlocuteur, qu'il était le seul à avoir la capacité de préserver la maison. Le Drian lui a donné raison.

« Si Manuel est éliminé à la primaire, le Parti socialiste peut basculer, entièrement ou en partie, du côté de chez Macron. Un exemple : la Bretagne. Le bras droit de Macron, Richard Ferrand, secrétaire général du mouvement En Marche ! était aussi le président du groupe socialiste au conseil régional de Bretagne. Il a récemment dû abandonner son poste. Mais les autres élus pensent déjà aux législatives : si Manuel ne gagne pas, ils n'attendront pas, ils passeront chez Macron, personne ne les empêchera de le faire.

— Même pas Jean-Christophe Cambadélis ?

— Oh, me dit-il, Cambadélis se donne le temps de réfléchir. Il ne procédera pas à la moindre exclusion avant la primaire. Et après... »

Nous revenons à Hollande. À qui en veut-il le plus ?

« Il en veut davantage à Macron qu'à Valls. En tout cas, c'est ce qu'il a dit à Le Drian. La vraie trahison, c'est celle de Macron, Manuel Valls existait avant Hollande, Macron est une construction conjointe de Jacques Attali et de François Hollande.

— Jacques Attali ?

— Oui, c'est lui qui lui a désigné Emmanuel Macron comme devant faire partie de son équipe, après qu'il a été le rapporteur de la fameuse commission qui portait son nom. Il est jeune, malin, énarque. Le président s'est identifié à lui, il en était amoureux, au point que jusqu'au bout, personne à l'Élysée n'a voulu croire que Macron quitterait le gouvernement, puis qu'il ferait acte de candidature à la présidentielle. »

Il me rappelle à cette occasion que trois jours à peine avant de quitter l'Élysée, Macron a déjeuné avec Jean-Yves Le Drian. Interrogé par lui, Macron s'était défendu : Moi, quitter Hollande, jamais, avait-il assuré.

« C'est un homme qui ment. C'est un prédicateur évangéliste, qui parle aux hommes et aux femmes avec un charme dont il sait très bien jouer. Ségolène Royal se retrouve en lui, et le soutient, maintenant, totalement. Car c'est, dit-il, le marais qui se retrouve autour de Macron comme il s'est retrouvé, en 2007, autour de Ségolène Royal. »

Lewandowski ou Le Drian savent-ils dans quel état est Hollande aujourd'hui ?

« Il a, selon Jean-Pierre Jouyet, des hauts et des bas. Ce qui est certain, c'est qu'il n'y a plus rien à faire à l'Élysée, plus aucun dossier. Aujourd'hui, chacun cherche à se recaser, c'est la course aux postes. Nous, me raconte-t-il, nous avons dit à notre équipe : "Ne soyez pas prisonniers, vous devez maintenant penser à vous, mais continuer à faire votre boulot ici." »

Comment a-t-il pris l'erreur fatale de François Hollande ?

« Nous avons été déçus plutôt qu'en colère. Nous étions tous convaincus que le quinquennat de Hollande ne serait pas un quinquennat flamboyant, mais qu'il serait bien tenu, propre, si vous comprenez ce que je veux dire. Pas sexy, répète-t-il, mais propre. Et puis la vérité est là : s'il avait été un bon président, il se serait représenté. »

12 janvier

Premier débat de la primaire de la gauche.

Ceux qui attendaient qu'ils se déchirent en seront pour leurs frais. C'est, contre toute attente, à un débat d'une bonne tenue que les téléspectateurs ont eu droit, ce soir. Pas de coup bas, pas même de prises de bec, y compris sur l'usage, qui a fait problème à l'intérieur de la gauche, du fameux 49.3. Et en même temps, pas de langue de bois. Sur beaucoup de points, un consensus, parfois inattendu, entre les sept candidats.

Dans la première partie du débat, plus économique, Valls m'a semblé noyé dans la masse. En revanche, sur la dernière partie, plus régalienne, il s'est repris, et même, il s'est imposé.

Je n'ai pas trouvé cela ennuyeux. Convenu, certes. Mais s'ils avaient transformé cet exercice en pugilat, c'eût été pire.

14 janvier

Je viens d'écouter Emmanuel Macron au Zénith de Lille. Un des discours (une heure et quart) les plus inspirés, magistraux, éloquents, et l'un des plus habiles aussi qu'il m'ait été donné d'entendre. Des jeunes partout dans la salle, même hors des angles des caméras. Surtout, cette netteté, cet art de rendre hommage dans la même phrase à Xavier Bertrand et à Pierre Mauroy, cet art de faire rêver, là où Hollande n'a jamais su entraîner les Français ni avant ni après son élection. Personne ne lui arrive à la cheville, et sa prestation de ce soir réduit presque à néant les débats de la primaire citoyenne. Là où tous les compétiteurs socialistes peinent à se faire entendre, comprendre, aimer, Macron, avec son visage d'ange, emballe, emporte ses supporters : citations bien venues, juste assez pour montrer qu'il est un homme de culture, promesses de l'aube au moment du crépuscule, et puis cette jeunesse, cette expérience, cette chaleur, du jamais-vu dans les dernières années. Non que je n'aime l'éloquence de Valls, à ceci près qu'il ne s'est pas renouvelé en deux ans. Mais Macron paraît d'une essence supérieure, il n'a pas de dogmes, pas de maître.

Je ne sais pas ce que François Hollande en a pensé, ni même s'il l'a regardé ou a refermé son poste de télévision avant même que le premier débat de la gauche n'ait fini. Je pense soit qu'il n'a pas du tout voulu regarder Macron, soit qu'il l'a suivi jusqu'au bout, se demandant de quel monstre politique il avait accouché.

15 janvier

Deuxième débat télévisé. Aucun doute : il a été moins guindé que le premier, plus vivant et bien plus tonique. Comme si, après un premier round d'observation, le moment était venu, pour les sept candidats de la primaire socialiste, de marquer leur terrain, de se différencier les uns des autres. C'est à ce moment que s'est noué le « Tout contre Valls ». Cela s'est fait progressivement après une première heure de consensus sur la nouvelle donne de la politique étrangère française, européenne et mondiale, c'est-à-dire sur l'arrivée à la Maison-Blanche d'un Donald Trump imprévisible, menaçant de se désengager de la défense européenne assurée par l'OTAN. Consensus aussi sur la nécessité de la construction européenne : chacun, à des nuances près, importantes mais pas décisives, s'est prononcé pour une remise en ordre d'une Europe, certes plus resserrée, mais, du coup, plus constructive et plus efficace.

En fait, il est évident que c'est sur l'immigration que Vincent Peillon, qui s'y préparait depuis longtemps, a voulu le premier prendre ses distances avec Manuel Valls, lui reprochant ses prises de position trop restrictives vis-à-vis de migrants. Il a cité à cet effet, avec indignation presque, les quelques phrases de Manuel Valls, alors Premier ministre, contre la politique d'Angela Merkel, à Munich, lorsque celui-ci avait, en février dernier, assuré que l'Europe, et la France, ne pouvaient pas accueillir plus de réfugiés. Contraire à la tradition de l'accueil de la France, ont aussitôt plaidé Arnaud Montebourg et Benoît Hamon, alliés, pour la circonstance, avec Vincent Peillon. Tous contre Valls ? On a bien senti, et Valls le premier, le danger. Il y a répondu à sa manière, campant sur ses positions : sans maîtrise de l'immigration, pas d'intégration possible de nouveaux arrivants.

Deuxième offensive anti-Valls. Au cœur de l'attaque, la fameuse phrase de Manuel Valls sur les « deux gauches irréconciliables ».

Comment, dans ces conditions, prétendre à réunir la gauche après l'avoir à ce point divisée? «Je suis convaincu, a répondu Valls, que la France et la gauche ont une Histoire à écrire ensemble.»

En réalité, et même si l'ex-locataire de Matignon ne l'a pas redit, deux gauches sont bien apparues pendant ce débat. En s'affirmant comme il est, régalien, responsable, Manuel Valls incarne la première. En affirmant la nécessité de son revenu universel pour tous, en plaidant pour une France ouverte aux migrants, Benoît Hamon incarne la seconde, Peillon, qui comptait parler pour lui-même, lui a en réalité servi la soupe.

François Hollande, le grand absent de cette primaire, n'a pas regardé le débat, pas plus qu'il n'avait écouté Macron à Lille. Il était allé au théâtre écouter le show de Michel Drucker pendant que les sept hommes qui aspirent à le remplacer débattaient sur les plateaux de télévision. Il n'a pas voulu les regarder tourner une page, la sienne.

17 janvier

Que dire de François Fillon dont on a l'impression en effet que la campagne patine? En fait il n'est pas arrivé, piège habituel de la primaire, à faire une unité solide autour de lui. Avec les juppéistes, les choses ne se passent pas trop mal. Virginie Calmels l'a rejoint, avec l'aval de Juppé, les candidats «juppéistes» aux futures législatives sont plutôt bien traités. Ce n'est pas le cas des sarkozystes qui faisaient la tête il y a une semaine. Et puis finalement, Fillon et Sarkozy ont déjeuné ensemble vendredi dernier. Il était temps : Sarkozy reprochait à Fillon de ne pas l'avoir assez remercié pour avoir exhorté les siens à reporter au deuxième tour de la primaire leurs voix sur son ancien Premier ministre. Il était très mécontent lorsque Frédéric Péchenard, son ancien directeur de campagne, a été mis à l'écart, tandis que Brice Hortefeux est resté sur le bord du chemin. Le déjeuner, apparemment, a arrangé les choses, Péchenard est réintégré dans je ne sais quelle commission, et Brice Hortefeux sera consulté sur les élections.

Le problème est sans doute plus grave : ce que Sarkozy reproche ou fait mine de reprocher à Fillon, c'est de ne pas assez se recentrer, et d'ouvrir ainsi une voie royale à Macron. Beaucoup s'interrogent, chez les Républicains : après tout, Juppé n'aurait-il pas été le meilleur ? Trop tard, trop tard. Juppé ne reviendra pas de Bordeaux. Fillon n'a pas l'air inquiet, même si ses troupes le sont.

« Il se tait, me dit Boishue, parce qu'il attend la fin de la primaire socialiste. Il fait son boulot, peut-être un peu seul, mais il le fait. Peut-être faudrait-il meubler cette période par une activité des Républicains, genre tables rondes ou conférences. »

Le fait est que le spectacle du conseil national des Républicains entérinant la désignation de François Fillon a été tout, sauf une rigolade. Sarkozystes mécontents, juppéistes circonspects, l'ovation a été mesurée, c'est le moins qu'on puisse dire. Fillon n'aura pas eu le moindre état de grâce, même parmi les siens. Encore un effet collatéral de la primaire. Celui qui gagne a bien du mal à se faire pardonner de ceux qu'il a vaincus.

18 janvier

Longue et agréable conversation ce matin, dans son bureau de l'hôtel de Lassay, avec Claude Bartolone. Dehors, il fait un froid de loup, les escaliers du perron sont luisants de glace. Je suis arrivée en avance, et une huissière me fait attendre gentiment dans un des grands salons du rez-de-chaussée de la présidence de l'Assemblée nationale. Je m'assois devant la monumentale cheminée de marbre blanc, d'inspiration égyptienne, et regardant ces divans et ces fauteuils, dans cette enfilade de pièces de respectables dimensions, je me dis qu'il y a peu de palais de la République où l'on ait à la fois tant de luxe et d'ors. Bref, cette présidence, c'est un cocon pour celui qui l'exerce : beaucoup d'avantages et peu d'inconvénients.

Dans son bureau, au premier étage, Claude Bartolone m'attend. Le grand couloir qui mène aux différentes pièces est encore vide de collaborateurs.

Il est en pleine forme, Claude Bartolone. Disert aussi, puisque nous parlons longtemps, sans que j'aie à lui tirer les vers du nez, sur l'état du Parti socialiste.

Ma première question, ou plus exactement ma première demande de clarification, porte sur la fameuse réunion, à Saint-Denis, qui a vu Martine Aubry, Christiane Taubira et Anne Hidalgo s'unir pour barrer la route à Manuel Valls. Pourquoi, dans ce cas, Claude Bartolone en a-t-il profité pour lancer un appel à la candidature du Premier ministre, trois jours avant que François Hollande n'ait fait connaître sa décision de ne pas se représenter ?

« J'avais eu, me dit-il, Martine Aubry et François Lamy au téléphone, ils étaient dans ce que j'appelle le syndrome de l'accompagnement thérapeutique. Leur propos était simple : Hollande est foutu. Nous ne voulons en aucun cas de Manuel Valls, laissons Hollande se présenter, il sera battu et voilà tout. Je n'ai pas pu supporter cet état d'esprit, j'ai trouvé insupportable de prendre le parti de se rendre sans combattre. Tout, sauf l'accompagnement thérapeutique, me suis-je dit. Et j'ai décidé de faire appel à Manuel Valls, ce que j'ai fait en répondant aux questions de deux journalistes qui se trouvaient opportunément à l'entrée de la salle de réunion.

— Quelle a été la réaction immédiate de Martine Aubry ?

— Elle n'a pas été immédiate, parce que j'avais fait cette déclaration aux journalistes en dehors de la salle. À l'intérieur, sur le moment, personne n'en a rien su. Cela est devenu un événement politique le lendemain seulement. »

Cette descente infernale de François Hollande, cette nécessité, pour certains, d'accompagnement thérapeutique, à quand remontent-elles ?

« Bien plus tôt que cela, me dit-il, cela remonte au Congrès de Versailles, avec la proposition de déchéance de nationalité. »

Il me raconte la scène qui a précédé le discours de François Hollande devant tous les parlementaires, sénateurs et députés réunis, après la tuerie du Bataclan.

« Avant la séance, il est d'usage que le président de la République et celui de l'Assemblée nationale – qui préside le Congrès – aient un tête-à-tête. » Il me montre la photo de Hollande et de lui, face à face autour d'une table Empire ronde, immortalisant la scène. « Il m'a dit : j'ai passé hier un accord avec Sarkozy. Je vais proposer la déchéance de la nationalité pour les terroristes auteurs d'attentats. Il est d'accord. On va inscrire le texte au Sénat, avant l'Assemblée nationale, et nous allons bien voir la réaction. »

Quelques jours après la réunion de Versailles, Claude Bartolone, accompagné par l'actuel président de la commission des Lois, a demandé rendez-vous à François Hollande.

« Je lui ai dit carrément : ça ne marchera jamais. Il ne m'a pas cru. Ce jour-là, il a péché par orgueil. Il aurait simplement dit, à la fin de son discours de Versailles, sans évoquer la déchéance de nationalité, qu'il laissait les parlementaires formuler leurs propositions, c'était bingo, il aurait gagné. »

Le mot « bingo » est un peu étrange dans le contexte mais je comprends ce qu'il veut dire : c'était un succès assuré, et non un échec programmé.

Le livre de Davet et Lhomme a marqué un pas supplémentaire dans la descente. Je demande à mon interlocuteur s'il en a personnellement souffert, de ces phrases prononcées par François Hollande à son endroit.

« Qu'il dise de moi que je n'ai aucune envergure, ni charisme, passe encore. Il porte sur moi le jugement qu'il veut. Mais qu'il dise que j'ai essayé d'intervenir sur la justice, je ne le lui pardonnerai jamais. Cela remonte aux régionales de 2015. C'est Hollande qui m'a demandé de me présenter contre Valérie Pécresse. Je n'avais aucune envie de le faire. C'est lui qui a insisté, disant que j'étais le seul à pouvoir réunir les Verts et les communistes. J'ai accepté. À quelques jours de là, Lhomme appelle mon directeur de cabinet et le prévient aimablement qu'il va me mettre en cause pour l'existence d'emplois fictifs en Seine-Saint-Denis. J'appelle Christiane Taubira[1], qui me dit ne pas être au courant, puis François Hollande lui-même : je dis au président que, s'il craint que je lui pose un problème, je suis prêt bien sûr à me retirer. “Tu ne vas pas m'ennuyer avec une affaire pareille, me répond Hollande, Tu es candidat, point à la ligne. Quant à la procureure qui a parlé à Lhomme,

1. Alors encore garde des Sceaux.

elle est nulle. En dehors de la voile et du ski, rien ne l'intéresse."» Et le voilà qui déclare, quelques mois plus tard, dans le livre de Davet et Lhomme, que j'ai essayé d'entraver la marche de la justice. Ça, je ne l'ai pas supporté. J'ai envoyé un SMS à Hollande, puisque c'est son mode favori de communication. Il m'a répondu : "Comment peux-tu mettre en doute notre amitié?" Je ne l'ai jamais plus vu depuis, et je ne le verrai sans doute plus jamais.»

Le jour de la publication des bonnes feuilles dans *Le Monde*, un journaliste, qui était au courant de ce que contenait le futur livre, révèle à Bartolone que le président avait rencontré Lhomme et Davet plus de soixante fois.

«Soixante fois? lui demande Barto, en écarquillant les yeux de surprise.

— Oui, a-t-il confirmé, et ils parlent de toi dans le livre qu'ils publieront dans quelques semaines.»

«J'étais tellement naïf, me dit Bartolone, que ma première réaction a été de dire à mon interlocuteur : "Il parle de moi, c'est sympa." "Non, pas tellement", m'a-t-il répondu, visiblement embarrassé. J'ai compris après pourquoi.»

Nous parlons de Valls, qui voit se coaliser contre lui une grande partie, peut-être la majorité du Parti socialiste.

«Et pourtant, pendant des mois, c'est sans doute lui qui, au cours des dîners du mardi soir à l'Élysée, a marqué à Hollande le plus de fidélité. Au fond continue-t-il, Hollande nous a tous instrumentalisés. Il a mis le bordel dans la loi Khomri pour ne pas avoir à trancher entre Valls et Macron. Il a accepté dans un premier temps, l'année dernière, de prendre part à la primaire socialiste alors que je pensais qu'un président sortant ne pouvait pas se présenter dans une telle élection contre ses anciens ministres. Je l'avais dit à Cambadélis, qui m'avait répondu, on peut l'interroger : "C'est le président qui veut la primaire, c'est lui qui me l'a demandé."»

D'ailleurs, Hollande a fini par en convenir puisqu'il a dit, à Bartolone et à Camba, à la mi-2016, bien avant la brouille avec Barto :

«Julien Dray a raison, j'ai besoin d'une primaire pour me relégitimer.»

On connaît la suite. Hollande renonce, et quelques jours plus tard arrive Vincent Peillon dans la ronde des candidats à la primaire.

« Peillon, il n'est pas venu là par hasard. Il a été envoyé pout lutter contre Valls.

— Par qui ? »

Réponse indirecte : Henri Weber faisait une conférence dans le Nord lorsqu'il a été prévenu le premier par le secrétaire de la fédération de ce que, bientôt, il allait falloir compter sur la présence de Peillon, en retrait de la vie publique depuis deux ans, parmi les candidats. De là à penser que Martine Aubry y est pour quelque chose, il n'y a qu'un pas. Mais Bartolone ne me le dit pas carrément, car il a, je le sais, une tendresse pour Aubry, dont il a été le lieutenant en 2008 lorsqu'elle est devenue première secrétaire du PS. A-t-on pensé à Christiane Taubira ? Bartolone me le confirme :

« Mais elle a refusé. Sa véritable angoisse était : si j'arrive en tête, femme et noire, je ne peux pas être celle qui défie l'extrême droite. »

« Je ne suis pas "vallsiste", continue le président de l'Assemblée nationale. Mais je pensais que le personnage de Hollande étant davantage critiqué que son bilan, Manuel Valls avait l'avantage de n'être pas Hollande. Et puis, ajoute-t-il, dans le monde tel qu'il va, avec le Brexit, Trump, Erdogan et Poutine, la présence d'un homme qui a de l'autorité et l'expérience de la conduite de l'État est nécessaire, indispensable. »

Et maintenant ? Il pense que Manuel Valls sera battu, et me dit, non sans indignation, qu'il y a des élus, en Seine-Saint-Denis, qui lui ont tenu ce langage surprenant ; il n'est pas aimé par les Arabes, donc impossible pour nous de le soutenir.

« Valls n'est pas, conclut-il d'une phrase, le candidat des mosquées. »

S'il est battu dimanche, qui ? Montebourg, Hamon ?

« Je ne sais pas, je sais que dans ce cas, les deux tiers des élus socialistes passeront chez Macron. »

Et qu'en pense-t-il, au fait, de Macron ? Il me raconte que lorsque François Hollande a fait entrer Macron au gouvernement, il a demandé comme un service à Claude Bartolone de le recevoir pour lui faire découvrir cet endroit qu'il ne connaissait pas : le Parlement.

« J'ai donc téléphoné à Emmanuel en lui disant qu'il devait connaître le terrain sur lequel il allait désormais se battre. Le lundi qui a suivi sa nomination, je lui ai fait visiter l'hémicycle désert, vers 22 heures. Il a appris à monter à la tribune, à regarder les travées désertes, à imaginer les députés devant lui, en demi-cercle, et lui s'adressant à eux. »

Un silence, et il poursuit :

« Il apprend vite, Macron, mais il a tant à apprendre... »

22 janvier

Premier tour de la primaire socialiste. Terrible soirée. Je suis à l'antenne d'Europe 1, à côté du porte-parole de Manuel Valls, tandis que celui de Hamon nous fait face. Il est 20 heures, à peine un peu plus peut-être, lorsque tombent les premiers résultats : Hamon devance Valls de cinq points. Mon voisin blêmit : il a compris que Valls aurait beaucoup de mal à remonter le terrain, puisqu'il n'a pas de réserves. S'il avait obtenu un score à la Fillon, au-delà des 40 %, il aurait pu créer une autre dynamique, d'autant qu'Arnaud Montebourg reste scotché à ses 17 %. Pas assez pour figurer au deuxième tour, mais assez pour empêcher Valls de l'emporter.

Les deux gauches ne se sont pas réconciliées. Elles restent face à face.

La gauche de gouvernement se retrouvant face au roi des frondeurs, l'ancien Premier ministre confronté à ceux qui n'ont cessé, depuis son arrivée à Matignon, de lui reprocher ce qu'ils appellent ses « dérives sociales libérales ». La gauche qui se méfie des promesses et des mesures à crédit, contre la gauche qui ne répugne pas à promettre des jours meilleurs, la gauche réformatrice contre la gauche qui défend ses valeurs, fussent-elles dépassées.

Les résultats du premier tour ne laissent pas grand espoir à Manuel Valls de l'emporter au second. L'arithmétique n'explique pas tout, mais elle risque de s'imposer néanmoins. Le désistement d'Arnaud Montebourg pour Benoît Hamon signe, dans les chiffres, la défaite prévisible de Manuel Valls. Je ne crois pas à une mobilisation de nouveaux électeurs au deuxième tour, qui pourraient inverser le premier.

Que paie-t-il, Valls ? D'abord, le quinquennat. C'est ce que Montebourg, ce soir, a souligné sans ménagement. À Matignon plus de deux ans, Manuel Valls est, qu'il le veuille ou non, jugé responsable, au même niveau ou presque, que le chef de l'État, des recours au 49.3, de la loi travail, de la bagarre sur la déchéance de nationalité, idée qui n'était pas la sienne, mais qu'il a dû néanmoins défendre pied à pied devant un Parlement divisé. Les frondeurs, comme on les appelle, qui s'étaient manifestés dès les premiers instants du quinquennat, et qui, depuis 2012, n'ont cessé de croître, ont estimé le moment venu de l'abattre. Comme ils l'auraient fait, sans doute, pour François Hollande si celui-ci avait jugé bon de se présenter.

C'est aussi que Manuel Valls a toujours incarné, depuis plus de vingt ans, le socialisme du raisonnable. Il incarne la réforme, la social-démocratie, plus sans doute que François Hollande qui a pris soin, dans les deux premières années de son mandat, de ne pas même prononcer ces mots. Normal donc que ce soit contre lui que se mobilisent ceux qui, comme Benoît Hamon, préfèrent promettre un revenu universel, un monde où le travail fondra dans les années qui viennent comme neige au soleil, où les 32 heures hebdomadaires s'imposeront face aux 35 heures, où les patrons n'auront aucun intérêt à vouloir assouplir le code du travail, puisque, justement, il y aura de moins en moins de travail.

Et puis, les atouts essentiels de Manuel Valls, l'autorité et la sécurité, ne soulèvent traditionnellement pas d'enthousiasme au Parti socialiste, et depuis longtemps. Je me souviens de l'accueil indigné des socialistes aux propos de Jean-Pierre Chevènement, ministre de l'Intérieur, qualifiant les jeunes du 93 de « sauvageons ». Les concurrents de Valls ont à peine évoqué, au cours de leurs trois débats, les mots « sécurité », « autorité », comme s'ils étaient malséants. Manuel Valls a eu beau tenter de décrire plusieurs fois le monde qui vient, celui du Brexit, de Trump, d'Erdogan et de Poutine comme un monde dangereux, où il faudrait affronter le réel. Celui de l'irrépressible mouvement de migration venu d'Afrique noire et du Moyen-Orient, comme celui de la menace terroriste, auquel il a été lui-même, comme François Hollande, confronté. Le mot « terrorisme » a à peine été prononcé par ses rivaux.

Beaucoup, dimanche, ont évoqué François Hollande, en voyage au Chili, rendant hommage à Salvador Allende. À quoi pensait-il, l'encore président de la République, à ce moment et un peu plus tard, lorsqu'il a voulu se recueillir seul dans le désert d'Atacama ? Sans doute oscille-t-il entre le soulagement et le regret. Soulagement à l'idée qu'il n'aurait sans doute pas fait mieux, et peut-être pire, que Manuel Valls, pour ressouder la gauche. Regret de n'avoir pas continué son combat jusqu'au bout, quitte à perdre.

Le Parti socialiste finit sa primaire plus divisé qu'il ne l'était. Sans doute tentera-t-il de tenir debout le temps de la campagne, mais en chancelant. Quoi qu'il ait dit, promis, juré, Valls ne montera pas sur les estrades pour soutenir Benoît Hamon. L'attraction de la planète Macron va se faire sentir dès le lendemain du second tour. Bien des parlementaires y succomberont.

23 janvier

Micmac dans les décomptes du PS. La haute autorité de la primaire en même temps que les sondeurs d'Elabe pour BFM TV ont assuré en début de soirée que le nombre de votants avoisinait les 2 millions. Eh bien non, les électeurs n'étaient pas au nombre de 1,9 million, mais de 1,6 million. C'est bien peu pour « légitimer » un candidat.

Comment savoir ? Il y a dans ce parti une telle tradition de trucage dans les votes, entre Ségolène Royal et Martine Aubry en 2008 par exemple, qu'on ne peut pas véritablement s'en étonner. On peut tout au plus s'irriter : dans l'organisation de la primaire même, les socialistes passent au mieux pour des amateurs, au pire pour des mystificateurs. Leurs explications, dès dimanche soir et toute la journée de lundi, sont pitoyables : ont-ils volontairement organisé les opérations de façon que, sur tous les plateaux de radio et de télévision, dimanche, les commentateurs abusés reconnaissent qu'après tout, 2 millions de personnes, ou presque, avaient voté, preuve que le Parti socialiste n'est pas mort, que la gauche est bien vivante, moins brillante, certes, qu'en 2011, lorsqu'elle était portée par des espoirs de victoire, ou bien n'ont-ils tout simplement pas su compter ? Même là, les socialistes font la démonstration de leur légèreté. Après le succès de la primaire des Républicains, les couacs des socialistes...

Je demande à Jean de Boishue ce qui le lie, aussi fort, comme Mitrofanoff, comme Faugère, à François Fillon. Il réfléchit.

« Une flamme froide, répond-il, c'est un homme animé d'une flamme froide. »

Je trouve l'expression jolie. Il s'explique :

« Une flamme froide, c'est cela. Une flamme chaude s'épuise vite, elle se consume, donc elle s'éteint. Fillon, lui, ne refroidit pas. »

Il ajoute, moins littéraire :

« Il a un extraordinaire savoir-faire. Un jeu de jambes formidable. Il ne monte jamais au filet, son jeu de fond de court est impeccable. J'aime son pragmatisme, conclut-il, lui qui a plutôt tendance à être chiche de compliments, sa ténacité, sa logique imparable. Il n'est jamais mieux que seul avec lui-même. J'aime en lui le patriote authentique, il souffre réellement pour le pays. »

Il le sait, je le sais aussi : quelques journalistes s'interrogent sur les tendances sexuelles de François Fillon. Allusion au lien qu'il entretenait à l'âge de vingt-quatre ans avec son mentor, Joël Le Theule. Je crains que cela ne risque d'être, dans les semaines qui viennent, un angle d'attaque de ses adversaires. Minable : tout le monde se moque des mœurs supposées d'un homme aujourd'hui marié, fier de sa famille et de ses enfants. Un soupçon d'homosexualité, de toute façon, si tant est que cela ait été le cas, ne nuit plus à personne. Sauf peut-être lorsqu'on se réclame de l'extrême droite catholique.

24 janvier

Que de choses à écrire sur ces quinquas du PS qui se détestent depuis si longtemps, qui se sont tant aimés, tant trahis, tant déchirés. Je n'en finirais pas d'évoquer la haine ancestrale de Vincent Peillon contre Valls. Je me rappelle aussi ce moment où trois jeunes loups, Montebourg, Peillon et Hamon, ont ensemble voulu créer en 2003 un « nouveau Parti socialiste » : tout le monde était fâché trois mois plus tard. Je me souviens que Peillon, resté aux côtés de Ségolène Royal après son échec de 2007, s'est débrouillé, quelques mois plus tard, pour l'exclure du petit sous-courant dans lequel ils s'étaient tous deux réfugiés. Je n'oublie pas l'extraordinaire bagarre entre Ségolène Royal et Martine Aubry lorsqu'en 2008 elles ont brigué toutes les deux le premier secrétariat du parti. J'étais sur le plateau de France 3, cette soirée-là, pour commenter l'arrivée de la course. Jusqu'à minuit, Ségolène Royal était en tête. À minuit une, les chiffres se sont inversés. Aubry a gagné, avec les voix du puissant département du Nord. Manuel Valls, qui secondait alors Ségolène, a voulu porter plainte. Il a dû y renoncer au nom de l'unité du parti.

Je pense au pacte passé plus tard, bien plus tard, en 2014, entre Valls, Montebourg et Hamon, pour que les deux derniers participent au gouvernement de Valls. Le pacte a duré trois mois.

25 janvier

Le « Penelope Gate » tombe d'un coup sur François Fillon, accusé d'avoir employé sa femme pendant des années comme assistante parlementaire dans une Assemblée où elle n'a jamais mis les pieds. Penelope, c'était l'épouse à la maison, la mère de cinq enfants, dont le prénom, tout un programme, évoque la compagne d'Ulysse, qui selon *La Chanson du mal-aimé*, attendait qu'il revînt, « pâle d'amour et d'amour yeux pâlis ».

Je rencontre brièvement ce soir Bayrou. Il vient de terminer son livre. « Celui-là, c'est un livre », dit-il non sans fierté. Nous parlons évidemment de François Fillon, de cette minable histoire d'assistante parlementaire, pour une femme qui dit elle-même ne jamais avoir joué un rôle dans la vie politique de son mari. Bayou ne se réjouit pas, non, mais je remarque dans sa prunelle qu'il se pose véritablement, aujourd'hui, la question de sa candidature. En effet, imaginons Fillon dans les choux, Juppé refusant de revenir dans le jeu. Imaginons aussi que Hamon soit désigné au deuxième tour, comme c'est probable, par le Parti socialiste, la configuration devient bien différente. Certes Macron est là, mais le boulevard qui est ouvert devant lui peut parfaitement être divisé en deux. Dans ce cas, celui qui a une voix de plus que l'autre est présent au deuxième tour. Bref, si la conjonction des planètes est bonne pour Bayrou, peut-être n'a-t-il jamais eu autant de chances de devenir président

26 janvier

Ce matin, coup de téléphone de Robert Namias qui a rencontré François Hollande hier à l'occasion de la décoration de Pierre Arditi. Peu de monde dans le salon bleu de l'Élysée, et discours de Hollande très personnel. Il évoque la popularité que connaît Arditi et qu'il ne connaît pas lui-même, les adieux au théâtre, bien lointains pour l'acteur, proches pour lui. Quelques phrases en demi-teinte, nostalgiques, attristées.

Lorsqu'il les retrouve au restaurant, deux heures plus tard, après le débat de la primaire qu'il a regardé seul à l'Élysée, il est redevenu lui-même tel qu'il était avant son élection, commentateur avisé de sa propre action, discoureur aimable, interlocuteur drôle et brillant.

Je sais que François Hollande enrage de ne pas avoir pu faire son bilan lui-même. Il ne l'a pas fait. Qui le fera ? Valls, qui assume mais ne s'en revendique pas ? Hamon, Montebourg ? Ils ont tout fait, avec obstination, toutes ces années, pour empoisonner son quinquennat.

Hier, débat de l'entre-deux-tours entre Manuel Valls et Benoît Hamon.

Costumes bleus, cravates bleues, cheveux bruns, les deux frères ennemis de la gauche, finalistes de la primaire, avaient entre eux, hier, un air de ressemblance. Peu souriants, l'un et l'autre, affichant parfois une complicité plus réelle que de façade, ils ne se sont pas livrés au pugilat que beaucoup redoutaient ou attendaient. Oubliées les petites phrases, prononcées par eux-mêmes ou leurs amis, depuis dimanche dernier. Hier soir, le tutoiement était de rigueur, la camaraderie existait aussi, du moins à la surface. Comment oublier que les deux hommes se connaissent par cœur ? Leur univers est le même depuis trente ans, celui du Parti socialiste, auquel ils ont adhéré encore presque adolescents et qu'ils ont tour à tour connu au pouvoir et dans l'opposition. Dont ils ont admiré les chefs, Mitterrand ou Rocard, pour lesquels ils se sont l'un et l'autre battus. Depuis le début du quinquennat de François Hollande, le fossé, entre eux, est devenu un abîme.

Après son départ du gouvernement, à la suite d'une provocation d'Arnaud Montebourg, fin août 2014, Benoît Hamon a mené contre Manuel Valls une fronde incessante. Les « frondeurs » ont miné le quinquennat de Hollande, et si demain, comme c'est probable, Hamon battait Valls au second tour de la primaire, il mettrait fin pour longtemps aux rêves élyséens de Valls.

Le débat d'hier soir était plus feutré qu'attendu, mais les divergences ne manquaient pas. Leur conception du travail est profondément opposée. Pour Hamon, le travail ne sera plus jamais le même : menacés par le numérique, des dizaines de métiers, un emploi sur deux, a-t-il assuré, disparaîtront. D'où la nécessité de réduire le temps de travail, avant qu'il ne disparaisse de lui-même, et d'assurer à tous un revenu universel décent qui leur permette de vivre au cas où ils ne trouveraient pas d'emploi. Son discours trouve un écho inouï chez les jeunes, parce qu'ils ont évidemment peur pour leur avenir. Promettons, promettons, il en restera toujours quelque chose.

Pour Manuel Valls, au contraire, le travail ne disparaîtra pas avec le numérique, il changera. Le revenu universel est pour lui à la fois utopique et trop coûteux. Le débat sur la valeur du travail est historique depuis le XIXe siècle. Je suis convaincue que ces deux heures de confrontation télévisée resteront dans l'Histoire comme un moment unique de clarification.

Ni vainqueur ni vaincu. Il faudra attendre dimanche soir pour savoir si Manuel Valls a pu rattraper son retard, ou si Benoît Hamon a conforté sa victoire du premier tour.

Puis déjeuner avec Bernard Poignant, qui partage sa vie entre la Bretagne et l'Élysée, où il est toujours conseiller politique de François Hollande. Un conseiller politique, soit dit en passant, qui n'avait jamais entendu parler des multiples rencontres du président avec Lhomme et Davet. Levant les bras au ciel, Poignant montre, plus qu'il ne dit, les ravages faits par les révélations d'hier sur François Fillon. « Quelle histoire, me répète-t-il, quelle histoire ! » Et au moment, en plus, où Fillon entrait dans la ligne droite de sa campagne. Deux mois qu'il se tait, que ses amis le pressent de parler, et le « Penelope Gate » s'abat sur lui, et avec quelle violence.

Je commence par lui demander, car je n'ai toujours pas une réponse claire à ma question, si Vincent Peillon a été encouragé à se présenter par l'Élysée. Qu'il ait été désigné par Martine Aubry ou Christiane Taubira pour faire échec à Valls me paraît évident. Mais peut-on croire qu'il se soit résolu à affronter la primaire, au risque de subir un lourd échec, si le président ou l'un de ses conseillers ne lui avaient donné une sorte de feu vert ? Poignant dément avec vivacité. Lorsque lui-même, en 2007, s'est déclaré aux législatives à Quimper, il a demandé à Peillon s'il allait être, lui, candidat à Amiens. Réponse de Peillon : « Je ne vais quand même pas me faire chier avec ça. » Ce qui me conforte plutôt dans l'idée que pour qu'il se lance dans la primaire socialiste, il a bien fallu que quelqu'un le pousse, mais passons.

Plus tard, alors acteur actif de la campagne de Ségolène Royal, il a confié à Poignant, comme sans y attacher d'importance : « Elle est nulle... »

Bon, assez sur cet acteur secondaire. Nous passons au débat :

« Valls s'est adressé aux Français, Hamon aux socialistes. »

Tout est dit : voilà pourquoi Valls sera battu dimanche prochain.

Alors, Macron, le seul espoir de la gauche sociale-démocrate, ou sociale-libérale, comme on voudra ?

« Forcément, me répond mon interlocuteur. Nous serons bien quelques-uns à nous poser au moment d'aller aux urnes la question du vote utile. Hier, Valls était un Macron en réduction, Hamon une sorte de Mélenchon. Mieux vaudra naturellement choisir Macron. »

D'ailleurs il prévoit déjà que pendant la campagne, « Hamon sera aussi emmerdé par son revenu universel, que tout le monde taillera en pièces, que François Fillon par la Sécurité sociale ».

La prochaine semaine pour lui est décisive. Poignant m'énumère : le 29 janvier, la primaire désignera son vainqueur tandis que Fillon réunira ses troupes ; le 4 février, Macron parle à Lyon, en même temps d'ailleurs que Marine Le Pen. Le 5, ce sera le tour de Jean-Luc Mélenchon. Le jour même où les socialistes fêteront officiellement la candidature de Hamon sans doute, de Valls moins sûrement.

Nous revenons sur le renoncement de François Hollande.

« Sa décision n'était pas encore prise lorsque, depuis le mois de juin, il a réuni autour de lui huit personnes, pour réfléchir à sa campagne. Dans ce cadre, j'avais réuni à l'Élysée début novembre un petit groupe de députés socialistes qui m'avaient dit ne pas vouloir se représenter. “Mais pourquoi ?” me demandait Hollande. Le déjeuner a eu lieu, et François est revenu me questionner : qu'avaient-ils dit, quel avait été leur diagnostic ? “Sévères, lui ai-je répondu, ils ont été sévères. Ils ne cessent de parler du livre de Davet et Lhomme. – Tu l'as lu ? m'a interrogé Hollande. – Oui, je l'ai lu, lui ai-je dit, et je vais t'en donner un exemple. Le coup de téléphone entre Pierre Gattaz[1] et toi. Tu es à ce moment chez Davet. Tu lui as parlé, et j'ai retrouvé dans le livre toute votre conversation, tout ce que tu lui as dit, et aussi tout ce qu'il t'a répondu. Preuve que c'est toi qui as immédiatement communiqué ses réponses, dans le détail, à tes hôtes. Ce n'est pas acceptable. »

Il continue :

« Au déjeuner qui suivait, François s'est joint à nous. À deux conditions, m'a-t-il dit : que les députés parlent de son bilan comme étant acceptable, et qu'ils ne citent pas le livre... »

1. Pierre Gattaz est le président du Medef.

La décision de Hollande, d'après lui, a été prise avant la fin novembre.

«Le jeudi 24, sur RTL, Montebourg s'est livré à une charge sans appel contre lui : il a même invité les électeurs de droite à voter contre Hollande à la primaire. Cela l'a beaucoup affecté. Puis ce fut le samedi, la réunion de Bondy, où Bartolone a eu l'idée baroque de proposer que le président et le Premier ministre se présentent tous deux à la primaire de la gauche. Insupportable pour Hollande. Dernier coup : l'interview de Manuel Valls au *JDD* le dimanche. Hollande était au courant de cette interview, il avait simplement téléphoné à Valls pour lui demander de contredire officiellement le discours de Bartolone. Valls a dit oui, mais n'en a rien fait. Là, il lui a semblé que le jeu n'était plus jouable.»

Alors, question : finalement qui a trahi le plus, Valls ou Macron?

Poignant ne cache pas une tendresse pour Macron. Il raconte comment il a fait un tabac à Quimper où il a visité les usines Bolloré, bus électriques, montages des rames RATP, il a parlé aux ouvriers en citant Bernanos, il a été ovationné.

«Plus tard, au déjeuner, qui avait lieu au "manoir", c'est-à-dire la demeure de Bolloré, où celui-ci avait convié, comme il le fait souvent, les anciens et nouveaux salariés, le curé et les gendarmes, sans oublier les syndicalistes de la CGT, cela a été un festival. Chacun me disait : "Amenez-moi Macron, on voudrait faire des selfies." Il était là, lumineux, sympathique, souriant. Dans l'avion qui nous ramenait à Paris, je lui ai dit : "Tu apprends vite, tu es une force, tu souris, ils aiment ça, tu écoutes les gens avec tes yeux. Et je vais entrer dans ton intimité : tu as épousé une femme beaucoup plus âgée que toi, ton professeur. C'est tout à fait atypique, mais ça prouve que vous vous aimez. C'est une force. Ne la cachez pas."»

Le déjeuner avec Poignant a été interrompu, évidemment, par la bombe lancée par *Le Canard enchaîné* contre François Fillon. Inutile de dire que même si l'on m'avait mise en garde il y a quelques mois sur le financement de la société dont il est le conseil et le patron, jamais je n'aurais pensé que ce chevalier blanc à la mine austère, cet ami de Philippe Séguin, qui a donné tant de leçons, récemment, à Nicolas Sarkozy, ait pris le risque de salarier sa femme comme assistante parlementaire pendant près de douze ans, qu'elle ait reçu pour ce poste 500 000 euros, qu'elle ait été salariée de la *Revue des deux mondes*, où Ladreit de Lacharrière lui a alloué quelque 100 000 euros pour deux misérables notes de lecture. Les paiements se sont arrêtés en 2013, juste après le vote de la loi sur la transparence politique (après l'affaire Cahuzac). Il savait donc que sa situation était *borderline* et que, au regard de cette nouvelle loi, elle serait devenue délictueuse. Comment, dans ces conditions, courir le risque, en se présentant à la présidence de la République, de voir tout cela révélé, quelques jours avant qu'il ne prononce le discours baptisé « fondateur » de sa campagne ?

Sa défense sur TF1 a été noble, mais pas suffisante. Oui, il ne serait pas ce qu'il est sans sa femme ; oui, elle relit ses discours ; oui, il lui est sans doute arrivé de le représenter dans telle ou telle réunion provinciale. Mais toutes les femmes d'hommes politiques font cela, on ne les rétribue pas pour autant. Sans doute, au surplus, elle-même n'était-elle pas au courant : elle aurait moins souvent affirmé, si elle l'avait été, qu'elle ne s'était jamais occupée de politique ni qu'elle était mère au foyer.

Qui a largué l'information au *Canard* ? Beaucoup de gens auraient pu le faire, depuis les fonctionnaires de l'Assemblée nationale jusqu'à ses ennemis à l'intérieur ou à l'extérieur de son camp. Voilà plusieurs années que Rachida Dati attire ou tente d'attirer l'attention sur son goût de l'argent, ses collaborateurs et sa société. Personne n'y prenait garde, pensant que Rachida Dati, barrée par François Fillon dans le 7e arrondissement de Paris, tenait des propos vengeurs, mais peu fondés.

Et si elle avait raison depuis le début ? Son château l'obsédait, racontent aujourd'hui les sarkozystes, Pierre Charon par exemple, mais il n'est pas le seul : tantôt la toiture, tantôt le jardin, tout était un gouffre dans lequel ce hobereau de province a plongé la tête en avant.

Est-ce Rachida qui a fini par convaincre qu'elle avait raison ? À qui aurait-elle parlé ? On dit beaucoup qu'elle est très liée avec le couple Jouyet. C'était en effet les oreilles idéales à choisir, après le procès en diffamation qui a opposé Fillon au secrétaire général de l'Élysée. Ne serait-ce pas du côté d'Emmanuel Macron que sont parties les attaques ? Ministre de l'Économie, il devait bien pouvoir connaître les patrimoines des uns et des autres. Mais quel aurait été son intérêt ? Difficile à concevoir : pour lui, la candidature radicale de François Fillon n'est pas un handicap, elle est inespérée.

À qui le crime profite-t-il ? À Macron ? À Bayrou, qui envisage aujourd'hui de se présenter à son tour ?

Je crains, hélas, que cela ne profite à personne : personne, parmi ses amis et aussi ses adversaires, ne suspectait Fillon de quelque malhonnêteté que ce fût. Il apparaissait sans tache, austère et clair. Même si plus tard, il est absous, il restera qu'un candidat promettant aux Français du sang et des larmes, des économies et une TVA augmentée, est celui qui a, serait-ce légalement, profité, et fait profiter les siens du système.

« Il a abusé, dit Catherine Nay, de la légalité. »

28 janvier

Que dire du climat qui règne aujourd'hui à droite, deux mois après la désignation de François Fillon ? Les accusations du *Canard enchaîné*, cette semaine, ne sont certes pas prouvées ; il faudra attendre les résultats de l'enquête préliminaire déclenchée par le parquet financier de Paris. Mais l'idée que l'épouse du candidat de la droite et du centre aurait perçu pendant près de douze ans un salaire, important, d'attachée parlementaire auprès de son mari, lorsque celui-ci était député ou sénateur, a donné un sérieux coup au moral de ses troupes. François Fillon a eu beau plaider avec indignation sur TF1 jeudi soir que rien, dans cet emploi, n'était illégal, il reste que ses proches sont convoqués par la justice, que lui-même devra fournir les pièces justifiant la réalité du travail effectué par Penelope Fillon. En envisageant lui-même de renoncer à sa candidature, s'il était mis en examen, François Fillon, sans mesurer pleinement l'effet que feraient ces paroles auprès de ses propres amis, a ouvert une période d'intense incertitude.

29 janvier

La boucle est bouclée. Dans quelques heures sans doute, sauf énorme surprise, Benoît Hamon sera le candidat socialiste à la présidence de la République. Quatre ans et quelques mois de quinquennat ont renvoyé la gauche à son histoire ancienne, et le Parti socialiste à ses historiques divisions. Hier, Martine Aubry, convalescente après une grave opération, a regretté dans un message audio de ne pas pouvoir serrer dans ses bras Benoît Hamon, en lui décernant le plus beau des brevets : « Tu as simplement redonné vie à l'idée du progrès [...] qui n'essaie pas d'utiliser une fois de plus les recettes du passé qui ont échoué dans notre pays comme dans beaucoup d'autres. »

Beaucoup de souvenirs, beaucoup de reproches, beaucoup de contentieux dans ce message de la maire de Lille. Martine Aubry, qui a refusé, après la présidentielle de 2012, de rejoindre, à la seconde place seulement il est vrai, le gouvernement mis en place, autour de Jean-Marc Ayrault, par François Hollande, puis s'est repliée, en un exil politique volontaire, dans les rues du vieux Lille, pour critiquer, éreinter même, à deux cents kilomètres de distance, le quinquennat à haut risque de François Hollande.

Pourquoi cette place donnée à Martine Aubry, qui n'est plus à la une de l'actualité politique depuis cinq ans ? Parce que, en réalité, pour les frondeurs dont la mauvaise humeur s'est exprimée à l'Assemblée nationale dès septembre 2012, amenant une poignée d'entre eux à refuser le pacte de responsabilité proposé par le président, elle a toujours été discrète, souvent muette, la grande référence. Une sorte de statue du commandeur.

Face à elle, l'inspiratrice de tant de coups qui lui ont été portés, Manuel Valls aura peut-être perdu ce soir la partie.

30 janvier

La désignation de Benoît Hamon, c'est la troisième mort de Hollande : après le départ de Macron, le départ de Valls suivi du renoncement du président, voilà qu'est élu par une majorité de socialistes celui qui, de 2012 à 2016, n'a cessé de se trouver sur le chemin du président et de son Premier ministre. Celui qui a été de toutes les guerres, de tous les assauts, de toutes les mises en cause de Hollande et de sa politique.

Qui est Benoît Hamon? La question, je me la pose d'abord à moi-même. Depuis tant d'années, je n'ai pratiquement pas adressé plus de deux mots à Benoît Hamon. Affaire de génération? Non, puisque j'ai toujours eu, au contraire, beaucoup de considération pour Arnaud Montebourg, son éloquence, sa prestance, son audace aussi. Benoît Hamon est quelqu'un dont en effet j'ai eu beaucoup de difficulté à me souvenir du nom. Pourtant, il a fait toute sa carrière, comme Valls, au PS. Il y a grandi, passant de longues heures à méditer sur les sondages et à s'y faire une place, de comité directeur en bureau politique. On le confondait, à ses débuts, beaucoup avec Manuel Valls, parce que tous les deux sans doute étaient plus fascinés par Rocard que par Mitterrand. Hamon avait quatorze ans en 1981 et Manuel Valls, cinq ans de plus que lui. De quoi, évidemment, penser que leur vie politique ne passait pas par François Mitterrand, mais plutôt par Michel Rocard. D'autant que, devenu Premier secrétaire du PS en 1993, c'est lui qui avait donné son indépendance au mouvement des Jeunes socialistes, longtemps considéré – notamment par Mitterrand qui avait envoyé, avant 1981, Édith Cresson y mettre de l'ordre – comme une poudrière.

Que dire sur Hamon? C'est à partir de ce mouvement des Jeunes socialistes qu'il a commencé un long chemin à l'intérieur du PS qui éclaire son élection d'aujourd'hui. Né d'un père ouvrier devenu ingénieur et d'une mère secrétaire, il a un temps été salarié chez Ipsos, seule expérience salariale, avant de plonger la tête la première dans la politique. Il n'est pas passé par la case ENA, n'a pas non plus été tenté par le trotskisme. Mais il s'est servi avec détermination du mouvement des Jeunes socialistes dans lequel il a toujours, à l'heure actuelle, de farouches partisans (ils sont pour beaucoup dans sa victoire contre Manuel Valls), pour grimper dans la hiérarchie du parti : après l'échec de Jospin, il a tenté avec Montebourg et Peillon de fonder un «nouveau Parti socialiste», qui a vite explosé en marche. Mais curieusement je me souviens très bien, dans ce NPS, de la présence éclatante de Montebourg, de celle, moins séduisante, de Vincent Peillon, mais absolument pas de Benoît Hamon. Je savais simplement qu'il avait été collaborateur de Martine Aubry au ministère du Travail en 1997, et son porte-parole en 2008.

Autant dire que je n'ai pas gardé de ce tout jeune homme à la barbe facilement bleuissante en fin de journée un souvenir impérissable. Je note cependant que, pendant que je ne faisais pas attention à lui, il montait, montait. Devenait ministre de l'Éducation nationale, dans le gouvernement Valls en 2014, après avoir passé, comme Arnaud Montebourg, un pacte avec le Premier ministre. Et en sortait, dans le sillage de Montebourg, six mois plus tard. J'écris tout cela parce que, une fois de plus, a été élu un homme que l'on ne voyait pas venir. Comme Fillon en novembre chez les Républicains, comme Hollande, en 2011. Ces Misters Nobody ont décidément du talent.

Il a toujours été dans la minorité du parti ; il faut donc que le parti ait bien changé sous le règne de Hollande pour qu'il s'y retrouve majoritaire. Il a joué pleinement, pour gagner, la carte anti-Hollande. Quand on pense qu'on a reproché à Hollande d'avoir fait trop de promesses en 2012 (alors que la seule était la taxation à plus de 75 % des plus riches), que dire de Benoît Hamon : revenu universel pour tous, réduction à 32 heures du temps de travail ? C'est peu de dire qu'il n'a rien à faire du socialisme de gouvernement, il préfère aller serrer les mains de tous les vaincus de la gauche ces temps-ci, de Bernie Sanders à Jeremy Corbyn, pour imposer une autre ligne, qui, apparemment, ne marche nulle part ailleurs.

Tourner la page, c'est le livre qu'il a écrit en 2011. Outre qu'on lui a reproché d'y avoir « emprunté » de larges passages à un livre similaire d'Henri Weber[1], on y découvre, avant même le quinquennat, tout ce qui inspire une certaine gauche européenne qui a fait la preuve de son inadaptation au pouvoir. On s'aperçoit qu'il est un

1. Philosophe, Henri Weber a souligné que le procédé était habituel : « Vous savez, ces petits gars-là, ils font écrire leurs bouquins par des collaborateurs souvent jeunes. Je vois très bien ce qui s'est passé : il a reçu des fiches de ses collaborateurs et il n'a pas vérifié. »

vrai militant, Je n'ai pourtant pas le souvenir qu'un homme comme Rocard ou Jospin m'ait parlé de lui à un moment donné comme un espoir du socialisme.

Pourtant, s'il a gagné aujourd'hui, c'est à tous les anciens jeunes, devenus quadras ou quinquas, qu'il le doit. Je pense à Olivier Faure, que j'ai connu porte-parole de Hollande, et qui le soutient aujourd'hui sans défaut.

Élu député de Trappes, la ville la plus pauvre de banlieue parisienne, après des parachutages ratés en Bretagne, dans l'Est ou près de Paris, Hamon s'est attaqué méthodiquement – on n'a pas été apparatchik d'un parti pour rien – à tous les immeubles de la ville, à tous leurs habitants, à toutes les cages d'escalier. Et il a abordé les problèmes de la banlieue à travers son propre prisme : catholique, il a de la considération pour toutes les autres religions. Y compris pour l'islam avec lequel, dans sa ville, il a conclu bien des accommodements. Jusqu'à trouver normal qu'une femme ne puisse pas s'attabler dans un café. Oui, pourquoi Hamon plus que Montebourg ? Parce que, comme Hollande d'ailleurs, c'est à l'intérieur du parti qu'il a tissé sa toile, ce que n'a pas fait Arnaud Montebourg, que le PS ennuyait à l'extrême.

2 février

En attendant le JT de 20 heures, j'écoute le discours de Fillon en meeting ce soir à Charleville-Mézières. L'épreuve doit être effroyable pour cet homme orgueilleux, déstabilisé, après avoir été l'apôtre de la transparence et de la probité. À quelques semaines d'un rendez-vous avec les Français qu'il attendait depuis si longtemps. Mais il fait front : ce n'est pas sa défaite que l'on cherche, mais celle de la droite tout entière (ce en quoi il n'a pas tort, mais fallait-il donner tant de verges pour se faire battre ?). Et puis cette phrase, à 18 h 59 précises, assez habile, assez politique : « Oui, dit-il en s'adressant à la foule, je vous demande de m'aider à résister. »

Ovations, bien sûr. Résister, certes, mais à qui, à quoi ?

On me dit que Patrick Stefanini, son directeur de campagne, ignorait tout de l'emploi de Penelope Fillon depuis des années, qu'il tombe des nues, et en voudrait presque à Fillon d'avoir ainsi tout gâché. Car il risque bien, en effet, d'avoir dilapidé ses chances, Il suffit d'entendre, à Nice par exemple où je passe quelques coups de téléphone, ceux des électeurs, nombreux, qui avaient voté pour lui et non pour Sarkozy, affirmer qu'on ne les y reprendra plus. Ou même mon cher Jean de Boishue, essayer d'arrondir les chiffres : le million d'euros qu'on lui reproche ne lui a pas été versé en deux ans, en cinq ans, mais en plus de douze. Il n'empêche : « C'est plus que j'ai gagné dans toute ma vie », disait tout à l'heure un vieil homme dans la foule des auditeurs de Fillon à Charleville.

Rien à ajouter, on tourne en rond dans cette affaire en attendant la position du parquet financier. Si François Fillon est absous, il en tirera une force nouvelle.

Dans l'interview que je viens de voir sur France 2, après dîner, qu'elle a donnée à un journal anglais – elle est galloise – au moment où François Fillon était nommé à Matignon, j'ai vu une femme triste, avouant ne s'être jamais mêlée de la carrière de son mari, s'être inscrite en littérature anglaise à la Sorbonne pour que ses enfants ne voient pas en elle une simple mère de famille. Les propos datent de 2007. Au point où l'affaire en est, ils sont évidemment. meurtriers pour la thèse défendue par Fillon depuis des jours.

Quelques instants ce matin avec Jean-Marc Germain, député socialiste des Hauts-de-Seine, soutien de Benoît Hamon, mari d'Anne Hidalgo et ami de Martine Aubry. Il rayonne. Benoît Hamon s'est hissé en une semaine à 18 % des intentions de vote, bien au-dessus de Jean-Luc Mélenchon. « Il siphonne les voix de Mélenchon, me dit Germain, ravi, et aussi, marginalement, celles de Macron. » Merveille des hommes politiques : ils ne retiennent que ce qui va dans leur sens.

4 février

Meeting de Macron à Lyon.

Un public fou, des curieux, des jeunes qui n'ont jamais suivi un meeting politique, qui ne s'étaient jamais même intéressés au discours public, attendent à l'extérieur de Gerland. Entrée de rock star : il s'adresse micro en main aux 2000 personnes qui ont été refoulées faute de place, pour les exhorter à suivre la cérémonie devant les grands écrans extérieurs.

J'écris en attendant son discours. Les planètes de la politique sont-elles en train de s'aligner sur lui ? Importants pour lui, ces meetings, au moment où, cependant, la plupart des observateurs jugent qu'ils n'ont plus aucune importance. Pour lui, il s'agit de montrer d'abord que son équipe, pourtant réduite, est capable de les organiser. Et puis que, de ville en ville, de Lille à Lyon, ses forces augmentent.

Car Lyon doit être une démonstration de force : il s'agit de démontrer qu'il n'est pas un amateur en politique, qu'il n'est pas seulement le benjamin du casting présidentiel 2017, mais aussi un professionnel, un candidat méthodique qui gagne du terrain jour après jour. Contrairement à ce que je pensais il y a six mois, la bulle médiatique Macron n'a pas crevé. Il s'installe, et même progresse, propulsé aujourd'hui par les sondages en seconde position derrière Marine Le Pen. L'idée qu'il soit confronté avec la présidente du FN au deuxième tour de la présidentielle aurait été jugée absurde il y a seulement quelques semaines. Elle ne l'est plus aujourd'hui.

Il faut dire que ses concurrents lui facilitent, sans le vouloir évidemment, la tâche. À gauche, Benoît Hamon, à peine désigné, cherche à faire l'unité autour de lui en s'adressant aux écologistes et à Jean-Luc Mélenchon, avant même d'essayer de se rapprocher des vallsistes battus, et de Manuel Valls lui-même, leur laissant le champ libre pour aller voir ailleurs. Quant à François Fillon, on ne sait s'il pourra même bénéficier du délai de quinze jours qu'il a demandé à l'état-major des Républicains. Le désarroi dans lequel est plongée une bonne partie des électeurs qui croyaient à son programme austère pour remettre à flot la France est profond. « Aidez-moi à résister », a dit avant-hier le candidat de la droite et du centre : à résister à ses ennemis politiques certes, mais encore plus à ses amis qui le poussent vers la sortie, craignant une terrible défaite de la droite en avril prochain.

Pendant ce temps-là, Emmanuel Macron voit venir à lui des socialistes qui ne veulent pas de Benoît Hamon, des centristes jugeant irréalisable le programme de François Fillon, ou même d'anciens ministres de Jacques Chirac, ou de Fillon lui-même. Autour de lui, une équipe encore restreinte de collaborateurs, très jeunes pour la plupart, accentue l'image de renouveau de leur leader.

À Lyon, il est au milieu, sur un podium tendu de bleu. Le plus difficile, pour lui, et pour tout orateur, est qu'il ne fait pas face à ses auditeurs. Il y en a devant, sur les deux côtés, derrière, dans une salle où s'entassent 10 000 personnes.

C'est naturellement Gérard Collomb[1] qui, au sens propre du mot, « chauffe » la salle. Macron arrive, du fond de la salle, serrant des mains et souriant comme s'il avait fait ça toute sa vie. Parmi les embrassades, arrêt auprès de Mme de Fontenay, qui, coiffée de son éternel chapeau, est dans les premiers rangs. Il parle maintenant. Drôle d'éloquence, christique, sans doute trop, bonne voix pourtant un peu monotone, il cherche trop souvent l'effet. Applaudi à toutes les phrases, interrompu, il parle sans notes : il a évacué le prompteur au bout de trois ou quatre réunions.

Évidemment, si comme me le disait Bartolone l'autre jour, il a beaucoup à apprendre, il apprend vite. Quand je pense au temps qu'il a fallu à Juppé, à Jospin ou à Fillon pour « fendre l'armure » ! Dès les premières phrases, lui, il ne craint pas de parler de sa femme à laquelle il doit tout, de sa grand-mère, de l'école républicaine et de la chance qui l'a amené là où il est aujourd'hui.

Pour le reste, tout y est : il cite René Char, le prince de Ligne, Zola et Péguy, Giscard, Chirac et Simone Veil, pour étayer cette belle démonstration : la droite et la gauche, non, ce n'est pas la

1. Sénateur-maire de Lyon, Gérard Collomb est le premier à avoir soutenu Emmanuel Macron et son mouvement En Marche !.

même chose, mais dans les moments graves, et nous en vivons un, la gauche et la droite ont su s'unir. Il arrive à parler d'inquiétude sans être anxiogène, de gravité sans être trop grave lui-même. Je l'écoute.

Voilà. Un discours d'une heure quarante, trop long, passionnant. Je dis les choses comme je les pense. Peu importe qu'il n'ait pas décliné un programme en 140 propositions chiffrées et 100 orientations. Il montre d'abord qu'il existe, que c'est un homme, qu'il fait son destin, et qu'il a un destin présidentiel. J'aime bien, en effet, les idées qu'il développe sur la liberté d'entreprendre et les chances pour tous, la réforme du travail ou la Sécurité sociale. Il passe de l'un à l'autre bord de l'échiquier politique avec allégresse. Avec cet argument que je trouve essentiel : dans les grands combats depuis le début du XXe siècle et sans doute avant, sur les projets dominants, gauche et droite se sont retrouvées. Il cite évidemment la séparation de l'Église et de l'État de 1905, l'affaire Dreyfus, l'appel du 18 Juin, le général de Gaulle et la contraception, Giscard, Chirac et Simone Veil sur l'IVG.

Pas un mot sur Hollande, pas un seul dans son discours.

Je ne comprends pas pourquoi la presse s'inquiète de son programme. Il le distille à petites notes certes, mais à son allure. Qui peut en effet paraître trop lente. Je pense aussi qu'il faut désormais qu'il presse un peu le pas. Je ne sais pas ce que les journalistes attendent d'un discours : qu'il fasse un catalogue, qu'il débite des propos chiffrés auxquels personne ne croira? En attendant, il doit désormais montrer une voie plus nette. De l'élan, de l'espérance, oui. Une vision, c'est plus difficile et il me semble qu'il ne le fait pas.

Définition de Macron par Bergounioux. L'inverse, exactement, de celle de Jean-Louis Bourlanges il y a quelques jours :

« C'est un séducteur. »

Il réfléchit, et ajoute :

« Un séducteur qui se transforme en conquérant. »

Dans ce dîner où je l'ai rencontré, hier, vendredi, il y avait aussi ce délicieux Frédéric Mitterrand. Il nous dépeint, comme il l'a fait dans *La Récréation*, un Fillon loyal et direct (quand il a été nommé par Sarkozy, il l'a reçu en lui disant : « Franchement, moi, je ne vous aurais pas nommé »). Par la suite, il a soutenu tous ses projets avec compétence et fermeté.

« Je ne le connaissais pas encore à l'époque, me dit Mitterrand, je n'avais de contact qu'avec le Premier ministre. Très vite, Sarkozy m'a détesté. C'est Fillon qui, sur tous les sujets culturels, auxquels Sarkozy n'entendait rien, m'a défendu. »

Quant à Penelope, il la décrit, prenant le contre-pied de tout ce qui est écrit sur elle en ce moment, comme une femme merveilleuse, drôle, pleine d'humour. Ce n'était pas l'impression qu'elle nous a donnée, dans son interview diffusée l'autre jour par France 2, mais au contraire celle d'une femme en souffrance, mortellement triste de voir entrer son mari à Matignon, d'une tristesse incompréhensible en ce moment où toute épouse se réjouit de voir son mari Premier ministre.

De toute façon, Fillon est un être secret, comme le décrivent les gens qui l'approchent. On me le dépeint sous tant d'angles différents que je ne sais plus que penser. Jouisseur, amateur de voitures de course, ami des millionnaires, de la Russie à l'Italie, tombeur de femmes. C'est sur le circuit Ferrari, à moto, alors qu'il passait des vacances chez le patron de la firme, qu'il s'était cassé la hanche en 2012, ce qui l'avait fait commencer trop tard sa campagne contre Jean-François Copé à la présidence de l'UMP. Boishue me le décrit comme un être solitaire, enfermé dans son bureau, comme le faisait Séguin, à l'étage, dans son QG.

« Tu parles, me dit au contraire un peu plus tard Ghislaine Ottenheimer, il s'en évade tout le temps, de ce bureau où il est censé travailler. C'est un être plus léger qu'on ne le croit. »

5 février

Voilà que Benoît Hamon s'envole dans les sondages. Je suis à la Mutualité ce dimanche matin pour assister, presque incrédule, à l'intronisation officielle de celui qui est devenu candidat du Parti socialiste. J'écris cela comme si je n'y croyais pas moi-même.

Oui, il représentera bien le PS à l'élection présidentielle, et oui, la salle devant lui, beaucoup plus petite qu'à Gerland, où se produisait Macron hier, est enthousiaste et jeune.

Je n'en crois pas mes yeux; la page de François Hollande est bien tournée. Après avoir été trahi par Macron, poussé vers la sortie par Valls, il voit maintenant triompher Hamon, celui qui a gâché, depuis le début, son quinquennat.

J'entends Christiane Taubira, toujours brillante, puis Anne Hidalgo, qui l'est beaucoup moins. Lorsque Benoît Hamon prend la parole, je me dis qu'il a fait, décidément, beaucoup de progrès. Il avait l'air d'un postier, encore que je n'aie rien contre les postiers. Il me semblait fait pour jouer les doublures, comme derrière Valls, ou surtout derrière Montebourg. Eh bien, il les a battus tous les deux.

Hamon a rencontré cette semaine le président et Bernard Cazeneuve, qui en ont fait le moins possible : visites de courtoisie, sans chaleur. Je me demande, et je lui demanderai, ce que François Hollande pensait lorsqu'il a reçu celui qui s'est en quelque sorte installé à sa place. Un candidat normal? Non, un candidat qui a vécu et grandi dans le PS, je ne dirais pas apparatchik, mais cadre dirigeant tout au plus. Trente ans au PS, ça apprend à parler, à polémiquer, à connaître et à ruiner les arguments des autres. Une photo le montre, tout jeune, avec Manuel Valls, à peine plus âgé, encadrant Michel Rocard. Valls est éclatant, Hamon terne. Ils incarnent les deux aspects du rocardisme : le rigoureux et le rêveur, le social-démocrate et l'ancien militant du PSU, défenseur de l'autogestion.

Qui aurait dit que Benoît Hamon deviendrait, après avoir assailli jour après jour le Premier ministre au Parlement, le patron du PS? Mieux : qui aurait dit que ce matin, ici, Najat Vallaud-Belkacem, hier si proche de Manuel Valls, le regarderait, depuis les premiers rangs de l'assistance, avec cet œil enamouré? Je pars avant la fin du discours de Hamon, jugeant que, ma foi, il ne se défend pas trop mal. Le Parti socialiste était encore vivant, et nous ne le savions pas.

Dernier sourire en voyant Cambadélis, qui avait préparé cette primaire pour François Hollande, et avec son assentiment, applaudir vigoureusement Benoît Hamon. La vie politique me réserverait-elle encore des surprises ?

Sur un petit nuage, Benoît Hamon a le vent en poupe. Et cela surprend tout le monde, y compris ses amis. Il était clair qu'ils s'attendaient aussi à ce que leur candidat s'inscrive, comme le promettaient les enquêtes d'opinion, à la troisième ou même la quatrième place à l'issue du premier tour d'avril prochain. Et puis voilà que Hamon s'est mis à monter au point de pouvoir affirmer dimanche, sous les applaudissements, qu'il pourrait, après tout, accéder au second rang.

Après l'avoir emporté, Benoît Hamon n'a pas fait de véritable ouverture à Manuel Valls. Cette large victoire rendait, du moins en a-t-il jugé ainsi, de tels efforts inutiles.

C'est donc à sa gauche qu'il a cherché immédiatement ses appuis : ses premières démarches ont été pour l'écologiste Yannick Jadot, et l'ennemi juré de Hollande, Jean-Luc Mélenchon. Ce que négocie Benoît Hamon, c'est évidemment le retrait à son profit des deux autres candidats de la gauche. Jadot a l'air bien disposé, mais Mélenchon beaucoup moins. Pas de chèque en blanc à Benoît Hamon.

6 février

Rebondissement dans l'affaire Fillon : une conférence de presse au beau milieu de ce lundi après-midi. Un *mea culpa* en forme de défi. Oui, il regrette, ce qu'il a fait était légal, mais pas moral. Oui, il présente ses excuses aux Français. Et non, il ne partira pas : la primaire l'a désigné, 4 millions de militants ou de sympathisants ont voté pour lui, et personne d'autre que lui n'a la légitimité nécessaire pour reprendre le combat à sa place. Il est le seul à pouvoir mettre en œuvre son programme.

Il y a chez lui un vrai courage, d'affronter ainsi journalistes et téléspectateurs, sans baisser les yeux, sans en faire trop. Il y a aussi un orgueil phénoménal : il s'adresse à la justice, au parquet financier, certes, mais aussi aux dirigeants des Républicains en leur disant, tout en manifestant sa contrition : je suis là, vous ne me remplacerez pas, j'irai jusqu'au bout.

Il a fait du mieux qu'il a pu. Je ne suis pas sûre que ce soit suffisant, mais chapeau pour l'exercice !

7 février

Déjeuner avec Jean de Boishue, qui me raconte la contre-attaque de Fillon. Celui-ci l'appelle au milieu de l'après-midi dimanche. Il lui dit préparer une contre-offensive en forme de *mea culpa*. Boishue pense, comme lui, que le *JDD* lui a rendu un fier service : comme je le pensais, le sondage publié ce dimanche a démontré que, si Fillon était attaqué, il restait majoritaire, et de loin (64 %), dans l'électorat de droite. C'est l'occasion de mettre les dirigeants LR au pied du mur, et de couper court aux rumeurs de démission ou d'« impeachment » : il reste fort dans le cœur de la droite, assez pour dissuader tous ceux qui, hier, étaient prêts à demander son départ. L'idée, donc, est retenue : un *mea culpa* en bonne et due forme, des chiffres certes avoués, mais regrettés, des excuses aux Français, tout en restant droit dans ses bottes, c'est sa dernière chance.

Quand cela ? Mardi ?

« Non, dit Fillon, il sera trop tard. »

Car, il le sait, le groupe parlementaire qui doit se réunir mardi matin est en proie au doute, donc capable de tout. Ce sera lundi. Les deux hommes discutent : JT ? De TF1 ou de France 2 ? Conférence de presse ou émission télévisée ? La décision est prise d'une conférence de presse lundi à midi, décalée, finalement, à 16 heures.

Le soir, Boishue envoie un SMS à Fillon, pour le féliciter de sa réussite dans l'exercice périlleux auquel il vient de se livrer. Quelques minutes après, Fillon le rappelle, guilleret.

« Comment m'as-tu trouvé ?

— Bien, très bien, le mieux possible. Philippe serait fier de toi. »

Philippe, c'est Philippe Séguin. Aucun compliment ne pouvait être plus élogieux, ni faire davantage plaisir à François Fillon.

L'heure est aux constats : manifestement, Fillon n'a pas été aidé par les siens tout au long de la semaine précédente. En dehors d'Alain Juppé peut-être, mais pour le reste, courage fuyons...

Philippe Martel me raconte ce soir une scène qui corrobore, vue de l'autre côté, le récit que me fait Boishue. Samedi soir, dans une réunion, il retrouve Pierre Charon, sarkozyste devant l'Éternel : « Ça y est, lui dit-il, demain, une pétition signée par les parlementaires demandera publiquement le départ de François Fillon. »

Dimanche après-midi, Charon le rappelle chez lui : « Changement de programme », lui dit-il sans ajouter un autre mot.

Ce qui a changé, c'est le sondage du *JDD* et la détermination de Fillon.

Cela étant, la conférence de presse de Fillon est une nouvelle fois dépassée par une nouvelle révélation du *Canard enchaîné*. Celle-ci ne change rien : il est acquis désormais que Fillon ira jusqu'au bout, en clopinant peut-être, mais jusqu'au bout.

8 février

Longue conversation avec François Bayrou. Il vient de taper à bras raccourcis sur Fillon ce matin, dans l'émission matinale de France 2. En ajoutant, pour faire bonne mesure, qu'à peine sorti de sa fonction de Premier ministre, Fillon avait été mandaté par Henri de Castries, président d'Axa, pour faire devant le Parlement européen le lobbying d'un projet de loi en faveur des assurances privées.

« Et, en plus, son programme, tel qu'il a été rendu public pendant la primaire de droite, prévoit de déléguer tous les petits risques aux assurances privées ! »

Il est réellement indigné, me dit que c'est mille fois plus grave que le « Penelope Gate ». Va-t-il se présenter ? Oui, bien sûr, il en meurt d'envie, espérant peut-être qu'Emmanuel Macron va s'effondrer, et que si Fillon reste en piste, il arrivera en troisième position. La tentation est grande pour lui d'être le seul à être la référence, le point fort de cette élection qui, pour le moment, parle de tout sauf de principes.

« Et Juppé, lui dis-je, quelles sont ses réelles intentions ? Vous vous parlez, que dit-il ?

— Bien sûr que je lui parle. Il ne veut pas faire un geste pour se débarrasser de Fillon. Il n'accepterait d'être candidat que si Fillon lui-même le demandait. Et alors, mais alors seulement, il poserait ses conditions : il veut, comme il l'a dit à *Sud-Ouest*, avoir les coudées franches pour rassembler tout le monde, "de Wauquiez à Bayrou". Si on ne le laisse pas imposer sa ligne de rassemblement, il ne se présentera pas. »

De toute façon, s'il se présentait, finalement, le pacte entre lui et Bayrou reste en vigueur. C'est uniquement dans le cas où il ne se présenterait pas que Bayrou, lui, se présenterait en quelque sorte à sa place.

Je ne suis pas certaine que la violente attaque contre Fillon à laquelle François Bayrou s'est livré ce matin soit de bonne stratégie pour lui. Il lui faut, s'il se présente, attirer les centristes, certes, mais aussi les centristes proches des Républicains, ceux qui se préparaient à voter pour Alain Juppé. Il aurait peut-être, dans ce cas, mieux fait de se taire et d'attendre un peu. À moins que ce ne soit Juppé qui lui ait suggéré de viser François Fillon, ce que, pour le moment, il ne peut pas faire lui-même.

En tout cas, je reste stupéfaite du comportement de ce dernier : comment avoir été aussi sot, vraiment, pour se lancer dans la campagne lesté à ce point ?

« Je me suis bien trompé, me dit Bayrou. Pas une seconde depuis trente ans je n'avais pensé que Fillon était celui qu'il apparaît aujourd'hui. »

C'est mon sentiment aussi. Et c'est celui, je pense, d'une bonne partie des Français, même si le cœur de la droite lui reste fidèle. Cette campagne ne ressemble à aucune autre, décidément.

13 février

Tout à l'heure, rendez-vous en fin d'après-midi au Flore avec Gilles Boyer, ancien directeur de la campagne d'Alain Juppé, qui, unité oblige, est aujourd'hui trésorier de la campagne de Fillon. Lui non plus ne savait rien des ficelles du candidat, pas plus que Juppé :

« Nous sommes tous tombés de notre chaise, me dit-il, les vainqueurs comme les vaincus. Vous savez ce que disent les militants et les cadres de LR, lorsqu'on en parle ? "Au moins, avec Sarkozy, on était habitué. Pas avec lui !" Ils lui en veulent d'autant plus. D'autres y vont même de leur petite blague : "Fillon est un homme providentiel... pour sa famille !" »

« C'était une élection imperdable, nous disait-on, poursuit-il, le sourire triste. Même s'il gagne, même s'il est finalement élu à la présidence de la République, Fillon aura perdu sa capacité à réformer dans les cinq ans qui viennent. Le quinquennat est déjà mort. »

S'en ira-t-il ? À l'heure qu'il est, Boyer ne le pense pas :

« Qu'est-ce qui l'attend, s'il se retire ? Devant lui, vingt années de vide sidéral. On comprend qu'il hésite... »

Juppé n'est-il pas le recours ? Qu'attend-il ? Même réponse que celle que m'a faite François Bayrou la semaine dernière. Il ne fera rien sauf si Fillon lui-même vient le lui demander.

« Et puis, me dit Boyer, Juppé a employé tellement d'énergie à oublier cet épisode, à faire table rase, qu'il n'est pas prêt tout de suite à refaire le chemin inverse. Il lui en faudrait beaucoup pour qu'il revienne dans la mêlée. En outre, serait-il sûr de gagner, dans ce maelström ? »

Mais alors, avec un candidat de droite si abîmé, si cabossé que François Fillon, Marine Le Pen n'est-elle pas assurée de gagner ? D'arriver à l'Élysée ?

« C'est de notre faute, à tous. Nous l'avons mérité. Nous n'avons pas mesuré les affaires, les déceptions, les promesses non tenues. Nous n'avons pas entendu les avertissements des Français. Chaque fois que le Front national a gagné, nous avons pensé à autre chose. Le FN recueillait moins de 10 % des suffrages ? Il n'avait donc aucune importance. Il a dépassé les 10 %, on ne s'en préoccupe pas. Les frontistes arrivent à maintenir leur candidature au deuxième tour dans les élections locales, donc à provoquer des triangulaires ? Pas grave, puisque la gauche ou la droite a été finalement élue. Marine Le Pen manque de gagner deux régions en 2015 ? Peut-être, mais *in fine*, elle n'y est pas arrivée. »

Comment expliquer que, elle aussi rattrapée par les affaires, cela n'entame pas la confiance que les Français, de plus en plus nombreux, ont en elle ?

« La politique n'est pas juste, me dit-il en souriant tristement parce qu'il pense qu'avec Juppé aussi, la politique n'a pas été juste. À elle, on pardonne tout, c'est comme ça... »

Il poursuit :

« Maintenant, il n'y a plus ni gauche ni droite, il y a les prosystème ou les antisystème, le "dégagisme" comme ils disent. Tout cela avec la diminution de la lucidité des uns et des autres, la pauvreté des discours, l'absence d'esprit critique. Tôt ou tard, ça va péter. »

Sombre, cette entrevue autour d'un jus de tomate et d'un Coca-Cola, entre celui qui était encore, il y a deux mois, le chef de campagne de Juppé, et celui qu'il est aujourd'hui, voyant le monde politique français tout entier courir à sa perte.

« Ne vous intéressez pas seulement aux gens intelligents, a dit un jour Boyer à Alain Juppé, sinon vous n'aurez jamais de majorité. » Juppé avait souri.

Au moment de nous séparer, une dépêche s'affiche sur son téléphone portable. Gilles Boyer me la montre, avec un hochement de tête. Je lis : « Alain Juppé et les Républicains de la Gironde feront la campagne de Fillon. »

Il me semble que le communiqué clôt notre conversation.

14 février

Hier soir, ils étaient près d'une vingtaine à dîner ensemble dans le bistrot le plus en vue de la place du Palais-Bourbon, autour de Georges Fenech, l'ancien juge devenu député du Rhône. Tous brandissent l'étendard de la révolte contre Fillon qui en est à ne plus pouvoir faire campagne sans protection policière. Ils demandent l'intervention du bureau politique ou du comité national ou de qui que ce soit qui puisse « débrancher », c'est l'expression à la mode, François Fillon.

Aujourd'hui, leur tentative est restée lettre morte. François Fillon a tordu le cou aux rumeurs de son départ. Il l'a fait devant le groupe des députés républicains à l'Assemblée nationale. À peine revenu de La Réunion, où il était ces jours derniers, il leur a tenu un discours sans équivoque : oui, il restera, oui, il est accablé par la pression médiatique et politique. Devrait-il l'être par les députés de son propre mouvement ? Les uns protestent mollement, les autres ne disent rien, tous se désolent, personne ne quitte la salle.

Quel personnage, tout de même, ce Fillon ! Cet éternel numéro deux veut rester numéro un, après la primaire qu'il a gagnée avec quatre millions de voix seulement, qui lui ont conféré, lui confèrent encore, et à lui seul, toute sa légitimité. Il faut du cran, du caractère, pour résister, comme cela, à tout ce qui s'abat sur lui, rester comme une arapède collée au rocher immobile sous les vagues de cinq mètres qui le balaient. Il a une certitude, qui lui tient de colonne vertébrale : il reste majoritaire dans l'électorat de droite. Il est même le seul dans cette situation. S'il se retirait, Wauquiez prendrait son vol d'un côté, François Baroin de l'autre. C'en serait fini de l'unité des Républicains. Bref, sans lui, pas de candidature. Moi ou le chaos.

J'apprends, en même temps que tous mes confrères, qu'il déjeune avec Sarkozy demain. Puis que François Baroin sera reçu par le même Sarkozy dans l'après-midi. J'en conclus, hâtivement peut-être à l'antenne, que Sarkozy assurera Fillon de son soutien à condition qu'il fasse un ticket avec François Baroin. Je vois le scepticisme autour de moi. Fillon n'aime pas Baroin. Ce dernier, au surplus, vient de publier un livre humaniste, dans lequel, en quelques phrases, il condamne la brutalité des réformes telles que proposées par François Fillon. Pas terrible pour faire équipe avec lui.

L'émission terminée, Brice Hortefeux appelle Catherine Nay : bingo, j'ai deviné juste. Telle sera sans doute, avec d'autres, la proposition que Nicolas Sarkozy fera demain à François Fillon.

J'appelle Jean de Boishue, à qui je raconte cette histoire.

« C'est drôle, me dit-il, j'y pensais ce matin : il faudrait en effet que Fillon fasse connaître le nom de son éventuel Premier ministre, pour que celui-ci puisse dès maintenant entrer en campagne, faire des meetings, tout ce que Fillon ne peut pas faire aujourd'hui, empêtré qu'il est.» S'attendait-il à ce que Sarkozy lui propose François Baroin? Non, il pensait plutôt, lui, à Valérie Pécresse. Mais Baroin, à tout prendre, dispose de plus de réseaux qu'elle : les maires des grandes villes, dont il est président, la franc-maçonnerie dont son père, Michel Baroin, était un grand maître aimé.

Du déjeuner Fillon-Sarkozy, je peux reconstituer la plus grande partie. Sarkozy a dû réprimer un sourire intérieur lorsque celui qui a été le plus dévastateur avec lui («Qui imagine de Gaulle mis en examen?») est venu lui demander son aide. L'essentiel, dans l'affaire, est que Sarkozy ne veut pas dégommer Fillon pour mettre à sa place quelqu'un qui n'aurait pas sa légitimité. Ce quelqu'un ne pourrait être en effet qu'Alain Juppé, hypothèse dont Sarkozy ne veut pas entendre parler. Donc Fillon. À condition qu'il ne continue pas à faire du Fillon : c'est-à-dire qu'il ouvre sa porte au lieu de rester enfermé dans son bureau. À condition, surtout, qu'il ouvre sa porte aux sarkozystes, qu'il a rejetés. Bref, faire campagne seul, dans ces conditions, a dit Sarko, c'est impossible. Il faut s'entourer. Et quoi de mieux pour s'entourer que les quadras ou les tout juste quinquas qui pourront tenir meetings, eux, là où Fillon sera empêché de le faire. D'ou l'envol, comme des moineaux, partout en France, de François Baroin et de Valérie Pécresse en passant par Gérald Darmanin. Comme Christian de Neuvillette et Cyrano de Bergerac, c'est Fillon qui montera au balcon, mais Sarkozy lui aura soufflé son texte. Et imposé ses proches. En attendant, la Ve République marche sur la tête : c'est un futur Premier ministre qui s'en va guerroyer pour un président de la République, pratiquement empêché. Et non pas un président qui seul devant le peuple demande son onction républicaine.

On se demande quelle autorité aurait sur le Premier ministre un président qui lui doit son élection!

Terrible humiliation pour Fillon! Lequel ne renoncera pas à être candidat, même, a-t-il précisé hier, s'il est mis en examen. Il faut dire que le parquet financier ne facilite pas la tâche : en réclamant un supplément d'enquête, il maintient sa menace sur le candidat

Fillon sans l'arrêter. C'est ce qu'il y a de pire. Pas de plan B, un plan A attaqué de tous côtés. Et des électeurs désunis.

15 février

J'ai joint, pour demander un rendez-vous à Cambadélis, son assistante au PS. Je lui demande ce qu'elle y fait. « Pas grand-chose, me dit-elle, je réponds à des gens que je connais, comme vous, le reste ne me regarde pas. » En effet, la campagne se passe ailleurs. Atmosphère réjouissante. La rue de Solferino est vide. Au siège de campagne de Benoît Hamon, ne viennent que ses amis et porte-parole, Olivier Faure et Jean-Marc Germain. Sectaires ? Peut-être pas. Désireux en tout cas de rester entre eux.

18 février

Fin de non-recevoir de Mélenchon à Hamon. Aucun des deux ne laissera la place à l'autre. Après le coup de téléphone échangé entre les deux, vendredi, pour convenir d'un rendez-vous la semaine prochaine, Jean-Luc Mélenchon a demandé à Hamon des « garanties précises » de rupture avec le quinquennat de Hollande et son bilan. Benoît Hamon n'a pas cessé depuis 2014 de rameuter les frondeurs à l'Assemblée nationale contre toutes les réformes de Valls et de Hollande, je ne vois pas quelles garanties supplémentaires il pourrait apporter à Mélenchon. Pour tout arranger, celui-ci, qui ne manque pas du sens de la formule, a annoncé par avance qu'il ne se « raccrocherait pas à un corbillard ».

20 février

Mauvaise semaine, peut-être celle du décrochage, pour Emmanuel Macron. À vrai dire je n'y comprends rien, sinon qu'à force de vouloir faire le grand écart entre la gauche et la droite, il finit par jeter le doute sur ses propres desseins.

« Crimes contre l'humanité » : après un voyage en Algérie destiné à clore une fois pour toutes les relations ambiguës entre la France et son ancienne colonie, il a employé ce terme à propos de la colonisation française. Même si je pense qu'en effet en Algérie, des crimes ont été commis pendant ce que l'on n'osait pas appeler la guerre, je n'aurais pas employé ce terme. Crimes de guerre, oui, contre l'humanité, non.

Peu après, alors que je l'ai une fois de plus écouté pendant des heures à Toulon hier après-midi, il a immédiatement embrayé, en guise de réparation, sur l'humiliation faite par Hollande aux adversaires du mariage pour tous. Un coup à gauche, un coup à droite, c'est trop. C'est surtout le signe d'une grande fragilité politique. Qu'il soit libéral et humaniste à la fois, cela ne me dérange pas, beaucoup d'autres Français le sont. Mais alors, il lui faut définir une ligne et s'y tenir, annoncer son programme, et le suive qui veut. Un jour, tendre la main d'un côté, le lendemain de l'autre, sur des sujets secondaires, même s'ils sont importants aux yeux des Français – ceux d'Algérie qui ne l'oublieront pas de sitôt, ou les partisans du mariage pour tous qui ne le lui pardonneront pas davantage –, c'est inutile, nuisible presque.

Il a un boulevard à occuper entre Fillon amoché et Hamon encalminé dans son face-à-face raté avec Jean-Luc Mélenchon. Il faut dire aussi que l'échec, jusqu'à présent en tout cas, de Macron, tient au fait qu'il n'a pas réussi à attirer dans ses filets les amis de Valls. Il attendait des ralliements en série de socialistes brutalisés, choqués par la victoire de Hamon. Les parlementaires n'ont pas bougé, les militants socio-démocrates non plus. Où sont passées les troupes de Hollande de 2012 ? Où sont passées celles de Valls ? De trahison en trahison, elles se sont perdues en chemin.

Ce qui le sert objectivement est que le système politique français est à bout de souffle : les institutions sont fatiguées, les partis politiques exsangues. On voit bien que le paysage politique français change. Du bipartisme, nous sommes passés au quadripartisme : 25 % au moins d'extrême droite autour de Marine Le Pen, 25 % pour la gauche de la gauche dans tous ses états. Reste, pour le PS et LR, 50 % au maximum à se partager. Autant dire qu'il est temps, en effet, d'esquisser un rapprochement entre les deux partis de gouvernement, faute de quoi ils se retrouveront un jour comme en Autriche balayés entre un candidat d'extrême droite et un écologiste fumeux. C'est le moment de retrouver les alliances de la IVe République où centre gauche et centre droit gouvernaient ensemble contre les communistes d'un côté et les gaullistes de l'autre. Le temps est venu, ou revenu, d'une troisième force, de majorités d'idées où les partis qui ont vocation à gouverner, comme on dit, pourront définir une dizaine d'objectifs communs et gouverner ensemble contre l'extrême gauche et l'extrême droite.

Mais je ne suis pas sûre que Macron ait défini ce cap-là. Il pense que le programme est moins important que la vision, que son image rédemptrice viendra à bout du malaise français. Il est volontiers religieux, mystique presque. A-t-il, plus que d'autres, mesuré l'état politique de la France et le poids des extrêmes ? Il veut amener les Français à dépasser les clivages politiques, mais jusqu'à présent, il s'y prend mal.

22 février

Contre toute attente, la mienne entre autres, François Bayrou ne sera pas candidat. Franchement, j'ai trouvé que sa conférence de presse avait de l'allure. Sans doute a-t-il hésité jusqu'au dernier moment, mais enfin, il a choisi de se rallier à Macron. La chose n'allait pas de soi pour un « addict » de la présidentielle. C'est pourtant tout à fait conforme à ce qu'il me disait l'autre jour : qu'il craignait que sa candidature ajoute à la confusion politique, qu'elle fasse gagner Fillon, puisqu'il disputerait ses voix à Macron. Ou que, pire, elle donne une chance à Benoît Hamon, si par hasard, ce que personne ne croit, Mélenchon acceptait de se retirer. Il était aussi, la dernière fois que je l'ai eu au téléphone, inquiet au plus haut point qu'aucun des candidats ne s'attache au danger Marine Le Pen, chacun poursuivant de son côté les petits jeux droite-gauche. Je n'oublie pas toutefois ce qu'il m'a dit il y a quelques jours, en notant que Macron perdait quelques points dans les sondages après les «crimes contre l'humanité» et autres facéties. Il n'en était pas mécontent, m'a-t-il semblé. Je n'ai alors pas pensé une seconde qu'il envisageait de le rejoindre.

Peut-être l'a-t-il rejoint justement parce qu'il l'a senti affaibli. Lui-même ne se sentait pas sûr de son éventuel score. Rejoindre un Macron qui n'est pas au mieux de sa forme était, pour Bayrou, la seule façon de servir à quelque chose, sans se mesurer à un risque d'échec.

«À situation exceptionnelle, a plaidé Bayrou, réponse exceptionnelle.»

Emmanuel Macron a immédiatement accepté son offre.

Certes, François Bayrou n'avait pas été tendre, au début de la campagne, pour Emmanuel Macron. Il l'avait traité d'hologramme. Il y a moins de quinze jours, il me disait au téléphone que Macron allait plonger, allait être broyé par les deux autres. Mais un intérêt commun les a rapprochés, qui a balayé tout le reste : la recherche d'une nouvelle offre politique. L'alliance qu'il a proposée à Macron n'est pas un ralliement, nuance : pas de «ticket» entre les deux hommes, mais la volonté revendiquée par François Bayrou et Emmanuel Macron de s'inscrire entre les camps, entre la gauche et la droite, le plus âgé appuyant le plus jeune, le plus expérimenté le plus novice. Pour quoi faire? Pour enfin changer la donne politique française, figée dans ses combats gauche-droite qu'ils jugent tous deux dépassés, offrir enfin l'occasion au centre de courir ses chances – ce qui est depuis les débuts de la vie politique du président du Modem son rêve inatteignable.

L'accord, autant que l'on sache, n'est pas un tripatouillage électoraliste, même si les deux hommes ont bien dû tout de même, au passage, parler de quelques circonscriptions à accorder au Modem, qui a pour le moment un seul député au Parlement, l'atypique Jean Lassalle. Sur le fond, les conditions posées par François Bayrou à Emmanuel Macron lui tiennent à cœur depuis toujours : Bayrou a toujours réclamé, depuis dix ans au moins, une loi de moralisation de la vie politique, ainsi que le retour au scrutin proportionnel aux futures législatives. François Hollande ne l'avait pas écouté en 2012, Emmanuel Macron l'a entendu aujourd'hui.

Il s'agit, sans aucun doute, d'une nouvelle étape de la campagne à moins de deux mois de la présidentielle. Emmanuel Macron traversait quelques turbulences. Et pourtant, dans la même journée, aujourd'hui, il a vu venir à lui François Bayrou et a enregistré, presque au même moment, l'adhésion de l'écologiste François de Rugy, ministre de François Hollande, ancien candidat à la primaire de la gauche. Entre Benoît Hamon, candidat socialiste très à gauche, et François Fillon, candidat républicain très à droite, se dégage donc un véritable espace politique qui pourrait donner de sérieuses chances de succès à Emmanuel Macron. N'allons pas trop vite.

Une heure avec Jean-Christophe Cambadélis au siège du PS. Je le croyais abattu. Il l'est peut-être, mais n'en laisse rien voir. Il me dit que le Parti socialiste, malgré tout ce que l'on en a dit, est toujours debout. Que la foule des députés ne s'était pas, à l'heure qu'il est, reportée sur Macron.

« Qu'est-ce, lui ai-je demandé, qu'un parti debout, mais coupé en deux ?

— Le Parti socialiste était sorti du jeu, me dit-il, et puis, d'un seul coup la primaire, 2 millions d'électeurs, 14 à 16 % dans les sondages lui ont donné un coup de neuf.

— Oui, mais il a désigné celui qui a, pardonne-moi le mot, "pourri" le quinquennat. C'est un échec formidable pour Hollande, non ?

— À partir du moment où il ne se représentait pas, de toute façon, l'échec était là. Et puis Hamon n'est pas le premier des frondeurs. Montebourg l'était avant lui, et il a été battu. Hamon, lui, n'a participé qu'au dernier combat, celui de la motion de censure qui devait être déposée par la minorité socialiste contre le gouvernement.

— Il n'a participé qu'au dernier combat ? Eh bien, qu'est-ce qu'il te faut, il s'agissait de la manœuvre ultime contre le gouvernement Valls et le président ! »

Je vois qu'il minimise les choses. Me dit qu'il a pressenti le premier la victoire de Benoît Hamon. Bref, il se satisfait de la situation telle qu'elle est. Le Parti socialiste est toujours là, lui aussi, dans son bureau. Hamon n'est pas arrivé à faire l'unité avec Mélenchon ? Cambadélis n'y a jamais cru et l'a toujours dit. Le retard dans les négociations avec Yannick Jadot ? Ce n'est qu'un retard, l'affaire sera conclue.

« D'ailleurs, ajoute-t-il, dans cette élection, tout se joue à 20 % des voix entre les quatre candidats, Mélenchon, Hamon, Macron, Fillon. Celui qui obtiendra 20 % plus une voix aura gagné. Et de ce point de vue, Hamon n'est pas hors jeu. »

Et Marine Le Pen, le PS a-t-il pris son parti de la voir caracoler au premier tour ? Là, il devient sérieux.

« Marine Le Pen peut très bien être élue cette fois-ci. Cela ne fait aucun doute pour moi. Si un deuxième tour se joue entre Fillon et Le Pen, beaucoup de gens de gauche ne se déplaceront pas pour aller voter. »

Et entre Le Pen et Hamon, lui dis-je, ce serait encore pire ? Il ne le croit pas, ce serait kif-kif. De toute façon pendant que les candidats battent campagne, lui se préoccupe, avec Henri Weber et d'autres cadres du PS, de mettre au point les réponses à apporter à Marine Le Pen. Je lui demande si les hommes politiques ne deviennent pas fous : ils ont intégré dans leur tête que Marine serait au deuxième tour, et ne font rien pour l'empêcher de progresser, attachés qu'ils sont à se combattre eux-mêmes. Il y a tout de même des arguments à faire valoir contre la sortie de l'euro, il faut dire aux Français que la dette va être énorme, qu'une dévaluation massive devra s'accompagner de mesures drastiques sur les emplois, car il n'y a pas tellement d'autres moyens de réduire la dette que de mettre à la porte les agents de l'État et des collectivités. Il faut aussi parler aux Français de leur patrimoine, qui sera réduit à néant, des taxes qui menaceront les exportations françaises, du renchérissement des importations, de l'augmentation des coûts.

Aucun candidat, ni à gauche ni à droite, ne se préoccupe vraiment du problème Le Pen.

« Nous au PS, oui. C'est même actuellement notre premier travail. »

Tant mieux, mais j'attends les résultats, et ce que les différents candidats en tireront. Il faut dire que lorsque je suis tombée tout à l'heure, en attendant Cambadélis, sur le dernier numéro de *L'Express* qui consacre une quarantaine de pages à Marine Le Pen, j'ai eu un choc. La presse, Camba en convient avec moi, joue avec le Front national au point d'en faire l'élément essentiel du grand chambardement. Mais il n'a pas l'air d'en avoir vraiment peur :

« Si Marine Le Pen était présidente, toute la classe politique en France se rebellerait. Elle serait condamnée à la cohabitation.

— Qu'en sais-tu ? Toutes les présidentielles ont montré que le camp du vainqueur gagnait les élections législatives qui suivaient.

— Le cas est différent. Contre le FN, la classe politique, de tous les bords qu'elle vienne, se mobiliserait. »

C'est sans compter sur la frange des Républicains qui se découvrirait des atomes crochus avec le Front national, sur la partie de la population jugeant que, tout compte fait, cette dame dit tout haut ce que tout le monde pense tout bas, et qu'après tout, pourquoi ne pas tenter une nouvelle aventure ?

Non, Fillon aurait pu, et cela a été le cas d'ailleurs dans les premiers jours suivant la primaire de la droite, avant cette minable histoire d'attaché parlementaire, ébranler sérieusement le socle du FN. Lui affaibli, le seul vrai rempart au FN est Emmanuel Macron, s'il ne tombe pas de cheval. J'espère que Bayrou l'aidera à rester en selle. Je vois bien que pour le moment, la principale préoccupation de Cambadélis est de garder uni le PS. Il me dit lui-même néanmoins que Hamon n'a pas tant à l'esprit la victoire en 2017 que la reconstruction du parti après. Je note que Camba se prête à ce jeu quand il m'explique non sans quelque plaisir, pour finir, qu'en menaçant tous les députés éventuellement ralliés à Macron de se voir désigner un candidat socialiste contre eux, il est parvenu à stopper et même à éviter l'hémorragie. Qu'imagine-t-il ? Que le PS restera le même après son échec éventuel ? Le même après la défaite de Valls ? En arrivant au poste de premier secrétaire du PS, Cambadélis ne voulait pas, disait-il, être celui « qui éteindrait la lumière ». Que fait-il d'autre aujourd'hui ? Quel profit espère-t-il en tirer, lui qui avait inventé la Belle Alliance pour faire élire Hollande, et n'a pas pu empêcher Benoît Hamon, contre lequel il lutte depuis des années, de triompher ? Les parlementaires socialistes se tiennent à carreau, pour le moment. Ils ne savent pas encore de quel côté le vent va tourner. Si, grâce à Bayrou, la cote de Macron monte, je ne donne pas cher de leur fidélité au Parti socialiste tel qu'il est devenu.

Je remarque que certains, comme Stéphane Le Foll, ont déjà choisi Macron. On leur reproche de n'avoir pas respecté la règle de la primaire : les battus soutiennent les vainqueurs. Sauf qu'en l'occurrence, les lignes politiques étant à ce point différentes, je vois mal comment Manuel Valls, par exemple, pourrait soutenir Hamon, sauf à se déjuger complètement. Il a eu raison, de ce point de vue, de disparaître des radars sans doute jusqu'à la présidentielle. Que de victimes, depuis un an, dans ce jeu politique. Et que d'irresponsabilité face au Front national.

26 février

Aujourd'hui, nous avons touché le fond. Deux candidats saisis par des affaires, Fillon, avec l'ouverture d'une information judiciaire par le parquet financier, et Marine Le Pen, empêtrée dans une histoire de détournement des fonds européens.

Tandis que Fillon accuse le coup, tout glisse sur Marine comme sur les plumes d'un canard. Et même pourrait-on dire qu'auprès de son électorat le plus proche, l'avalanche de dossiers judiciaires – qui ne date pas d'aujourd'hui, mais remonte à plusieurs mois – la conforterait plutôt.

Hier dans son premier grand meeting de campagne, la présidente du FN a galvanisé les 4000 personnes qui l'écoutaient en faisant huer le syndicat de la magistrature, en dénonçant le complot politique ourdi, pense-t-elle, par la gauche contre elle, doublé d'un complot médiatique. Sur tous ces points, elle a été vigoureusement applaudie par son public. Il faut dire que, de tous les candidats en piste pour la présidentielle, elle est celle dont le socle est le plus solide, dont les militants sont les plus fidèles : de 2012 à janvier 2017, Marine Le Pen a conservé 82 % de ses électeurs ! Le fait, pour eux, de ne pas s'être soumise à la convocation de la police, par exemple, la semaine dernière, est une marque de sa force et de sa façon bien à elle de refuser l'ordre établi. La théorie du complot séduit ainsi les militants qui, tous, lorsqu'un micro ou une caméra de journaliste est à leur portée, expriment avec les mêmes éléments de langage leur conviction qu'une gigantesque manipulation politique est bel et bien mise en œuvre contre la présidente.

27 février

François Bayrou tout à l'heure, en début d'après-midi :

« Ce que j'ai fait n'était pas facile à faire, me dit-il. Je pouvais me présenter seul, mais, en étant candidat, je garantissais la victoire de Fillon contre celle de Macron et de Marine Le Pen.

— En ôtant des voix au premier tour à Emmanuel Macron ?

— Oui. J'ai mis du temps avant de me décider. Je l'ai fait il y a une dizaine de jours. À partir de Noël, j'ai commencé à penser que c'était la meilleure voie. Ça m'agaçait, je ne te le cache pas. Macron s'est placé sur le terrain que j'ai labouré, travaillé, surveillé depuis des années. En même temps, je pense que je peux l'aider : son équipe, jusqu'à présent, était trop légère. Moi, ajoute-t-il, je suis une garantie pour lui, en quelque sorte. Il n'avait dans son jeu aucun autre premier rôle que lui. Mon attitude est logique : j'ai toujours voulu occuper ce terrain. Normal que je l'occupe avec lui puisqu'il s'y était placé. Une façon de démontrer que je ne suis pas aussi "autocentré" que beaucoup le disent. »

Franchement, si Macron gagne, quelle aventure ! Il y a moins d'un an qu'il a pris son indépendance vis-à-vis de François Hollande. Et le voilà aujourd'hui crédité de 25 % des voix dans les sondages, talonnant Marine Le Pen, à 27 %. Avec de réelles chances de gagner la partie, d'être en numéro deux à l'issue du premier tour.

François Bayrou compte-t-il faire campagne avec Macron ?

« Non, je n'ai pas envie de faire les estrades, du moins pour le moment. Peut-être un peu plus tard. »

Après l'échec d'Alain Juppé, lui, Bayrou a rencontré François Fillon, mais il a senti qu'il n'y avait aucun point commun entre eux, que la discussion tournait court, que Fillon n'avait aucune envie, après son élection facile à la primaire de la droite, de faire une ouverture au centre. « Pas de sparadrap Bayrou », m'avait dit en plaisantant Thierry Solère.

« Ils me font rire, dit-il, parlant de l'entourage de François Fillon. Ils disent : Bayrou a fait élire Hollande. Est-ce qu'ils se rendent compte de ce qu'ils disent ? C'est comme s'ils reconnaissaient, dès maintenant, que je suis en mesure de faire élire Macron ! »

Les jeux sont faits ? Non, il ne le croit pas encore. L'électorat est encore volatil. Et personne n'est à l'abri d'un dérapage de Macron. Du type « crimes contre l'humanité », ou autre formule irréparable. Tout est encore possible avec ce novice, intelligent mais par moments si peu politique. La preuve, j'y pense en en parlant avec Bayrou, la réponse qu'il a donnée à je ne sais quel journaliste sportif qui lui demandait, avant-hier, qui allait gagner de Paris Saint-Germain ou de l'Olympique de Marseille ? N'importe quel homme politique chevronné aurait été prudent : certes, le PSG est très fort, très fort et très riche, mais Marseille garde peut-être sa chance, etc. Non, il a répondu : « Marseille. » Laquelle a été écrasée par 5 buts à 1. Il a perdu une bonne occasion de se taire. Il n'est pas encore au point, si j'ose dire, c'est l'envers de la médaille : on ne peut à la fois incarner le renouveau et avoir le vocabulaire, le comportement ou la repartie d'un vieil élu.

Donc l'affaire n'est pas dans le sac, même si les lignes de Macron et de Fillon se croisent dans les sondages. On ne peut pas encore penser qu'à coup sûr, Macron gagnera. Tout peut encore arriver. Bayrou songe, non sans crainte, à une victoire possible de François Fillon avec 20 % des voix, son socle, au premier tour. « Comment alors, poursuit-il, gouverner la France ? »

Je le sens assez satisfait d'avoir pu prouver qu'il n'était pas victime de son ego.

28 février

Difficile d'approcher François Fillon. Aurélie Herbemont, qui le suit pour Europe 1, me décrit un homme aux yeux vides parfois, dont les cheveux ont blanchi (c'est vrai, je l'ai remarqué hier à la télévision) en quelques semaines. Il maintient une distance avec les journalistes, qu'il déteste désormais, dont il fuit le contact, y compris de ceux d'entre eux qui l'accompagnent depuis des mois. En regardant ses mains, hier, Aurélie a vu que ses ongles étaient rongés au sang. Elle sent, me raconte-t-elle, à quel point il est sur ses gardes, même lorsqu'il visite une entreprise amie : il évite la rencontre avec ceux qui sont venus l'écouter, qui quémandent un selfie, qui ne sont donc pas des ennemis. Quelque chose est cassé, profondément, en lui. Pourtant, il est trop tard désormais. Les Républicains ne lui substitueront pas un autre candidat, d'autant que personne ne tomberait d'accord sur le même. Un seul aurait été en mesure de prendre sa place. Fillon ne le lui a pas demandé, et Sarkozy n'en voulait pas. Ainsi donc, Fillon peut-il perdre cette élection imperdable.

1er mars

Il croit vraiment, François Fillon, qu'on a voulu, qu'on veut toujours lui voler sa victoire. Le parquet financier a agi sur ordre, pense-t-il, le juge Tournaire aussi. C'est ne pas comprendre que ces institutions ont précisément été créées, après l'affaire Cahuzac, pour aller vite. Je veux bien que les choses aillent plus vite qu'il ne l'aurait fallu pour lui, mais tout de même, la proximité de l'élection hâte un peu les choses. Fillon ne savait pas, lorsqu'il a refusé de voter la loi de moralisation de la vie politique en 2013, qu'elle allait s'attaquer à lui en priorité, mais peut-être le pressentait-il.

Folle journée que celle d'aujourd'hui, qui a commencé par la mise en scène solennelle, par Fillon, de sa future mise en examen, annoncée aux petites heures par les juges à ses avocats. Qu'avait-il besoin d'annuler spectaculairement dès 8 heures du matin sa visite au Salon de l'agriculture, et d'annoncer, toutes affaires cessantes, pour midi, une conférence de presse. Dans l'intervalle, les bruits les plus fous ont couru, les rumeurs se sont propagées à une vitesse folle : allait-il se retirer, se sont demandé pendant quatre heures toutes les chaînes d'information en continu. Spectacle aussi que cette grande salle, dans son QG de campagne, où arrivent, les uns après les autres, visages fermés, les leaders républicains : Pécresse, Baroin, tout ce petit monde qui, en décembre dernier, était sûr de son succès en avril-mai prochain. Les mines sont longues, les traits fatigués, les regards fuyants.

Lorsque Fillon monte sur l'estrade, il sourit. Une seconde seulement. Puis viennent, comme le tonnerre, les accusations contre les juges, qui, à peine nommés, ont eu l'impudeur de lui signifier, pour le 15 mars, deux jours avant le dépôt officiel des candidatures, sa mise en examen probable. Contrairement à Marine Le Pen, dit-il, il se rendra à la convocation, preuve de son bon esprit républicain, mais conteste sa validité juridique. Occasion pour lui de mettre sévèrement en cause la police et les magistrats, évidemment instrumentalisés. Par qui ? Par François Hollande, qui ne participe pas à la compétition? Par l'exécutif, plus largement? S'interroger publiquement là-dessus, c'est mettre en cause la justice, dont il sera, s'il est élu, le garant.

En attendant, quel serait l'intérêt de la gauche, qui n'a aucune chance de gagner la bataille? François Fillon, par la droitisation de son programme, est le meilleur candidat pour que la gauche désunie se retrouve après sa victoire. Il est le meilleur aussi pour éloigner de lui, comme un calice, le centre.

Cette phase de la campagne est dramatique pour François Fillon. Pendant qu'il parle, ses proches sont atterrés. On entend ce qu'ils pensent tout bas : il est foutu, nous avec, il est trop tard, que faire?

Dans la matinée, Fillon a consulté. Comme toujours, certains lui ont conseillé de partir, d'autres de rester. Tel Sarkozy qui, de toute façon, ne voit pas d'autre manière d'empêcher Juppé de venir à la rescousse des Républicains en perdition.

À peine avait-il fini de parler, ce matin, que Bruno Le Maire, déjà, avait claqué la porte. Son argument : Fillon avait dit le 26 janvier qu'il ne se présenterait pas s'il était mis en examen. Il affirme le contraire aujourd'hui : quoi qu'il arrive, il ne cédera pas, il ne se retirera pas.

C'est trop facile pour Le Maire de faire valoir son droit au retrait. Il est immédiatement suivi de Franck Riester. De leur côté, les chefs de l'UDI, déjà furieux d'avoir vu Bayrou filer chez Macron, décident de suspendre provisoirement leur alliance avec Fillon. Le candidat de la droite et du centre n'est plus que celui de la droite.

Que de malheur, peut-être, chez Fillon aujourd'hui, mais aussi que de maladresses ! Trop de goût pour l'argent, trop besoin d'argent. Trop de fragilité à cause de l'argent. Trop de dépendance pour briguer, aujourd'hui, la présidence de la République.

2 mars

Nouveau déjeuner avec Jean de Boishue. Je le sens profondément malheureux, atteint à la fois par les erreurs de Fillon (je les appelle erreurs, avant que la justice les qualifie d'une autre façon), dont, entre parenthèses, il ne savait rien. En même temps, comme tout le monde, même parmi les plus proches de Fillon – ce qu'il est –, il voudrait bien l'arrêter sur la pente où il glisse. Par exemple, empêcher le rassemblement auquel François Fillon appelle les foules dimanche prochain au Trocadéro. Il était initialement prévu pour être celui des opposants au mariage pour tous, et Fillon ne devait pas y aller. Voilà qu'il y va au contraire et, pire, l'utilise pour se victimiser. Un candidat à la présidence tentant de déclencher un mouvement de foule contre la magistrature. Le même homme qui serait, s'il était élu, le président du Conseil supérieur de la magistrature. Ce matin, Patrick Stefanini, le directeur de campagne de Fillon, a demandé à Boishue de préciser, dans un SMS au candidat, sa position sur la manifestation de dimanche. Évidemment, envoyer un SMS n'est pas précisément le meilleur moyen de communiquer, d'échanger avec un homme le dos au mur. Une conversation au téléphone eût été préférable, à défaut d'échanges verbaux. Pour finir, Boishue se contente de répondre à Stefanini ce qu'il en pense : beaucoup de mal. Il en veut d'ailleurs à ce dernier, qu'il accuse d'avoir barré, depuis le début de la campagne pour la primaire, tous les vrais amis de Fillon. Il les a éloignés, a fait en sorte qu'ils ne puissent accéder au QG du candidat, encore moins au grand chef.

J'évoquais l'attachement de Fillon à la toiture de son château, qu'il se préoccupait de faire restaurer et dont il disait à ses amis que le coût en était onéreux. Il a même, m'a-t-on dit et confirmé, acheté un drone pour repérer les endroits où une intervention pour remplacer les tuiles endommagées était nécessaire. Quel besoin Fillon avait-il de ce château ? Parce que, pour ce hobereau, son acquisition était son rêve le plus fou ? Stupidité qui lui aura, en effet, coûté cher.

Tout est fou depuis deux jours dans l'aventure de Fillon, dans le tour qu'il donne à sa campagne. Il n'y a pas de mots pour décrire le tohu-bohu au sein de l'état-major du candidat. D'abord la plupart de ses amis, ceux qui se sont engagés à fond dans la campagne derrière lui, ne savaient pas cette histoire d'emploi collectif, par le Parlement, de toute la famille. Beaucoup ont été pris de court, comme le président du Sénat, qui en a eu, dit-on, le souffle coupé, désertant quelques heures, puis recollant au peloton Fillon. Les uns ont, au début, épaulé leur candidat, jugeant comme lui que le parquet financier n'a pas à intervenir dans une affaire qui concerne exclusivement les dépenses du Parlement. Les autres ont déploré la rapidité avec laquelle le parquet financier s'était saisi de l'affaire.

Et en effet, les juges, saisis le vendredi, sont allés vite en besogne, puisqu'ils ont convoqué Fillon en vue d'une mise en examen le mercredi matin. Peut-on crier à un complot des juges ? Ou à leur « gauchisation » excessive ? Que les juges n'aiment pas les politiques, surtout ceux d'entre eux qui ne cessent de les clouer au pilori, c'est certain. Ils se sont conduits ainsi sous tous les régimes. Fillon le sait bien. Je me rappelle la juge Eva Joly débarquant au petit matin au domicile de Roland Dumas pour s'en emparer, devant les caméras des journalistes qu'elle avait elle-même prévenus. Je me rappelle le juge Thierry Jean-Pierre, mort aujourd'hui, à qui avait été confiée l'enquête sur la société Urba, et la perquisition ordonnée par lui au siège du PS le jour où Laurent Fabius s'y installait comme premier secrétaire.

Tous ces souvenirs pour dire que je ne pense pas qu'il y ait contre Fillon un complot d'État, comme il le dit. Je comprends qu'il le croie, tant l'épreuve doit être douloureuse pour lui et les siens. Mais il me semble aussi naturel que le parquet financier fasse ce pour quoi il a été créé. Il est vrai que Fillon n'a pas voté la loi de moralisation de la vie politique. Et que les juges d'instruction se dépêchent d'ouvrir ce dossier avant que la campagne présidentielle ne commence. Que n'aurait-on dit s'ils avaient attendu le lendemain du vote ? Ou, pire, s'ils s'étaient réveillés au moment de l'éventuelle intronisation de Fillon à l'Élysée.

Bien sûr, nombreux sont ceux qui quittent le navire : depuis hier, cela n'arrête pas. Bruno Le Maire, donc, a tiré le premier, en faisant sa révérence dès le début de l'après-midi. Cela ne m'a pas étonnée outre mesure. Je me rappelle cette réflexion de Mitterrand, à propos de je ne sais quel partisan tardif l'abandonnant dans une période difficile. Je m'étais interrogée sur ce lâchage.

« Vous savez, m'avait dit Mitterrand, philosophe, les derniers arrivés sont les premiers partis. »

4 mars

Je croise Jean-Louis Debré à Europe 1. Il voit en Fillon « un timide, qui se sent acculé, et qui, pour la première fois de sa vie, est le dos au mur. Il tiendra jusqu'au bout, me dit-il. C'est un personnage de Claude Chabrol ».

Et le plan B ? Et Juppé ?

« Il a tellement accusé le coup de sa défaite à la primaire, il a mis du temps à surmonter son échec. Il n'est pas chaud pour repartir, car il a peur de perdre à nouveau. »

5 mars

François Fillon a réussi son pari : la place du Trocadéro était noire de monde hier, drapeaux tricolores brandis et applaudissements nourris pour leur candidat. Je sais bien, et Fillon le sait aussi, qu'un rassemblement de 50 000 personnes ne fait pas l'élection, il n'empêche que c'est une manifestation réussie, sans débordements, sans heurts. J'ai l'impression, en l'écoutant, qu'il s'est ressaisi depuis son discours de Nîmes jeudi dernier : visage marqué, traits creusés, il était apparu accroché à sa candidature, retranché sur ses positions, dans une tonalité nouvelle pour lui de harangueur populaire. Il est devenu l'homme de la foule contre les instances dirigeantes, du peuple contre l'élite. Il se veut combattant, résistant, jusqu'au bout. Une métamorphose inouïe, un discours populiste plus que populaire, contre la « machine à broyer qui s'est mise en place, sept jours sur sept, vingt-quatre heures sur vingt-quatre », contre le « microcosme », le « politiquement correct ». Un combat pour la démocratie, que malmènent tous ceux qui voudraient, le mot est d'une vulgarité inouïe, le « débrancher ». C'est-à-dire les dirigeants de son propre camp.

Car personne d'autre, aujourd'hui, dans l'opposition, n'a intérêt à ce qu'il s'en aille. Ni Emmanuel Macron qui, au contraire, verrait avec crainte Alain Juppé revenir sur son terrain au moment où lui, Macron, réussit son OPA sur le centre. Ni Marine Le Pen, que la division de la droite et le trouble de ses électeurs amusent au contraire et dont elle aspire à tirer parti. Ni la gauche, divisée aussi, qui a trouvé dans Fillon une cible de choix. Si Fillon choisissait d'abandonner, ça ne ferait pas du tout l'affaire de ses adversaires politiques, des autres candidats qui condamnent en bloc ses manquements à la morale publique, et le radicalisme de son programme. Ses amis seuls tentent de l'écarter, malgré la légitimité que lui a donnée sa victoire à la primaire.

Revenons au Trocadéro. Autour de Fillon, un bon nombre de poids lourds politiques se sont donc envolés comme des moineaux depuis jeudi dernier. Et c'est entouré de la foule des Français venus manifester leur soutien sous la pluie que François Fillon s'est efforcé, dans un discours combatif d'une demi-heure, de démontrer qu'il n'était pas seul. Adressée à qui, cette démonstration ? Bien évidemment aux dirigeants de son camp, dont on sent monter au fil des jours l'inquiétude, et qui, avec ou non l'accord de Nicolas Sarkozy toujours hésitant, envisagent de plus en plus sérieusement le plan B, c'est-à-dire le retour d'Alain Juppé, auquel ils avaient renoncé la semaine dernière. En réalité, ils ne le disent pas, mais les ténors républicains ont le nez sur les sondages, même s'ils affectent de ne pas s'y intéresser. Ceux-ci ont longtemps montré que le « noyau dur » des militants restait fidèle à François Fillon. Tant que c'était vrai, aucune urgence ni même aucune raison de changer de cheval ne se faisait sentir à moins de deux mois de la présidentielle. Le problème est que de nouveaux sondages indiquent, depuis l'annonce probable par les juges de sa mise en examen, une fâcheuse tendance à la baisse.

François Fillon a été plus habile hier : il a changé de ton, admis qu'il avait fait des erreurs, n'a pas dit un mot sur ce que lui-même avait appelé un « complot médiatico-judiciaire », mais il n'a pas changé sur le fond. Retirer sa candidature ? « Ma réponse est non », a-t-il dit tout simplement au JT de France 2 dimanche soir. Jean-Louis Debré avait bien vu les choses.

N'étant pas autiste, Fillon a néanmoins accepté de se rendre au comité politique LR demain soir, mais ce sera pour afficher sa détermination, autant que pour dissuader ses membres d'avoir recours au plan Juppé qui, selon lui, conduirait, comme toute autre combinaison, à l'échec.

Alain Juppé a annoncé ce soir qu'il ferait une déclaration demain à 18 heures, soit au moment même où débutera le comité politique convoqué en urgence pour faire le point sur une situation que personne en fait ne maîtrise. Je n'ai pas d'autre indication sur ses intentions, que celle de mon échange par SMS avec Gilles Boyer, juste après la fin du discours du Trocadéro : « Fillon nous met, résume assez bien Boyer, au défi de le "putscher" avec cette menace : si je pars, ce sera dans un champ de ruines. »

Alain Juppé prendra-t-il le risque de chercher à supplanter Fillon ? Il lui a été sans doute difficile d'effacer l'échec de la primaire de novembre, de retomber de son rêve. Alors, recommencer ? Risquer de perdre à nouveau, cette fois, à une présidentielle « pourrie » par son prédécesseur ? J'ignore ce qu'il dira demain, mais je pense qu'il annoncera tout net son refus du plan B qu'il est censé incarner.

D'ailleurs, après le meeting d'aujourd'hui, je suis convaincue que Fillon n'a pas perdu toutes ses chances. Victimisé, pourchassé, poussé au départ par les siens, il a en effet retrouvé un lien avec les Français. Pas avec tous, certes. Mais beaucoup, à droite, trouvent que cet homme a du cran, de la persévérance. L'entendre attaquer le politiquement correct, le microcosme, rien de tout cela ne leur déplaît vraiment.

Et la gauche ? Benoît Hamon a réussi à s'allier avec Yannick Jadot, mais pendant ce temps-là, sa campagne n'a guère avancé. Aujourd'hui, il tente de passer à la vitesse supérieure. C'est que Martine Aubry est sortie de son lit d'hôpital, et qu'elle est rentrée dans la bagarre. Résultat : elle a éreinté le programme économique de Macron, incité Arnaud Montebourg à être le porte-parole de la campagne de son ancien rival et poussé Christiane Taubira, icône de la gauche, à porter la bonne parole du PS. Dans l'intervalle, Hamon a baissé d'un ton sur le revenu universel, la clef de voûte de son programme, le transformant en RSA de 600 euros pour les 18-25 ans. En revanche, prêcher, comme il l'a fait tout à coup, l'étalement de la dette française auprès de Bruxelles, comme si la situation de la France était celle de la Grèce, a laissé sans voix ses partisans comme ses adversaires.

La gauche et la droite se radicalisent, se caricaturent même. Au milieu y a-t-il place pour un centre puissant, profitant de la dégradation des partis ? Et tout cela, si rien ne change, au profit d'Emmanuel Macron ?

6 mars

Il est 19 h 30. Le comité politique des Républicains vient de se terminer : Fillon a été désigné à l'unanimité comme le candidat définitif de LR. Pour le coup, la démonstration est faite que le plus important en politique n'est pas l'intelligence mais le caractère. Avant-hier, c'était la débandade : les juppéistes quittaient le navire, les trois présidents de région Christian Estrosi, Valérie Pécresse et Xavier Bertrand se proposaient d'aller gentiment demander à Fillon de donner sa place à quelqu'un d'autre, à Juppé, par exemple. Le directeur de campagne de Fillon, Patrick Stefanini, annonçait, lui, sa démission pour lundi. Les uns reprochaient à Fillon son parjure ; les autres, son initiative d'imposer sa candidature par la rue, au Trocadéro. J'en passe, et des pires. Aujourd'hui le voilà adoubé de nouveau.

Tout aurait peut-être été différent si, le matin, avant même la réunion du comité politique, Alain Juppé, exaspéré par cette longue attente, n'avait repoussé une bonne fois, la dernière, l'offre qui lui était faite par les centaines de parlementaires et de cadres qui l'appelaient au secours. Il l'a fait avec un tel mélange d'irritation et d'amertume qu'on ne sait aujourd'hui s'il en sort grandi ou affaibli. Il aurait pu annoncer fermement son refus au nom du respect de la primaire et s'en tenir là. Mais il a fait le contraire en éreintant Fillon, et de belle manière : personne n'a dressé aussi bien que lui le catalogue des erreurs commises par celui-ci, son « obstination », son système de défense, fondé sur « la dénonciation d'un prétendu complot et d'une volonté d'assassinat politique ». Disant cela, il est allé beaucoup plus loin que tous ceux qui abandonnaient Fillon, sans avoir le courage de dire pourquoi ils le faisaient. Derrière la condamnation de Fillon, il y avait sûrement aussi celle de Nicolas Sarkozy qui a tout fait depuis plusieurs jours pour empêcher la solution Juppé. Il est évident que Sarkozy préférait la défaite avec Fillon à la victoire avec Juppé. L'éventuelle victoire plutôt, car Juppé lui-même a expliqué ce matin qu'à soixante et onze ans, il n'incarnait pas le renouvellement. Mais enfin, éventuelle ou pas, Sarkozy n'en a pas voulu.

Juppé a-t-il eu peur de perdre cette élection, s'il se lançait dans la bataille sans l'accord de Sarko et sans que Fillon consentît à lui passer le relais ? Oui, sans doute, et il a eu raison. S'il avait perdu, honte à lui. S'il avait gagné, c'eût été par défaut. De toute façon, il aurait trouvé sur son chemin, à chaque étape, les électeurs de Fillon mobilisés contre sa ligne politique et son ouverture au centre. Il a bien fait de clore la séquence.

« Je n'ai pas l'intention, a dit ce matin Juppé non sans quelque hauteur, de m'engager dans des tractations partisanes, ni dans un marchandage de postes... Je ne veux pas livrer mon honneur et la paix de ma famille aux démolisseurs. »

« Pour moi, il est trop tard », ce sont ses derniers mots, les derniers mots sans doute de sa vie politique.

Le comité politique s'est donc prononcé unanimement en faveur du maintien de la candidature de François Fillon, alors que, la veille, la majorité de ses membres voulait le « débrancher ». On a vu les fuyards d'hier revenir en courant sur leurs déclarations, Valérie Pécresse se dédisant deux fois dans la même journée. Et l'homme dénoncé hier comme « autiste », décidé à aller droit dans le mur et à s'y fracasser et tous les Républicains avec lui, est devenu une sorte de sauveur. Le voici « victimisé », mais triomphant, vainqueur du microcosme et des états-majors, opiniâtre et volontaire.

Pour combien de temps ?

« Tout ceci n'a aucune logique, me dit Bayrou avec qui je commente les événements. Je suis sans explication. On est dans le stupéfiant. »

Le plus drôle est que, ce matin, c'est au siège d'Emmanuel Macron que j'ai écouté, avec son directeur de campagne Richard Ferrand, dans une sorte de salon de télévision meublé Ikea, la déclaration de Juppé. Nous étions avec une demi-douzaine de jeunes, des volontaires qui assurent la marche des affaires quotidiennes d'En Marche !. Personne n'a soufflé mot. Je pensais que le refus de Juppé allait soulager les amis de Macron. Après tout, sa candidature pouvait lui disputer des voix centristes ou de droite modérée. Apparemment, ce n'était pas leur crainte.

Avec Richard Ferrand, nous revenons sur la création du phénomène Macron.

Qu'est-ce qui l'a amené, lui, Ferrand, député du Finistère, vice-président du conseil régional de Bretagne, proche de Jean-Yves Le Drian, ministre le plus populaire du gouvernement de Manuel Valls, à devenir, aujourd'hui, le directeur de campagne d'Emmanuel Macron ? Richard Ferrand me raconte son cheminement, intéressant parce que d'autres ont suivi le même qui les a amenés vers Macron. Il a un profil original parmi les parlementaires : député depuis 2012, il avait tenu à rester directeur général de son entreprise. Il n'a jamais voulu dépendre entièrement de l'Assemblée nationale. Lorsqu'il est entré au Parlement comme primodéputé (comme on dit primoparturiente !), il a tout de suite été choqué, me dit-il, de voir qu'en commission ou dans l'hémicycle, les amendements venus de la droite étaient systématiquement repoussés par la gauche, à moins qu'on ne les fasse porter, sous une forme presque identique, par des députés de gauche. Une façon, déjà, de ressentir désagréablement cette cassure, par moments imbécile, entre un côté et l'autre de l'hémicycle.

« Nous étions plus dans la posture politique que sur les idées. C'est d'autant plus surprenant que les choses ne se passent pas ainsi dans les assemblées régionales ou départementales. En rester là, c'est quand même médiocre. »

On comprend comment Richard Ferrand a trouvé « déprimant » le début de son mandat :

« J'avais l'impression de n'être que le VRP de mon département. C'est bien mais ce n'est pas cela que j'attendais du Parlement. »

Il en était là de ses réflexions moroses lorsqu'est arrivé en discussion, au mois d'août 2014, le texte d'Arnaud Montebourg, alors ministre de l'Économie, du Redressement productif et du Numérique, sur la dérèglementation des métiers. Émotion dans la circonscription de Ferrand : les pharmaciens crient que la vente libre des médicaments les condamne à mort. Du coup, Ferrand demande rendez-vous pour fin août à Montebourg. Mais celui-ci est vidé du gouvernement dans l'intervalle. Le rendez-vous pris avec Montebourg se transforme en rendez-vous avec Emmanuel Macron, nouveau ministre de l'Économie, dans la salle des ministres à l'Assemblée nationale. Richard Ferrand lui fait part des nombreuses inquiétudes que suscite le projet de loi Montebourg. Sans hésiter, Emmanuel Macron lui propose, s'il est inquiet, de lancer un rapport parlementaire sur le sujet, pour, si possible, améliorer le texte sur les professions déréglementées.

« Je me suis dit : enfin un boulot intéressant ! » raconte Ferrand.

Macron lui a confié qu'il s'occupait d'avoir l'accord du Premier ministre, ce qui est chose faite quelques semaines plus tard. Dans l'intervalle, Ferrand s'est mis au travail, en relation presque quotidienne avec le ministre de l'Économie.

« Comme on dit en Bretagne, on a eu du goût. »

Ce qui signifie : du goût l'un pour l'autre.

Je vais vite : une fois le rapport remis, Macron le met en contact avec quelques-uns de ses collaborateurs à Bercy. Ceux-ci, n'aimant pas que les élus mettent le nez dans leurs affaires, font, au début, grise mine. Ce qui n'empêche pas le ministre de lui demander de l'aider sur le projet de loi qu'il va déposer lui-même, et qui ne porte pas encore le nom de loi Macron.

« Je constate, non sans plaisir, que dans la dernière mouture du texte, on avait sauvé les pharmaciens. »

Nommé rapporteur du projet de loi par le président du groupe parlementaire socialiste, en accord avec Emmanuel Macron, Richard Ferrand plonge dans le sujet, dont il ne connaît pas tous les aspects, et opte pour une manière de travailler inhabituelle : il constitue une équipe de parlementaires sur ce sujet.

« J'ai eu une chance inouïe : j'ai choisi les meilleurs dans leur spécialité, femmes et hommes à égalité, gauche et droite réunies. J'avais les meilleurs, la parité et l'œcuménisme. »

Il ne savait pas à quoi ils allaient avoir droit, lui et tous les députés qui planchaient sur le sujet : 9000 amendements à analyser, dont ils ont ensemble retenu 2028.

« Emmanuel Macron a joué le jeu. Il s'est écarté de ses fiches, il a écouté pendant des heures nos débats, répondant, discutant, acceptant, refusant. Les parlementaires de gauche ou de droite ont apprécié ce qui leur est apparu comme une marque de respect. À partir de là, nous nous sommes embarqués ensemble dans une coconstruction, et le travail en commun nous a soudés. »

Question : si Manuel Valls n'avait pas décidé de recourir au 49.3 sur ce texte, Emmanuel Macron aurait-il eu, dans le fil de ses consultations parlementaires avec la droite et la gauche, la majorité à l'Assemblée ? Question que j'ai posée maintes fois l'année dernière aux experts du Parti socialiste, à Camba, à Alain Bergounioux, à Jean-Marie Le Guen, qui m'ont tous répondu non : le risque était trop fort de voir refuser, à quelques voix près, un projet essentiel pour le gouvernement Valls. Ce n'est pas, loin s'en faut, l'avis de Ferrand :

« Je suis sûr, me dit-il, que la loi aurait été adoptée. Bruno Le Roux, Ségolène Royal et moi le pensions. Partant de là, j'ai deux interprétations de la décision de Manuel Valls de recourir au

49.3. Celle de la sincérité : il pensait réellement que Macron ne parviendrait pas à la majorité. Très bien. Mais comment ne pas penser que Manuel Valls s'est dit : Ce petit Macron, tout le monde l'encense, il est temps de le ramener à la réalité. »

Inutile de préciser que, pour Ferrand, la deuxième version est la bonne. Valls a voulu river son clou à Macron. Même si le chef de file des frondeurs, Benoît Hamon, a entretenu le mystère sur le vote qu'il allait émettre, disant tour à tour qu'il s'abstiendrait (à Ferrand lui-même) ou qu'il ne le voterait pas (au Grand Jury de RTL un peu plus tard), Richard Ferrand l'assure : le texte aurait été approuvé sans 49.3. Du coup, Ferrand a rejoint définitivement le camp du ministre de l'Économie dont il pensait déjà qu'un jour (peut-être ne le savait-il pas si proche) il serait candidat, en 2017, ou cinq ans plus tard.

« Les grands vainqueurs de ce 49.3 ont été Benoît Hamon, qui après avoir participé longtemps au gouvernement s'est refait une virginité de gauche à cette occasion, et Manuel Valls. Emmanuel et moi, nous avons ressenti l'absurdité de ce blocage politique, et l'absurdité scandaleuse des blocages corporatistes. Face à l'immobilisme du pays et à celui du monde politique, Emmanuel a conclu qu'il fallait surplomber les clivages et non pas les consacrer en y cédant.

— Qu'est-ce que vous lui trouviez, alors, à Macron ?

— C'est une rare, une exceptionnelle lumière qui brille à gauche. Il a une capacité inouïe d'écouter et de comprendre, de s'immerger dans un sujet et d'en tirer ce qu'il a d'essentiel. J'ajoute qu'il est curieux de tout et ne joue jamais aucun rôle. Entouré de paysans ou d'ouvriers, il n'est jamais étranger au monde qui l'entoure. »

Si ce n'est pas une déclaration d'amour...

Quelques semaines après le vote, m'assure-t-il, Emmanuel Macron a fait part à François Hollande de sa décision de créer son mouvement, En Marche !. Commentaire du président, tel que le lui a rapporté Macron : « On ne peut tout de même pas empêcher un ministre de faire de la politique », phrase qui est apparue au jeune ministre de l'Économie comme une invitation à poursuivre son action.

« Là, j'ai compris, me dit Ferrand, que son intention était d'être candidat dès 2017. Son idée, ajoute-t-il, c'est celle du RPF du général de Gaulle[1]. “Je viens de la gauche, pense Macron, et je vais agréger dans le même mouvement tous ceux qui veulent bousculer les clivages politiques, quelles que soient leurs origines.”»

Comment, tout de même, explique-t-il que cette démarche ait suscité, suscite aujourd'hui un engouement inattendu ? Réponse :

« Les Français aiment la politique, et, en même temps, ils ne veulent pas de militantisme et ne croient plus aux partis, qu'ils accusent en quelque sorte d'avoir confisqué la politique. C'est à cet entre-soi insupportable que Macron s'est attaqué, et beaucoup l'ont compris. »

Pour le moment – et nous sommes à moins de soixante jours du premier tour –, l'équipe de Macron, dont le QG est dans le 15e arrondissement de Paris, compte une quarantaine de salariés, et de très nombreux volontaires : je les ai croisés, d'ailleurs, en cherchant le bureau de Richard Ferrand. À l'heure qu'il est, m'affirme-t-il, le mouvement compte 210 000 adhérents et il a 30 000 donateurs. Les donateurs ? Quand les connaîtra-t-on ? Où est la transparence ?

« Il n'y a pas de flux illégaux. Cela fait des mois que Mediapart enquête sur le sujet. Tout est transmis aux autorités administratives, et chacun des donateurs pourra le faire valoir sur sa feuille d'impôts. Nous avons aujourd'hui 8 millions de recettes, et nous aurons besoin de 15 millions à peu près, le plafond des dépenses étant limité, vous le savez, à 21 millions d'euros. »

Il n'a pas l'air d'éprouver la moindre inquiétude à ce sujet :

« Qu'est-ce que vous croyez, ajoute-t-il, le 5 avril 2016, la veille du lancement d'En Marche !, je lui ai dit qu'on allait tout faire pour monter à l'arbre, mais qu'il fallait avoir les fesses propres. Il m'a dit qu'il les avait, et nous n'en avons plus jamais parlé depuis. »

Je me dis que Macron est assez fine mouche pour ne pas risquer de se voir reprocher tout financement illégal. Mais enfin, dans le monde politique tel qu'il est aujourd'hui, Macron serait-il un archange, beaucoup de choses se passent que l'on n'aurait pas osé imaginer il y a dix, vingt ans.

Quant à savoir comment Emmanuel Macron triera entre les bons et les mauvais ralliements, c'est clair :

---

1. Le RPF (Rassemblement du peuple français) a été créé en 1947 par le général de Gaulle pour dépasser lui aussi les clivages partisans entre droite et gauche.

« Ceux qui ont rejoint En Marche ! avant le 29 janvier ont fait un acte de conviction. Ceux qui se décideront en mars se livreront à un acte de contrition. »

Pour que je comprenne bien, il ajoute :

« Nous n'avons pas besoin de "macroniens" du 11 mai. Moi, j'ai pris les risques, ceux qui ne les prennent pas, tant pis pour eux... »

Je ne suis pas aussi sûre que lui qu'il ne devra pas faire leur place aux ouvriers de la vingt-cinquième heure, car il lui faudra bien dégager une majorité aux législatives, si tant est qu'Emmanuel Macron, ce qui est loin d'être acquis, gagne au deuxième tour.

« Je suis pour Emmanuel Macron, insiste le député du Finistère, je voudrais qu'il réussisse pour la France ce que Le Drian a réalisé en Bretagne. »

Ça tombe bien, on murmure que l'actuel ministre de la Défense envisage de se rallier à Macron, mais que François Hollande et Bernard Cazeneuve, pour préserver l'unité du gouvernement, lui demandent d'attendre l'ouverture officielle de la campagne.

Pour conclure, au moment où, étant là depuis plus d'une heure, je m'apprête à le laisser vaquer à ses affaires, il a cette phrase, qui résume toute sa pensée, et toute sa fidélité à Emmanuel Macron :

« Il est passé par Rothschild, comme Georges Pompidou. C'est un inspecteur des Finances, comme Giscard. Il a l'empathie qu'a Jacques Chirac, la culture de François Mitterrand, et l'humour de François Hollande. »

Le candidat parfait en somme. J'admire cet enthousiasme.

7 mars

Avec tous mes interlocuteurs de la journée, je m'efforce de refaire l'itinéraire d'Alain Juppé pendant le week-end. C'est-à-dire juste avant le Trocadéro.

Samedi matin, Sarkozy, après beaucoup d'hésitations, s'était finalement décidé à activer le plan B. Juppé était maintenant d'accord, ses proches avaient démissionné de l'état-major de Fillon, il a précisé ses conditions : que ce soit Fillon qui le lui demande, qui lui passe le flambeau lui-même, et qu'il ait les mains libres pour rassembler l'opposition de la droite jusqu'au centre, Bayrou compris. Sarkozy a reçu Juppé, le samedi matin, il lui a sans doute demandé de faire un tandem avec François Baroin, à confirmer, et surtout de rester sur la ligne dure adoptée par Fillon. Évidemment, Juppé ne pouvait pas accepter tout de suite. Mais il pouvait se donner le temps de réfléchir.

Pendant ce temps, Fillon organise son rassemblement de dimanche. Coup réussi. Et dans la foulée, journal télévisé de France 2 en majesté. Il veut bien parler, oui, mais se retirer, jamais. Alain Juppé, lui, a été sensible à une image : celle de François Baroin se poussant dans la foule derrière François Fillon, pour arriver juste derrière lui, de façon à se faire voir devant la caméra.

« Ça, me dit Cécile Ozanne, la fidèle assistante de Jean-Pierre Raffarin, ça a été insupportable pour Juppé. Cela lui est apparu comme la preuve que Nicolas Sarkozy jouait double jeu. »

En réalité, Baroin a foncé de sa propre initiative au meeting de Fillon, et Sarko n'y était pour rien. Quoi qu'il en soit, Juppé le prend mal dimanche soir, et décide de mettre fin lui-même au plan B, qu'il s'était mis à croire possible. Lundi matin, livide, grave, la voix sourde, depuis Bordeaux, il annonce son renoncement. Non sans réserver quelques traits qui font mal à François Fillon qui a transformé le boulevard qu'il avait devant lui, au soir du deuxième tour de la primaire, en impasse. Qui a trouvé le moyen de s'aliéner les centristes, ceux du Modem comme ceux de l'UDI. Quel gâchis, en effet !

« Dans la nuit de dimanche à lundi, me raconte Gilles Boyer, nous avons foncé en voiture à Bordeaux, Benoist Apparu[1] et moi, pour lui demander d'attendre, de laisser une petite chance au plan B, de ne pas rendre publique tout de suite sa décision de quitter la partie. Isabelle Juppé était de cet avis aussi. Mais Alain était décidé : la détermination de Fillon, même si elle risquait de porter un coup à toute la droite, lui est apparue si forte que rien ne pouvait être tenté contre lui. Et puis, le facteur psychologique a joué. Il avait

1. Benoist Apparu, député de la Marne, est avec Édouard Philippe et Gilles Boyer un des principaux soutiens d'Alain Juppé.

fait son deuil. Après la primaire, repartir, risquer des trahisons, des bagarres, risquer de perdre une deuxième fois lui était intolérable. Si toutes les planètes s'étaient alignées, il aurait peut-être replongé. Mais dans ces conditions, non. »

Sarkozy l'a-t-il trahi ? Sans doute n'était-il pas très heureux, c'est un euphémisme, de voir Alain Juppé prendre une place qu'il avait envisagée pour lui-même à l'automne dernier. Sans doute aussi est-ce lui qui, le week-end précédent, avait tout fait pour maintenir la candidature de Francois Fillon, déjà très attaquée par les siens. Mais enfin, lundi matin, quelques minutes avant l'abandon de Juppé, il avait fini par décider d'envoyer Christian Jacob en éclaireur pour sonder Fillon. La démarche n'a pas eu lieu, après qu'Alain Juppé a déclaré forfait.

« Il a fait sans doute la meilleure intervention depuis longtemps, clair, lucide, intelligent, mais il rejoint le camp de tous ceux auxquels le pouvoir a échappé, Mendès France, Raymond Barre. »

Je sens Boyer, lorsqu'il m'en parle, profondément triste, plus pour Juppé d'ailleurs que pour lui. Il risque pourtant, puisqu'il a démissionné de son poste de trésorier de la campagne de Fillon, d'être écarté par celui-ci. Il vise une circonscription dans les Hauts-de-Seine, et pourrait se voir refuser l'investiture. Je le lui dis, mais je sens que son sort personnel l'attriste beaucoup moins que celui de Juppé.

« Il faut ajouter un chapitre à mon livre, dit-il, lui qui vient de décrire, dans *Rase campagne*, l'échec de Juppé à la primaire. »

Il reste que le camp des Républicains, même si chacun se hâte de coller à Fillon, après l'unanimité quelque peu forcée du bureau politique, est fracturé. Reste que le chevalier blanc, vêtu de probité candide et de lin blanc, a bel et bien disparu, que Monsieur Propre a les mains sales.

8 mars

Rendez-vous ce matin avec Jean-Pierre Raffarin que je retrouve dans son bureau du Sénat, au premier étage, à deux pas de la fameuse bibliothèque Médicis. Table basse, fauteuils, pièce confortable et sénatoriale s'il en est. Je le trouve sympathique et fatigué. Lorsqu'il me dit qu'il a fait avant la primaire 43 meetings de soutien à Juppé dans toute la France, et qu'au surplus il vient de sortir du psychodrame qui secoue les Républicains depuis les débuts de l'affaire Fillon, je comprends mieux la fatigue qu'il cache derrière sa bonhomie. Je lui demande évidemment comment il a vécu, lui, proche de Juppé, ces scènes de désarroi collectif du dimanche précédent.

« Le point charnière, me dit le fin analyste de la politique qu'il est, a été le vendredi soir (donc avant le Trocadéro), lorsque Gérard Larcher et Bernard Accoyer[1] ont décidé de mettre l'appareil des Républicains au service du départ de François Fillon. L'un et l'autre pensaient que Fillon ne pouvait plus faire campagne. C'est donc du camp Fillon que l'initiative est venue de demander à leur candidat de renoncer. Du coup, les juppéistes se sont remobilisés. J'ai téléphoné tout de suite à Alain Juppé, qui m'a précisé la position dont il ne bougerait plus : c'était à François Fillon de faire mouvement vers lui, s'il le souhaitait, à lui de redistribuer en quelque sorte sa légitimité. C'est alors que j'ai senti chez Juppé monter une vraie réticence, une appréciation désagréable face à cette aventure. Il n'y avait pas d'enthousiasme chez lui, alors que les juppéistes jugeaient qu'une occasion formidable lui était enfin donnée. Lui ne pensait pas ainsi. Certes, en février, la flamme lui était un instant revenue, mais lorsque je l'ai eu au téléphone, je l'ai trouvé en réalité peu décidé à prendre la place de Fillon, à un moment où la violence contre celui-ci atteignait des sommets. Bref, il ne ferait mouvement, m'a-t-il expliqué, que si le parti tout entier était derrière lui, et si Fillon le sollicitait lui-même. À ce moment-là, Sarkozy, de son côté – je le sais par Jean-Louis Borloo, qui le voit souvent –, a dit clairement pour la première fois qu'il était prêt à demander le départ de Fillon, à condition qu'Alain Juppé accepte de prendre certains engagements sur l'avenir du parti. Ce qui veut

1. Respectivement président du Sénat et ancien président de l'Assemblée nationale, que François Fillon avait précisément installés à la tête de son équipe de campagne.

dire, pour simplifier, qu'il acceptait le plan B, le plan Juppé, à condition de caser ses troupes auprès de lui.

— François Baroin comme futur Premier ministre ?

— Oui, François Baroin.

— Ça n'a pas dû réjouir Juppé, qui ne peut pas le voir !

— Pour lui, l'arrivée de Baroin dans le système faisait l'effet d'un missile, envoyé spécialement pour le canarder. Mais ce n'est pas cela qui l'a fait réfléchir : c'est le JT de France 2 où, après la manifestation du Trocadéro réussie pour Fillon, celui-ci, même s'il n'apparaît pas complètement fermé, n'en dit pas moins qu'il est toujours bien décidé à se présenter. Au fond, cette journée-là est bonne pour Fillon : le papier de Penelope dans *Le Journal du dimanche* est bon, la mobilisation du Trocadéro a été importante, et il la termine par une bonne interview sur France 2. Difficile pour Juppé d'intervenir après cela. »

Quel coffre il a, tout de même, ce François Fillon, quelle volonté ! Raffarin en convient :

« Dans la crise, il s'est révélé capable de résistance. Ce n'est pas un petit processus de déstabilisation, juge-t-il, qui va l'empêcher de continuer. Le fond de l'affaire, c'est que Fillon fait un bon discours au Trocadéro, qu'il a autour de lui des militants mobilisés et radicalisés. Cela lui donne à ce moment une assurance qui impressionne tout le monde autour de lui. Même Alain Juppé, qui sent bien que ce sera une épreuve que de faire partir Fillon, et il n'en a pas, ou plus, la gourmandise.

— Que redoute-t-il finalement, pourquoi ce retrait ?

— Juppé prend en compte quelques paramètres importants : son âge, d'abord. Et puis le fait qu'il craint que la condamnation pour emplois fictifs qui l'a durement éprouvé en 2004 ne remonte à la surface, dans le climat de violence qui s'est instauré autour de Fillon et qui pourrait rejaillir sur lui. Bref, il a jugé que le "plan B" n'était plus possible. »

Et donc, tout le monde, après le Trocadéro, le lendemain, s'est rangé derrière Fillon, y compris ceux de ses principaux alliés qui avaient songé à lui demander d'abandonner la partie.

« Gérard Larcher, plaisante mon interlocuteur, a fait trois fois l'aller-retour. Un record ! »

Passons... Et alors, maintenant, comment Raffarin voit-il les choses ? Macron a-t-il sa chance de trouver un espace au centre, avec une candidature Fillon affaiblie ? Il ne le croit pas :

« Macron n'est pas une issue. Il y a un tel degré de haine chez l'électorat de droite pour tout ce qui, de près ou de loin, a touché François Hollande ! Macron, c'est pour la droite le recyclage du socialisme au XXIe siècle. Pour notre base, faire mouvement vers Macron est une trahison. Ce sentiment jouera encore plus pour les législatives : nos députés n'ont aucune envie de trahir le système. Entre Marine Le Pen et ce néosocialisme, l'espace central devrait être occupé par le candidat républicain. Fillon doit impérativement se recentrer. Sa base traditionnelle, ce sont les petits bourgeois de province, c'est la Sarthe, plus que la droite radicale. Malheureusement, aujourd'hui, il n'est applaudi que par des électeurs radicalisés. »

Il me dit avoir rencontré Fillon la veille. Celui-ci, selon lui, est tout à fait conscient qu'il existe des frontières infranchissables avec le Front national, et qu'une ouverture au centre serait nécessaire.

« Il en est certes conscient, s'interroge-t-il, mais sera-t-il en mesure de le tenter ? Les élus républicains resteront autour de lui, mais de là à se mobiliser pour faire campagne, c'est une autre affaire. »

Et lui, Raffarin, que va-t-il faire ? Il hésite :

« Je vais voir si François Fillon est capable de sortir de sa radicalité. Je vais voir, répète-t-il. De toute façon, conclut-il, fataliste, maintenant, il n'y a pas d'autre candidat que lui. »

Je le ramène à Emmanuel Macron. Il me répond que « toute attitude favorable à Macron chez les Républicains – et cela vaut même pour ceux qui ont quitté l'équipe Fillon – serait pénalisante pour les législatives » qui suivront la présidentielle, si jamais Fillon perdait. Dans ce cas, il redoute que beaucoup des électeurs « radicalisés » de François Fillon ne se tournent vers Marine Le Pen.

« Voilà pourquoi je crains que Marine Le Pen puisse être élue au deuxième tour. »

Si Fillon parvient néanmoins à gagner la bataille du deuxième tour, puis s'il est élu, quel président sera-t-il ? La question mérite d'être posée. Après ces mises en cause, ces soupçons d'emplois fictifs, la façon dont il attaque la presse, les magistrats, en criant au complot politico-médiatique, s'il est néanmoins élu le 7 mai, Fillon sera-t-il un président affaibli ? Raffarin n'en sait trop rien :

« Un homme est en train de se créer sous nos yeux, espère-t-il, il prend de l'épaisseur dans l'épreuve, une dimension personnelle dans la crise. »

Mais il en convient : il devra régler son problème avec la justice. Il lui paraît évident que les juges, quelles que soient les erreurs de Fillon, prennent une grande responsabilité politique :

« Elle serait lourde, franchement, si Marine Le Pen se retrouvait à l'Élysée le 7 mai. Mais si Fillon gagne, après avoir fait un bras de fer avec la justice, ce sera difficile. »

Je le sens mal à l'aise dans cette partie de notre conversation. Je sais quels liens sont les siens avec Alain Juppé. Il y revient lui-même d'ailleurs en me racontant les débuts de sa relation avec Alain Juppé lors de la campagne des élections européennes de 1989, lorsque Juppé menait la liste commune d'une droite réunie, UDF et RPR marchant ensemble sous la houlette du « plus intelligent d'entre nous ». Jeune giscardien, Raffarin a partagé avec Juppé les joies d'une campagne victorieuse :

« C'est avec lui, avec Giscard, que j'ai trouvé mes racines politiques, j'ai été député européen avec lui, nous avons ensemble fait la campagne difficile de Jacques Chirac en 1995, quand autour de nous les ministres soutenaient Édouard Balladur. Puis j'ai été son ministre en 1995. Sept ans plus tard, en 2002, il a poussé à ma nomination à Matignon. On s'entend à merveille, conclut-il, avec Juppé. »

Je le sens, il se remet mal de l'échec de celui qu'il voyait déjà président de la République. Alors, aujourd'hui, Fillon, quoi qu'il en dise, n'est pas devenu sa tasse de thé.

« C'est un rancunier, un homme refermé sur lui-même. Il a toujours été numéro deux en se détachant du numéro un, derrière Philippe Séguin ou Nicolas Sarkozy. C'est une conception assez complexe du rôle d'un numéro deux ! »

Il n'en parle que vaguement, sans entrer dans les détails, mais je le sens plus que critique vis-à-vis de la façon dont Fillon a géré ses affaires : l'emploi de Penelope comme attachée parlementaire, bon. Que le suppléant prenne la relève, hum ! Quant à la société de conseil créée par Fillon après son départ de Matignon, à laquelle ont cotisé quelques-uns des hommes qu'il avait nommés quand il était Premier ministre, c'est plus gênant.

«Je ne comprends pas qu'il n'ait pas nettoyé tout cela avant, qu'il n'ait pas anticipé ce qui pouvait se passer...», soupire-t-il.

Mais il ne quittera pas la campagne pour autant. Je le sens, au contraire, malgré ses hésitations, tenté d'accepter ce que Fillon lui a proposé, je crois comprendre qu'il s'agit des Relations internationales, après le départ de Bruno Le Maire.

«Si notre candidat peut tenir comme cela jusqu'au bout, je ne veux pas faire de faute, pour protéger nos chances aux législatives. De toute façon, dit-il, désabusé, je n'ai pas le choix.»

Un dernier mot sur François Bayrou, qui avait choisi d'accompagner Juppé dans sa conquête du pouvoir et qui se retrouve aujourd'hui proche, très proche d'Emmanuel Macron, avec lequel il a finalement fait alliance? La réponse est purement politique, sinon politicarde :

«Il peut demander 80 circonscriptions à Emmanuel Macron, qui les lui donnera...»

J'ai couvert des pages de notes pendant cet entretien qui a duré près de deux heures. Je retrouve immédiatement après, à déjeuner, Gilles Casanova. Je lui demande, puisqu'en principe il y est associé, comment se passe la campagne de Benoît Hamon.

«Elle ne se passe pas, me répond-il. Il ne s'est adressé qu'une fois, dans un souci, bref, de faire l'unité autour de lui, à tous ceux qui avaient été ses concurrents, assez bien d'ailleurs, en posant de bonnes questions sur sa crédibilité, sur le rôle du PS dans la société française. Sur la continuité aussi : doit-il s'inscrire dans la rupture de François Hollande, mais alors, quelle est sa légitimité? Pas d'autre réunion depuis, pas même avec les directeurs de campagne de ses anciens rivaux, comme il s'y était engagé.»

C'est qu'il a choisi un autre chemin. Au lieu de faire l'unité autour de lui, parmi les socialistes et ceux qui les avaient rejoints, de Rugy, Bennahmias, les autres, qui s'étaient mesurés à lui, il a fait de Yannick Jadot, désigné il y a plusieurs semaines par la primaire des Verts, son premier partenaire.

« Il lui a accordé beaucoup, 25 places dans l'organigramme de campagne, alors que 3 seulement sont allés aux amis de Manuel Valls. Il leur a assuré parallèlement près de 70 circonscriptions aux législatives. Cet accord a accentué son image d'apparatchik. J'ajoute que Jadot, sur les estrades, fait un show qui éclipse le sien. En même temps, il a essayé d'obtenir le retrait de Jean-Luc Mélenchon. Échec prévu, échec complet. Du coup, les autres socialistes font la tête. Benoît Hamon devait "manger" les Verts. Ils ont l'impression que ce sont les Verts, maintenant, qui dictent leur loi. C'est là qu'on voit, ajoute mon interlocuteur lucide, que la politique est un art d'exécution. Il devait commencer par faire le contraire : s'assurer de la cohésion des anciens candidats autour de lui. Après seulement, il attendait que Jadot ait échoué à recueillir ses parrainages pour lui faire une place auprès de lui. De la même façon, il n'y avait pas de négociations à ouvrir avec Mélenchon, il fallait faire comme Mitterrand avec Marchais, être unitaire pour deux. »

Le résultat, on le voit aujourd'hui dans *Le Monde* où Claude Bartolone dit ne pas avoir grande envie de voter Hamon, on le voit aussi dans le ralliement de Stéphane Le Foll à Macron.

« Et encore, me dit Casanova, Valls exhorte plutôt les députés socialistes qui lui sont proches à rester autour d'Hamon. Il les préfère au PS que chez Macron... »

10 mars

Il me faut revenir, une fois de plus, sur le dernier week-end qui a vu la droite ridiculisée, avec ces allées et venues, contre Fillon, pour Juppé, pour Fillon, contre Juppé. Je n'oublierai jamais, je pense, et Dieu sait que j'en ai vu, des choses, ces valses-hésitations, ces sorties par le côté cour et ces rentrées par le côté jardin. Farce de la politique, misère humaine de ces gens qui ont tout à la fois retourné leurs vestes et avalé des couleuvres. Si je les classais par ordre décroissant de lâcheté ou de couardise, je mettrais en premier, je crois, Gérard Larcher. Principal soutien de François Fillon, il a exécuté un nombre impressionnant de saltos arrière :

s'éclipsant au début, puis s'en allant demander à Sarkozy la permission de demander à Fillon de partir, puis hésitant, le lundi matin après le Trocadéro, à imposer quoi que ce soit au candidat, qui de toute façon n'aurait pas accepté.

Avec lui, combien d'autres de ses amis se sont précipités pour évacuer François Fillon, précipités encore pour le rejoindre ? Les trois présidents de région, par exemple, Christian Estrosi, Xavier Bertrand et Valérie Pécresse, qu'allaient-ils faire dans cette galère ? Étaient-ils obligés, toutes affaires cessantes, de mettre en commun leurs forces, le samedi, pour proposer une sortie « digne » à Fillon, et de lui réaffirmer leur confiance le lundi ? Et Nadine Morano, défendant François Fillon à l'issue de sa conférence de presse de dramatisation jeudi à la mi-journée, après son rendez-vous décommandé au Salon de l'agriculture, se hâtant pourtant de chercher le samedi un autre candidat, puis revenant au bercail le lundi. Piètre spectacle, aux yeux de tous les Français. Seuls, Bruno Le Maire et les siens ne se sont pas dégonflés et ne figureront pas dans le prochain état-major de campagne, où François Baroin apparaît, sur conseil de Sarkozy, comme l'homme fort.

Alain Juppé, en renonçant, a donné de lui une image forte, encore que désolée, de sa personnalité. Et, il faut bien le dire, François Fillon aussi. Stupéfiant de voir à quel point cet homme, en si peu de temps, a changé son personnage. Le « Courage Fillon » comme l'avaient appelé ses ennemis au Parlement, le personnage de Claude Chabrol, comme me le décrivait l'autre jour Debré, est devenu dans l'apocalypse l'incarnation de la volonté et de la résistance. Oui, comme il a changé. Je pense que toutes ces affaires, même s'il est mis en examen le 15 mars, lui ont donné, pour le meilleur ou pour le pire, une dimension nouvelle. Remontera ? Remontera pas ? En tout cas, il ne s'est pas effondré, et peut se prévaloir aujourd'hui d'un soutien indéfectible de son noyau dur. Certains de ses électeurs potentiels sont partis vers Marine Le Pen, d'autres comptaient se réfugier dans l'abstention. Vont-ils revenir, y compris s'il est en effet mis en examen, si sa femme et ses enfants le sont ?

Nouvelle rencontre aujourd'hui avec Jean de Boishue. Il a vécu directement, lui, les allers et retours de nombre de partisans de Fillon, allant voir ailleurs s'il y était. Paul Thibaud, par exemple, le directeur de la revue *Esprit*, lui a fait porter une lettre, rageuse, ravageuse, le samedi, qu'il demandait de remettre immédiatement à François Fillon en personne. Après avoir lu la lettre « Vous avez trahi nos valeurs, etc. », Jean n'en a rien fait, jugeant inutile d'ajouter au désastre. Nouvelle lettre du même, le lundi matin, tout à l'opposé : « Bravo, les Français seront juges, etc. »

De façon plus intéressante il me parle de ce coup de téléphone d'un « ami commun » (il ne me dit pas son nom) qui lui demande de passer trois messages à François Fillon. L'UDI reviendra, lui assure son interlocuteur. Les centristes proches des Républicains ne peuvent pas se payer le risque de les abandonner avant les élections législatives. Deuxième message : dites-lui bien que, pour nous, François Baroin n'a aucune légitimité pour revendiquer un éventuel poste de Premier ministre. Tertio : que, si Fillon le veut, Jean-Louis Borloo est là.

Je me demandais pourquoi Raffarin, hier, m'avait parlé de Jean-Louis Borloo comme acteur possible de cette comédie du pouvoir. Je comprends aujourd'hui qu'en effet, quelques-uns de ses amis et lui-même se mobilisent derrière Fillon.

Nous reparlons de la personnalité même de François Fillon. Raphaëlle Bacqué et Ariane Chemin, dans un des derniers articles du journal *Le Monde*, ont parlé du clair-obscur de l'ancien Premier ministre de Sarkozy, qui, paraît-il, a tellement souffert auprès de lui lorsqu'il était à Matignon.

« Chez lui, la peur de manquer est une névrose, il faut comprendre cela. Il a toujours eu ce rêve bourgeois de vivre dans une gentilhommière. C'est son retour à la caverne, ce château. »

Il y a une vraie contradiction dans ce personnage entre l'intégrité qu'il incarnait et la fascination pour la vie facile. Ces arrangements familiaux font de lui un être trouble, aimant l'argent sans le dire, et incarnant tout autre chose : le sérieux, la dignité, le sens de l'État.

Quoi qu'il se passe, que ceux qui l'ont lâché cette semaine reviennent ou pas vers lui, c'est un nouveau Fillon qui est apparu dans le paysage présidentiel.

12 mars

Curieux tout de même de voir à quel point tous les candidats, sûrs d'être confrontés à elle en avril prochain, évitent d'attaquer sur le fond Marine Le Pen, avant le premier tour du scrutin présidentiel. C'est que, à droite et à gauche, de Jean-Luc Mélenchon à François Fillon, tous sont convaincus, sondages obligent, qu'elle sera présente au deuxième tour. Ce sera, pensent-ils, au candidat arrivé en second d'affronter, pendant les quinze jours de l'entre-deux-tours, la présidente du Front national. D'ici là, basta !

C'est un calcul à courte, à très courte vue. Lorsqu'on en sera là, au second tour, il risque d'être trop tard pour appeler les Français à une union républicaine – l'expression a presque perdu son sens – contre la patronne du FN. En attendant, celle-ci fait la course en tête.

Seul de son espèce, Christian Estrosi, sans doute parce que le front républicain fait autour de lui en 2015 lui a permis d'emporter la Région PACA face à Marion Maréchal-Le Pen, s'est élevé hier ou avant-hier contre cette sorte d'aveuglement de la classe politique :

« En être à se demander qui sera qualifié au second tour face à Le Pen, écrit-il, c'est quand même extravagant », en ajoutant qu'avec des « arguments sérieux, pas des slogans », la candidate du FN pourrait ne pas figurer au deuxième tour.

Les engagements de Marine Le Pen, si peu remis en cause, portent sur tout et son contraire : la hausse des dépenses publiques au moment où la dette explose, le protectionnisme commercial alors que la France exporte plus qu'elle n'importe, la fermeture des frontières de l'Hexagone, difficile et peut-être inefficace, la sortie de l'euro, qui pourrait entraîner dévaluation et déclassement de la France par rapport aux pays du nord de l'Europe. Bref, il devrait être facile de démontrer que Marine Le Pen ne protège pas, comme elle le dit, les Français contre la mondialisation, mais au contraire qu'elle les expose à l'exclusion.

Christian Estrosi m'appelle pendant que j'écris ces lignes. J'ai essayé de le joindre hier pour lui demander si, comme Antonin André, d'Europe 1, me l'a dit, il avait été sifflé il y a quelques jours au cours d'une réunion des Républicains, à Toulon, par une assistance traumatisée par le « Penelope Gate », mais désireuse, malgré tout, de coller à François Fillon. Pourquoi ces sifflets ? Parce que, président du conseil régional de PACA, Estrosi avait voulu demander à Fillon son retrait, juste quelques heures avant le Trocadéro, un « retrait digne ». Attitude qui lui a, en effet, été vertement reprochée.

Nous échangeons quelques phrases sur le Front national qui, dans sa région en général et à Nice en particulier, atteint et parfois dépasse les 30 %. Élu de Nice, et président du conseil régional de PACA, il risque d'être battu à la prochaine échéance.

« Je m'en fous, me dit-il à ma grande surprise, je m'en fous complètement. »

Il n'a pas besoin qu'on lui raconte d'histoire : il sait que Fillon, rancunier, ne lui pardonnera jamais s'il est élu, et que, s'il ne l'est pas, il n'aura, lui, guère de chances d'être ministre. Il est président de PACA jusqu'en 2022. Après, vogue la galère. Je suis toujours sceptique lorsque les hommes politiques me parlent de leur volonté de décrocher. Je n'en crois rien. Dans le cas présent, c'est autre chose. Il vient de se marier avec une journaliste du petit matin de France 2, fraîche comme un bonbon, qui attend déjà un enfant. Je vois bien qu'il a envie, tout bêtement, d'être heureux, Fillon ou pas.

13 mars

Et voilà qu'une affaire de costumes de Fillon est révélée par *Le Journal du dimanche*. On ne peut voir là aucun complot de la gauche, il me semble, ni de Lagardère. On atteint le fond. Oui, il a le droit de se faire offrir par un copain des costumes et des pull-overs en cachemire. Rien ne l'empêche d'accepter des cadeaux d'un ami, en effet, ni même pour ce prix-là. L'image est cependant, une nouvelle fois, dévastatrice. Des complets à 13 000 euros, des pulls à 3 000 euros, qui peut se payer cela dans la France d'aujourd'hui ? Dévastateur en effet, même si c'est en soi « légal ».

Emmanuel Macron parviendra-t-il, s'il est élu, à composer sa majorité ? C'est le nouvel angle d'attaque des fillonistes à son égard. Ils décrivent une France ingouvernable, déchirée, conduite au chaos par absence de majorité présidentielle.

« Aucun souci, c'est très facile, me répond François Bayrou à qui je pose la question. S'il gagne, si nous gagnons la présidentielle, nous savons [il est passé insensiblement du « il » au « nous »] que deux phénomènes peuvent jouer. Le premier est l'amplification de la victoire, soit une poussée de 4 à 5 points, ce qui nous amène entre 27 et 30 %. Le second : nous serons à ce moment-là pour les législatives en face d'un morcellement inédit de la politique, avec des candidats UMP, FN, PS, extrême gauche. Cela nous porte en tête dans un grand nombre de circonscriptions au premier tour. Et nous assure une majorité. »

Je le découvre beaucoup plus proche de Macron que je ne le pensais. En réalité, c'est la première fois que ce matin, le quotidien *L'Opinion* révèle toutes les étapes de leur rapprochement. Emmanuel Macron s'est donc récemment rendu, Bayrou me le confirme, au siège du Modem, rue de l'Université, sans que la presse soit au courant. Qu'est venu faire Macron ? Il est venu assister à une réunion du bureau exécutif du parti centriste et rencontrer ses participants. La réunion à huis clos a duré deux heures. Aucun communiqué n'a été publié. La réalité est que Macron et Bayrou se voient souvent, qu'ils s'appellent plusieurs fois par jour. Bayrou a accepté, me dit-il, la règle du jeu : peu importe qu'il ait lui-même préparé depuis des années le terrain au centre. Aujourd'hui les deux hommes n'ont pas besoin de faire savoir qu'ils se parlent pour se parler. Un ticket ? Bayrou n'en veut pas, puisqu'il pense, après s'être lui-même présenté trois fois, que l'élection présidentielle est justement, comme le disait le général de Gaulle, une affaire entre un homme, pas deux, et la France. Ce qui m'épate, c'est qu'après tout ce que j'ai entendu dire sur François Bayrou et sa volonté de pouvoir, il se décharge du fardeau qu'il a longtemps porté avec plaisir, sincérité, sur un nouveau venu de vingt-six ans plus jeune. Je me pose la question : qui depuis les débuts de la Ve République a abandonné un leadership, même petit, à un autre que lui ? Giscard n'a pas trouvé, ni voulu trouver de successeur, Mitterrand a préféré

Chirac, *in fine*, Chirac a été trahi par Sarkozy : aucune continuité entre ces hommes. Et voilà que François Bayrou, dont les adversaires dénoncent l'ego démesuré, le fait. Peut-être n'est-ce que temporaire, et devrai-je dans quelque temps déplorer une rupture entre les deux.

« Il n'aimerait pas avoir les mains liées par notre alliance », me dit Bayrou, qui semble le comprendre assez bien.

Il me dit ne demander aucune fonction, aucun siège ni pour le Modem ni pour lui. Entre Macron et lui « il n'y a jamais eu, me dit-il, de calcul d'apothicaires pour les législatives. Le Modem avait commencé à préparer sa copie pour les législatives aux côtés d'Alain Juppé, il la recommence avec Emmanuel Macron, voilà tout ».

La répartition des candidatures se fera à partir du début avril. Elle doit répondre à une seule nécessité : préserver la position centrale de Macron dans l'échiquier politique aujourd'hui.

14 mars

L'affaire Fillon continue. On apprend que les deux enfants de Fillon ont rétrocédé à leurs parents une partie des sommes qu'ils avaient touchées comme attachés parlementaires. Dans l'après-midi, François Fillon est mis en examen. On ne parle que de cela depuis des semaines. Il n'empêche : une chose est d'entendre prédire sa mise en examen, une autre de se la faire signifier. Autour de moi, beaucoup pensent qu'il a définitivement perdu la partie. Je n'en suis pas sûre. Il lui suffirait de reprendre deux à trois points pour passer devant la révélation de l'année, Emmanuel Macron. Tout peut arriver dans cette élection.

Chapeau bas, très bas en revanche pour Johnny Hallyday. Pas seulement parce que confronté au cancer, le plus grave, celui d'un poumon, il trouve le moyen de continuer de rassurer ses fans, comme s'il les consolait, eux, de la maladie qu'il a, lui. Mais aussi parce qu'il a eu cette phrase admirable, qui me bouleverse : « Je ne vais pas me laisser emmerder par la mort ! »

Grandiose ! Qu'on l'aime ou qu'on ne l'aime pas (j'avoue que j'adore l'entendre chanter), Johnny a toujours été un homme libre, qui ne s'est laissé arrêter par rien, qui a mené la vie qu'il souhaitait, de bout en bout. Il réaffirme aujourd'hui sa liberté face à la mort. Le combat est perdu d'avance, certes. « Je ne vais pas me laisser emmerder par la mort » fait écho à une autre de ses phrases, non moins géniale : « Exister, a-t-il dit un jour, c'est insister. »

Insiste encore un peu, mon vieux.

16 mars

Hier, conversation avec Tony Dreyfus, après la rencontre de Manuel Valls avec ses amis socialistes, parlementaires ou pas, dans la salle Colbert, au Palais-Bourbon, mardi soir. Beaucoup de monde, mais combien des parlementaires présents mardi lui resteront-ils longtemps fidèles ? Je comprends que les choses pour Valls sont de plus en plus difficiles, il a perdu le PS, ne peut pas rejoindre Macron, et a décidé, il l'a confié hier en privé à ses amis, de ne pas soutenir Benoît Hamon.

Il s'y était pourtant engagé, mollement il est vrai, après le second tour de la primaire de la gauche, lorsque ce dernier, avec 58 % des suffrages, avait remporté largement la bataille contre lui.

À vrai dire, pour qui regardait bien, la traditionnelle poignée de main entre les deux finalistes, opposés sur tout depuis cinq ans, n'était guère chaleureuse. Faut-il alors, par discipline de parti, que Manuel Valls tire un trait sur tout ce qui a motivé, nourri son action au gouvernement ? Difficile de le faire sans se renier lui-même. Manuel Valls a choisi. Il a en effet renié l'engagement pris à la primaire. Disons qu'entre deux reniements, il a choisi celui qui lui coûtait le moins : il n'a pas transigé sur sa conception du socialisme de gouvernement. Quant à Benoît Hamon, il fait une campagne en solo, qualifiée avant-hier de « dérive sectaire » par Manuel Valls.

Celui-ci a-t-il dit non à Hamon pour dire oui à Emmanuel Macron ? C'est là que le bât blesse. La forte rivalité entre l'ancien Premier ministre et l'ancien ministre de l'Économie n'a pas faibli.

Il n'y a sans doute pas place pour le moment à la tête d'un mouvement progressiste, pour Manuel et Emmanuel à la fois. On me dit que la jalousie de Valls à l'égard de Macron est monumentale. Mais j'ai noté, hier, que le mépris de ce dernier pour son ancien Premier ministre ne l'est pas moins : «Je n'ai pas fondé une maison d'hôtes», a-t-il sèchement répondu à un journaliste qui lui demandait s'il était prêt à accueillir Valls dans En Marche !. Entre Hamon qui fera sans doute une piètre performance, et Macron, Manuel Valls est encalminé.

Aujourd'hui, conversation avec Gilles Boyer à qui je demande comment va Juppé.

«Très bien, me dit-il, il a l'air presque soulagé que tout cela soit derrière lui.

— Tout de même, quelle responsabilité aura prise Fillon s'il est battu, et les Républicains avec lui !

— Vous pensez comme cela, mais pas Fillon. Sinon, il aurait laissé sa place.»

Il croit que, à moins de cinq semaines du premier tour, Fillon n'a plus aucune chance de gagner :

«LR explosera, s'il perd. Quelques-uns iront chez Marine Le Pen, d'autres vers le centre. Mais la droite ne résistera pas.»

Aucune chance de sursaut des Français ?

«Non, il est trop tard, c'était avant qu'il fallait y penser.»

Les chances d'une future majorité «centrale», comme dit Bayrou ? Elles sont grandes. Je vois en effet, jour après jour, les jeunes juppéistes rejoindre Macron, sans tambour ni trompette mais avec, sinon, le soutien, du moins l'accord tacite d'Alain Juppé. En fin de soirée, un parlementaire proche de Juppé a fait de même : c'est le premier des députés. Il est évident que les ralliés de droite sont plus intéressants que les ralliés de gauche pour Emmanuel Macron, qui ne tient pas à passer pour l'héritier de Hollande. Voilà pourquoi, sans doute, le ralliement de Le Drian se fait attendre. «Pas cette semaine», m'a dit hier Cédric Lewandowski. J'en conclus que Macron lui-même lui a demandé de ne pas faire savoir de quel côté penchait son cœur.

Je repense à Valls : quel est son avenir aujourd'hui ? Comment supporte-t-il que tous ses anciens partisans, ses ministres, ses amis, ceux qui lui ont donné raison plus ou moins dans son bras de fer avec Hollande, rêvent de rejoindre Macron ? Cruel.

17 mars

Parmi les ralliés de la première heure, ou presque, à Emmanuel Macron figure Corinne Lepage. Je l'ai toujours vue tenter d'exister en politique. Avec son petit club écolo Club21, elle a mené, depuis des années, des alliances sinon contradictoires, du moins éclectiques[1]. En matière de ralliement, elle n'est donc pas novice. Comment a-t-elle rencontré Emmanuel Macron ? Par Sophie de Menthon, en avril de l'année dernière. Macron l'a reçue pendant deux heures à Bercy, d'où il s'apprêtait à lancer le mouvement En Marche !. Elle l'a revu en octobre, après sa démission du gouvernement, et rejoint en décembre, où elle a été intégrée au conseil politique d'En Marche !.

C'est donc une ralliée de la première heure. Ce qu'elle trouve à Macron ?

« Il était comme moi très critique sur le fonctionnement des partis politiques. Ce qu'il propose, la démarche du rassemblement, m'est apparu tout de suite comme nécessaire : modèle social-libéral, combiné avec la protection sociale, en phase avec l'ADN des Français. C'est un homme super-intelligent, dont j'aime la façon parfaite avec laquelle il s'exprime – parler en bon français, c'est rare en politique aujourd'hui –, et qui surtout ne rabaisse pas les gens. »

Elle m'assure être surprise réellement par l'enthousiasme que suscite sa campagne :

« Incroyable. Dans la semaine, 4 500 comités locaux se sont constitués, 200 manifestations En Marche ! par jour, avec ou sans lui. Des jeunes, et des moins jeunes. »

1. Corinne Lepage a été candidate aux élections législatives de 1993 sous la bannière Génération écologie, élue sur une liste RPR à Cabourg en 1995, ministre de l'Environnement sous Juppé jusqu'en 1997 – une des seules « juppettes » rescapée du gouvernement –, candidate à la présidentielle en 2002, et elle a par la suite rejoint le Modem de François Bayrou.

« Ce qui gênerait plutôt Macron, ajoute-t-elle, c'est une vague de ralliements médiatiques, celui de Ségolène Royal par exemple, ou d'autres députés socialistes qui risqueraient de bouleverser l'équilibre de sa démarche. C'est qu'il porte la plus grande attention à ne pas apparaître comme l'héritier de François Hollande. »

Bref, aujourd'hui, il se méfie des ralliements venus de la gauche plus qu'il ne les souhaite. Jusqu'au premier tour au moins. Il attend en revanche avec impatience ceux de la droite. Ainsi a été très bien accueillie hier la déclaration du sénateur juppéiste de l'Yonne, Jean-Baptiste Lemoyne qui vient de lui apporter son soutien en expliquant au quotidien *La Voix du Nord* qu'« Emmanuel Macron fait vivre le message d'Alain Juppé » avec lequel, précise-t-il, « il partage le souci de la crédibilité et de l'équité ». Pas étonnant que Lemoyne ait immédiatement été exclu de LR par Bernard Accoyer.

Je m'aperçois que les sondages, qui placent depuis peu Macron en seconde position derrière Marine Le Pen ou même à égalité avec elle, font leur effet : nous parlons aujourd'hui de Macron comme s'il était déjà président de la République. Même si son électorat est encore en grande partie fragile.

18 mars

J'en sais un peu plus aujourd'hui sur cette lamentable affaire des costumes de Fillon. Robert Bourgi a reconnu lui-même hier avoir offert à François Fillon deux costumes d'une valeur de 13 000 euros fabriqués sur mesure par le tailleur parisien Arnys. Qui est donc cet ami si généreux ? J'en ai entendu parler pour la première fois en rapport avec François Fillon par Michel Roussin, rencontré l'autre jour avec Philippe Martel. Roussin se demandait pourquoi Fillon était imprudent au point d'avoir fait de Bourgi son ami. Apparemment, un ami encombrant : sa volonté de faire et de défaire les rois, comme il a tenté de le faire des présidents africains, l'a souvent amené à proposer plus que ses services, sa générosité, à ceux dont il sent la cote monter. Ensemble, Roussin et Martel avaient ironiquement évoqué son amitié dévastatrice avec Dominique de Villepin, qu'il a reportée sans doute sur Fillon lorsque celui-ci a semblé en bonne posture pour l'emporter à la primaire de la droite. Né au Liban, fils d'un commerçant gaulliste, Robert Bourgi s'est formé au contact de Jacques Foccart, le Monsieur Afrique du général de Gaulle et de Georges Pompidou. Devenu lui-même le Monsieur France Afrique de Jacques Chirac, il a persévéré dans son sens des coups tordus, en trouvant des appuis financiers chez Omar Bongo, « qu'il appelait son papa », rappelle Roussin. Bref, c'est une de ces personnalités troubles, louches, qui hantent les couloirs des palais ministériels. Un scorpion aussi, qui pique ceux auxquels il a donné sa préférence. Ainsi s'est-il plu à raconter qu'il avait livré pendant des années des mallettes bourrées d'argent liquide à Jacques Chirac en précisant, pour faire bon poids, que celui-ci les prenait lui-même avant de les enfermer dans un placard de son bureau réservé à cet effet. Il préfère Sarkozy – « entre bandits, dit-il, on s'entend bien » – à Fillon, plus austère, mais enfin c'est lui qu'il a choisi d'habiller pour la campagne.

Celui-ci, selon Bourgi, ne l'a pas même remercié. En révélant qu'il a financé la garde-robe du candidat de la droite, Bourgi se venge de celui qui a revêtu ses cadeaux sans en accuser réception. Le « bandit » Sarkozy lui aurait-il suggéré de rendre public ce secret vestimentaire ? Dans quel but ? Redevenir chef de l'opposition après l'échec de Fillon ?

21 mars

Hier, pour la première fois dans l'histoire de la présidentielle, les « grands » cinq candidats étaient réunis sur un même plateau. Débat unique sous la Ve République, autant par le choix de ceux qui y participent, les cinq désignés en tête par les sondages – considérés donc, qu'on le veuille ou non, comme faisant la pluie et le soleil sur la campagne –, que par la durée annoncée, trois heures dûment réglementées, deux minutes pour chacun par réponse, une minute et demie pour l'ouverture, une minute et demie pour la conclusion.

Ce n'est pas pour rien que le décor de TF1 ressemblait à un ring de boxe : les candidats étaient face à face, très près les uns des autres, obligés de garder une certaine réserve pour que la rencontre ne tourne pas au pugilat, et pourtant décidés à écraser leurs adversaires. Hier soir, l'enjeu était clair : un des cinq orateurs présents sur le plateau sera dans quarante-huit jours président de la République.

Un péril majeur était à éviter : l'ennui, qu'aurait pu faire craindre une émission trop longue, trop cadrée, à la prise de parole trop réglementée. Ce péril-là a été évité. Après un round d'observation, où chacun des cinq est demeuré en retrait, prudent et attentif, le débat s'est véritablement animé. Les téléspectateurs sont restés jusqu'au bout de cette longue confrontation de plus de trois heures et demie. Près de 10 millions de téléspectateurs jusqu'à minuit. Qui dira encore que les Français n'aiment pas la politique !

Jean-Luc Mélenchon a été un animateur parfait, rebondissant lorsqu'il le fallait, sans sa légendaire mauvaise humeur bourrue, avec humour même et sans vraie cruauté. Sans doute dans le duel privé qui l'opposait à Benoît Hamon est-il parvenu à montrer que le talent oratoire, la verve, la repartie aussi étaient de son côté. Face à lui, le candidat socialiste a paru, malgré sa énième proposition sur le revenu universel, contre lequel Mélenchon d'ailleurs a décoché ses flèches assassines, assez terne.

Restent les trois candidats qui jouent leur peau le 23 avril et le 7 mai prochain. On a vu une Marine Le Pen égale à elle-même, avec son rire carnassier et sa voix mâle, sa déroutante et naturelle vulgarité, déroulant à l'usage de son électorat toute la panoplie de ses arguments, qui font parfois mouche, et que personne, à une ou deux exceptions près, ne s'est attaché à détruire.

Gêné aux entournures au début, ne sachant pas exactement à quelle sauce l'assaisonneraient ses compétiteurs, François Fillon a mis du temps à se reprendre. Il lui a fallu attendre de se faire remonter le moral pendant la pose publicitaire par ses partisans pour prendre enfin sa place dans le débat. Une fois rassuré, l'ancien Premier ministre a retrouvé, semble-t-il, ce qui avait fait son succès à la primaire de la droite : sa façon de s'exprimer, directe, sans esbroufe, et surtout sa maîtrise des dossiers régaliens. Entré sur le plateau après des affaires qui ont bouleversé la campagne, plongé d'un coup dans un enfer quotidien, il a repris sa place dans le trio de tête.

Reste Emmanuel Macron. L'homme à abattre par la gauche et par la droite. Il avait un handicap : celui de ne jamais avoir affronté une joute télévisée de ce genre. Ainsi donc est-il apparu parfois en retrait, proche de Fillon sur le droit du travail, de Hamon sur les migrants, ou au contraire sur ses gardes, surveillant d'où pouvait venir l'attaque la plus déstabilisante. Mais ce handicap est aussi ce qui l'a servi. Plus jeune, il est apparu comme nouveau, au milieu de ces visages déjà connus, ayant à tracer son chemin, n'ayant pas encore compromis ses chances, avec une énergie qui l'a fait, après de longues heures, conclure avec bonheur ce long débat.

Conseiller politique du président, Bernard Poignant vient de rejoindre Emmanuel Macron.

« Oui, me confirme-t-il au téléphone, cette après-midi. Je l'ai rejoint pour la présidentielle, et pour les législatives. »

Qu'a dit François Hollande ?

« Rien, il m'a laissé faire mais m'a demandé de quitter l'Élysée. Jeudi matin j'aurai fait mes valises. »

Je ne pense pas que Hollande ait été véritablement étonné. Son cœur ne penche pas du côté de Hamon, lequel, entre parenthèses, a fait une piètre prestation hier. Macron l'a trahi ? Certes, du moins a-t-il intelligence, courage et talent. C'est mieux que rien.

22 mars

Je demande ce matin à Cédric Lewandowski, son directeur de cabinet, pourquoi Jean-Yves Le Drian fait tellement attendre son ralliement à Emmanuel Macron. La presse ne parle que de cela. Est-ce Emmanuel Macron qui lui demande d'en différer l'annonce, de peur que le poids de la gauche autour de lui ne devienne trop grand ?

« Pas du tout, me répond-il. Jean-Yves Le Drian a deux contraintes. La première tient au président de la République. Celui-ci veut que, selon la règle républicaine, les ministres exercent leur activité à temps plein. Pour se prononcer, les ministres doivent attendre le 24, vendredi prochain, date de l'ouverture de la campagne électorale. Jean-Yves Le Drian choisira Macron le 24. »

Je lui fais remarquer que Najat Vallaud-Belkacem et Matthias Fekl, le tout nouveau ministre de l'Intérieur, ont rejoint Benoît Hamon depuis plusieurs jours.

« Peut-être, me réplique-t-il, mais ce n'est pas dans la conception de Le Drian. »

Bon. Mais il y a peut-être surtout la deuxième contrainte, celle de son conseil régional.

« La région est son point d'équilibre. Il souhaite se retrouver duc de Bretagne après le 16 mai mais il ne veut pas, avant, de rupture avec les autres membres socialistes du conseil régional. La seule question qui s'est posée était celle de la présence éventuelle de Le Drian lors de la conférence de presse d'Emmanuel Macron sur la Défense, samedi dernier. Pour dire le vrai, Le Drian devait y être. Il a choisi finalement de ne pas y assister, mais je peux vous dire que le discours de Macron a été préparé ici, au ministère. Nous nous étions entendus avec lui pour que ce soit moi, finalement, qui représente le ministre samedi matin. Et puis s'est produit l'attentat d'Orly à 10 heures du matin, et Le Drian et moi sommes partis ensemble pour réconforter les militaires attaqués. »

Lewandowski, que je sais très proche de Valls, me raconte que celui-ci a voulu, la semaine dernière, se rallier à Macron. Il l'en a dissuadé. Macron déteste Valls au point qu'il aurait refusé avec éclat son ralliement : pas lui, pas ça, pas maintenant.

« Même lorsque Valls a dit qu'il ne parrainera pas Benoît Hamon, Macron a cru opportun de dire que son mouvement n'était pas une "maison d'hôtes", c'est-à-dire qu'elle n'avait pas vocation à accueillir tout le monde, Manuel Valls en particulier. »

Non, il n'est pas gentil, Emmanuel Macron, je crois que tout le monde va avoir l'occasion de s'en apercevoir.

« S'il ne se passe rien de grave, continue mon interlocuteur, il sera élu. »

La suite s'écrit en points de suspension. Macron pense évidemment, pour l'heure, qu'il n'évitera pas une coalition gouvernementale.

Mais il y acceptera les uns, et refusera les autres. Il se fiche complètement de faire éclater le Parti radical de gauche. Celui de droite aussi d'ailleurs. Il sait qu'il va faire exploser tout le système politique français, et il s'en réjouit.

« Macron n'est pas un bienveillant, quoi qu'il en dise. Il va jouer du balai, je vous le dis... »

24 mars

Boishue, le lendemain de l'exécrable émission de François Fillon sur France 2. Comme moi, il a trouvé tout pathétique, dans ces deux heures et demie d'antenne : la charge insupportable de Christine Angot, procureur d'un tribunal révolutionnaire, dont l'agressivité a dépassé les codes d'un face-à-face télévisé ; les excuses pitoyables de François Fillon, sur ses costumes notamment, qu'il a rendus après les avoir portés.

Fillon évoque le rôle du « cabinet noir » autour de François Hollande. Pour le dénoncer, il s'appuie sur un livre, *Bienvenue Place Beauvau. Police : les secrets inavouables d'un quinquennat*, dont les bonnes feuilles viennent d'être publiées opportunément par *Valeurs actuelles*[1].

« Le livre, dit-il, explique que François Hollande fait remonter toutes les écoutes judiciaires qui l'intéressent à son bureau », « il est au courant des moindres faits pour discréditer ses rivaux politiques ». Il s'agit donc bel et bien, a plaidé Fillon, d'un complot d'État animé, depuis l'Élysée, par ce fameux cabinet noir, qui se serait chargé, à l'instigation du président de la République, de fusiller Fillon au moment précis où il entrait en campagne. Fillon a conclu l'émission en demandant l'ouverture d'une enquête sur les allégations portées par ce livre.

Complot, scandales d'État. Accusation grave. Évidemment, un peu plus tard, en fin d'émission, Hollande a publié un communiqué

1. Le livre, publié chez Robert Laffont, est signé par deux journalistes du *Canard enchaîné*, Didier Hassoux, Christophe Labbé, et une journaliste indépendante, Olivia Recasens.

pour condamner les allégations qu'il dit mensongères de François Fillon.

En effet, tout, dans notre République, remonte à la présidence de la République, mais je ne crois pas au « cabinet noir ». Et puis Hollande ne se représente pas : qu'a-t-il à faire de la victoire de Macron, de Valls ou de Hamon ? Oui, il sait, comme tous les présidents, comment se présentent les affaires de ce genre ; oui, il peut s'en divertir, mais de là à intervenir pour mettre de sombres plans à exécution, il y a un abîme. Et quel cabinet noir à l'Élysée ? Jean-Pierre Jouyet, auquel justement François Fillon était allé demander d'éliminer Sarkozy ?

Acculé, Fillon n'a plus rien à perdre. Triste de voir cet homme se déboutonner, parler de ses costumes, donnés, portés puis rendus. De Pierre Bérégovoy, auquel il a songé, ce que je peux comprendre. De sa femme. En évoquant, pour étayer sa défense, complots, manipulations et autres assassinats politiques.

À propos des costumes offerts à Fillon par Bourgi, je me rappelle que c'est Nicolas Sarkozy qui a mis les deux hommes en relation. La révélation sur les costumes offerts n'est peut-être pas le fruit du hasard. De là à conclure que c'est Sarkozy qui en a parlé, il n'y a qu'un pas.

27 mars

Coup de téléphone à François Bayrou, ce matin. Il ne pense pas que Fillon puisse remonter, mais il est affolé par la radicalisation de son discours, par la droitisation extrême de ceux des Républicains qui le soutiennent. Je lui demande quel est son rôle dans l'aventure Macron, aventure ou épopée, comme on voudra. Il reste discret, me dit-il, soucieux de ne pas empiéter sur son territoire.

« C'est difficile de mener une campagne de ce type. C'est lourd, une campagne présidentielle. J'essaie de le faire profiter de mon expérience, pas plus. »

Le PS n'existe plus que lorsqu'un des anciens meurt. Il fallait voir, à l'enterrement d'Henri Emmanuelli, tout le socialisme français pour la première fois réuni depuis le début de la campagne. Matignon avait loué un avion pour transporter amis et parlementaires. Tony Dreyfus me décrit l'émotion autour de la mort de ce vieux jeune homme que Mitterrand avait tenté, en 1995, de lancer contre Lionel Jospin. Benoît Hamon, très éprouvé par la perte de son mentor, était soutenu par Bernard Cazeneuve, la main posée sur son épaule. Le président de la République, dont Henri Emmanuelli a, par personnes interposées, empoisonné le quinquennat, a prononcé un discours à tirer les larmes. S'il a rappelé, comme par hasard, qu'Emmanuelli aussi était passé par la banque Rothschild, personne n'y a trouvé malice.

Les retrouvailles d'un parti en miettes, en marche, si j'ose dire, vers son explosion. Beaucoup, dans l'état-major de Cambadélis, au PS, n'hésitent pas à en rendre responsable François Hollande, qui selon l'un des socialistes présents « aura conduit finalement le PS à la faillite ».

Dans le studio d'Europe 1, je retrouve Jean-Louis Debré en fin d'après-midi. Il s'exaspère de la situation des Républicains.

« LR est en train d'exploser, me dit-il avec colère. Chacun prépare déjà la succession, l'après-Fillon. Wauquiez d'un côté, Bertrand de l'autre. Si Fillon perd, il y aura une explication terrible avec tous ceux qui lui ont demandé, sans succès, il y a quinze jours de se retirer. Rien, il n'a rien voulu entendre. Quelle responsabilité ! »

28 mars

Henri Weber au téléphone : « Le PS a déjà explosé, mais je suis incapable de dire où est la ligne de fracture. »

Jean-Luc Mélenchon en profite. Il fait une percée spectaculaire dans les sondages ; chacun loue son talent, son humour, son art oratoire, sa modernité (hologramme et autres sites web, You Tube, etc.).

Son programme, en revanche, accumule les poncifs de la gauche dure, réduction du temps de travail, retraite à soixante ans, école gratuite de trois à dix-huit ans, transports, cahiers, livres, loisirs compris. Tout cela financé par l'arrêt des aides aux entreprises.

Après une pointe dans les sondages, en début de campagne, Benoît Hamon, coincé entre le modernisme de Macron et l'archaïsme de Mélenchon, est désormais inexistant.

Dîner chez Catherine Nay. Jean-Marie Rouart, qui est de la partie, nous raconte comment à trois reprises, dans *Le Figaro* et ailleurs, il a pris sa plume, que l'on sait alerte, pour défendre François Fillon, sur le mode qu'a d'ailleurs choisi lui aussi Luc Ferry : certes Fillon n'est pas un saint, mais qui peut se vanter de l'être toujours ? S'il y a péché, c'est un péché véniel. Que celui qui n'a pas péché lui lance la première pierre, etc.

Jérôme Chartier, le collaborateur le plus proche de Fillon, demande peu après à le rencontrer. Rouart pourrait-il aider François Fillon à se rapprocher des intellectuels ? Par exemple peut-il en inviter chez lui une bonne vingtaine pour une rencontre avec le candidat ? Jean-Marie Rouart n'est pas chaud. Il mesure à quel point il est difficile aujourd'hui de mettre d'accord vingt intellectuels, lesquels ne le sont jamais. Il botte en touche :

« J'ai déjà défendu François Fillon, plusieurs fois, dans la presse. Et Fillon ne m'a même pas remercié.

— Ah, dit Chartier, si vous voulez de l'affectif, alors ne comptez pas sur lui ! »

À un autre moment, pendant le dîner, la conversation vient sur Valéry Giscard d'Estaing. Nous parlons de ce fameux livre, *La Princesse et le Président*, dont lui-même et Lady Di sont les personnages principaux. L'éditeur, Bernard de Fallois, a tiré ce qu'il pensait être une romance vécue à cent mille exemplaires. Une semaine après la sortie du livre, Giscard a fait marche arrière. Il n'était pas le héros de ce livre, a-t-il révélé, ce récit était un roman, ces amours princières étaient, disait-il, pure invention.

Pas si sûr. Car Bernard de Fallois, qui a subi un gros échec avec ce livre tombé en panne dès lors que les lecteurs éventuels ont su que Giscard avait tout inventé, assure avoir bel et bien lu les lettres échangées, «pour de vrai», entre le président et Lady Di. Si Giscard l'a nié, c'était évidemment, mais ne l'avait-il pas anticipé, parce que sa femme, Anne-Aymone, en avait souffert, sa vie de famille aussi.

Puis, sans transition, nous reparlons politique. Qui, de Fillon ou de Macron, est le meilleur rempart au deuxième tour contre le Front national ? Fillon, dit sans hésitation Jean-Luc Barré. Non, lui répondons-nous, mon mari, Philippe Barret et moi, parce que la gauche ne se reportera que partiellement, cette fois, en faveur de François Fillon.

«Macron, lui, a davantage de réserves : une partie de la droite, juppéistes, chiraquiens, se reportera sur lui sans grande difficulté. D'autant que les élections législatives suivent, et que l'investiture Fillon, si celui-ci est battu, ne vaudra pas grand-chose.

— Macron, plaident alors une grande partie des convives, c'est le retour à la IVe. »

Pourquoi ? La Ve République s'est adaptée à tout, à l'élection du président de la République au suffrage universel, au quinquennat, elle s'adaptera bien maintenant à l'éclatement des partis, à la fin de la gauche et de la droite.

Encore une fois, je ne suis pas fan de Macron, mais ces faux arguments constitutionnels ne me paraissent pas convaincants.

29 mars

L'avocat Jean-Pierre Mignard, ami, sans doute un des plus proches, de François Hollande et de Ségolène Royal, a rejoint Emmanuel Macron depuis le début de son aventure. Je le rencontre aujourd'hui dans ses bureaux au 39 de la rue Censier, dans un vieil immeuble, jadis une imprimerie, dont le nom n'a pas été enlevé de la façade. À l'intérieur, vieilles pierres, escaliers en aluminium, grandes salles dédiées à Geneviève de Gaulle-Anthonioz et à Germaine Tillion. Petit, assez rond, visage sympathique, Jean-Pierre Mignard me raconte longuement l'itinéraire qui l'a amené, ami intime du président, à choisir celui qui, qu'on le veuille ou non, l'a trahi ou, pour le moins, laissé tomber. Il l'a rencontré au mariage de la fille d'un de ses amis.

« Je l'ai tout de suite trouvé très vif, soucieux d'action et de surcroît respectueux de ses interlocuteurs. »

Macron a-t-il trahi son ami ? Réponse :

« Je considère qu'en politique, il n'y a pas de trahison, il y a des convictions, voilà tout. Il y a ce qui l'a uni à François Hollande, sur nombre d'objectifs, et puis lorsque divergences il y a eu, il a préféré s'éloigner. »

Pour Mignard, si je le comprends bien, Macron continue l'engagement qui était celui de François Hollande lorsque, avec Jean-Pierre Mignard, il a fondé le mouvement des « transcourants », en 1983. Un mouvement qui s'était donné pour objectif, dès le début, de faire de Jacques Delors le futur président de la République.

« Nous étions alors tous convaincus, Hollande, Le Drian, Ségolène, moi, qu'une nouvelle majorité était possible, qu'elle devait s'étendre au centre, au gaullisme social. L'union de la gauche d'Épinay, en 1971, ne se justifiait que par la volonté de Mitterrand d'avaler les communistes. À nous, qui appartenions déjà à la génération de l'après-Mitterrand, il ne nous semblait pas durable de s'appuyer tant bien que mal sur les communistes en déclin. D'autant que Mitterrand, conseillé par Delors, a fait le choix européen en 1983. Dès cette période, nous avons voulu adapter la majorité de gauche française à la majorité européenne. »

Autrement dit, la volonté de dépasser le Parti socialiste a toujours été essentielle chez François Hollande et ses amis.

« Tous les "transcourants" voulaient, autour de Jacques Delors, une autre politique d'alliance. Nous n'étions pas seuls : il y avait là aussi François Léotard, Patrick Devedjian. Moi, je pensais nécessaire, dès ce moment, une vraie coalition à l'allemande. »

Léotard, à la rigueur, mais Devedjian, du diable si je l'imaginais proche de Delors ! Apparemment, il l'était donc.

Mignard continue son rappel historique, bien intéressant lorsqu'on se souvient que dans le livre des deux journalistes du *Monde*[1],

1. *Un président ne devrait pas dire ça...*, de Fabrice Lhomme et Gérard Davet, Stock, octobre 2016.

François Hollande, il y a trente-quatre ans, envisageait déjà d'étendre sa majorité, au-delà du Parti socialiste, au centre ou aux républicains laïques non socialistes.

« Jacques Delors, poursuit-il, a finalement refusé, contre notre attente, de se présenter à l'Élysée en 1995, parce qu'il ne voulait pas dépendre du PS, et qu'il a redouté, au dernier moment, que le centre lui fasse défaut. En 1997, on a bien vu que la gauche plurielle de Lionel Jospin n'a pas résisté longtemps. Plus tard, Ségolène a essayé de sortir de ce carcan, en 2007, puisqu'elle a exigé une primaire interne, et fini par proposer, entre les deux tours, à François Bayrou d'être son Premier ministre. C'était bricolé, mal fait, mais c'était l'idée. »

D'autant qu'il jugeait à l'époque, comme François Hollande, que la droite aussi était dans un triste état, prisonnière de l'extrême droite, contrainte tout ou tard de lui donner des assurances. Pour Mignard, François Hollande était porteur d'une nouvelle alliance avec le centre, sur les décombres d'une gauche archaïque et d'une droite divisée sur l'essentiel. Seulement voilà : ce n'est pas le chemin qu'il a pris une fois entré à l'Élysée. Pas d'ouverture à François Bayrou qui, pourtant, avait fait acte de courage.

« François Hollande percevait bien les limites de la majorité dans laquelle il est enfermé, mais il n'a pas osé toucher au tabou, franchir les lignes, les casser, ce qui était le rêve de Delors. Il fallait oser. François n'a pas voulu affronter le Parti socialiste. Et puis, continue-t-il, voilà que surgit un type, Emmanuel Macron, plus jeune, qui n'est pas lié par les précédents épisodes politiques de la gauche, qui a le cran de dire, avec audace : On va sortir de là, on va dépasser le clivage droite-gauche. Lorsqu'on émerge de cette situation d'hébétude politique, et qu'on gagne la haute mer, comme l'a fait Macron en quittant le gouvernement, on sait bien que cela va tanguer. Il faut un bon commandant de navire, il en est un. Son avantage, c'est qu'il est intellectuellement libre, il n'est pas tenu par des fantômes idéologiques. »

Tout de même, Macron a tué le père, non ?

« François ne peut s'en prendre qu'à lui-même. Il est responsable de ce manque d'audace, il est resté sans broncher sous le feu croisé des uns et des autres. Plus tard, avec le terrorisme, a surgi à nouveau une possibilité d'union nationale. Il a choisi le terrain de la double nationalité, ce n'était pas un bon terrain pour la gauche. »

Qu'en a-t-il pensé, lui, Jean-Pierre Mignard, de cette affaire de déchéance de nationalité ?

« Le plus grand mal, tout de suite. J'ai très vite pris position contre. Elle me paraît inefficace dans la lutte contre le terrorisme, et elle a déchiré le pays, pour quoi faire ? Il n'y avait pas de gains à en attendre. »

Quel constat, vraiment, quelle dureté ! Je demande à mon interlocuteur s'il dit tout cela à François Hollande, directement, les yeux dans les yeux :

« J'ai toujours eu, me dit-il, des rapports amicaux et francs avec lui. Lorsque j'ai un désaccord avec lui, je le lui dis en privé, jamais en public. »

« Vous savez, ajoute-t-il après quelques secondes, c'est sans doute pour cela qu'il ne m'a jamais confié aucune responsabilité. »

« Le problème, me dit-il encore, est que François avait besoin de la gauche pour gagner l'élection, mais pas pour gouverner. Cette dissociation l'a amené à la catastrophe. Dans le comité exécutif d'En Marche !, poursuit-il, il y a des socialistes, des centristes, des chiraquiens. Et puis aussi des politiques, des experts, et des représentants de la société civile. Un personnel politique nouveau, des visages nouveaux. La parité, des représentants des entreprises. C'est entre eux qu'il faut une véritable cohésion. En Marche ! doit se transformer en un parti démocrate à l'américaine, de Bernie Sanders jusqu'aux millionnaires de la Côte Ouest. C'est un bon modèle. »

Dernière phrase avant de nous quitter :

« Pour rassembler tout cela, conclut-il, il faudra à Emmanuel Macron être imaginatif là où Chirac ne l'a pas été. »

30 mars

Manuel Valls a annoncé officiellement hier qu'il votera, dès le premier tour, pour Emmanuel Macron. Il l'a fait le matin, sur RMC, au moment où Emmanuel Macron était interviewé, lui, à Europe 1. C'est la suite logique de son analyse sur les deux gauches irréconciliables : entre la discipline du parti et ses idées, il a choisi ses idées.

La réaction du camp Hamon était prévisible. Un déchaînement : « Homme sans honneur » a tweeté Arnaud Montebourg, tandis que Martine Aubry faisait part de son « écœurement », et que Benoît Hamon appelait, lui, les électeurs à « sanctionner ceux qui se prêtent à ce jeu morbide ».

Valls devait-il prendre ce risque dès maintenant ? Cédric Lewandowski me l'avait dit la semaine dernière : il avait prévenu Valls des réticences d'Emmanuel Macron à son égard. Il lui avait suggéré d'attendre avant de le rejoindre, d'une manière ou d'une autre. Nombre de ses amis, avant-hier à midi, étaient au courant de l'intention de Manuel Valls de ne pas tenir l'engagement pris, contraint et forcé, après la primaire. Certains, comme Claude Bartolone, l'ont approuvé. Le soir, lors de la réunion des amis de Manuel Valls à l'Assemblée nationale, beaucoup de participants, en revanche, ont essayé de dissuader leur leader d'annoncer dès mercredi matin son vote en faveur d'Emmanuel Macron. Pour deux raisons au moins : d'abord parce que, en effet, il reniait l'engagement qu'il avait pris, et signé, avant la primaire socialiste, de soutenir le vainqueur. Il est vrai qu'il s'attendait, au moment de la signature, à l'être lui-même.

Ensuite parce que, s'engageant en faveur d'Emmanuel Macron, Valls n'était pas même sûr que celui-ci lui ouvrirait les bras. Il n'y a eu, semble-t-il, aucune négociation entre les deux hommes, mais enfin, de nombreux amis communs avaient discrètement tâté le terrain du côté de Macron et conclu, en en prévenant Manuel Valls, qu'il ne serait pas accueilli avec chaleur.

Un tapis rouge a été déroulé, il y a quelques jours chez Macron, sous les pas de Jean-Yves Le Drian, susceptible d'amener au candidat d'En Marche ! ses connaissances régaliennes et sa popularité sans tache. Au contraire, Emmanuel Macron, au seul bruit que Valls faisait ou allait faire mouvement vers lui, avait trouvé, mardi matin, lors d'une conférence de presse impromptue, tous les arguments pour tenir à distance d'éventuels ralliés venus du PS : les investitures des candidats En Marche ! pour les législatives se feraient au lendemain du second tour de la présidentielle, et non pas avant, inutile de se précipiter auparavant en rangs serrés depuis la rue de Solferino. Pas d'« accord d'appareil » en vue. Tout pour décourager Valls de le rejoindre.

C'est que Manuel et Emmanuel ne se sont jamais entendus. Finalement, pire, ils se sont détestés, même si, il le souligne souvent, Manuel Valls avait soutenu, à l'automne 2014, son entrée au gouvernement. Mais depuis, on le sait, la rivalité entre les deux hommes, apparue clairement au moment de la décision de Manuel Valls d'avoir recours, contre l'avis d'Emmanuel Macron, au 49.3 pour faire accepter sans vote la première loi Macron, n'a cessé de croître. Macron était furieux de cette décision. Il avait pris le 49.3 comme un affront personnel. Ce fut le premier clash entre le Premier ministre et son ministre de l'Économie.

Lorsque Manuel Valls a décidé de confier le second volet de la réforme du travail, sur lequel Macron fourbissait déjà ses armes, à Myriam El Khomri, novice en la matière, la coupe était pleine. Et l'inutile rétrogradation de Macron dans l'ordre protocolaire gouvernemental, où il était passé, en février 2016, de la douzième à la quatorzième place, a fait le reste : autant de signes négatifs aux yeux d'Emmanuel Macron. Bref, la vie gouvernementale en a été empoisonnée jusqu'à ce que Macron choisisse de prendre le large.

À peine hier matin Valls avait-il annoncé sa décision qu'Emmanuel Macron à Europe 1 le remerciait du bout des lèvres, et prévenait qu'il se voulait, lui, le « garant du renouvellement des visages, du renouvellement des pratiques ». Autrement dit : pas question, si Macron gagne, que Valls retrouve un poste ministériel. D'autant que, volontairement ou pas, il complique plutôt la tâche du patron d'En Marche !. Celui-ci, dans la position centrale qu'il occupe, est obligé de respecter scrupuleusement un dosage entre la gauche et la droite. Aujourd'hui, Macron se serait bien passé du ralliement de son ancien Premier ministre.

J'ai appelé, encore sous le coup de ce ralliement qui n'en est pas un, Richard Ferrand, que j'ai trouvé assez goguenard. Encore que, comme il le dit, mi-figue mi-raisin :

« Je préfère gérer un flux de nouveaux entrants que de subir, comme François Fillon et Benoît Hamon, des départs en série. »

« Il nous faut de toute urgence, plaisante-t-il, trouver un ancien Premier ministre de droite. »

Parle-t-il de Dominique de Villepin ? Cela ne l'empêche pas d'ajouter, *in cauda venenum* :

« La décision de Manuel Valls, c'est un problème entre le Parti socialiste et lui. »

2 avril

Meeting de Jean-Luc Mélenchon à Châteauroux, juste après celui de Marine Le Pen sur les terres d'Alain Juppé. Il est comme galvanisé par sa montée en flèche depuis quelques jours dans les sondages. Un rendez-vous de la France insoumise autour de lui place de la Bastille le 18 mars, puis sa prestation réussie lors du débat des 5 sur TF1, le 20, ont suffi pour qu'il décolle. Serait-il possible que Jean-Luc Mélenchon devance le candidat de la droite le 23 avril ? Ce serait un traumatisme inouï, que je ne crois pas possible.

Je le regarde électriser ses auditeurs, les faisant tour à tour rire ou applaudir, quand il leur parle de Victor Hugo ou de George Sand. Il est même allé, à la tribune, sans qu'on entende une mouche voler, jusqu'à expliquer la signification, largement inconnue de ses militants, admiratifs ou béats, et de moi d'ailleurs, du mot « anthropocène ». Anthropocène, kesako ? C'est alors que le tribun se fait professeur et que Mélenchon explique, en quelques secondes, en profitant pour parler d'écologie, qu'il s'agit de l'histoire de la terre depuis que l'homme existe.

Il faut dire qu'il en a, du talent, Jean-Luc Mélenchon, marchant de long en large sur la scène, devant des milliers d'hommes et de femmes aux anges lorsqu'ils l'écoutent, souriant à ses bons mots ou s'indignant avec lui. Qu'il mène où il veut, avec une éloquence hors du commun. Qu'a-t-il de changé, donc, aujourd'hui, Jean-Luc Mélenchon ? Un peu plus de bouteille, sans doute, depuis sa première campagne présidentielle de 2012. Une apparence nouvelle : plus de foulard rouge, un costume bleu, toujours de la même coupe, genre veste des présidents sud-américains, des cheveux qui ont blanchi en cinq ans. Et puis surtout une sorte de sagesse qui lui est venue sur le tard. Il rappelle lui-même qu'il a aujourd'hui soixante-cinq ans. Il se disait insoumis, il était imprévisible, passant facilement de la colère à l'imprécation, se battant comme Don Quichotte contre tous les moulins à vent. Aujourd'hui le voilà devenu presque une star de la politique, alliant humour et juste assez de colère pour rester un tribun populaire. Sans faire peur, se faisant, comme François Mitterrand autrefois, nouveau héros d'une France tranquille.

4 avril

Entendu à Radio Classique, en fin de soirée, les quelques phrases d'Édouard Philippe, le maire du Havre et copain de Gilles Boyer, à propos de la campagne électorale de François Fillon. À la première question de PPDA, il est clair :

« Je ne participe pas, dit-il d'emblée, à cette campagne. »

Il sera muet. Ce qui ne l'empêche pas de trouver qu'après tout, « il est possible, dit-il, qu'un nouveau paysage politique se dessine ». Allusion, bien sûr, à la position centrale d'Emmanuel Macron, qu'il est ce soir loin de condamner.

Qu'est-ce qui fait tenir et courir François Fillon ?

« Dans son cas, ce n'est pas du courage, me répond Boishue, sans hésiter. De l'orgueil, plutôt. Vous n'avez aucune idée de son orgueil. »

Il me décrit l'univers au QG de Fillon, rue Firmin-Gillot : Chriqui, qui a pris la place de Stefanini, qui se prend pour un grand politique, Gosset-Grainville, qui est resté, lui, ainsi que Mitrofanoff et lui-même, Boishue, écrivant les discours au kilomètre. Les immenses locaux qui avaient été loués pour la campagne abritent des bureaux fantômes, trop grands pour tous ceux qui ont fait défaut. Seul le quatrième étage est animé, car les jeunes bénévoles s'y bousculent sans compter leur temps. Depuis hier ou avant-hier seulement, beaucoup de gens pourtant, les ouvriers de la vingt-cinquième heure, font mouvement vers Fillon, des gens dont celui-ci n'avait plus entendu parler depuis sa mise en examen. « Tout de même, vous n'êtes guère aidés, lui dis-je. Juppé se tait, Le Maire est aux abris, Sarkozy ne dit pas un mot, le reste se défile.

— Oh, me répond-il, il n'y a aucun intérêt, aujourd'hui, à avoir Sarkozy avec nous. On s'en passe très bien. »

En revanche la danse des premiers ministrables a repris autour de François Fillon :

« Jean-Louis Borloo fait savoir qu'il est prêt. François Baroin n'est jamais loin. »

Débat à onze le soir

Les débats présidentiels se suivent et ne se ressemblent pas. Le premier, à cinq, était feutré. Le second, à onze, à mains nues. Dès les premières minutes, les cinq « grands » candidats ont été submergés, déstabilisés par les six « petits », entrés dans l'émission comme des taureaux dans l'arène, naseaux en feu, front baissé pour écorner leurs adversaires. Ils ont réussi, par leur débordante vitalité, à les neutraliser. Il n'est jusqu'à Jean-Luc Mélenchon qui ne se soit fait donner, par Philippe Poutou ou Nathalie Arthaud, des leçons de conscience ouvrière.

Philippe Poutou s'est découvert un talent particulier pour éreinter François Fillon. Nathalie Arthaud a été d'une pugnacité rare qui ne m'a pas étonnée, car je me souviens l'avoir interviewée pour IDF1, il y a cinq ans : elle n'avait pas à rougir par rapport aux « Travailleurs, travailleuses » d'Arlette Laguiller dont elle est la digne continuatrice. Marine Le Pen, à côté d'elle, pouvait presque passer pour timide.

Un débat historique, certes, puisqu'il s'agit du premier débat de ce genre sous la Ve République. Je me demande si Macron est resté le favori, quoique manquant de présence, ce soir, s'ennuyant même ostensiblement à d'autres moments. Une chose est sûre : on attendait hier soir un « Tout sauf Macron ». On a eu droit plutôt à un « Tout sauf Le Pen ». C'est la seule vraie raison que pouvait avoir, hier, Emmanuel Macron de se réjouir d'un débat qu'il n'a pas dominé.

5 avril

Longue conversation, à l'Élysée, avec le président. Je dis conversation, et pas interview, parce que rien, ce soir, entre nous, n'était formel. Propos directs, au contraire, sans esbroufe, même pas empreints de tristesse.

Je passe d'abord une dizaine de minutes avec Jean-Pierre Jouyet, que Hollande a dépêché pour me faire attendre, car il a cinq minutes de retard. Je le trouve, lui, très affecté par les trois années qu'il a passées à l'Élysée. Il revient sur Fillon, dont il m'assure qu'il lui a bel et bien demandé, en 2015, de le débarrasser de Nicolas Sarkozy, et qui, après, l'a publiquement accusé de mensonge, sans qu'il puisse répliquer.

« Il est fils de notaire, me dit-il, comme moi. Je n'ai jamais imaginé qu'il puisse à ce point avoir besoin d'argent... »

Il préférerait presque, à tout prendre, Nicolas Sarkozy. Celui-ci l'a appelé récemment pour le prévenir de sa décision d'entrer au conseil d'administration d'Accor.

« Je trouve cela très correct, me dit Jouyet, qu'un ancien président, comme en Allemagne ou aux États-Unis, rejoigne un grand groupe français. François, lui, n'est pas de cet avis. »

« Vous savez, ajoute-t-il alors que François Hollande arrive, tout cela finira par le retour de Sarkozy, seul capable de faire l'unité de la droite. »

Autant Jouyet m'a paru défait, autant Hollande me paraît en forme. Il vient manifestement de remettre une Légion d'honneur, une des dernières de son quinquennat, dans la salle des fêtes, au rez-de-chaussée, et monte sans souffler le majestueux escalier qui mène au premier étage.

Comment commencer notre conversation ? Le plaindre ? Sûrement pas, il le prendrait mal. Le féliciter ? Pourquoi ? Ce serait difficile et incongru. Je commence le plus platement du monde en lui demandant si, au vu de la campagne telle qu'elle se déroule, il regrette finalement d'avoir renoncé à être candidat.

Il botte en touche.

« Ce qui n'aurait pas dû être, me répond-il, c'est la primaire. »

C'est lui, pourtant qui l'a acceptée, non ?

« Non, j'ai toujours su qu'un président sortant ne pouvait pas se présenter à la primaire du Parti socialiste. Un parti de gouvernement qui se lance dans une primaire, c'est qu'il ne croit plus en sa vocation de gouverner. C'est cela la réalité. Marine Le Pen n'a pas eu besoin de primaire pour être désignée. En ce sens, on peut dire que le Front national est aujourd'hui le seul parti qui existe. Au PS, cette primaire avait été décidée. J'en ai fait le constat et tiré les conclusions. De toute façon, j'ai pris ma décision à l'heure dite, en décembre, comme je l'avais annoncé. Je n'ai pas traîné. »

Pendant qu'il me parle, je me souviens de la conversation que j'ai eue avec Cambadélis, au moment, où justement, Camba me disait qu'il avait préparé à Hollande une primaire faite pour lui. À ma connaissance, Hollande ne lui a jamais dit ce qu'il vient de me dire : la primaire socialiste marquait l'échec du parti au gouvernement que lui, Hollande, conduisait. Est-ce qu'il se gardait la possibilité de l'accepter ? Ou bien, n'y croyant pas et n'en voulant pas, il a laissé Camba organiser les choses, quitte à lui donner tort par la suite. Je n'en saurai rien, Hollande lui-même le sait-il ?

« Le fait majeur de cette campagne, continue-t-il, c'est l'effondrement de la droite, qui ne vote pas Fillon, tandis que la gauche a choisi un candidat qui ne représente pas la réalité du PS tel qu'il est. Du coup, les socialistes se répartissent entre Macron d'un côté, et Mélenchon de l'autre. Pourquoi le PS a-t-il gagné deux fois la présidentielle, en 1981 et 2012, une fois les législatives en 1997 ? Parce que le PS représentait l'alternance, parce qu'il n'y avait pas d'autre choix que de voter socialiste si on désirait cette alternance. Dès lors que le candidat du PS n'est plus celui du vote utile, alors de moins en moins nombreux sont ceux qui se dérangent pour voter pour lui. »

Je lui parle de la candidature de Manuel Valls au moment où lui-même a renoncé. Qu'en pense-t-il ?

« J'ai dit à Manuel Valls, avant qu'il ne quitte le gouvernement, qu'à mon avis, il n'avait guère de chances. J'ai été clair : "Soit j'y vais et tu me suis, soit je n'y vais pas, et ce sera difficile pour toi." Il ne m'a pas cru. Je lui ai dit aussi, insiste Hollande : "Le rôle le plus difficile est d'être président de la République." Il a manqué de lucidité, Manuel Valls, il aurait dû m'encourager à y aller. »

Lui en veut-il ? Il hésite. Non, c'est plus compliqué que cela. Dans cette phase, il ne le dit pas mais je le sens, il ne l'a tout simplement pas trouvé à la hauteur. Sans doute parce qu'il n'a pas compris que mieux valait pour lui passer son tour, attendre, plutôt que d'assumer forcément, auprès de la minorité du PS – c'est-à-dire en gros des frondeurs –, le bilan du quinquennat. D'autant qu'Emmanuel Macron, envers lequel Valls a toujours, me dit-il, éprouvé une sorte de complexe, avait déjà fait acte de candidature.

« Pour être président, il faut une vision, continue Hollande [à qui ses adversaires ont si souvent reproché de ne pas en avoir]. Macron a eu une intuition, celle que les Français avaient besoin de renouvellement, de nouveaux visages, de nouvelles méthodes, que le militantisme classique était terminé. »

Considère-t-il que Macron l'a trahi ? Il marque une pause, puis :

« Je ne dirais pas cela. Je ne parlerais pas de trahison. Il a vu devant lui un espace ouvert. Cet espace n'aurait pas été suffisant si le PS était resté uni ou s'il s'était rassemblé derrière le président sortant. »

Autrement dit : Macron a profité de l'occasion qui lui a été donnée de prendre son envol. Hollande justifie, en quelque sorte, auprès de moi, comme un observateur impartial, sa décision. D'ailleurs, il n'a pas l'air de lui en vouloir. Il constate, tout simplement qu'en politique, l'occasion fait la trahison. Qu'après tout, quand l'occasion est là, il faut la saisir. Il l'aurait fait lui-même.

« On se retrouve donc dans la situation où le PS n'est pas derrière le président sortant, où Alain Juppé n'a pas été désigné comme le candidat de la droite et du centre. Emmanuel Macron aurait pu en être réduit à occuper la position de François Bayrou en 2007, au centre, bordé de près par les deux partis de gouvernement. Mais cela n'a pas été le cas pour Macron, il s'est retrouvé entre les deux partis de gouvernement, certes, mais en pièces, en morceaux, ce qui lui a permis d'occuper un espace politique considérable. »

Aucune rancœur affichée envers Macron, pas de propos contre Brutus. Une simple constatation politique : l'ancien ministre de l'Économie a eu une intuition, et il a profité de la situation. Ce qu'a ressenti François Hollande, ses réactions, son agacement, sa colère peut-être, il n'en dira pas un mot. Curieux de voir à quel point cet homme est dissocié de lui-même.

Aujourd'hui, ce soir, au moment précis où nous parlons, il voit Macron vraisemblablement élu le mois prochain. Mais la situation de décomposition simultanée de la droite et de la gauche est-elle tenable longtemps ? Il s'interroge, pour conclure assez vite :

« Non, le cycle de décomposition sera forcément suivi d'une recomposition. La Ve République, c'est une stabilité constitutionnelle conjuguée avec des partis forts. Quand le général de Gaulle n'a pas de majorité, il dissout l'Assemblée nationale en 1962. Giscard d'Estaing, qui ne dispose pas d'un parti assez fort en 1974, face à l'UDR, ne peut pas s'opposer à une fronde de Jacques Chirac, donc il est battu en 1981. Mitterrand lui-même, tant qu'il a eu autour de lui un parti soudé, n'a pas eu de problèmes pour gouverner. Dès que le parti s'est fissuré, en 1990, les ennuis ont commencé. Moi, j'ai eu contre moi depuis le début du quinquennat trente à quarante frondeurs. Pas grand-chose. Ils m'ont pourtant fait du mal. Pas seulement parce qu'ils ne votaient pas certaines lois, mais plutôt parce qu'ils se répandaient partout, dans les médias, au Parlement, au PS, pour condamner la moindre de mes actions. Entretenant une confusion, faisant un bruit formidable. »

Lui-même alors a-t-il pensé à une dissolution ?

Oui, me répond-il, il y a pensé après l'attentat du Bataclan en 2015.

« Je pouvais, alors, essayer de provoquer un sursaut. Mais les régionales arrivaient, il était impossible de dissoudre à ce moment-là. »

Mais avant ? Il y a pensé avant, mais a jugé qu'il n'était guère correct de procéder à une dissolution de convenance.

« Donc, conclut-il, je ne pouvais pas dissoudre avant. »

Puisque nous parlons de majorité, il revient à Emmanuel Macron sur lequel il ne m'a pas encore dit le fond de sa pensée :

« Son problème est précisément de ne pas avoir de majorité. Voilà pourquoi son élection peut véritablement ouvrir une période d'instabilité. Marine Le Pen ne passera pas, mais elle représentera 40 % des Français, ce sera un choc pour le pays. Macron a un mouvement, mais pas de parti. Le Modem sur lequel il s'appuie n'est pas structuré. Il pense que la pancarte présidentielle suffit. Il a tort, il faut un parti structuré pour tenir une majorité. C'est un problème pour la France au moment de la résurgence des empires, du Brexit, de Trump. Il faut une unité de commandement. »

Je mesure ce que François Hollande est en train de me dire, mine de rien : que la réussite éventuelle de Macron en mai prochain risque de marquer une période de grande faiblesse de la France.

« D'autant, poursuit-il, que la droite n'a pas explosé. Son candidat a explosé, c'est différent. Si Juppé avait été désigné, il n'y aurait pas de problème à droite. Mais, pour le moment, il ne s'est pas rallié. Ce qui me laisse penser que la droite a accepté de perdre, mais elle a en fait su préserver son unité. C'est d'ailleurs le calcul de Sarkozy. Voilà pourquoi la gauche de gouvernement devra se reconstituer très vite. Un groupe de quarante progressistes au Parlement, tel que l'envisage Valls, n'aurait aucun intérêt : tous les socialistes devraient être dans la future majorité, moins peut-être quinze à vingt frondeurs, refusant d'en faire partie. »

Il s'interroge :

« Est-ce que l'électorat socialiste veut massivement être à la gauche de la gauche ? La CFDT, dans ce cas, ne serait pas devenue le premier syndicat de gauche. Il n'y a pas, m'assure-t-il, de radicalité à gauche. Le plus grand nombre de ses électeurs veulent gagner, ils choisiront le vote utile. »

Nous parlons maintenant des élections législatives. Non, il ne pense pas qu'il y aura des quadrangulaires, ni même tellement de triangulaires. Le seuil de 12,5 % des inscrits en éliminera beaucoup pour le deuxième tour. Il y aura des duels droite-extrême droite, gauche-extrême droite, dans lesquels la droite classique sera éliminée.

« Dans une partie du territoire, prévoit-il, l'extrême droite risque d'absorber la droite. »

Bref, sa conviction est que si Emmanuel Macron est élu, il peut certes bénéficier d'une vague politique après sa victoire à la présidentielle, mais, il le dit en une litote élégante, « cette hypothèse ne sera pas nécessairement validée ».

Je comprends que, dans l'état actuel – il reste trois semaines avant le premier tour –, l'élection d'Emmanuel Macron, telle qu'elle est inscrite dans les sondages, entraînerait une instabilité plutôt qu'une installation paisible à l'Élysée.

« Les proches de Macron pensent qu'ils détiendront la majorité à eux seuls. Je ne partage pas ce point de vue. »

Il ajoute :

« Quand on sort de nulle part, il est très difficile de faire campagne. »

Cela vaut pour les futurs candidats aux élections législatives, mais peut-être aussi pour le candidat à la présidentielle.

Comment lui apparaît-il, Macron, aujourd'hui ?

« Il a du charisme, mais aussi de la force et du talent. »

Hollande s'interroge tout haut :

« Appartient-il au post-politique, comme Trudeau et Trump, ou bien la politique, en France, a-t-elle encore ses règles, ses codes ? L'atypique en politique, cela peut-il marcher ? Ma conviction est que la France est un pays politique, qui réagit selon des règles politiques. »

Je comprends qu'il a beaucoup de doutes sur l'« atypique » Macron. Dans ce cas, si la politique reprend ses droits, allons-nous vers une majorité de coalition ?

« Oui, si Macron arrive à trouver son espace depuis le centre de l'UDI jusqu'au Parti socialiste. Dans le cas contraire, ce sera la cohabitation. »

Fichtre, je dirais en sortant de cette entrevue que le président de la République en exercice envisage, si Macron l'emporte, qu'une cohabitation soit inéluctable dans la foulée, cela ferait un sacré bruit ! Tant de gens autour de moi, de droite en particulier, m'assurent que le vœu le plus cher de Hollande serait l'élection de son poulain pour lequel, selon eux, il a les yeux de Chimène. Je mesure au contraire à quel point la lucidité du président, dans le cas de Macron, est intacte, et même qu'on pourrait parler davantage de sévérité que de lucidité.

« Tu sais, dit-il, retrouvant le tutoiement, l'expérience présidentielle est lourde. J'ai fait des choses bien, avec sans doute un défaut d'explication, on me l'a assez dit, sur le terrorisme par exemple. La loi sur le travail est une bonne loi, le pacte de responsabilité a été une réussite. J'ai aussi fait des erreurs. »

Tout de même, il a reçu beaucoup de coups, non, depuis cinq ans ? Il a cette formule résignée :

« Les coups sont inscrits dans l'ADN de la présidence de la République. Tout y est exposé, transparent, vie privée comme vie publique. La vie privée, d'ailleurs, est suspendue lorsqu'on est président. »

Cette dernière phrase m'intrigue : on ne peut pas dire que, depuis 2012, il ait mis sa vie privée entre parenthèses. Depuis 2014, à la rigueur, mais avant...

« C'est très ingrat, mais après tout, personne ne m'a forcé à faire de la politique. En tout cas, je peux dire que je n'ai jamais utilisé la présidence pour détruire les autres. »

Il pense évidemment, ce disant, et pour les réfuter, aux accusations de Fillon sur le « cabinet noir » de l'Élysée.

« À force de démolir les responsables des partis, de vouloir du neuf, eh bien, on va avoir du neuf. Le défi lancé à Macron : faire du neuf en ayant l'expérience d'un vieux. »

L'heure tourne. Dans son bureau, nous sommes assis l'un en face de l'autre, lui sur le canapé en face du grand secrétaire sur lequel il travaille, moi sur un fauteuil doré. Une heure et demie que nous parlons. J'ai eu, dans ma vie, beaucoup de conversations avec lui. Celle-là est particulière. Je l'ai vu quatre à cinq fois longuement, pendant sa présidence, jamais avec cette gravité, ni avec cette confiance. Il est vrai qu'il va partir, retourner à la vie civile et que déjà l'onction présidentielle s'éloigne de lui.

Que va-t-il faire après ?

« Ce serait irresponsable de penser dès maintenant à l'après. Préparer l'après est contraire à l'éthique de la fonction. De ce point de vue, il y a une grande différence entre ceux qui ont été présidents de la République et ceux qui ne l'ont pas été. Sarkozy a commis l'erreur de revenir dans son parti, mais il sait ce que c'est que d'être président.

On a tort de penser que tout est habileté, la politique est plus simple : l'intérêt du pays, le sens du progrès, la cohésion sociale... »

Un dernier mot, il est tard, l'heure du journal télévisé est passée :

« J'en veux beaucoup à François Fillon d'avoir altéré l'idée même de la politique. Comme j'en ai voulu à Jérôme Cahuzac. »

Je me retrouve dans le grand escalier. Je songe à la déflagration que feraient ses confidences si je les publiais en pleine campagne. Mais j'ai ma réponse : il n'en veut pas à Macron ; c'est pire, il ne croit pas en lui.

6 avril

Rencontre, avant-hier, avec Jean-Jacques Aillagon. C'est la première fois, depuis qu'il a quitté le ministère de la Culture, il y a bien longtemps, que je le revoyais. Je n'avais jamais eu avec lui d'autres conversations que sur les débuts de la TNT en France, auxquels il ne croyait pas et que, à la tête de l'organisation de tous les opérateurs futurs du numérique, j'étais chargée de défendre. Il y a deux jours, nos relations étaient apaisées, le temps ayant fait son œuvre. J'étais contente de voir celui qui, à Versailles ou à Venise, avec François Pineau, s'était montré tellement imaginatif. Je le croyais jusqu'au bout fidèle de Jacques Chirac, dont il a été le ministre. Je m'aperçois qu'il avait déjà, depuis longtemps, avant la fin du quinquennat de Nicolas Sarkozy, rejoint François Bayrou. Après avoir eu une longue discussion avec lui, en Bretagne, à Lopérec, où ils s'étaient trouvés par hasard dans le même hôtel, il avait, me raconte-t-il, voté pour François Hollande en 2012 :

« J'espérais, comme François Bayrou, qu'après le quinquennat précédent il rétablisse des relations équilibrées entre le législatif et l'exécutif, et qu'il fasse l'option de l'ouverture politique. Je pensais que la République était tellement fatiguée qu'il fallait la changer de fond en comble. Il n'a rien fait de cela. Pas même renvoyé l'ascenseur à Bayrou en lui assurant une circonscription dans les Pyrénées-Atlantiques. »

Je lui fais remarquer que c'est Martine Aubry qui avait déjà investi une candidate socialiste contre Bayrou.

« Face à la fronde des députés désignés par Martine Aubry, justement, il n'aurait pas dû accepter le fait accompli, il aurait dû dissoudre l'Assemblée, le plus vite possible. Il est vrai qu'il a été par la suite pris par la politique étrangère, par les attentats, où il a été d'une très grande dignité, mais enfin, il n'a pas su faire ouvrir sa politique, il n'a pas fait ce qu'on attendait de lui. »

Cela devient un peu monotone, ce « dézingage » de Hollande. En fait, Aillagon me dit ce que François Bayrou – Mignard aussi, plus récemment – m'a dit plusieurs fois, La tare originelle du quinquennat Hollande, c'est l'abandon de Bayrou en rase campagne, après que celui-ci avait brûlé ses vaisseaux en le soutenant. En fermant la porte à Bayrou, il s'est condamné à remettre à plus tard son évolution sociale-démocrate, et à perdre finalement sur tous les tableaux : il a perdu le centre sans gagner les frondeurs. Défaite sur toute la ligne.

« Emmanuel Macron, lui, a a relevé le défi. Au début, personne n'y a cru, mais le phénomène a pris de la consistance, il a fait la réconciliation. »

Bref, Aillagon a suivi avec un intérêt particulier, à partir de ce moment, l'itinéraire de ce ministre de l'Économie que chacun a vu, de longs jours et nuits, discuter sa loi, la loi Macron, avec les députés de la majorité et de l'opposition, chacun jugeant, au-dedans de lui, que ce jeune type menait bien sa barque. Et puis le 49.3 déposé par Manuel Valls, qu'il a ressenti, lui aussi, avec Macron, comme un coup de poignard dans le dos, un moyen de signifier à Macron que le chef, c'était le Premier ministre, et pas lui, si doué qu'il soit.

L'envol de Macron, son premier meeting, à la Mutualité, la constitution d'En Marche !, le recrutement des membres sur ordinateur, l'arrivée de supporters volontaires, Aillagon a suivi tout cela, en marquant sa distance parce qu'il attendait la décision de François Bayrou de faire ou ne pas faire acte de candidature, partagé qu'il était, me dit-il, entre son désir de voir Macron président et sa fidélité à Bayrou.

Grand soulagement lorsque le président du Modem a annoncé qu'il apportait son soutien à Emmanuel Macron.

«La veille encore, il hésitait. Nous parlions d'organiser des meetings, de battre la campagne. Il m'a fait part de sa décision de renoncer à sa candidature quarante minutes seulement avant sa conférence de presse. J'étais soulagé, je l'ai encore été davantage lorsque, après quelques hésitations (Bayrou avait en effet dénoncé en Macron le «candidat des banques»), Bayrou a rejoint le mouvement de Macron. À partir de ce moment, ma fidélité et mes convictions étaient compatibles.»

Qu'aime-t-il chez Emmanuel Macron? Il ne réfléchit pas longtemps :

«Sa jeunesse d'abord. Son incontestable séduction.»

Il ne résiste pas à me raconter à quel point Macron avait fait un tabac au Salon du livre de Paris, dernièrement, débordé par la horde de jeunes filles qui se pressaient à son stand dans une cohue indescriptible. Il continue :

«Son absence de démagogie aussi : face aux maires de France l'autre jour, il n'a reculé sur rien, contrairement à Fillon. Il les a regardés et a dit : "Vous savez bien qu'il faut faire des économies." Sa capacité à résister à la foule. Pas de faiblesse chez lui. Et puis aussi son projet culturel : partage de la culture, accès ouvert à tous, passeport culturel (500 euros pour les jeunes à dix-huit ans), action culturelle en France avec ses prolongements en Europe.»

Normal que cet homme de culture soit heureux, c'est si rare, en campagne électorale, de pouvoir parler culture avec un candidat prolixe sur le sujet.

«Et puis, ajoute-t-il, sa conception de la présidence de la République : le président exerce un magistère, national et international, il conduit l'opinion. Hollande n'a pas pensé à son face-à-face avec l'Histoire. Tout allait mal, il fallait tout oser. Il ne l'a pas fait. Hollande est un homme estimable, il a été un président décevant. La preuve, c'est qu'il ne s'est pas représenté. Chirac est arrivé à réconcilier l'homme privé qu'il était et le président. Sarkozy n'a rien inventé de nouveau. Le temps est venu de rendre sa grandeur à la fonction présidentielle. »

Une petite histoire drôle pour finir : il connaît assez bien Rama Yade, qui habite à côté de chez lui. « Rallie-toi à Macron, lui conseille-t-il un jour au moment où elle manifestait un désir ardent, Dieu sait pourquoi, de faire elle-même acte de candidature à la présidentielle. — Pourquoi ne se rallie-t-il pas à moi ? » a-t-elle répliqué, superbe.

7 avril

Comme prévu, le torchon brûle entre Marine Le Pen et sa nièce, Marion Maréchal-Le Pen. « C'est une drôle de famille, me raconte Philippe Martel. Ils se détestent tous mais ne se quittent pas. La preuve : c'est au microparti de Jean-Marie Le Pen que Marine a emprunté les premiers millions pour sa campagne électorale. Après ce qu'ils se sont mis sur la figure, le père et la fille, eh bien, ils ont fait pot commun. Marine et Marion, c'est la même chose, une vigilance farouche malgré la proximité familiale. »

Mais peut-être aussi, dans le cas présent, un soupçon, pour le moins, de jalousie. C'est Marine Le Pen qui a commencé, comme le disent les enfants dans les cours de récréation. Du diable ce qui l'a poussée à dire, dans un journal féminin, que sa nièce était « trop raide », « inexpérimentée », et qu'elle ne la prendrait pas dans son gouvernement. Marion Maréchal-Le Pen a répondu à sa manière, en reprenant les thèmes qui lui tiennent à cœur et que Marine évacue de sa campagne parce que cela la gêne : déremboursement de l'IVG et suppression des régimes spéciaux de retraite. Façon de dire que si on la cherche, on la trouve, qu'elle dispose, elle, de l'appui du mouvement catholique La Manif pour tous, et que tout la sépare, finalement, de la « philippotisation », si l'on peut dire, du programme de sa tante.

Résultat : un sévère « recadrage » de sa nièce par Marine Le Pen, une campagne *a minima* de Marion Maréchal-Le Pen pour sa tante.

« Marine Le Pen a fait une mauvaise campagne, juge mon interlocuteur : elle a commencé trop à gauche, retraite à soixante ans, 35 heures, etc., pour finir trop à droite. Bref, elle a mis des années à se “dédiaboliser”, et s'est rediabolisée en quelques semaines. Tout ça pour ça ! »

Avec 3,6 millions de téléspectateurs, Emmanuel Macron, invité hier de l'émission *Des paroles et des actes* sur France 2, a battu le record d'audience de cette émission depuis sa création. Les sondages, réalisés pendant la diffusion et communiqués à la toute fin, étaient parfaits pour lui : meilleur programme, une stature de président de la République, le reste à l'avenant. Il faut dire que cela représentait pour lui un enjeu capital. Il n'avait pas, du moins est-ce mon avis, dominé le débat des onze, deux jours plus tôt. S'il perdait pied, il était perdu. Pari réussi dans *Des paroles et des actes*, qui avait été catastrophique quelques semaines avant pour François Fillon. On voit que Macron aime s'adresser aux gens, tenter de les convaincre. Il a été néanmoins critiqué sur son art de la synthèse et sa façon de dire fréquemment : « d'un côté, de l'autre, mais en même temps... » qui rappelle facilement aux commentateurs la synthèse à la Hollande. Est-ce pour ménager la chèvre et le chou ? Il a pourtant montré qu'il savait rompre, puisqu'il a rompu avec Hollande. Il a cette phrase, que j'aime et qui me paraît le résumer très bien : « Je suis complexe parce que je suis sincère. »

On le raille lorsqu'il dit qu'il ferait ceci, « et en même temps » cela. Le centre est un perpétuel équilibre, et la France a peur des équilibristes. Ils raffolent des promesses et sont les premiers à les dénoncer. Ils veulent de l'autorité et n'hésitent pas à la contester. Au fond, ils ne sont pas mûrs pour la social-démocratie ou le social-libéralisme, comme on voudra. Ils veulent quelque chose de carré, de simple, que les candidats mettent sur la table avant le vote, même s'ils changent la donne dès qu'ils sont élus. Cela dure depuis des années et des années, comme une sorte de jeu : les Français ne croient pas aux programmes. Mais ils en demandent et redemandent. Difficulté supplémentaire : si les candidats veulent s'expliquer sur le fond de leurs propositions, c'est qu'ils ne connaissent rien aux « vrais » problèmes des « vraies » gens. S'ils parlent au plus près de leurs électeurs, sur le terrain, dans une usine ou dans une ferme, ils manquent de hauteur de vue...

Jean-Luc Barré me raconte que, en marge de je ne sais quelle manifestation, l'année dernière, il est tombé sur une banderole qui l'a laissé rêveur : « Soyons ingouvernables. » En effet, les Français le sont, ou le sont devenus.

8 avril

Les quadras autour de Fillon. Certains espèrent encore, d'autres préparent déjà l'après-Fillon. Ils établissent deux scénarios, l'un pour la victoire, l'autre pour la défaite.

François Baroin s'était ingénié, le 5 mars dernier, lors du meeting du Trocadéro, à apparaître le plus proche du candidat qui jouait sa peau ce jour-là. Depuis, il s'est fait plus discret.

Wauquiez, lui, entend s'emparer du parti après l'élection ou la présidence du groupe parlementaire. Valérie Pécresse et Xavier Bertrand font campagne sans rechigner. NKM songe à devenir ministre de la Défense. Fillon lui a offert l'investiture sur sa circonscription réputée imperdable, et Paris vaut bien une messe. Bruno Le Maire a rendu son tablier depuis belle lurette. Quant à Christian Estrosi, il est le seul à garder vis-à-vis de Fillon, dont il avait réclamé le départ il y a un mois, une imperturbable sévérité. Il juge sa campagne médiocre, souhaiterait, m'a-t-il tout à l'heure au téléphone, que Marine Le Pen soit plus sérieusement attaquée que Fillon ne le fait. Il ne briguera pas de siège de député, ne doit rien à Fillon, n'en attend rien. En tout cas, en matière de Front national, il devient un expert : pas une séance du conseil régional ne se passe sans affrontement violent avec Marion Maréchal-Le Pen et ses amis. A-t-il eu raison de s'afficher avec Emmanuel Macron, avant son meeting de Marseille ? Nous en avons parlé avec Aillagon l'autre jour : ces images n'ont pas apporté grand-chose, à aucun des deux. Ni à Macron ni à Christian Estrosi. Estrosi parce qu'il a tout de même brouillé son image, Macron parce qu'il a semblé faire un coup de communication.

Ils auraient pu attendre l'après-premier tour, c'eût été plus rentable pour l'un et pour l'autre.

Néanmoins, François Fillon a un atout considérable : les candidats déjà désignés pour les législatives. Quoi qu'ils pensent, ceux-là, ils poseront tous, dimanche matin, parc Georges-Brassens, derrière leur candidat. Être absent présenterait un extrême danger : voir attribuer sa circonscription à quelqu'un d'autre. Voilà pourquoi ils seront tous là, ceux qui ont claqué la porte du QG de François Fillon après sa mise en examen, et ceux qui lui sont restés proches, ceux qui craignent la défaite de leur candidat à la présidentielle et ceux qui la souhaitent.

Les deux grands absents de la campagne, Nicolas Sarkozy et Alain Juppé, se sont même fendus de communiqués hier, pour, *in extremis*, apporter leur soutien à Fillon. Nicolas Sarkozy de façon très appuyée sur Facebook[1], Alain Juppé plus sobrement par tweet. Le temps pressait : Fillon tient dimanche après-midi un grand meeting Porte de Versailles.

Juppé et Sarko ont été plus habiles que Manuel Valls affichant son ralliement à Emmanuel Macron : ils pourront toujours dire qu'ils ont soutenu, loyalement, sans joie, mais soutenu néanmoins leur vainqueur à la primaire.

J'avais remercié par tweet François Hollande de m'avoir reçue le 5 avril. Il me renvoie cette phrase, comme complément à notre discussion : « Attention à la fin. » Il a raison. L'affaire n'est pas jouée. Macron est encore fragile et Marine Le Pen plus solide qu'on ne le croit. « Attention à la fin. »

---

1. « Tout doit être mis en œuvre, a dit l'ancien président de la République, pour éviter aux Français de n'avoir le choix au second tour qu'entre deux aventures sans issue. François Fillon est le seul parmi les candidats à avoir l'expérience qui lui permettra d'incarner et de réussir l'alternance dont la France a tant besoin. »

Et l'ancien Premier ministre a fait savoir par un tweet plus laconique : « Le monde est dans la tourmente, la France a besoin d'un président expérimenté. Je lui confirme mon soutien. »

9 avril

Quel contraste entre le meeting ensoleillé de Mélenchon à Marseille, devant le Vieux-Port et La Canebière, et le meeting de Fillon, dans la quasi-obscurité de la grande salle de la Porte de Versailles. Sacré Mélenchon ! Il fallait le voir, rameau d'olivier à la boutonnière, face au Vieux-Port. Autour de lui 70 000 personnes, jeunes et vieux, au coude à coude sur la Canebière. Une réussite, vraiment. Et puis, terminer un discours d'une heure et demie en lisant un poème d'un écrivain grec contemporain, ce n'est pas mal non plus. On entendait une mouche voler quand, devant cette foule immense, il a lu ce texte assez long. Quel acteur ! Pas un mot, ou presque, de son programme, grand absent de ses discours. Il est pour la paix. Qui est contre ?

Pendant ce temps-là, à Paris, attaque de François Fillon contre Macron. « Je ne vous demande pas de m'aimer, je vous demande de me soutenir », a-t-il demandé à ses partisans. Façon claire d'appeler ceux des électeurs de la droite qui se sont détournés de lui, après le feuilleton des affaires, à revenir vers lui, non par amour, non par sympathie, non parce qu'ils veulent élire un homme dont ils se sentiraient humainement proches, mais de façon précise pour mettre dans l'urne un bulletin en sa faveur, pour ses idées, et non pour des raisons affectives. On ne plaide pas plus clairement pour un vote utile à droite, celui qu'il est le seul à incarner.

C'est pourquoi François Fillon, combatif, n'a pas mis de l'eau dans son vin : le programme qu'il a présenté est resté fidèle au programme qui lui avait assuré la victoire à la primaire de la droite. Il n'a pas écouté les conseils de ceux qui, comme Nicolas Sarkozy, lui avaient demandé d'arrondir les angles. Il n'a pas non plus renforcé, comme l'avait fait Alain Juppé, son ouverture au centre. Les mesures-clefs sont restées les mêmes, sur la réforme du travail, par exemple, ou sur la suppression de 500 000 fonctionnaires en cinq ans. Car François Fillon est convaincu qu'une majorité de Français, au bout de cinq ans de François Hollande, souhaitent une droite qui ne se cache pas, une droite assumée, sinon décomplexée, pour une véritable alternance.

C'est sur ce terrain d'ailleurs qu'il concentre ses critiques contre celui qu'il désigne comme son adversaire principal, Emmanuel Macron. Un quinquennat d'Emmanuel Macron serait encore « cinq ans de demi-mesures, encore cinq ans d'occasions manquées ». En décrivant le candidat d'En Marche ! comme l'« héritier de François Hollande », François Fillon sait ce qu'il veut : déboulonner de la première place celui qui le distance dans les sondages depuis plusieurs semaines, le décrire comme un pâle sous-marin des socialistes et du président – pour pas longtemps encore – de la République. L'atout maître du candidat de la droite ? Son expérience, sa stature d'homme d'État. Lorsqu'il revendique ses trente-six ans de vie politique, il s'agit de pointer du doigt, en filigrane, la jeunesse d'Emmanuel Macron, son immaturité politique, et sa méconnaissance des problèmes internationaux. Ce à quoi Macron répond, évidemment, par le vers de Corneille dans *Le Cid* : « la valeur n'attend pas le nombre des années ».

C'est pourquoi, dans cette dernière ligne droite, les deux hommes se sont choisis pour adversaires. Celui qui est resté cinq ans Premier ministre de Nicolas Sarkozy contre celui qui après deux ans au ministère de l'Économie a claqué la porte de François Hollande ; le tenant d'un libéralisme dur contre celui du social-libéralisme ; l'expérimenté contre le nouveau venu. Ils ont quinze jours pour régler leurs comptes.

12 avril

Jean-Luc Mélenchon réussit en ce moment une spectaculaire montée, que rien ne laissait prévoir. On le connaît depuis longtemps. Et pourtant, miracle, le voilà comme un homme tout neuf. Derrière lui pourtant, une longue carrière, plus méandreuse qu'il ne le dit. Mitterrandiste en 1976 – ce qui lui valu de devenir, à trente-cinq ans, un des plus jeunes sénateurs socialistes –, premier secrétaire fédéral de l'Essonne, ministre de Lionel Jospin de 2000 à 2002, candidat contre François Hollande à la direction du parti en 1997, il a passé plus de vingt ans au Parti socialiste, qu'il a quitté en 2008, décidant d'aller planter ses pénates plus à gauche. Pour se retrouver, simple député européen du Front de gauche, candidat en 2012, contre ce même François Hollande à la présidence de la République. Ah, c'est qu'ils ne se sont jamais aimés, qu'ils ne s'aiment toujours pas, ces deux-là. Trop rond, trop mou, « capitaine de pédalo », Mélenchon n'a jamais lésiné sur les noms d'oiseaux employés pour qualifier Hollande. Et ce dernier n'a jamais caché à quel point ce sénateur aux propos ravageurs représentait le contraire de ses espérances pour la gauche, la gauche de l'extrême, face à la gauche de gouvernement. La bouffonnerie serait que, l'actuel président quittant son trône, ce soit son adversaire de toujours qui finisse par s'y asseoir.

De quoi est-il le signe, Jean-Luc Mélenchon, aujourd'hui ? D'abord d'une gauche fracturée. Entre gauche de gouvernement et gauche de protestation, sans doute. Mais aussi entre gauche de l'offre et gauche de la demande, gauche des entreprises et gauche des travailleurs, gauche ardemment européenne et gauche du refus de Bruxelles. La social-démocratie de Hollande ou de Valls, le social-libéralisme d'Emmanuel Macron, ne sont pour lui que le socialisme de la trahison. Victime collatérale, Benoît Hamon lui-même est emporté par le procès que fait Mélenchon au socialisme de la rue de Solferino. Le vote utile à gauche, aujourd'hui, c'est Mélenchon.

Et quoi d'autre ? Dans cette France qui doute, d'elle-même et de ses élites, de son avenir et de sa place, Jean-Luc Mélenchon fait figure d'enchanteur. Il s'adresse aux gens en les appelant : « les gens », il leur parle d'eux, de ce qu'ils n'ont pas, de ce qu'ils devraient avoir, de ce qui leur est en quelque sorte dû.

Et puis, évidemment, le sort lui a été favorable : Benoît Hamon s'est noyé dans les mésaventures du Parti socialiste, François Fillon reste figé dans son « noyau dur », la progression de Marine Le Pen semble stoppée. Et Emmanuel Macron, favori des sondages, recule depuis quelques jours. De quoi transformer cette élection à deux en élection à quatre.

Cela ne suffira peut-être pas, quelle que soit l'ampleur du phénomène Mélenchon, pour que Jean-Luc Mélenchon et sa VIe République, bien floue quoi qu'il en dise, triomphent au soir du 7 mai prochain.

Une chose est certaine : au lendemain du premier tour, et peut-être du second, c'est sans doute désormais autour de lui que les bataillons de la gauche, une fois partis ceux qui ont choisi Emmanuel Macron, se retrouveront, bras dessus, bras dessous, ex-frondeurs socialistes et révolutionnaires à l'allure tranquille.

13 avril

En tout cas, la présence de Jean-Luc Mélenchon et de Marine Le Pen au deuxième tour de la présidentielle serait pour tous les partis de gouvernement – et pour un certain nombre de Français – un véritable séisme politique, économique et financier. Voilà pourquoi François Hollande, qui pensait se tenir en retrait de cette campagne dont il juge qu'« elle sent mauvais » est intervenu dans la campagne, par le biais d'une interview au *Point*. Il y dénonce, si ce duel devait avoir lieu, un grave péril : il craint que, dans le « dégagisme » ambiant, ce ne soit finalement la « dernière quille à rester debout », autrement dire Marine Le Pen, qui emporte le morceau, Mélenchon étant, perspective alarmante aux yeux du président de la République et des autres candidats, son allié objectif dans sa conquête du pouvoir.

Mais il reste dix jours. Les jeux ne sont pas faits.

14 avril

Coup de téléphone de François Bayrou. Il m'explique qu'il a tourné et retourné en tous sens les sondages, et que la domination de Macron sur Fillon est écrasante. Oui, mais Mélenchon ? Il ne se fait pas trop de souci : les jeunes qui sont pour Mélenchon votent moins que les vieux, et la peur du porte-monnaie fera le reste. « Je me bats, me dit-il, je me bats. » Le meeting de Pau a été une vraie réussite, ajoute-t-il, et leur a en tout cas redonné du cœur au ventre. À ma demande, il répond qu'Il n'est pas déçu par la campagne de Macron, pas une seconde. Je n'ai pas la même impression.

Pourquoi ? Parce qu'il n'est pas parvenu à affirmer sa différence. Je comprends l'étiquette floue qui a été collée par certains sur tous ses propos. À vrai dire, c'est que la France, depuis le début de la Vᵉ République, s'est habituée au débat droite-gauche. De Gaulle-Mitterrand, Giscard-Mitterrand, Mitterrand-Giscard, Chirac-Jospin, Royal-Sarkozy, Sarkozy-Hollande : du coup l'idée qu'un candidat sorte de ce schéma classique pour s'inscrire au-delà, au-dessus de la droite et de la gauche, qu'il ose affirmer que tout ce que propose la droite n'est pas bon à jeter, que ce qu'avance la gauche n'est pas toujours faux, désoriente. Et Bayrou, qui me parle, est par lui-même la preuve que le combat au centre est difficile. S'il se sent aussi proche de Macron, c'est qu'il revoit sa vie, et qu'il voudrait en changer la fin.

16 avril

Ces huit derniers jours seront éprouvants pour les nerfs. Pour les nôtres, et apparemment pour ceux de François Hollande. Il avait dit que, s'il faisait connaître son choix, il le ferait après le premier tour de la présidentielle. Et d'ailleurs, il n'est pas certain que, s'il avait donné le nom de son favori, cet adoubement ait été bénéfique à celui-ci. Si François Hollande a multiplié les interviews, depuis une semaine, avant le 23 avril, c'est que, face à cette campagne qui, juge-t-il, « sent mauvais », il ne se résout pas à se taire. Quatre candidats se disputant les deux premières places, c'est du jamais-vu sous la Vᵉ République. Que deux de ces candidats s'érigent en candidats de l'antisystème, portés par la vague de désarroi, de frustration ou de colère, par la volonté de « dégagisme » ambiante, voilà qui, d'un coup, change la donne et justifie la volonté du président sortant d'intervenir dans le débat.

La qualification de Marine Le Pen pour le deuxième tour ne serait pas une surprise pour François Hollande. Mais il pensait que les différents candidats se chargeraient eux-mêmes de combattre ses idées et son programme. La campagne on le sait, a tourné autrement : peu de place pour les débats programmatiques, beaucoup de temps en revanche accordé par les hommes politiques – et les journalistes – aux polémiques autour de François Fillon. De remise en cause profonde, efficace, du programme de Marine Le Pen, il n'a à peu près pas été question, sauf à l'occasion de quelques prises de bec pendant les débats télévisés, à cinq ou à onze candidats. François Hollande a donc jugé devoir avertir les Français du danger qu'ils courraient en sortant de l'Europe et de l'euro. S'y ajoute, dans l'esprit de Hollande, cette interrogation que je suppose très douloureuse : ne serait-il pas, dans ce cas, jugé en partie responsable de la montée du Front national ? J'imagine ce que serait pour lui la passation des pouvoirs avec Marine Le Pen à la mi-mai.

Jean-Luc Mélenchon est la deuxième cible des récentes interventions de François Hollande. Que celui-ci se hisse dans le peloton de tête, qu'il ait même une chance de coiffer sur le poteau Emmanuel Macron et François Fillon, voilà quelque chose que François Hollande, il y a encore une dizaine de jours, n'avait pas prévu. Ce qu'il pense de cet homme qui a eu l'intelligence de prendre de la distance en cinq ans et, pour cette raison, de rester un homme « nouveau », il le dit nettement : le leader de la France insoumise, s'il a du talent, ne représente pas la gauche « qui permet de gouverner ». La qualification de Mélenchon au deuxième tour serait un formidable désaveu pour François Hollande, qui a passé son quinquennat à devoir lutter contre tous ceux, frondeurs ou « mélenchoniens », qui l'ont sans cesse accusé de trahir ses engagements. D'autant que depuis 2012, c'est ce combat entre gauche de gouvernement et gauche protestataire qui a dominé la vie politique. François Hollande le souligne aujourd'hui.

Populisme de Marine Le Pen, simplisme démagogique de Jean-Luc Mélenchon, la France peut-elle n'avoir que ce choix ?

19 avril

Service minimum pour Nicolas Sarkozy et Alain Juppé qui, ne voulant pas être désignés comme coupables de sa défaite, font un petit geste de soutien à Fillon.

Ils collent à Fillon dans la dernière ligne droite. L'un et l'autre pensent ce qu'ils veulent du personnage, ils ne veulent pas être des diviseurs. Même s'il perd. Aucun des deux ne veut qu'on dise, au soir du premier tour : « Où étiez-vous pendant que Fillon se battait ? »

Dernier Conseil des ministres avant le premier tour. Hollande garde ses ministres pour une discussion informelle sur l'élection. Chacun se déclare : moitié pour Macron, moitié pour Mélenchon.

« Les sondages sont clairs », dit l'un, sans doute Le Drian qui était hier aux côtés de Macron à Nantes.

« Je ne suis pas de cet avis, aurait répondu Hollande ; je ne les trouve pas clairs du tout. »

24 avril

Voilà donc, à l'issue du premier tour, Emmanuel Macron en marche pour l'Élysée. Pour tout dire, il ne m'a pas paru extraordinaire dans son discours d'hier soir. À ceci près qu'il a trouvé les bons mots pour ouvrir sa majorité. D'ailleurs, un déluge de ralliements l'avait précédé, car il a pris la parole assez tard dans la soirée : celui de Fillon, assommé, le premier, puis François Baroin, puis Juppé, Raffarin, etc. Pour le reste, Macron a prononcé un discours assez anodin, sans grande substance. Sans gravité, surtout. A-t-il pensé, tout à son bonheur, que ce n'était pas le moment ? Quand vient le moment de prononcer un discours visionnaire, toutes les images comptent[1].

Quelle aventure, celle d'Emmanuel Macron ! Qui aurait prévu, en tout cas pas moi, qu'il serait, moins d'un an après avoir créé En Marche !, à deux doigts d'être président de la République. Pas une faute commise par lui dans cette carrière sans doute trop rapide. On revoit, ce soir, à la télé, ses premières photos de collégien,

1. À l'occasion du premier tour, Marine Le Pen est devancée de deux points par Emmanuel Macron, les deux grands partis de gouvernement, LR et PS, sont éliminés, Jean-Luc Mélenchon fait une forte percée.

puis de lycéen : mêmes yeux éclairés, même impression qu'il est inclassable, mi-ange mi-démon, sourire éclatant et du plomb dans la tête, même très jeune.

Sa détermination, tout de même, dès le début : il en faut pour épouser une femme de vingt-quatre ans de plus que lui, pour tenir tête à toute la petite bourgeoisie de province, pour quitter Amiens, et venir à Paris. Et puis attendre, sans jamais changer de but, qu'elle ait divorcé, pour l'épouser. Quel charme aussi sans doute pour faire accepter aux enfants de Brigitte, qui avaient en gros son âge, son mariage avec leur mère.

De ce que j'ai lu sur lui, je retiens sa réponse à une question d'Anna Cabana.

« Oui, a-t-il dit, j'étais catholique, mais j'ai décidé à un moment de ne plus l'être. »

Pourquoi, lui demande-t-on.

« Pour rester libre » est sa réponse. Pas mal.

La liberté de choisir son prof de théâtre comme épouse, de se passionner pour la philosophie avec Paul Ricœur, puis de passer l'ENA, moyen le plus sûr pour établir son indépendance matérielle. Liberté de partir gagner beaucoup d'argent chez Rothschild, comme Pompidou, et puis, d'un trait de plume, renoncer au magot pour rejoindre via Attali le cabinet de Hollande, où il est l'enfant chéri de Jean-Pierre Jouyet. Et puis de le quitter, quand il a l'impression d'en avoir fait le tour. D'y revenir quelques mois plus tard, à peine, pour accepter le poste de ministre de l'Économie.

Liberté, dans ce cas, veut dire indifférence. Je mets sa vie privée à part, bien sûr. Dans sa vie publique, en tout cas, que de ruptures, si jeune : avec ses parents, lorsqu'ils se sont mis en travers de son mariage fou. Avec Rothschild, qui pouvait, après tout, lui garantir facilités et moyens. Puis avec Hollande, et de quelle façon, avec quelle brutalité, même s'il apparaît que les deux hommes ont parlé longtemps avant que leurs routes se séparent. Sans doute a-t-il décidé de le quitter au moment où il a commencé à penser que François Hollande n'était plus en mesure de se représenter. Même pas de dissimulation : une force qui va, des explications franches avec son mentor. Au moment où j'écris « mentor », je me dis que jamais Macron n'a sans doute reconnu personne comme mentor.

Paul Ricœur, peut-être. Et encore, je n'en suis pas sûre. Mais depuis ? Visiblement, il a une haute idée de lui-même, de son identité, de sa volonté. Il ne se cherche pas, il s'est trouvé...

Beaucoup de talent et beaucoup de chance.

Du talent : ce n'est pas tant qu'il soit un orateur, ni un écrivain ; il ne manque pas de conviction, il est même « inspiré », inventif, bras en croix. Ségolène Royal en homme, avec un bagage culturel plus lourd, une science plus affermie, une plus grande confiance en lui, sans doute.

Un seul bémol, de taille pour moi. Ce soir, avec ses amis de la Porte de Versailles, il avait l'air transfiguré, sur un nuage. Pourtant, il n'a pas encore gagné. Est-ce sa jeunesse qui lui fait croire que tout est arrivé, la rapidité de son parcours qui le fait marcher sur la mer ?

25 avril

J'étais à l'antenne d'Europe 1 lorsque Macron après avoir dit au revoir à ses troupes Porte de Versailles a rejoint, hier soir, avec une centaine de collaborateurs, d'amis et de fidèles secrétaires, la brasserie La Rotonde, au coin du boulevard Raspail et du boulevard du Montparnasse. En soi, rien que de très naturel. Mais quel raffut ! Voilà que l'on compare la démocratique Rotonde à l'aristocrate Fouquet's, les proches collaborateurs en extase et les patrons du CAC 40 réunis après la victoire en 2007 par Nicolas Sarkozy. Je comprends qu'après un parcours si réussi, si inattendu, il ne parvienne pas à maîtriser sa joie. Mais enfin, sans faire de Macron *bashing*, je trouve cette fête prématurée. Le plus dur reste à faire, c'est-à-dire gagner le deuxième tour. Ne pas croire que Marine Le Pen c'est dans la poche. Aux journalistes qui l'interrogent, il répond, non sans une certaine irritation, qu'il s'agit de son « plaisir ». Comme Louis XIV ? Attention aux mots. Cela n'a pas échappé à François Hollande qui, depuis Laval où il est en déplacement, se permet de lui donner mine de rien un petit conseil : « Je pense, dit-il, faisant allusion à la fête de la veille, qu'il convient d'être extrêmement sérieux et mobilisé, que rien n'est fait, qu'une élection, ça se mérite, ça se conquiert, ça se justifie, ça se porte[1].» Vieux réflexe de celui qui a parcouru mille et mille fois la France et qui, comme Jacques Chirac, sait que rien n'est acquis.

Interrogé au journal de France 2 le soir même, Macron, par ailleurs assez bon, n'a pas l'air, c'est le moins qu'on puisse dire, d'être reconnaissant à Hollande de ses conseils. Il n'en a rien à faire, visiblement, et son plaisir, qu'il assume (il emploie le mot «assumer» quatre fois), ne menace en rien, croit-il, sa victoire. N'aurait-il pu ménager davantage Hollande? Veut-il au contraire marquer sa distance envers lui?

J'entends autour de moi, depuis hier, dire – c'est un leitmotiv de la droite – que Macron est une sorte d'avatar de François Hollande, que celui-ci, ne pouvant briguer un deuxième mandat, se serait en quelque sorte réincarné en Emmanuel Macron. Rien, dans la conversation que j'ai eue avec Hollande l'autre jour, ne m'a donné cette impression : au contraire, Hollande n'y croyait qu'à moitié, à cette aventure, qui lui faisait presque peur, dont il pensait qu'elle pouvait mal se terminer. Qu'il préfère voir Macron en pole position, plutôt que Fillon, certes. Mais qu'il s'attriste, au fond de son cœur, de le voir réussir aujourd'hui l'ouverture au centre devant laquelle il a, lui, reculé, je le crois aussi. Et qu'en ce moment, il soit inquiet de l'issue du deuxième tour, j'en suis certaine. Peut-il imaginer remettre en mai les clefs du Château à Marine Le Pen? Brrr...

Loupé de Macron dans ce début de campagne du deuxième tour, la visite à Whirpool, à Amiens. Sa venue a été annoncée aux membres de l'intersyndicale; il est avec eux dans une salle de la ville en train de les écouter, tout en tentant de les convaincre, quand Marine Le Pen, entourée de quelques partisans du Front national, se lance à la rencontre des ouvriers sur le parking devant l'usine : selfies, applaudissements, encouragements. Pendant que Macron parle, elle agit, elle se montre, elle le nargue.

1. Il a ajouté : «Ce n'est pas la même chose pour un pays de savoir que l'extrême droite est à 20, 30 ou 40 %.»

Lorsqu'il arrive à son tour, quelques heures plus tard dans l'usine, son comité d'accueil est bien différent. Intersyndicale ou pas, Macron est hué, enfumé. Au moment où ces images sont diffusées sur BFM TV et LCI, François Bayrou, que j'ai tenté de joindre au téléphone, me rappelle.

« Ça va tourner à son avantage, me dit-il. Il est courageux, il leur parle, ce que n'a pas fait Le Pen. Il se débat, il tente de les convaincre. Vois-tu, ajoute-t-il, il était jusqu'à présent désincarné. J'étais en désaccord, comme tu imagines, avec la soirée à la Rotonde où je ne suis d'ailleurs pas allé. Maintenant, il faut qu'il s'incarne jour après jour, qu'il soit sur le terrain chaque jour. Qu'il redescende sur terre. »

Tout de même, lui fais-je remarquer, il est très raide, très sec, très anguleux, à la limite de la nervosité. J'ai l'impression, lui dis-je, qu'il y a deux groupes autour de lui : celui des politiques, qui ont les pieds sur terre, savent qu'une campagne de deuxième tour, c'est un autre match qui commence et lui demandent d'arrondir ses angles, et puis celui de ses jeunes collaborateurs, hommes ou femmes, énarques ou pas, qui le regardent avec une sorte de passion.

« Je ne vais pas commenter tes propos, me répond Bayrou, qui me signifie d'une phrase jusqu'où je peux aller dans mes questions. La campagne ne fait que commencer. »

Je sens qu'il est de mon avis, mais ne m'en dira mot.

Je reste sceptique sur deux points de la stratégie qu'adopte Macron. D'abord lorsqu'il dit, superbe, qu'il n'acceptera de donner des investitures qu'à ceux des anciens partis, socialistes ou républicains, prêts à abandonner leur famille politique. Pourquoi ne pas faire comme de Gaulle en 1958, qui voulait lui aussi briser le système des partis, envisager une étiquette commune, En Marche ! par exemple, s'il le souhaite, à laquelle se rallie qui veut, pour avoir une majorité cohérente ? Mais s'il n'en avait pas du tout, de majorité ? Il devrait certes faire bouger les choses : il y est arrivé en quelques mois plus vite que bien d'autres. Pierre Mendès France aussi en 1956, il y a plus d'un demi-siècle, avait su donner à tous les candidats une étiquette commune, tout en laissant les uns et les autres choisir de continuer d'appartenir, ou pas, à leurs partis politiques. Macron mise sur une majorité, la sienne, homogène. Et surtout sur la destruction des partis. Mais les partis, même touchés, même blessés, ont la vie dure. Il ne s'en débarrassera pas en une seule fois. La plus grande chance est qu'il ait besoin d'une coalition ou même, mais je n'y crois pas, qu'il se voie imposer une cohabitation...

Deuxième réserve : son comportement doit rester celui d'un candidat en piste, et pas d'un candidat sûr de vaincre. Hollande a raison : selon que le FN fera 30, 40 ou 50 %, la France sera gouvernable ou pas.

26 avril

Déjeuner avec un filloniste tout à l'heure. Il a fait une note sur toutes les erreurs commises par Fillon depuis la primaire qui l'a désigné en novembre. Il se l'est coulée douce pendant plus d'un mois, en retardant – pourquoi ? – son entrée en campagne. Parce qu'il avait peur, disait-il, d'une campagne trop longue, lassante. Mais enfin, trois mois pour convaincre, ce n'est pas trop. La réalité est qu'il s'est imaginé élu sans difficulté contre Marine Le Pen, et qu'il s'est croisé les bras. Puis les affaires. Sans doute s'était-il persuadé que sa femme travaillait vraiment pour lui, qu'il était normal de payer ses enfants pour un stage au Sénat alors qu'ils avaient moins de vingt ans. Je sais le pouvoir qu'ont ces hommes de se convaincre qu'ils ont raison, que les autres ont tort ou cherchent à les éliminer. Mais à partir du moment où il avait affirmé, cinq mois plus tard, qu'il se retirerait s'il était mis en examen, il devait le faire. Seul son orgueil, dit mon interlocuteur, l'a poussé à croire qu'il échapperait aux juges.

Autre erreur : avoir immédiatement crié au complot, mis en cause François Hollande, radicalisé ses propos. Chacun savait bien, autour de lui, et lui en premier, qu'il n'y a pas de cabinet noir à l'Élysée. Premier ministre cinq ans, il a eu le temps de voir remonter vers lui notes du ministère de l'Intérieur et procès-verbaux de la préfecture de police. Son entourage n'a rien dit, pour ne pas le contrarier davantage, ou par lâcheté.

Erreur aussi que de s'enfermer, comme il l'a fait, avec sa petite bande dans son QG. Il faut dire qu'étant donné le lâchage de dizaines et de dizaines de cadres des Républicains, tétanisés par son attitude, ou, pire, les volte-face de certains de ses proches, un jour avec lui, un autre contre, il était condamné à une semi-solitude. Ne restaient autour de lui qu'Éric Woerth, et encore, probablement sur ordre de Sarkozy, Nathalie Kosciusko-Morizet, sans doute parce que la circonscription du 7e arrondissement lui avait été promise, et aussi, à ma surprise, Jean-Pierre Raffarin, qui m'avait pourtant fait part, plus tôt, de son extrême circonspection.

Et puis, dernière erreur, selon mon interlocuteur, les liens établis avec Sens commun, la radicalisation des catholiques organisée et récupérée par lui.

« L'erreur fatale, en réalité, a été de croire que la primaire était le premier tour de l'élection présidentielle. Il le paie, aujourd'hui, au prix fort. »

27 avril

Déjeuner avec Anne-Marie Idrac. C'est elle, je l'apprends, qui a présenté Emmanuel Macron à François Bayrou à l'automne, au moment où le président du Modem parlait de bulle médiatique. Les deux hommes ont dîné ensemble, et s'est instaurée entre eux une sorte de complicité. Au point que Bayrou a renoncé à se présenter pour lui apporter son soutien. Combien cette alliance a-t-elle rapporté à Macron ? 5 ou 6 % ?

On ne le saura jamais clairement. L'essentiel, pour Macron, est que Bayrou a pris sa décision alors que lui, Macron, était au creux de la vague, après quelques erreurs – ou vérités, qui ne sont pas toutes bonnes à dire – politiques.

Pourquoi François Bayrou est-il à ce point détesté par la droite ? Parce qu'il s'est rallié à Hollande en 2012 ? Il me semble que le malaise remonte à plus longtemps, sans doute à son refus de dissoudre son mouvement dans l'UMP, quand Jacques Chirac l'exigeait sans l'avoir obtenu. À son personnage aussi, qui n'accepte pas la discipline de groupe, sauf du sien. Il reste que cet homme que l'on dit seul pèse lourd.

Bayrou dans le gouvernement de Macron? À quel poste? Premier ministre? Affaires étrangères? Questions européennes? Peut-être.

Mais Macron n'a pas encore gagné. Le « Tout sauf Le Pen », qui avait si bien marché en 2002, est maintenant affaire de génération. Les jeunes qui ont voté pour Mélenchon n'ont jamais connu le danger Le Pen, ils voteront blanc ou rien du tout, puisque leur leader a été battu et qu'il tarde à donner sa consigne de vote.

30 avril

Jamais, dans cette élection, les ego n'ont été aussi forts. Ego, orgueil illimité de François Fillon se maintenant contre tout bon sens, parce qu'il se pensait au-dessus des polémiques qu'il avait alimentées. Ego de Jean-Luc Mélenchon, ne supportant pas sa quatrième place, décidé à détruire les socialistes, et leur parti, se fichant du reste, de l'enjeu vital pour la France de cette élection. Un seul but désormais, qu'il gagne à sa manière, en cassant le PS, en barrant Macron, pour être finalement le seul représentant d'une opposition de gauche au futur régime quel qu'il soit. Ego d'Emmanuel Macron, qui apparaît pour ce second tour si bien installé sur son nuage qu'il lui a fallu plusieurs jours pour en redescendre. Je fais part à Hervé de Charette de mes doutes sur la stratégie de Macron qui oblige ceux qui le rejoignent à couper leurs liens avec les anciens partis. Il vient de lire, comme moi, l'interview que Macron a accordée dimanche au *Figaro*.

« Elle est tout à fait remarquable, me dit-il. Je pense qu'il veut forcer les candidats républicains à se déterminer sans se réfugier dans des attitudes ambiguës. »

C'est pour lui la seule position à prendre pour recomposer le paysage politique autour d'un centre élargi. Je reconnais bien là son âme giscardienne : Giscard voulait gouverner avec deux Français sur trois, comme il l'avait dit, en laissant le troisième se dépatouiller avec les partis politiques. Je sens que Charette retrouve, avec Macron, l'enthousiasme de ses trente ans.

Longue conversation, tout de suite après, avec Alain Bergounioux. Macron veut-il pousser son pari jusqu'au bout, détruire le PS et détruire la gauche pour ne former autour de lui qu'une majorité absolue dont il soit sûr (contrairement à Hollande qui a bien dû, dès le départ, supporter les frondeurs et les Verts mis par Martine Aubry au milieu de son chemin) ?

« Je ne vois pas pourquoi il ne le ferait pas. C'est son côté Bonaparte. Il a réussi son premier pari, le plus difficile ; il pense qu'il doit gagner le second. Ça passe ou ça casse. Cela, je peux le comprendre. Mais à quoi bon mépriser ostensiblement Manuel Valls, à quoi bon, même, ironiser sur François Baroin qui, le premier, a appelé à voter pour lui ? Inutile et dangereux. »

Quelques secondes sur Manuel Valls. Mon interlocuteur, qui pourtant l'aime bien tout en l'ayant trouvé trop brutal dans sa dernière année à Matignon, juge qu'il a fait une lourde erreur en annonçant trop tôt son ralliement à Macron – qui ne voulait pas de lui.

« Il est contraint de frapper à une porte qui ne s'ouvre pas devant lui. Il n'a aucune chance de créer, et de maintenir, un groupe de députés autour de lui dans la future Assemblée. »

Il ne pense pas que Marine Le Pen arrive à crever son plafond de verre, sans savoir où se situe exactement ce plafond. À 45, 47 % ? Dans ce cas, la France sera durablement ingouvernable. Je le sens inquiet, angoissé.

« Tous les repères politiques sont bouleversés par cette élection. Le Parti socialiste a été balayé. La gauche va se reconstituer autour de Jean-Luc Mélenchon, qui n'attendait que cela. La gauche de gouvernement sera bien loin.

— Mais les communistes, lui dis-je, vont avoir besoin des socialistes pour négocier les sièges de députés aux législatives ?

— Vous rigolez ! Avec Mélenchon, ils ont obtenu 19 % des voix. C'est la première fois que cela leur arrive depuis les années 1990. C'est avec la France insoumise qu'ils vont négocier. Pas auprès des socialistes, qui reviendront en nombre minimal au prochain Parlement. »

Et la droite ? Ce n'est pas la spécialité d'Alain Bergounioux, mais il pense qu'elle va être autant mise à mal que la gauche.

« Dans ce paysage chaotique de tous les partis, Emmanuel Macron peut devenir tout-puissant. »

Je reprends mon idée qui a tellement déplu à Hervé de Charette : Emmanuel Macron n'aurait-il pas dû, plutôt que de forcer les uns et les autres, à gauche et à droite, à quitter leur parti, envisager d'offrir à ceux qui le désireraient une double appartenance : socialiste et En Marche !, Républicains et En Marche !, ou En Marche ! tout court ?

« La possibilité d'une double appartenance a été souvent discutée au sein du bureau politique d'En Marche !, me dit Bergounioux qui en avait déjà parlé avec Emmanuel Macron en juillet dernier, quelques jours après le premier meeting d'En Marche ! à la Mutualité. Finalement, c'est Macron qui a opté pour une clarification franche. C'est la juste conséquence, pense-t-il, de sa victoire au premier tour. Ni à gauche ni à droite, donc pas de partis de gauche, pas de partis de droite. »

Évidemment le militant socialiste de toujours qu'est Bergounioux ne s'y résout pas.

« Pensez-vous que ce soit la fin de la Ve République ?

— Non, c'est la fin des partis, c'est différent. Après tout, la Ve République a été voulue au-dessus des partis. C'est la fin de la gauche PS-PC, la fin sans doute des Républicains. Ce n'est pas une crise institutionnelle, mais une crise politique. Il faudra tout reconstruire après. »

Je prononce le nom de François Hollande. Je le sens bondir intérieurement.

« Tout cela, c'est de sa faute », me dit-il.

Comment cela, de sa faute ?

« Oui, parce qu'il a voulu installer Macron pour contourner le Parti socialiste, dont il ne voulait plus, et qu'il n'a finalement pas pu empêcher Emmanuel Macron de lui échapper. C'est lui, par ses incessantes contradictions, sa façon de pousser l'un contre l'autre et l'autre contre l'un, qui nous a amenés où nous sommes aujourd'hui. »

Si Marine Le Pen gagne, l'en tiendra-t-il pour responsable ?

Il hésite. En partie, oui.

1er mai

Marine Le Pen a « gauchisé » son discours dans l'entre-deux-tours. On comprend son intention : recueillir une partie des électeurs de Jean-Luc Mélenchon. Lequel, après un long silence depuis le soir du premier tour, a fini avant-hier par donner via You Tube une consigne de vote qui n'en est pas une : ne pas voter pour le FN. Marine Le Pen compte bien profiter du désarroi des électeurs des Insoumis. Elle joue à fond tout ce qui, dans leurs programmes respectifs, est proche : retraite à soixante ans, retour aux 35 heures, abrogation de la loi El Khomri, pour s'adresser indirectement à eux.

3 mai

Face-à-face de l'entre-deux-tours. Le pire qui ait eu lieu sous la Ve République, confus, heurté, violent. Je pense à Jacques Chirac qui, en 2002, n'avait pas voulu débattre avec Jean-Marie Le Pen : « Pas de débat public, avait-il dit, pas de compromissions. »

Je mesure ce soir à quel point il avait raison. Car Marine Le Pen, en deux heures et quelques de débat, a ruiné la stratégie de dédiabolisation qu'elle poursuit depuis qu'elle a succédé à son père. Dès les premières minutes, le malaise s'est installé. Elle a ouvert le jeu, par la loi du tirage au sort, et tout de suite sa charge a été d'une extrême violence. En quelques phrases, tout y est passé : l'héritier de Hollande, le banquier d'affaires, le ministre de la loi du travail, l'inspirateur de ce que le quinquennat a apporté de pire, sa soumission aux puissances de l'argent, le défenseur de la concurrence déloyale, tenu par des intérêts privés. J'en passe, qui ne sont pas des meilleures. Virulente, à la limite de la vulgarité, dès le début, avec sur ses lèvres ce sourire si carnassier qu'il en est gênant, elle a d'un seul coup mis sur la table, sans doute pour mieux les développer par la suite, tous les arguments possibles contre son adversaire. Je n'ai pas compris, tout à l'heure, sa stratégie et je ne la comprends pas davantage quelques heures plus tard. Il me semblait évident qu'elle devait rassurer les électeurs, leur montrer qu'elle n'était pas un danger pour la France, pour la démocratie, pour la République, que sais-je. Elle devait convaincre et pas dynamiter, faire preuve de sérénité et non d'agressivité. Il est vrai qu'autour d'elle, toute la journée, ses proches et ses communicants l'avaient chauffée à blanc, lui répétant qu'elle ne devait faire qu'une bouchée de son adversaire. Connu, un peu trop, pour supporter difficilement la contradiction, Emmanuel Macron serait, lui disait-on, une proie facile : qu'elle l'attaque et il réagirait trop fortement. À partir de là, la partie serait gagnée. Chacun sait que celui qui perd ses nerfs le premier, dans un tel combat, est le perdant.

Mais, face à elle, son adversaire, si jeune, à l'œil si bleu, n'a pas été désarçonné. Il ne s'attendait certes pas à une attaque aussi directe dès le début, mais enfin, la première minute de surprise passée, il s'est placé sur le terrain de sa concurrente et a rendu coup pour coup. Pouvait-il l'éviter, appeler au calme pour un débat devant des millions de Français, était-ce aux journalistes, suffoqués eux aussi par le tour que prenaient les choses, de le faire? Mis au courant, bien sûr, de la volonté belliqueuse de son adversaire, résolue à l'envoyer dans les cordes, il s'était dit, lui, et son état-major aussi, qu'il ne fallait surtout pas se laisser enfoncer par son éloquence populaire. Surtout pas se laisser malmener. En tout cas, a commencé une joute pendant laquelle Emmanuel Macron a certes pu, dans la première heure, opposer son « esprit de conquête » à l'« esprit de défaite » de Marine Le Pen, évoquer en quelques phrases assez claires sa réforme du code du travail, et les grandes lignes de son programme économique. Mais après la première heure, les échanges, déjà durs, se sont dégradés.

Plus surprenante encore est l'ignorance que Marine Le Pen a révélée au cours du débat. Elle plaide depuis des années pour la sortie de l'Europe et de l'euro; elle a récemment, au moment du ralliement de Nicolas Dupont-Aignan, semblé dire qu'elle se donnait un peu de temps pour envisager un Frexit. Et puis, crac, ce soir, elle propose deux référendums sur l'Europe dès son début de mandat, dans une confusion totale sur la monnaie européenne. On la voit chercher dans ses notes, agiter ses papiers, avec une gestuelle presque désordonnée, confondre l'écu et l'euro, et finalement perdre pied.

Ce n'est pas tant que Macron ait été excellent : sur sa politique économique, il lui est arrivé d'avoir des explications plus claires. Mais il a tenu bon, évitant deux dangers : celui, donc, d'être renversé par l'assaut de Marine Le Pen, celui, pire encore peut-être, de retrouver, face à une interlocutrice empêtrée dans ses pitoyables démonstrations monétaires, le langage technocratique de l'inspecteur des Finances qu'il est. Il n'est tombé dans aucun de ces pièges.

Les précédents débats présidentiels, si riches qu'ils aient été, largement plus en tout cas que celui de ce soir, n'ont pas changé grand-chose aux résultats : Mitterrand était donné gagnant le jour précédant son débat avec Giscard d'Estaing en 1981, victorieux aussi face à Jacques Chirac la veille du duel de 1988. François Hollande dominait Nicolas Sarkozy depuis des mois dans les sondages lorsque les deux hommes se sont affrontés. Le plus souvent, ces débats, aujourd'hui considérés comme nécessaires, ne changent pas le cours des choses. Ce soir, je suis convaincue du contraire : à la fois vulgaire, provocatrice et incompétente, Marine Le Pen vient de perdre une partie capitale. Elle ne s'en remettra pas.

4 mai

Avant-hier, le 2, petit-déjeuner d'une heure avec Christophe Castagner dans une brasserie proche de l'AFP. Porte-parole de Macron aujourd'hui, il a été l'un des premiers députés, comme Richard Ferrand, à être séduit par sa mécanique intellectuelle. Il l'a rencontré pour la première fois à l'Élysée, quand Emmanuel Macron en était le secrétaire général adjoint, pour lui parler d'une entreprise des Alpes-de-Haute-Provence, dont il est le député.

« Au bout de quatre minutes, il avait tout pigé, puis nous avons parlé politique, et tout le reste a suivi... »

Là encore, comme pour Richard Ferrand, c'est la loi sur la croissance et l'activité, autrement appelée loi Macron (les autocars, l'ouverture des magasins le dimanche, la déréglementation de certaines professions), qui a rapproché définitivement les deux hommes.

« Tous ceux qui ont travaillé avec lui sur cette loi sont tombés amoureux de lui. »

Il me cite Ferrand, évidemment, mais aussi Arnaud Leroy et d'autres, tous séduits par la façon dont ce ministre de l'Économie débutant a mené la négociation avec les parlementaires de gauche et de droite, sans distinction. Un parcours décidément initiatique pour ces parlementaires, jeunes ou moins jeunes qui par la suite ont décidé de le suivre et que Richard Ferrand m'a déjà partiellement raconté, sur lequel je reviens avec Christophe Castaner.

« Il est arrivé devant la commission parlementaire avec le texte du projet de loi qui sortait du Conseil des ministres, il nous a dit : "On va le refaire ensemble. Je suis sûr que vous avez d'excellentes idées." Et nous avons tous marché. Gauche et droite pour une fois ensemble. »

Résultat : cinq cents heures de concertation en commission dirigées de bout en bout par le ministre qui ne connaissait pas le Parlement.

« Il prenait les idées comme elles venaient, de la droite et de la gauche. "Ça vole, ton truc ?", interrogeait-il. Si ça "volait", alors il disait "je prends". Du jamais-vu. Et c'est ainsi que les parlementaires de droite ont commencé à proposer, eux aussi, des idées qui volaient. Mais nous nous sommes vite aperçus que les choses ne marchaient pas ainsi, raconte Castaner. Le matin du vote, Jean-Christophe Fromentin, le maire LR de Neuilly, qui justement était parvenu à faire inscrire quelques-unes de ses propositions dans la loi, l'a appelé : à quelques semaines des élections départementales, Sarkozy avait demandé à ses troupes de ne pas faire un cadeau au gouvernement Valls en adoptant la loi Macron. Il ne pourrait donc pas la voter[1]. Jean-Frédéric Poisson a fait de même. »

Tandis que les frondeurs socialistes faisaient planer le doute sur leur vote, Manuel Valls a choisi de passer en force. Toute la négociation avait été inutile.

1. Il s'agit de la loi Croissance et activité, adoptée en Conseil des ministres en décembre 2014. Proposée au Conseil des ministres en décembre 2014, la loi a été adoptée le 17 février 2015 en première lecture après que le gouvernement eut choisi d'appliquer l'article 49.3. Le gouvernement a également choisi le 49.3 pour imposer le passage en force de la loi Macron en seconde lecture en juin 2015.

Réaction de Macron ?

« Une réaction de “sale gosse”, contre les appareils politiques, les partis et leurs combines. Et un désaccord total avec Manuel Valls, qui, en faisant appel au 49.3, n’a pas trouvé un mot pour remercier Macron de son travail. Cela a été pour lui un deuxième choc. Un choc fondateur : le dépassement des partis politiques, la création d’un mouvement à lui, tout est venu de là. »

Le reste suit, raffermissant la volonté de Macron de prendre le large.

« Il enrageait, dit Castaner, à l’idée de ne plus avoir de marge de manœuvre, de ne pouvoir plus rien “faire”. C’est à partir de là qu’il a commencé à penser à la présidence de la République. Il ne le théorisait pas, mais nous savions qu’il y pensait. Moi, conclut Castaner, je ne l’ai plus quitté. Je l’ai accompagné quand il a fondé En Marche !. »

Le reste a suivi : succès du meeting de la Mutualité en juillet ; en août, départ du gouvernement, accueilli par Castaner avec une sorte de soulagement. Et enfin, l’envol, la liberté, la candidature à la présidentielle.

La seule question qu’il se posait alors, continue Castaner, était : que va faire Hollande ? Dans son allocution du 14 Juillet, en effet, le président l’a indirectement mis en garde, par la fameuse petite phrase : « Il me doit tout. »

Emmanuel Macron écoutait ce matin-là le chef de l’État. Par SMS, il a interrogé Castaner : « Tu as compris quoi ? lui demande-t-il. Je reste ou je suis vidé ? » Réponse de Castaner : « Bizarre, il t’a mis deux cartons rouges, et pourtant tu restes sur le terrain. »

La petite histoire raconte, m’assure mon interlocuteur, que dans l’après-midi, Manuel Valls pose sa démission sur la balance. Entre son Premier ministre et son ministre de l’Économie, François Hollande ne tranche pas.

« D’abord parce que c’est sa pente naturelle. Ensuite parce qu’il est convaincu que Macron est pour lui une carte, et qu’il ne va pas le sacrifier à son Premier ministre, et enfin, croyez-moi : Macron, c’est le seul qu’il aime. »

Dans la soirée de ce 14 juillet 2016, le carnage terroriste de Nice met un terme, provisoire, aux interrogations. Pas le moment pour

Valls de démissionner, et le président remet son choix à plus tard. Fin août, Macron le prend de court en démissionnant.

Puis déjeuner avec Dominique Jamet, vice-président du mouvement de Nicolas Dupont-Aignan, qui vient de démissionner de son poste après le ralliement de ce dernier à Marine Le Pen.

« Comme les femmes trompées, ironise-t-il, qui sont les dernières à apprendre leur infortune, j'ai été le dernier à apprendre le ralliement de NDA au Front national. »

Un parti qui se revendique du gaullisme social, ancré entre deux mondes, la gauche et la droite, pourquoi ce ralliement de dernière heure à l'extrême droite, même si celle-ci ne veut plus dire son nom ?

« Par lassitude, sans doute, me répond-il, désabusé. Il avait obtenu 1,5 % des suffrages en 2012, et 4,8 % après cinq nouvelles années de lutte politique. Il n'a plus la patience d'attendre. Entouré de cadres qui veulent avant tout être candidats aux législatives, lui-même souhaitant pouvoir disposer d'un groupe, ou intégrer un groupe parlementaire à l'Assemblée, il a sauté le pas. Il a jugé que c'était le moment de se placer. »

Le moins qu'on puisse dire, c'est en effet qu'il a pris ses vice-présidents (trois sur quatre d'entre eux ont démissionné) par surprise.

« Il ne m'échappait pas, tout de même, me dit Dominique Jamet, que j'étais complètement tenu en dehors de la campagne présidentielle. Il m'a écarté autant qu'il a pu. De toute façon, il ne supporte pas que quelqu'un existe auprès de lui. Et puis, il voyait bien que nos lignes s'écartaient de plus en plus. Je lui disais : "Restez Philippe Séguin." Mais il ne m'entendait plus, et il a fini par négocier avec le Front national. »

Les contacts avec Marine Le Pen, me raconte-t-il, sont passés par Philippe Olivier, le beau-frère de Marine. Celui-ci avait été disgracié après avoir participé à la tentative de scission du FN par Bruno Mégret en 1998. Réintégré dans le mouvement de sa belle-sœur, il est devenu le principal intermédiaire entre le FN et Debout la France. La négociation a duré quelques semaines, pendant lesquelles ni Dominique Jamet ni les autres n'ont été prévenus. Attitude à laquelle n'échappent pas les dirigeants de mouvements politiques lorsqu'ils changent leur fusil d'épaule, sans oser en avertir ceux qui les suivent.

« Des années qu'il se plaint auprès de moi que les médias ne lui fassent aucune place. Des années qu'il affirme tout faire pour trouver autour de lui des adjoints qui se fassent entendre, qui existent à la télévision. En même temps, il n'a jamais supporté que quelqu'un lui fasse de l'ombre. J'ai compris cela trop tard. Le temps de démissionner. »

Remonté comme il l'est contre NDA, Dominique Jamet dément pourtant avec force la rumeur qui court le milieu politique : non, il me l'assure, Nicolas Dupont-Aignan n'a pas fait mouvement vers le FN pour que celui-ci rembourse, comme on l'a dit, les frais de sa campagne[1]. Je n'ai pas de raison de ne pas le croire. Et pourtant...

Avec Nathalie Saint-Cricq, je reviens, en fin de soirée, sur le débat d'hier qu'elle avait, avec son collègue de TF1, mission d'arbitrer. Elle me dit qu'ils n'auraient jamais pensé, en voyant les deux protagonistes de l'émission poser ensemble devant les photographes, à quelques minutes du début de l'émission, que le ton de Marine Le Pen serait d'emblée aussi agressif, vindicatif. Avant de commencer, pendant les quelques minutes qui précédaient le générique, Emmanuel Macron et elle se sont regardés presque dans les yeux mais sans animosité.

« Ils étaient, me dit-elle, comme deux chats pervers. Elle souriait, il souriait. Narquois, tous les deux. Marine Le Pen pensait sans doute qu'elle ne ferait qu'une bouchée de son adversaire, et Macron se disait visiblement : Essaie toujours. »

Dès les premières notes du générique, Marine Le Pen a changé de tête, ses traits se sont durcis, elle s'est carrée sur son siège, prête à foncer comme un animal.

L'ordre des questions, je l'apprends par elle, avait été fixé par le CSA après consultation avec les deux équipes de campagne. Une liste beaucoup trop longue, sur laquelle les deux candidats auraient

1. Ayant obtenu moins de 5 % des voix, Nicolas Dupont-Aignan n'a pas droit en effet au remboursement total de sa campagne et ne s'est vu allouer que 800 000 euros. Sa campagne avait coûté à peine le double.

pu broder pendant des heures, alors qu'ils avaient devant eux à peine plus de deux heures de débat prévu. Tout de suite, il est apparu aux journalistes que l'ordre fixé serait forcément bouleversé : la politique internationale arrivait en sixième position alors que, c'était évident, la sortie de l'euro, donc la politique européenne, serait abordée bien avant.

On a dit, hier, que les journalistes étaient bien peu intervenus, qu'ils n'avaient pas dominé le débat, qu'ils n'avaient pas même réussi à passer les plats. C'est vrai.

« Que pouvions-nous faire ? Macron ne nous a jamais regardés, il avait les yeux fixés sur Marine Le Pen et la ferme intention de ne pas se laisser déranger de ce face-à-face devenu brutal dès les premières minutes. Marine Le Pen avait sur sa tablette une foule de dossiers dont il était évident qu'elle n'aurait pas le temps de les ouvrir. Macron, lui, n'avait devant lui que quatre feuillets. Sur les dossiers économiques, lorsque Emmanuel Macron s'est aperçu qu'elle confondait deux dossiers, il a poussé son avantage et l'a complètement déstabilisée : elle s'est aperçue elle-même que, comme le lui disait son interlocuteur, elle mélangeait tout et que, tout simplement, elle n'était pas à la hauteur. C'est à ce moment-là que son comportement physique est devenu bizarre, et qu'elle a décroché, une petite heure seulement après le début de l'émission. Elle a perdu pied, enfin, dès qu'elle a été mise en difficulté sur la sortie de l'euro. »

Les deux journalistes auraient peut-être dû interrompre les échanges, les rappeler à l'ordre, leur dire qu'un débat présidentiel, cela ne pouvait pas se passer comme cela. Mais c'était intervenir sur le fond entre les deux finalistes, et risquer de bousculer l'équilibre politique du débat. D'autant que ceux-ci évitaient de les regarder et refusaient de les entendre.

Pendant ce temps-là, une bataille se livrait en régie entre le directeur de l'information de France Télévisions, Michel Field, et Sébastien Chenu, représentant de Marine Le Pen.

Lorsque l'émission, chaotique, s'est – enfin – terminée, Emmanuel Macron est parti tout de suite rejoindre ceux qui l'accompagnaient. Marine Le Pen, elle, parfaitement inconsciente du désastre qu'avait été sa prestation, est revenue en arrière pour saluer Nathalie Saint-Cricq et Christophe Jakubyszyn. Vingt secondes après la fin de l'émission, les deux candidats avaient quitté le plateau. Les deux journalistes avaient-ils pris conscience de la violence du débat, de son côté presque insupportable ? Non. Comme cela arrive souvent à la télévision, sur le plateau, les voix paraissaient moins métalliques, les échanges plus feutrés. Ce n'est qu'en revenant en coulisse, où la maquilleuse semblait horrifiée, que Nathalie a réellement compris que, vu à travers le petit écran, le débat avait été d'une violence inouïe.

7 mai

Deuxième tour[1].

Pas de suspense. Dès 18 heures, la victoire de Macron est confirmée. Le 60/40 prévu par les instituts de sondages était largement optimiste pour Marine Le Pen. Tout au long de la soirée, Macron obtient, au fur et à mesure des dépouillements, 62, puis 63, 65 %. Le soir était tombé lorsque le Carrousel du Louvre, où les siens s'étaient rassemblés, a vu le nouveau président, déjà transformé, arriver, solennel, face à la foule.

Le Carrousel, pourtant, n'était pas l'endroit qu'il avait retenu pour fêter sa victoire.

Emmanuel Macron voulait, à toute force, célébrer sa victoire au Champ-de-Mars. Pourquoi précisément ce lieu ? Parce que, me répond Bertrand Delais, qui le suit avec caméra depuis plusieurs mois, il voulait que les images de lui et de sa victoire s'imposent à la terre entière. Quoi de mieux que le symbole de Paris, la tour Eiffel, pour cela ? Seule, la maire de Paris, qui, entre nous, va un jour ou l'autre le payer cher, l'a empêché d'y donner sa fête, sous le prétexte – car c'était un prétexte – que le Comité olympique, qui débarquait à Paris le lendemain, aurait été choqué de voir la

1. Emmanuel Macron l'a emporté contre Marine Le Pen avec plus de 65 % des voix. La présidente du Front national est loin du cap de 40 % qu'elle s'était fixé. Les abstentions sont historiquement au plus haut : 25 %, c'est le record depuis 1965. Au premier tour, Emmanuel Macron avait obtenu 24 % ; Marine Le Pen, 21,30 % ; François Fillon, 20 % ; Jean-Luc Mélenchon, 19,50 % et Benoît Hamon, 6,36 %.

pelouse du Champ-de-Mars piétinée par des dizaines de milliers de fans de Macron. Pitoyable tentative de contrecarrer la victoire de celui qu'elle a combattu, au sein du PS, sous les couleurs de Benoît Hamon. Va pour la Pyramide, s'est dit Macron, empêché par la maire. Et vive la Pyramide du Louvre ! C'est là que précisément, dans cet endroit qui n'avait pas été choisi par lui, que tous les symboles se sont retrouvés. La Pyramide, symbole de Bonaparte conquérant, retour d'Égypte ; le Louvre, celui des rois de France, de Philippe Auguste à Louis XIV ; l'arc du Carrousel, dans la perspective de l'Arc de triomphe.

Et enfin la mise en scène réglée au cordeau, qui évoque, sans la rose à la main, le parcours de François Mitterrand vers le Panthéon en 1981 : Emmanuel Macron marche pendant quatre longues minutes sous les projecteurs qui le cherchent puis, l'ayant trouvé dans la nuit, le suivent. Lorsqu'il s'adresse à la foule, son visage apparaît sous le bon angle, bien cadré avec, en fond, le verre et l'acier de la construction de Pei. Je ne connais pas le metteur en scène du spectacle. Quel qu'il soit, c'est du grand art. Pas une fausse note.

Et pourtant, malgré cette cérémonie de dernière minute, vite organisée, allure folle de ce jeune président déjà, à peine élu, monarque républicain, enthousiasme inouï de la foule, puis la traversée de Paris avec cortège désormais incontournable, même si cela ne sert à rien d'autre qu'à deviner, derrière des vitres noires, le visage d'un homme heureux. Nous voilà loin d'un président normal. C'est ce qu'il voulait, dès ce soir, signifier aux Français.

8 mai

Tout de même, quelle histoire, comme dirait Mitterrand, celle d'Emmanuel Macron ! Quoi qu'il se passe par la suite, qu'il échoue ou réussisse, ce sera toujours une des plus réussies, et des plus rapides, des épopées politiques. Il n'y en a pas d'autre exemple sous aucune des Républiques en France : un président de 39 ans, plus jeune de quelques mois que Louis-Napoléon Bonaparte, porté à l'Élysée après seulement dix mois de campagne.

Avec Bertrand Delais qui vient de réaliser un documentaire sur lui pour *Envoyé spécial*[1], nous parlons de la manière dont cet homme encore jeune s'est préparé, contre tous les pronostics, à cette magistrature, de façon méthodique, déterminée.

« Au fond, me dit Bertrand Delais, tout a commencé dans sa vie le jour où il a dû quitter Amiens pour partir faire sa scolarité à Henri-IV à Paris, obligé d'obéir à ses parents horrifiés par l'idylle de cet adolescent avec sa professeure de français de vingt-quatre ans plus âgée. Il est parti en disant à Brigitte : “Je vous épouserai.” »

Autre épisode qui, dans la vie du jeune Macron, a forgé son caractère : au lycée Henri-IV, il se retrouve, seul provincial à rester en internat le soir, face aux fils de bourgeois du 5e arrondissement de Paris. Socialement, il se sent mal à l'aise à Henri-IV et se jure de dépasser la sorte d'humiliation qu'il éprouve à ce moment de sa vie.

En 2007, après les oppositions parentales et les difficultés familiales qu'on imagine du côté de sa femme, il se marie à Brigitte Trogneux, qui devient, à la vie à la mort, Brigitte Macron.

C'est maintenant, aujourd'hui, que les difficultés commencent. Emmanuel Macron n'a pas caché, hier soir, dans un court discours solennel, grave, sans trace de triomphalisme, une intense émotion. L'histoire ne s'arrête pas le 7 mai 2017. Elle commence au contraire pour Emmanuel Macron.

La France, dès ce matin, entre dans une nouvelle campagne électorale, celle des législatives. Car, avant de réformer, par ordonnances, le code du travail, ou de moraliser la vie politique, comme il s'y est engagé, Emmanuel Macron doit se doter d'une ample majorité au Parlement. Pulvériser, comme il le veut, la droite ? Même si certains parmi elle paraissent prêts à le rejoindre, elle ne se laissera pas si facilement dévorer toute crue. François Baroin, placé par ses pairs au commandement de cette campagne, a confirmé, dès dimanche, sa volonté de donner la majorité à son parti, les Républicains. C'est donc une cohabitation qu'il envisage. Pas facile après un tel échec des Républicains, dont

1. Émission de reportage de France 2, présentée depuis 2016 par Élise Lucet.

le candidat est arrivé en troisième position seulement dans un combat qu'il aurait dû dominer de bout en bout.

Au lendemain de sa large victoire, rien n'est définitivement acquis, donc, pour Emmanuel Macron. Large majorité rangée en ordre de bataille derrière lui, coalition imposée avec de nouveaux alliés de droite ou de gauche, cohabitation inévitable avec la droite : de la bataille politique qui recommence dépend la reconstruction de la vie politique qu'il souhaite. Et l'avenir, plus ou moins paisible, du quinquennat.

À quoi pensaient-ils, ce matin, Hollande et Macron, en ranimant la flamme du soldat inconnu ? À une sorte de passage de relais politique entre un président et un autre ? De toute façon, cette transmission du pouvoir, comme tout ce qui s'est passé avant, est unique. Il y a peine plus de six mois, Macron quittait son ministère et décidait de partir tout seul à la conquête du Graal. Trahison, disait-on, et disais-je moi-même. Aujourd'hui Hollande accueille son successeur avec une sorte de soulagement : non, ce n'est pas Marine Le Pen qui est en mesure de prendre les clefs du pouvoir. C'est un homme qui fut un de ses plus proches collaborateurs, depuis, ce n'est pas rien, la campagne présidentielle de 2012. Qui a grimpé auprès de lui, dans la hiérarchie du pouvoir. Qui lui a apporté beaucoup aussi. Mais un homme qui l'a lâché lorsqu'il a estimé le moment venu. Son moment. À quoi pense-t-il, François Hollande ? Y croyait-il même, en décembre dernier lorsqu'il a renoncé à se présenter, que Macron avait la moindre chance de l'emporter ? Croyait-il son projet fou, audacieux, ou au contraire se disait-il qu'à tout prendre, il préférait que Macron chipe la victoire à la droite ? Que de différences entre les deux hommes ! Hollande qui a fait ses classes chez Mitterrand, puis avec Jospin au sein du Parti socialiste. Hollande qui n'a jamais voulu bouleverser les choses, connu, au contraire pour son art de naviguer, sans se briser, entre les récifs de la politique, pour sa capacité de faire des compromis, de tenir compte de son aile gauche, de son aile droite et de son centre, élu de terrain, et de quel terrain, la Corrèze, premier secrétaire d'un parti toujours aux bords de la crise de nerfs. Et lui, Macron, n'ayant jamais recherché l'onction populaire, traçant sa route en un éclair, « comme une flèche », avait-il dit, parlant de Jeanne d'Arc il y a exactement un an. Un an ! Non, je sais que Hollande n'y croyait pas. Pour 2022, il se disait : peut-être. Pour 2017, il pensait que ce jeune homme était trop pressé. Combien de fois, dans les derniers temps de leur collaboration, Hollande s'est-il dit qu'Emmanuel Macron était trop ambitieux, trop ignorant de la chose politique, intelligent certes et aussi intuitif, mais incapable de maintenir l'équilibre entre le faisable et le possible, le souhaitable et le réel ? Aujourd'hui est-il assez bon joueur pour se réjouir de l'irrésistible ascension de ce si complexe ex-collaborateur ? Je suis sûre que, derrière la bonhomie souriante et peut-être affectée, Hollande se dit : « Ce que je voulais faire, recomposer la politique, établir la social-démocratie en France, il y est arrivé, à ma place, en un an. » Il est vrai que Hollande est assez sage pour savoir que rien n'est jamais acquis ; il est payé pour savoir que les meilleures intentions politiques se fracassent devant la réalité.

Et lui, Macron, savoure-t-il aujourd'hui pleinement sa victoire, ou bien a-t-il, dans la tête, une petite musique pour lui dire qu'il a fait un premier pas, important, capital certes, mais que rien, dans les cinq ans qui viennent, ne va marcher comme il le croit ? Un seul point sans doute vers lequel converge la réflexion des deux héros de la matinée : la droite, son désir de victoire, sa certitude de victoire, est dans un état de frustration extrême. Elle pensait triompher, se débarrasser de Hollande et des siens, illégitimes. Elle a assisté au contraire au désespoir, depuis le début de l'année, au chemin de croix, station après station, de François Fillon.

Et les voilà tous les deux, François Hollande multipliant les gestes paternels, dont je ne sais pas ce qu'ils ont de volontaire ou de contraint, et Emmanuel Macron gardant ses distances, me semble-t-il, refusant d'apparaître comme l'héritier de Hollande ainsi que le lui a seriné à l'oreille Marine Le Pen, au cours du dernier débat. Il est pourtant à l'aise, Macron, avec son manteau bien coupé, son pas tranquille pour passer les troupes en revue et saluer les anciens combattants. Ne pas se faire récupérer par Hollande, sans être discourtois avec lui. Pour Macron, une journée entre deux mondes, celui d'avant et celui qui n'est pas encore celui d'après.

Sur les Champs-Élysées, les touristes ont bravé la pluie et le terrorisme. Pour dire au revoir à l'un, qu'ils n'aimaient pas, et bonjour à l'autre, dont ils ne savent rien.

9 mai

L'affaire est simple, et pourtant compliquée. Emmanuel Macron vise une majorité présidentielle ni gauche ni droite. Il poursuit dans sa volonté de détruire les partis qui ont détruit Hollande et tout fait pour l'empêcher d'arriver au pouvoir. Casse-tête pour lui que la liste des candidatures En Marche !. Elles doivent tenir compte d'un triple objectif : la parité entre ceux qui viennent de la société civile et de la société politique, la parité hommes-femmes, le pluralisme politique. Les partis, il l'apprendra bien assez vite, meurent lentement. Ils renaissent aujourd'hui, au moment de garder leurs sièges, leurs places, leurs vies. Même réaction au Parti socialiste que chez les Républicains : tous ceux qui veulent choisir la République en Marche (tel est le nom du parti politique que Macron est décidé à créer) seront exclus de leurs familles politiques, et un candidat sera présenté contre eux. De quoi les faire réfléchir.

Pour les Républicains regroupés autour de François Baroin, le dernier des survivants, affronter Emmanuel Macron, c'est risquer de se voir opposer, dans sa circonscription, un candidat d'En Marche !, venu de la société civile ou de la politique, nimbé de la victoire du nouveau président de la République.

Rallier au contraire la majorité Macron, c'est faire un saut dans le vide, d'abord se faire exclure, du PS ou de LR, ensuite affronter un candidat désigné par son ancien parti, se faire accuser de traîtrise ou d'opportunisme.

Pour avoir franchi le pas, ou plus exactement tenté de le franchir, Manuel Valls, pour avoir enterré, d'une phrase, le Parti socialiste (« Le PS est mort ») et annoncé son intention de rejoindre la majorité progressiste d'En Marche !, est dénoncé par Cambadélis comme fauteur de troubles graves, menacé d'être exclu, tandis que de l'autre côté, Macron n'est pas pressé de le voir arriver.

Mettez-vous dans la file d'attente, lui ont signalé Christophe Castaner et Jean-Paul Delevoye, chargé des investitures En Marche !, envoyez votre curriculum vitae, pas de passe-droit pour un ancien Premier ministre, qui au surplus a exercé plusieurs mandats parlementaires consécutifs, on verra si votre candidature est recevable. Une humiliation pour Valls, pris à la gorge. Pourquoi cette sévérité ? Pas seulement parce que les deux hommes se sont affrontés au gouvernement. Mais surtout, aujourd'hui, parce que Emmanuel Macron veut scrupuleusement équilibrer le poids de ceux qui le rejoignent, selon qu'ils viennent de la gauche ou de la droite. Et Valls est un poids lourd, qui fait sérieusement pencher la balance du côté gauche. Macron se veut au-dessus des partis, c'est à la fois la raison de son aventure et celle de sa réussite. Ouvrir les bras à Manuel Valls, c'est peut-être les fermer à plusieurs transfuges de la droite et du centre, dont il a besoin. Voilà pourquoi Valls est rappelé à la nécessité de s'agenouiller devant Macron.

Long échange, en début d'après-midi, avec Gilles Boyer. Il a choisi de rester à LR, de se battre dans la circonscription qui lui a été dévolue. Fera-t-il mouvement, à un moment, vers la majorité présidentielle de Macron ?

« Tout dépend en réalité du Premier ministre qui sera choisi : selon qu'il viendra de la droite ou de la gauche, tout change. La tentation Macron sera différemment ressentie. »

Je lui parle de son ami le plus proche, Édouard Philippe, le maire du Havre[1], présenté comme un premier ministrable possible.

Lui, Gilles Boyer, pour le moment, reste au chaud chez les Républicains.

« Cela peut, convient-il, m'opposer à un de mes amis chers. Je suis partisan d'une droite qui ne soit pas fermée, moderne, ouverte, qui ne pratiquera pas d'opposition systématique, mais je n'abandonne pas les Républicains. »

Je comprends qu'il pourrait participer, après le mois de juin, à une coalition autour d'Emmanuel Macron, mais pas maintenant,

1. Ces deux lieutenants d'Alain Juppé, Gilles Boyer et Édouard Philippe, amis dans la vie, ont écrit à quatre mains deux livres politico-policiers, *L'Heure de vérité* en 2007 et *Dans l'ombre* en 2011.

pas comme cela, en volant au secours de la victoire. Il me rappelle que les candidatures doivent impérativement être déposées le 19 mai, et que la nomination du Premier ministre, le lundi 15, ne laissera que quatre jours, à ceux qui voudraient changer de camp, pour prendre leur décision.

« D'autant que personne ne peut calquer les résultats des législatives sur celui de la présidentielle : le taux de participation sera différent, ceux qui, à droite, ont voté Marine Le Pen reviendront-ils chez les Républicains ? »

Le raisonnement vaut aussi à gauche : ceux qui, à gauche, se sont abstenus au deuxième tour reviendront-ils vers le Parti socialiste, ou vers Jean-Luc Mélenchon ?

« Il faut donc se déterminer au doigt mouillé, conclut Boyer. Emmanuel Macron est arrivé en tête dans ma circonscription : comment savoir si son candidat fera de même ? Si l'étiquette En Marche ! perd de sa valeur, nous pouvons être élus. Dans le cas contraire, nous ne le serons pas. Bref, nous sommes tous un peu perdus. »

Il comprend la stratégie d'Emmanuel Macron : il veut imposer ses candidats pour avoir une majorité à lui, même si le pari est culotté, dangereux, tout ce qu'on voudra. Oui, mais pour Valls ne pouvait-il faire une exception ?

« Pour Macron, me répond-il, Valls, c'est l'ancien monde. Les quinquagénaires d'aujourd'hui sont devenus des vieillards. Ce n'est pas maintenant qu'il lui faut lâcher prise. Tout lui a souri jusqu'à présent, ce n'est pas le moment de changer de stratégie : il veut que les candidats auxquels il donnera son investiture soient dégagés de leurs engagements de parti, de leurs anciennes affiliations. Il en prend le risque, et cela marchera peut-être. Ou pas. »

10 mai

La réalité est qu'Emmanuel Macron, m'assure tout à l'heure Jean-Louis Bourlanges, se méfie de Valls et de la « petite PME » qui l'entoure, composée pour moitié de communicants, pour une autre moitié de cadres anciennement strauss-kahniens. À tort ou à raison, on pense, chez Macron, que les rumeurs sur son homosexualité, sur sa liaison supposée avec Mathieu Gallet, le président de Radio France, émanent de l'entourage de Manuel Valls. Il ne lui fait pas confiance, et ne souhaite pas introduire dans En Marche ! quelqu'un dont il pense que, tôt ou tard, il sera son frondeur.

Nous parlons de François Bayrou qui ne sait pas quel rôle exact il jouera auprès d'Emmanuel Macron, dans la recomposition qu'il prépare. Premier ministre, ministre des Affaires étrangères, garde des Sceaux ? Premier ministre, je ne le pense pas. D'autant qu'il est un épouvantail pour la droite, dont une partie pense à rallier Macron. Le futur Premier ministre sera forcément un homme plus jeune, venu de la droite modérée et pas du centre. Et pourtant, quel rôle a joué Bayrou dans la conquête du pouvoir par Macron ! Il l'a rallié au moment où il plongeait, empêtré dans les « crimes contre l'humanité » de la France en Algérie. Au moment où la droite, noyée sous les affaires de François Fillon, s'apprêtait à faire appel à Alain Juppé, Bayrou a été le premier à rassurer Macron : non, son ralliement à lui ne serait pas remis en question par la mise en œuvre du « plan B », non, il ne le quitterait pas pour rejoindre Alain Juppé si celui-ci finalement était investi par les Républicains à la place de François Fillon.

Cela avait une certaine allure, je pense. Mais comment la volonté de renouvellement de la classe politique qui est celle d'Emmanuel Macron s'accommoderait-elle d'un Premier ministre qui a été trois fois candidat à la présidence de la République ?

16 000 personnes ont fait acte de candidature pour recueillir les investitures d'En Marche ! aux législatives. Une commission d'investiture se penche, deux fois par semaine, sur leur cas, compare leurs curriculum vitae, pèse leurs lettres de motivation. Mais sur place, les candidats putatifs commencent à se déchirer. Lettres, SMS, courriels de dénonciation, arrivent par paquets au siège d'En Marche ! dans le 15e arrondissement. Pour dénoncer tel autre concurrent, accusé d'opportunisme ou de malhonnêteté. Il est urgent, paraît-il, d'arrêter ça. On mesure bien la difficulté de créer un parti, une majorité à partir de rien. Pas facile de tout reprendre à zéro.

11 mai

Deux mots sur l'adieu, qui n'est qu'un au revoir, de Marion Maréchal-Le Pen. Elle invoque la petite fille de trois ans qui est à sa charge, mais la réalité, on me le dit, est qu'elle préfère ne pas livrer combat à sa tante, laisser le FN évoluer comme il le veut, divisé qu'il est entre Florian Philippot et elle-même, plus libérale et plus conservatrice, pour éventuellement y retrouver sa place plus tard. Avec d'autres peut-être, venus de LR comme Laurent Wauquiez. Prendre de la distance pour laisser se décanter l'échec. Assez bonne stratégie de la part d'une toute jeune femme, qui recule pour mieux sauter. Son départ, même temporaire, ouvre une brèche dans l'unité affichée du FN. Florian Philippot, preuve qu'il pressent un affrontement à ce sujet, vient de menacer : il quittera le Front national si la sortie de l'euro ne figure pas à son programme. Nicolas Bay – qui est convenu, dans les couloirs d'Europe 1 samedi dernier, de la piètre prestation de Marine pendant le duel télévisé avec Macron – parle de chantage. Je prends ici le pari que Marine Le Pen ne sera pas une troisième fois candidate à la présidence de la République.

12 mai

Premier accroc dans la majorité présidentielle : à peine les 440 premiers noms de candidats aux législatives sous l'étiquette En Marche ! sont-ils connus que François Bayrou refuse d'entériner la liste, qui, dit-il, n'a pas son assentiment. Macron n'est pas encore intronisé que la crise menace dans sa majorité.

La vérité doit se situer ainsi : Macron a laissé entendre à Bayrou qu'il aurait de très nombreux députés dans la future Assemblée. Une centaine, estimait Bayrou. Macron pensait sans doute que François Bayrou n'ayant pas un seul député Modem, il serait enchanté de n'en avoir que 60, ou même 50. Bayrou n'a pas voulu être cocu dès les premiers jours. Il l'a fait savoir après avoir piqué une de ces colères dont il est capable. En attendant, si Macron pensait que Bayrou était un centriste mou, il est instruit désormais du contraire. Comme pour Valls, les choses s'arrangeront peut-être, puisque près de 150 députés restent à être désignés. Mais enfin, pas terrible pour un début...

Pour deux personnes qui avaient juré qu'entre eux, aucun accord d'appareil n'avait été conclu, quelle dérision !

13 mai

Christophe Castaner me rappelle, au moment où je m'apprête à entrer sur le plateau de Bruce Toussaint sur France 5. Je pensais l'affrontement avec François Bayrou terminé puisque celui-ci avait laissé entendre, dans la soirée d'hier, qu'après une longue consultation téléphonique avec Gérard Collomb (il avait récusé Richard Ferrand et Delevoye, responsables de la première liste des 440 députés), tout était désormais arrangé.

« Pas du tout, me dit Castaner. Bayrou avait fait un calcul purement arithmétique : "J'ai apporté 6 % des voix à Macron, il en a obtenu 24, reste 18, c'est-à-dire qu'il me doit le tiers des candidats." Voilà sur quelle base il demande aujourd'hui une centaine, ou plus, de circonscriptions. Rien de tel n'avait été conclu. »

L'équipe de Macron a été, en réalité, prise de court dès le soir de la victoire, le dimanche. En voyant Bayrou sur tous les plateaux de télévision, je m'étais dit qu'il s'était transformé quasiment en porte-parole de Macron, avec l'accord, naturellement de ce dernier. Castaner me dit que c'est faux.

« Benjamin Griveaux[1] en était malade, dimanche soir. La victoire de Macron, c'était la sienne, en quelque sorte, celle de Bayrou. Et puis, dès le lundi matin, invité de France Inter, il l'a attaqué sur le terrain des ordonnances, auxquelles il n'était pas favorable. Surprise de Macron. Toute la journée, poursuit

1. Benjamin Griveaux est le principal porte-parole d'En Marche !. Il sera élu député de la 5e circonscription de Paris en juin 2017.

Castaner, Bayrou a appelé Macron au QG, et Macron a refusé de le prendre au téléphone.

— Lui avait-il promis le poste de Premier ministre ? Est-il déçu parce qu'il est certain aujourd'hui de ne pas l'avoir ?

— Non, rien de la sorte ne lui a été promis. Il a tout de suite été en rivalité avec Richard Ferrand et n'attendait que la publication de la liste pour le prendre en défaut. »

Tout de même, lui dis-je, ca fait un peu désordre. Emmanuel Macron vient d'être élu, il n'est pas même encore intronisé, que déjà , à la veille des élections législatives, son camp se défait.

« Ça s'arrangera, me répond-il sans trop s'émouvoir. Bayrou aura une cinquantaine de candidats investis, du fric, et des ministres, ça devrait aller. Il n'a pas un seul député sortant à l'Assemblée nationale, il ne doit pas être trop gourmand. Pas question que le Modem fasse un groupe charnière entre Macron et les Républicains. Emmanuel Macron ne calera pas. »

En sortant du studio, Géraldine Lehideux[1] m'appelle : « Ils ne connaissent pas les colères de François Bayrou, me dit-elle, ils vont apprendre à le connaître. »

La vérité est que la sortie de Bayrou a gâché la publication, dès hier, des nouveaux candidats REM pour le mois de juin. En revanche, les Républicains sont restés autour de François Baroin. Seule la nomination à Matignon d'un juppéiste (on parle de plus en plus d'Édouard Philippe) ébranlera la forteresse des Républicains. Le pari parlementaire de Macron est loin d'être gagné.

Demain, la passation des pouvoirs, à l'Élysée, et déjà, la crise. Petite crise, mais crise quand même.

14 mai

Intronisation du nouveau président. Quand Emmanuel Macron, qui a raccompagné Hollande à quelques pas de sa voiture, entre

1. Géraldine Lehideux est chargée de la communication de François Bayrou et du Modem.

dans la salle des fêtes, Laurent Fabius l'accueille : comme il se doit, le président du Conseil constitutionnel doit prononcer officiellement son élection. Fabius fait un discours de quelques minutes, que je qualifierais de surprenant. Non pas lorsqu'il cite la phrase de Chateaubriand : « Pour être l'homme de son pays, il faut être l'homme de son temps » ; je ne doute pas qu'il veuille dire quelque chose de bienveillant et aussi d'original. Je ne doute pas non plus que Fabius, qui a fait son temps, et le sait bien, ne veuille faire à Macron la grâce de penser que le sien est venu. Chateaubriand, c'est bien. Pourquoi faut-il que Fabius aille plus loin, semblant distribuer des bonnes ou moins bonnes notes au nouveau président en évoquant la campagne « chamboule-tout » à l'issue de laquelle le jeune président est entré à l'Élysée ? Je ne sais pas le poids exact de ce « chamboule-tout ». Fabius l'approuve-t-il d'avoir bousculé l'ordre politique établi ? Ou bien lui reproche-t-il d'avoir dynamité les partis, ce que lui n'a jamais fait, ni peut-être même envisagé de faire. D'avoir fait exploser le Parti socialiste, auquel Fabius n'a jamais cherché à échapper ? Impossible de savoir les pensées exactes de Fabius, sinon qu'on imagine, bien sûr, que cet ancien Premier ministre de trente-huit ans juge qu'il aurait pu, lui aussi, être président un jour à trente-neuf ans. Après tout, les deux hommes ont la même formation, sensiblement la même culture, à ceci près qu'Emmanuel Macron a échoué deux fois à Normale sup, où Fabius était entré les doigts dans le nez. Je ne peux pas ne pas penser que Fabius pense à lui en parlant de Macron. Jusque-là, tout allait bien. Les choses me semblent tourner moins rond lorsque le président du Conseil constitutionnel énumère les raisons pour lesquelles, à l'entendre, le président de la République est un homme de son temps : « par vos choix, votre formation, votre parcours et jusque dans votre état civil ». Difficile à entendre, je pense, en public, devant des millions et des millions de téléspectateurs pour Brigitte Macron. En quoi Fabius s'arroge-t-il le droit de parler de l'état civil, donc la vie privée des deux époux ? Bon, l'intention n'était peut-être pas blessante. Mais la formulation surprend. Me choque presque : à quoi bon, un jour d'investiture, faire allusion à la différence d'âge des deux époux ? Il n'aurait rien dit si Macron avait épousé une femme de vingt-quatre ans plus jeune que lui. Bon, cela n'a peut-être pas d'importance, sinon que c'est la seule fausse note de la matinée. Pour le reste tout a été parfait, sauf peut-être, mais Macron n'y est pour rien, le trop long discours d'Anne Hidalgo à l'Hôtel de Ville dans l'après-midi, sorte de plaidoyer pour son action a la tête de la ville de Paris. Ce dont on se moquait absolument, aujourd'hui.

Un mot encore sur Brigitte Macron. Jamais une épouse n'aura été aussi présente dans la campagne présidentielle de son mari. Elle aura pratiquement été de tous les meetings importants ou pas, de toutes les émissions télévisées de son mari. Présente aussi au QG d'En Marche ! ou dans les déplacements sur le terrain qui ont précédé son élection. Je me suis demandé à un moment, comme tout le monde, si elle n'en faisait pas trop. Aujourd'hui à l'Élysée, passés les premiers moments où le couple a eu l'air de se féliciter, ensemble, du chemin parcouru, il me semble qu'elle a trouvé la bonne distance. Ni trop près, ni trop loin, complice, mais pas trop, dynamique sans excès, plutôt souriante.

Je ne savais pas, au début, si elle allait être, pour son mari, un atout ou un handicap. Si les Français allaient tolérer ce couple atypique, comme l'a suggéré Laurent Fabius. Les Français, et les magazines, ont tranché : tandis que les réseaux sociaux avaient relayé, au début, nombre de critiques, dont certaines ont dû être retirées tant elles étaient injurieuses, Brigitte Macron a gagné son public. Aujourd'hui, elle est presque plus politique que lui.

Il y avait pour Emmanuel Macron deux écueils à éviter : ne pas « faire président », comme on l'a dit si souvent de François Hollande. Son pas lent, sa gravité, son allure, depuis qu'il a fait ses premiers pas sur le long tapis rouge du palais présidentiel le matin jusqu'à la rituelle arrivée à l'Hôtel de Ville en fin d'après-midi, en passant par la cérémonie, non moins rituelle, à l'Arc de triomphe autour de la tombe du soldat inconnu, rien de tout cela n'est dû au hasard, Emmanuel Macron devait faire la preuve dès dimanche de sa « présidentialité ». Il l'a fait tout au long de cette journée, comme si, au-delà de toutes les contraintes de ses nouvelles fonctions, il gardait pour lui un privilège unique : celui de rester le maître de son temps. Celui qui était, il y a quelques mois encore, un jeune homme trop pressé, s'est coulé sans avoir l'air de s'en apercevoir lui-même, dans le moule présidentiel, avec juste ce qu'il faut de solennité.

Il devait aussi, face aux critiques qui ne l'ont pas épargné pendant sa campagne, montrer qu'il ne serait pas seulement le président de la réforme, difficile, du travail ou de la santé des entreprises, mais aussi qu'il prendrait la mesure de ses pouvoirs régaliens, dont il est, depuis son intronisation, le garant. Ainsi a-t-il multiplié les gestes, hier, pour montrer qu'il était bien le chef des armées, dans une France que le terrorisme menace, à l'intérieur et à l'extérieur : c'est en empruntant un command-car militaire qu'il a remonté les Champs-Élysées. Sa première visite de président a été pour les militaires blessés soignés à l'hôpital militaire de Percy. Autant de signes à l'adresse de ceux qui doutent de ses aptitudes à incarner l'État et ses exigences. Ce faisant, Emmanuel Macron n'a pas oublié de trouver les mots, pour, dans ses discours à l'Élysée ou à l'Hôtel de Ville, tenter de rendre aux Français leur confiance, en eux et en lui, et leur donner, s'adressant à la « France qui doute », cette touche d'optimisme dont il est porteur.

Et puis, quel animal politique est-il, cet inspecteur des Finances ! Il aime la foule, le contact, il serre les mains et saute au cou des gens avec effusion. Sa femme, sans effort, le suit, et même le précède parfois.

Mais le plus dur, passé l'intronisation d'hier, reste à faire. Quel Premier ministre pour mener la bataille électorale, et au-delà, pour imposer les réformes annoncées par Emmanuel Macron ? Ce ne peut pas être un ancien dignitaire du gouvernement précédent, comme Le Drian, par exemple, car il lui faut bien marquer une rupture avec François Hollande. Ni François Bayrou, qui ne représente pas précisément la nouveauté et qui commence à s'opposer à lui comme un vieux cerf avec un jeune mâle. Alors qui, pour réunir, réconcilier, rassembler les Français ? Édouard Philippe, ce serait bien.

15 mai

Eh bien, c'est Édouard Philippe. Il est sur TF1 à 20 heures, comme je l'imaginais. Une haute taille, beaucoup d'allure, quelque chose de déterminé. Il en faut, en effet, de la détermination, du courage même, pour abandonner sa famille politique, sauter le pas, assumer la recomposition politique. Je ne sais pas encore comment les choses se sont nouées entre les deux hommes, l'essentiel est qu'ils sont ensemble désormais pour gagner le pari, celui des législatives et celui du changement. À la télévision, il parle carré, sans débauche excessive de mots. Saut dans le vide pour cet homme.

À défaut de savoir le cheminement de Macron vers Philippe, il est évident que la présence de Philippe change tout.

Sa nomination a pris du temps ce matin, pour, ce que je crois, deux raisons : la première est qu'il fallait satisfaire aux exigences de la Haute Autorité de la transparence. Édouard Philippe avait, dans un geste de mauvaise humeur, partagée par de nombreux députés de l'opposition, refusé d'envoyer les documents demandés par ladite autorité. Hier, dimanche, les banques et tout le saint-frusquin étaient fermés. Il a fallu à la commission de transparence « faire le boulot » ce matin. Mais je ne crois pas à cette seule explication : sa présence à la tête du gouvernement n'est jouable que si d'autres ministres venus de la droite sont nommés autour de lui, à des postes importants. Il doit donc s'assurer que des députés LR puissent le rejoindre après le deuxième tour. Il a dû y avoir une négociation importante sur les candidats LR Macron-compatibles devant lesquels Édouard Philippe voulait dégager le terrain, c'est-à-dire enlever un candidat En Marche !.

La conséquence est simple : c'en est fini du tête-à-tête de Macron avec Bayrou. Désormais les candidatures centristes ne sont pas seules à devoir être prises en cause. Le duo est devenu un trio : Bayrou ne peut pas décemment demander 100 à 120 candidatures, comme il l'a fait la semaine dernière. Car il en faudrait autant pour Édouard Philippe.

Je me demande ce qu'en pense François Bayrou, dans le fond de son cœur.

Aujourd'hui, n'y a-t-il pas chez lui une impression de dépossession face à la nomination d'Édouard Philippe ? Je mesure sa colère lorsque la liste mise au point par Delevoye et Ferrand ne lui a pas semblé lui laisser assez de place. Finalement, il a gagné. Après un déjeuner entre les deux hommes, le mercredi 10, me dit-on, Emmanuel Macron a tranché en sa faveur.

« Mes équipes, aurait-il dit à François Bayrou, ont fait n'importe quoi. »

La consigne a mis du temps à remonter, mais Delevoye a bien dû revoir partiellement sa copie. Je soupçonne qu'à cette occasion, une vraie inimitié s'est installée, à cause de cette bataille des candidatures, entre François Bayrou et Richard Ferrand, accusé par le président du Modem d'avoir voulu recycler, dans ses listes, un maximum de socialistes, au détriment de centristes. J'ai demandé à Delevoye, hier, combien de temps environ il avait passé sur la mise au point des candidatures, il m'a répondu : huit cents heures. Bayrou a dû lui rajouter une bonne dizaine d'heures de travail.

Sans doute ce petit drame électoral entre Bayrou et Ferrand est-il révélateur d'une divergence politique, pas grave car Macron, aujourd'hui, n'a pas de mal à imposer sa loi, mais réelle : le souhait d'Emmanuel Macron est de fracturer la droite ; celui de Richard Ferrand était d'équilibrer cette volonté en retenant des circonscriptions pour des socialistes prêts à rejoindre En Marche !.

« Il n'avait pas compris, me dit un proche de Macron, que celui-ci ne voulait pas ouvrir la porte trop grande aux socialistes, même désireux de le rejoindre.

— Il n'a pas été mécontent tout de même, dis-je, quand des socialistes amis de François Hollande, comme Jean-Pierre Mignard, l'ont rejoint à un moment difficile pour lui ?

— Détrompez-vous », me répond simplement mon interlocuteur.

J'ai aimé ce soir la façon dont Édouard Philippe a parlé de la boxe, sa dernière passion : lorsque son père est mort, a-t-il raconté, il s'est dit qu'il lui fallait taper sur quelque chose, il a donc pris des leçons de boxe. Exercice qui, dit-il, lui a appris à dominer ses colères, à canaliser son énergie. Pas mal, lorsqu'on sait qu'il est aussi un mélomane et qu'il aurait voulu être chef d'orchestre, s'il en avait eu le talent. Du haut des marches de Matignon, Édouard Philippe a rendu un hommage appuyé à Antoine Rufenacht, maire UMP du Havre pendant quinze ans, qui lui a laissé sa place en 2010. Ce grand homme de 1,94 mètre m'a fait assez bonne impression :

rien à voir avec l'œil bleu et le charme charismatique de Macron, mais une force. Car il en faut, de la force, pour ouvrir ainsi une troisième voie, sans filet, sans rattrapage possible.

Chez les Républicains, on se veut tranquille mais on accuse le coup. Du côté des socialistes, presque pas de réaction. Entre Hamon et Macron, la rupture est consommée depuis longtemps, et la défaite assurée. Un peu plus ou un peu moins, ça ne change pas grand-chose.

Tout de même, un Premier ministre transfuge des Républicains, qui l'aurait imaginé il y a quinze jours à peine ?

18 mai

Premier Conseil des ministres. Parité respectée, pluralisme assuré : de Gérald Darmanin, ancien porte-parole de Sarkozy, à François Bayrou, de Jean-Yves Le Drian à Bruno Le Maire, la gauche, la droite et le centre gouverneront ensemble, pour la première fois depuis 1958. Les ralliés de la première heure à Emmanuel Macron se voient attribuer des places de choix. Et, comme annoncé depuis longtemps par le président de la République, la société civile est largement présente : le plus célèbre de ses représentants est évidemment Nicolas Hulot, l'écologie faite homme en quelque sorte, une des personnalités les plus populaires de France qui, ayant refusé il y a des années les propositions ministérielles de Jacques Chirac et de Nicolas Sarkozy, apparaît comme la plus belle prise de guerre de Macron.

Avant de prononcer les quelques phrases d'accueil à ses ministres, et de leur préciser l'attitude à respecter, Emmanuel Macron s'est fait communiquer le livre d'Alain Peyrefitte sur le général de Gaulle. Il y a pioché, presque mot pour mot, les recommandations du Général à ses ministres, en 1958. Rien, chez Macron, n'est laissé au hasard ou à l'improvisation.

19 mai

Dès avant la campagne électorale, Emmanuel Macron a prévenu : les ministres battus aux législatives devront démissionner. Or, ils sont loin d'être tous sûrs de leur victoire. C'est le cas notamment de Bruno Le Maire, et peut-être celui de Marielle de Sarnez dans la 11e circonscription de Paris. Pour Marielle de Sarnez, que pas une feuille de cigarette ne sépare de François Bayrou depuis plus de vingt ans, une défaite serait cuisante. De mauvais coucheurs ont immédiatement souligné que sa désignation était un insupportable passe-droit, puisqu'elle a accompli trois mandats consécutifs à l'Assemblée européenne. Il a fallu que François Bayrou s'y mette, dans un tweet, pour la « laver » en quelque sorte de cette accusation : « On dit n'importe quoi, a-t-il écrit avant-hier, Marielle de Sarnez et Jean-Louis Bourlanges n'ont jamais été de leur vie députés à l'Assemblée nationale. Zéro mandat. »

En effet, peut-être Macron, dans son souci de renouvellement, s'est-il un peu trop lié les mains, surtout si l'on pense que François Bayrou n'étant pas un perdreau de l'année, ses amis ne le sont pas non plus. Comme le président du Modem a quitté son ministère il y a vingt ans, on peut pourtant risquer l'idée qu'il y a dans son retour aux affaires un petit air de renouveau. Un renouveau qui ne plaît pas à tout le monde, et notamment pas à ceux qui, à LR, ont battu Juppé à la primaire pour ne pas voir Bayrou revenir dans ses bagages. De toute façon, on l'a bien vu, entre Macron et Bayrou, il y a un accord qui ne vaut pour aucun autre mouvement ni parti. C'est le prix payé par le nouveau président à celui qui l'a rejoint lorsqu'il était au plus bas.

Pour Bruno Le Maire, dans l'Eure, une défaite serait tout simplement catastrophique : voilà quelqu'un qui a brûlé tous ses vaisseaux (après, il est vrai, avoir embarqué sur beaucoup d'entre eux), qui a été exclu de LR et se voit au surplus opposer un candidat républicain. Le Maire a-t-il été choisi par Macron pour la campagne électorale seulement ? C'est un risque en effet. Emmanuel Macron l'a-t-il pris sciemment, cyniquement presque. Hum...

Dans la distribution des ministères, Anne-Marie Idrac, qui était fort intéressée, a perdu la partie. Avant-hier, pendant la formation du gouvernement, elle a été convoquée par Édouard Philippe. Le Premier ministre lui a proposé, paraît-il, selon une source crédible, un ministère, mais pas celui de l'Économie, qu'elle souhaitait. Elle aurait refusé, sans qu'on lui fasse d'autres propositions.

À ce que j'en juge, l'équipe de Bayrou, en dehors de la présence de celui-ci, est d'un avis assez mitigé, pour ne pas dire pire, sur celle de Macron. «Ce ne sont pas des gentils», dit l'un, tandis qu'un autre assène : «Ce sont des voyous.» J'entends aussi : «Ferrand, c'est un ayatollah...»

De façon générale, tous les propos que je recueille montrent qu'Emmanuel Macron est tout sauf un tendre en politique. Il n'aime pas qu'on lui résiste. Assez vite, certains l'ont appris à leur détriment. Exemple, me raconte-t-on : le cas de Jérôme Grand d'Esnon, pourtant proche de Bruno Le Maire, lorsque celui-ci, en charge, avec d'autres, des investitures des candidats estampillés En Marche ! aux législatives, a dit à qui voulait l'entendre que la victoire de la République en Marche aux législatives était loin d'être acquise.

«On va s'en occuper», a dit Macron lorsqu'on lui a rapporté ses propos.

Le lendemain, Grand d'Esnon était prié de s'occuper d'autre chose.

Un dur, donc, et aussi, cela me frappe, un homme qui prémédite tout. Il a observé François Hollande de près, à l'Élysée, à ses côtés pendant des mois : c'est pour ne pas refaire les erreurs que celui-ci a commises. Tout dans l'action de Macron aujourd'hui s'explique ainsi : il a voulu un gouvernement resserré, François Hollande avait installé autour de lui une quarantaine de ministres, il faut emballer la réforme du travail pendant qu'il en est temps, et ne pas se laisser prendre par la béatitude de l'été. François Hollande s'est trop longtemps laissé aller aux confidences avec les journalistes, Macron a laissé entendre, dès les premiers jours, que la familiarité avec la presse n'était pas dans sa nature. Au point de commettre, de ce point de vue, pas mal de maladresses inutiles. Pas directement, mais par la voix d'un proche conseiller qui répercute, en l'amplifiant, la volonté présidentielle de ne pas rechercher le contact avec les journalistes.

22 mai

Les cadres autant que les candidats LR sont véritablement déstabilisés, déboussolés par la présence d'Édouard Philippe à Matignon et de Bruno Le Maire à l'Économie. Il fallait voir, d'ailleurs, avant-hier, les images de François Baroin et d'Alain Juppé sur BFM TV ou LCI, s'adressant ensemble dans je ne sais quel bistrot de Bordeaux aux cadres du mouvement. D'autant qu'Alain Juppé venait de féliciter Édouard Philippe de sa nomination en termes élogieux, parlant d'un « ami », d'un « homme de grand talent qui a toutes les qualités pour assumer la fonction difficile que le président de la République vient de lui confier ».

On ne sait pas comment les cadres LR y ont compris quelque chose. Il y a un abîme, entre Alain Juppé qui reste fidèle au camp des Républicains, jugeant, il le dit, qu'on verra bien après les élections législatives quel parti prendre, et François Baroin, qui vise la création d'un groupe important, sinon majoritaire, à l'Assemblée nationale. Ça se voyait follement sur les images d'avant-hier, où, après les effusions d'usage, Baroin tentait de convaincre ses auditeurs, tandis que Juppé marquait sa distance en faisant ce qu'il faut bien appeler la gueule.

Leurs ouailles y perdent leur latin. Si un Premier ministre de droite conduit le gouvernement, alors où est la droite ? Du côté de Matignon ou du côté de Baroin ? Quant aux candidats, ils se trouvent le plus souvent (à l'exception de quelques dizaines d'entre eux, devant lesquels le mouvement REM ! s'est effacé, sans doute parce qu'il compte les amener à lui entre le premier et le deuxième tour des élections législatives) confrontés à un candidat nouveau dans leurs circonscriptions dont ils ne savent rien. Celle de Gilles Boyer, justement, à Boulogne, était il y a une semaine encore facilement gagnable pour un candidat. Son élection est devenue incertaine depuis qu'il doit affronter un candidat REM. Et cette situation est généralisée, au point que François Baroin lui-même ne parle plus de cohabitation, mais de coexistence. Il ne parle plus pour lui de majorité absolue, mais relative. Et puis lorsque les quadragénaires de LR voient leurs camarades de la veille aspirés par les sommets, comment n'auraient-ils pas envie de se mettre eux aussi sur les rangs ?

23 mai

Ce qui vient de se passer en Grande-Bretagne, 22 morts, des dizaines de blessés à Manchester après un attentat terroriste, montre que le passé colonial français n'explique pas tous les attentats. Et que le communautarisme qui existe en Angleterre depuis des années ne garantit pas la sécurité. La vérité est que, plus Mossoul et Raqqa se vident de leurs combattants, plus vive est l'insécurité en Europe.

Emmanuel Macron a donné donc aujourd'hui, figure obligée, le coup d'envoi des concertations sur la réforme du travail. Il reçoit, l'un après l'autre, Jean-Claude Mailly et ses mèches blanches, Philippe Martinez avec ses moustaches noires, Laurent Berger et sa bonne tête, ainsi que les représentants des autres centrales ouvrières et des syndicats patronaux. Autour de lui, personne d'autre que son directeur de cabinet et son conseiller social. Apparemment, les interlocuteurs ont apprécié la rencontre. Il est vrai qu'Emmanuel Macron n'est pas assez nigaud pour aller loin dans la conversation en pleine campagne électorale. Il a le temps, et d'ailleurs, semble avoir lâché du lest, puisqu'on parle maintenant d'un vote des ordonnances sociales à la rentrée parlementaire de septembre.

De la matinée, je ne retiens que ce qu'en a dit Emmanuel Macron en début d'après-midi. Il sortait de l'Élysée, accompagné du Premier ministre, de Jean-Yves Le Drian, de Sylvie Goulard pour aller à quelques mètres du palais signer à l'ambassade du Royaume-Uni le registre de condoléances après l'attentat de Manchester.

Naturellement, une forêt de caméras les suit. Emmanuel Macron, qui pèse les mots qu'il emploie au compte-gouttes avec les ministres, ne voit pas la caméra ni la perche du *Petit Journal* de Yann Barthès, qui le filment. Échange assez drôle. « Comment cela s'est-il passé avec les syndicats ? » demande Le Drian. « Très bien, sans problème », répond Macron, avec flegme. Ses interlocuteurs s'étonnent : comment a-t-il fait, quel charme a-t-il exercé ? « Je n'ai rien dit », explique le président...

25 mai

7 882 candidats se présenteront en juin aux élections législatives. Une moyenne de 14 candidats par circonscription ! C'est la caractéristique majeure du vote qui nous attend.

Après une élection présidentielle à suspense, où rien ne s'est passé comme prévu, vient le temps des élections législatives en forme de casse-tête. Quelques exemples : prenons un électeur socialiste d'Indre-et-Loire. La candidate, Marisol Touraine, pourtant investie officiellement pas les socialistes, se déclare proche de la majorité d'Emmanuel Macron. Alors, je me le demande, que vote un « macronien » non socialiste ou un socialiste « non macronien » ? Suspense. Au Havre, ville du Premier ministre, la candidate LR est soutenue par En Marche !. Que doit faire de son bulletin de vote celui ou celle qui souhaiterait soutenir le candidat LR ? Changeons de département : dans la première circonscription de l'Essonne, l'ancien ministre socialiste Manuel Valls qui, depuis, s'est rapproché d'En Marche ! sans en avoir l'étiquette, voit Benoît Hamon, son concurrent heureux à la primaire, socialiste lui aussi, soutenir contre lui un candidat communiste.

Antoine Rufenacht et Jean de Boishue déjeunaient ensemble aujourd'hui à la terrasse d'un restaurant quand un passant s'est arrêté pour leur dire bonjour. Il s'agissait d'Alain Juppé. Celui-ci avait l'air perturbé, tout de même, par la présence d'Édouard Philippe, son ancien bras droit, au gouvernement. Bref, il est comme tout le monde, cachant ses craintes d'une gauche et d'une droite explosées derrière l'opération Macron.

Il semble bien qu'en effet, avant d'accepter Matignon, Édouard Philippe, courtoisement, l'ait averti de sa décision. Juppé ne lui a pas donné de feu vert et lui a conseillé d'attendre. Ce que l'autre n'a pas fait. Curieux de voir à quel point Alain Juppé, qui a été lourdement mis en échec par son parti, est attaché à lui.

Comment Macron a-t-il rencontré Philippe, comment lui a-t-il proposé Matignon ? Gilles Boyer m'a précisé qu'Édouard Philippe et lui avaient tous les deux déjeuné à l'Élysée en 2014, avec Emmanuel Macron lorsque celui-ci se préparait à quitter l'équipe de Hollande pour prendre le large. Les trois hommes ont eu, ce jour-là, l'occasion de regretter le blocage de la société. Ont-ils envisagé de faire un jour un bout de chemin ensemble ? C'est peu probable au moment où se situe ce déjeuner. Il reste que ce déjeuner a marqué Macron. Rufenacht pense que le premier choix d'Emmanuel Macron pour Matignon a bien été Xavier Bertrand. Celui-ci, élu à la tête de la région Hauts-de-France par la droite au premier tour, puis que la gauche a rejoint au deuxième tour pour faire barrage au FN, lui paraissait idéal pour incarner le « et gauche et droite » de Macron. Édouard Philippe n'a été que le deuxième choix. Un choix qui s'impose de jour en jour.

Déjeuner avec Gaspard Gantzer, l'ancien conseiller chargé de la communication de François Hollande. Il raconte son parachutage raté pour les législatives en Bretagne. Il n'avait aucune envie d'être candidat quand Macron, son camarade de promotion à l'ENA, lui a demandé de le faire. Gantzer résiste, plaide qu'il veut rester près de Paris, mais ne dit pas positivement non à la proposition du président de la République. Deux jours plus tard, à 2 heures du matin, il est réveillé par un coup de téléphone d'un des adjoints de Delevoye et de Ferrand. Celui-ci, tout excité, lui dit qu'on lui a trouvé une circonscription en or, en Bretagne, avec l'accord bien sûr des deux personnages locaux les plus importants, Le Drian et Ferrand. Gantzer consent et va jauger les choses sur place. Là, surprise, il est accueilli par le « référent » d'En Marche ! (c'est ainsi qu'on appelle, dans le parti de Macron, ce qu'on appelait au

PS le secrétaire fédéral). Celui-ci ne lui cache pas qu'il a une bien meilleure candidate que lui à présenter, que, d'ailleurs celle-ci a commencé à faire campagne dans le coin et qu'il lui paraît difficile, sinon impossible, de la déloger. « De qui s'agit-il ? » demande Gantzer, contrarié devant cet obstacle qu'il n'attendait pas et dont personne ne lui avait parlé auparavant.

« C'est ma femme », dit le référent.

Gantzer a immédiatement pris ses cliques et ses claques pour regagner Paris. Le plus absurde est que, quelques jours plus tard, c'était un autre candidat qui était investi, la femme du référent ayant été définitivement écartée. Par crainte de favoritisme ?

Une affaire Ferrand soulevée aujourd'hui par *Le Canard enchaîné*. Comment une telle chose est-elle possible ? Rien d'illégal, tout d'amoral. C'est le premier couac d'un gouvernement qui fait ses premiers pas. Édouard Philippe le défend avec vigueur. Lui-même, Ferrand, ironise sur le « cadeau d'arrivée » que lui a offert aujourd'hui le *Canard*. Ce n'est pas drôle. Premier supporter de Macron, il est le premier à l'entraîner. Et ce, au moment où Bayrou met au point sa loi de moralisation de la vie publique. Comment ces gens ne balaient-ils pas devant leurs portes avant qu'il ne soit trop tard ? Parce qu'ils se croient, comme Fillon et tant d'autres, au-dessus des lois ? Parce qu'ils ont oublié leurs écarts de conduite ? Quand on pense que tous les ministres avaient été passés à la loupe par la commission de la transparence, bravo ! Bien sûr, il s'agit en l'occurrence d'argent privé et non d'argent public. Bien sûr, Ferrand n'était pas membre du conseil d'administration de la Mutuelle de Bretagne lorsque celle-ci a choisi d'établir son siège dans un immeuble appartenant à la compagne de Ferrand.

Concordance ou coïncidence : Édouard Philippe s'est fendu d'une belle note, publiée au JO de ce matin, sur le comportement qu'il attend de ses ministres. « Exemplarité, collégialité, efficacité » : une sorte de guide pratique pour ministre débutant : « Comportement modeste et respectueux de l'argent public », obligation de « respecter strictement les obligations légales relatives à la transparence »...

Évidemment, cela tombe mal. Une nouvelle fois, on connaît la suite : l'acharnement est tel que Richard Ferrand ne s'en sortira pas jusqu'à ce qu'il démissionne. On peut regretter que le premier artisan de la victoire de Macron soit pris le doigt dans la confiture, on peut se demander si trop de transparence ne nuit pas à la transparence, mais c'est ainsi.

Quinze jours avant le premier tour des législatives, en plus !

26 mai

Édouard Philippe n'a pas perdu de temps. Dans ce qu'on appelle déjà l'affaire Ferrand, il a conclu que ce serait aux électeurs de trancher. D'autant que ni le parquet financier ni le parquet de Brest ne considèrent qu'il y ait lieu de poursuivre. Rendez-vous donc après les législatives. D'ici là, Richard Ferrand ne démissionnera pas du gouvernement.

28 mai

Lorsqu'ils ont accueilli Emmanuel Macron, les dirigeants du G7, réunis hier er aujourd'hui dans le superbe village de Taormina (site imprenable sur la mer et sur l'Etna, d'où s'échappe toujours un impressionnant panache de fumée), avaient encore en mémoire l'interminable poignée de main échangée en marge de la réunion de l'OTAN par les deux nouveaux venus dans leur petit groupe fermé. J'ai regardé la vidéo plusieurs fois de suite tellement elle en dit sur le caractère de Macron. On sait Donald Trump doué pour écraser dans sa main droite les phalanges de ses interlocuteurs. Façon de montrer qu'à ce petit jeu, comme dans d'autres plus sérieux, le plus fort, c'est lui. Il lui est arrivé de faire souffrir de cette façon le Premier ministre japonais, qui en avait eu, littéralement, la sueur au front. Ayant observé par avance le manège du président américain, c'est Emmanuel Macron qui, dans ce concours, il faut bien le dire, assez ridicule mais éclairant, a broyé longuement les doigts du dirigeant le plus puissant du monde. Une anecdote? Pas seulement. C'est ainsi d'ailleurs que l'ont apprécié les autres leaders du G7.

Emmanuel Macron, qui a souvent, pour le compte de François Hollande, organisé, comme «sherpa», bien des sommets précédents, n'a pas été impressionné par la proximité des grands de ce monde, qu'il a retrouvés samedi et dimanche dernier dans un autre rôle. On l'attendait de pied ferme dans ce club fermé : ses premiers pas diplomatiques ont été réussis, chacun, adversaires ou partisans, presse internationale surtout, en convient. Cela n'a pas étonné outre mesure la chancelière Angela Merkel, qui n'est pas une fan de Donald Trump et avait été la première à recevoir Emmanuel Macron à Berlin. Justin Trudeau et le président français, les benjamins de la rencontre, se tutoient déjà. Avec le Premier ministre belge et le luxembourgeois, tout va pour le mieux.

Cela n'a pas empêché le G7 de se terminer sur un échec, au point que Mme Merkel a trouvé la conversation avec Trump «pas du tout satisfaisante». Le président américain, après avoir surpris ses interlocuteurs par son comportement de bout en bout brutal, à certains moments presque insultant, n'a pas signé le passage du communiqué sur la lutte contre le réchauffement climatique. Emmanuel Macron, lui, a affirmé, au cours de sa conférence finale, qu'après tout, le verre était à moitié plein plutôt qu'à moitié vide, puisqu'un accord important sur la lutte contre le terrorisme avait été, lui, bel et bien entériné.

Demain, le président français accueillera, au Grand Trianon, Vladimir Poutine, à l'occasion de l'exposition qui célèbre le trois centième anniversaire de la visite du tsar Pierre le Grand à Paris en 1717. Entre les deux hommes, ce n'est pas l'amour fou. Mais l'urgente nécessité est là. C'est que la Russie est essentielle en Syrie et ailleurs, dans la lutte contre le terrorisme islamiste. Macron rompt ainsi, et de quelle façon, avec la stratégie de François Hollande qui, de peur de déplaire aux autres pays européens, avait annulé en octobre dernier la venue de Poutine à Paris pour l'inauguration de la magnifique cathédrale orthodoxe du bord de la Seine. Macron, c'est vraiment méthodiquement, sciemment, l'anti-Hollande.

Du command-car militaire qui l'a amené à l'Arc de triomphe ce jour-là, jusqu'à l'OTAN en passant par le Mali, les opposants à Emmanuel Macron, Bernard Accoyer vient de le dire il y a quelques heures, ne trouvent rien à redire, au contraire, à ses premiers gestes « régaliens », ni à ses premiers pas internationaux.

Cela explique les contorsions politiques de François Baroin. Il a d'abord exhorté les Français à donner la majorité à LR pour obliger le nouveau président à une cohabitation qui lui enlèverait tous les pouvoirs. Aujourd'hui, on le voit modifier son argumentation. Ce serait de la cohabitation, oui, mais non conflictuelle, assure-t-il. Il parle même de partage des responsabilités ou de covoiturage. Partager les responsabilités, n'est-ce pas ce que font déjà Édouard Philippe, Bruno Le Maire ou Gérald Darmanin ? Alors que dire à ceux des électeurs de droite qui n'ont pas envie d'interrompre les premiers pas de Macron, et jugent qu'après tout, la droite y est assez bien représentée ?

Rencontré hier la maire de 5e arrondissement de Paris, Florence Berthout, qui a été directrice de la campagne de Bruno Le Maire à la primaire de la droite. Elle ne pense pas qu'Emmanuel Macron imaginait depuis longtemps désigner Édouard Philippe à Matignon. Elle m'assure que les choses ne se sont pas passées comme cela. C'est parce que, chez les Républicains, on a avancé son nom bien avant comme un des possibles transfuges qu'Édouard Philippe a été en quelque sorte repéré par Macron avant qu'il y pense lui-même. Ainsi les Républicains ont-ils marqué un but contre leur camp.

29 mai

Le soir de la rencontre de Versailles entre Poutine et Macron, je reçois, d'un ami fortement attaché par sa naissance et sa réflexion aux relations entre la France et la Russie, et pas forcément bienveillant pour Emmanuel Macron, ce SMS :

« Macron a eu les bons mots. Classiques mais indispensables. Les Russes sont sans doute rassurés de retrouver leurs rails. On verra :

nous avions perdu tellement de terrain et de crédit. Mais il faut surtout dire un grand merci à Donald Trump. En traitant l'Europe en goujat qu'il est, de fait, il a renvoyé les Européens dans les bras des Russes. C'est cela, à mon avis, la clef de la suite. Merkel l'avait déjà compris et, en creux, en a déjà pris acte. »

De là à tresser des couronnes à Emmanuel Macron, il ne faut pas exagérer :

« On est sorti de la bouillie de chat, d'accord. Mais il n'y a pas grand-chose à moudre. C'est du minimum bilatéral. Très utile certes. Mais nous sommes loin d'avoir traité les grands sujets. Un peu de politique aurait été utile. On est encore dans le basique. Les Allemands, eux, sont dans le dur. »

31 mai

En un mot comme en cent, Macron est dans la nasse. Oui, Ferrand a été le premier parlementaire à rejoindre le mouvement d'Emmanuel Macron, oui, il a été, des mois durant avec d'autres, l'artisan de son succès à la présidence de la République. Malheureusement pour Ferrand, le problème n'est plus là. La seule question politique, et non pas morale, qui se pose est celle-ci : est-il en train de faire perdre à Emmanuel Macron son pari essentiel, vital, pour la suite de son quinquennat : disposer d'une majorité absolue au Parlement le 18 juin prochain ?

Macron s'en serait bien passé, de cette affaire. Toute sa campagne s'est déroulée sous le signe de la probité et de l'intégrité des acteurs politiques. Sous le signe de cette fameuse et future loi de moralisation de la vie politique, si chère à François Bayrou, dont celui-ci avait d'ailleurs fait une condition *sine qua non* pour soutenir Emmanuel Macron. C'est précisément au moment où ce texte doit être soumis au Conseil des ministres qu'éclate l'affaire Richard Ferrand. Je dis « affaire ». Je devrais plutôt dire « mauvais comportement », ou « mauvaises pratiques », même s'il s'agissait de comportement et de pratiques acceptées, pendant longtemps, par les Français. Seulement voilà : aujourd'hui, ils mesurent, pour la dénoncer, la distance qui les sépare des mœurs de la classe dirigeante. Ce qui était accepté, considéré comme naturel même il y a quelques années, les privilèges, qui n'avaient rien d'illégal, les passe-droits, sont devenus aujourd'hui inacceptables.

Dans l'état actuel des choses, Richard Ferrand aurait dû prendre les devants, démissionner, quitte à revenir plus tard, pour ne pas gêner Emmanuel Macron, dans cette partie-là de son installation au pouvoir. Uniquement pour que les gens, adversaires ou amis, ne se disent pas : « Eh bien, rien ne change, c'est comme avant ? Alors à quoi bon ? »

La seule interrogation que je me pose est celle-ci : à quel moment doit-on décider de faire sauter quelqu'un quand il est attaqué dans la presse ? Car je crains, en même temps que j'écris le contraire, de tomber moi-même dans le terrorisme de la transparence, ou la démocratie du soupçon.

1er juin

Suspense garanti : Donald Trump a donc annoncé ce soir, après avoir fait languir la terre entière depuis Taormina, qu'il se retirait de la COP 21. Un culot du tonnerre, des contre-vérités en pagaïe, mais en effet, une promesse électorale tenue. Sur un ton insultant et surtout inutile. La gestuelle du président américain est caricaturale : menton haut, lèvres minces, mèche ridicule. Il me fait penser à Mussolini dans *Le Dictateur* de Chaplin. Il faut s'y faire, il n'y a plus de G7, mais un G7 -1.

Dès que l'interlocution de Trump est terminée, Macron annonce qu'il va lui répondre. J'ai trouvé ça bien dangereux, et bien prompt. J'ai eu tort : il a trouvé les mots justes pour condamner le lâchage américain. Pas un mot de trop. Ton parfait. Et puis surtout, il a fait suivre son allocution française d'une allocution plus brève, en anglais. Et cette phrase : « *Make our planet great again* », pour rappeler le slogan de Trump pendant sa campagne[1].

1. Le slogan de Donald Trump était : « *Make America great again* ».

Merkel avait, elle, compris depuis plusieurs semaines qu'elle ne pourrait plus compter sur les États-Unis pour assurer la défense de l'Allemagne. Elle avait sur ce point une longueur d'avance sur Emmanuel Macon qui a cru, à Taormina, pouvoir faire changer d'avis Donald Trump.

3 juin

Plus d'une heure avec François Bayrou que je n'avais pas revu depuis son alliance politique avec Emmanuel Macron en février dernier. Il est dans son bureau de la place Vendôme, ce samedi matin, à l'aise, comme s'il y résidait depuis des mois. Pourtant, cela faisait vingt ans qu'il n'avait pas occupé de poste ministériel. Il fait partie des hommes qui n'ont pas besoin de hochet gouvernemental pour exister. Moyennant quoi, il est bien content d'être là, plus encore d'avoir présenté hier en Conseil des ministres sa loi de moralisation de la vie politique, celle qui lui tenait à cœur depuis 2007, qu'il a rebaptisée loi de confiance en la démocratie ou quelque chose comme cela. Il est heureux surtout de l'avoir mise au point seul, entre parenthèses, dans la pire période, celle où les embarras de Richard Ferrand font la une de tous les journaux. Il craignait bien sûr que le texte auquel il avait accordé tant de soin et depuis si longtemps puisse disparaître dans le brouhaha de l'affaire Ferrand.

Cela n'a pas été le cas. Il m'explique qu'il a mis au point la loi avec ses collaborateurs, sans commission ad hoc, sans rapporteur, ni chargés de mission, me rappelant cette boutade de Clemenceau : «Qu'est-ce qu'un dromadaire? C'est un cheval dessiné par un groupe de travail...»

«Un texte, me dit-il, c'est une cohérence. Surtout pas besoin de groupes de travail. On verra bien par la suite, si l'Assemblée nationale le modifie.»

Des textes, il y en aura d'autres qu'il se réjouit de présenter à l'automne : l'introduction d'une part de proportionnelle dans l'actuel scrutin majoritaire : on ne peut pas dire que, dans son esprit, cette loi lui soit venue récemment à l'idée. Il a toujours pensé, et avec raison, que le scrutin majoritaire à deux tours favorisait la rupture de la France en deux camps, la gauche et la droite, tandis que la représentation proportionnelle permettrait au centre, et plus largement aux minoritaires qui ne sont jamais représentés au Parlement, de se faire entendre. Il l'avait proposé à François Hollande mais celui-ci n'avait pas osé se lancer dans la réforme du scrutin législatif. Macron, Bayrou en est sûr, le fera. Il compte aussi pouvoir réduire le nombre de parlementaires. Il ne peut le faire qu'au début du parcours car on les connaît, les députés, une fois élus, n'aiment pas se faire hara-kiri. Le faire vite, à chaud, dès la rentrée, c'est son intention.

Je le trouve aujourd'hui d'une étonnante sérénité. Je sais tout ce qui l'a opposé à Richard Ferrand, clef de voûte du mouvement En Marche ! dans la distribution des investitures. On m'a raconté comment, dans la salle des fêtes de l'Élysée, le jour même de l'intronisation d'Emmanuel Macron, la tension entre les deux hommes était apparue extrême. Aujourd'hui, alors que l'affaire Ferrand fait la une des journaux, il ne s'étend pas là-dessus, considérant sans doute que l'homme n'est plus dangereux. Il reste que pour quelqu'un enfin qui aurait très bien pu briguer Matignon et qui a compris de lui-même que sa présence à ce niveau n'incarnerait pas précisément le renouveau prôné par Emmanuel Macron, il me paraît bien dans sa peau. C'est sans doute parce que, allié de la première heure, il a dans le système Macron une place à part. Une sorte, sinon de Premier ministre bis, de sage avisé. À propos, qui a décidé de nommer Édouard Philippe à Matignon ? Pour lui, c'est une idée d'Alexis Kohler, le nouveau secrétaire général de l'Élysée, dont Macron dit avec une modestie contestable : « C'est le seul homme qui soit plus intelligent que moi. »

Le bureau du garde des Sceaux donne sur un jardin coloré de rose et de blanc, qui jouxte celui de l'hôtel Ritz, dans lequel sont installés une table en teck et quelques fauteuils. Nous nous y installons malgré l'air frisquet de ce matin de juin.

« Ce qui est en train de se passer, cette recomposition de la vie politique, j'y pense depuis quinze ans. J'y ai toujours cru, me dit-il, citant Tertullien : *Credo quia ineptum*. Je l'avais déjà en tête quand j'ai proposé, car j'en suis le responsable, l'inversion du calendrier entre l'élection présidentielle et les législatives : c'était le seul moyen de créer une majorité présidentielle On ne pouvait pas changer de paysage politique autrement, il fallait sortir du schéma classique. »

Gouverner au centre, donc, comme Giscard ? C'était cela depuis 1974 son idée ?

Il rit : lorsque Giscard a dit ces mots, après la mort de Georges Pompidou le 2 avril 1974, Bayrou avait perdu son père deux jours plus tard, volé au secours de sa mère, repris l'exploitation agricole familiale et passé son agrégation début mai. Il était loin alors de penser que la France devait être gouvernée, selon la formule giscardienne, par deux Français sur trois. Pourtant son combat a été celui-là, toute sa vie.

Aucune amertume à l'idée que quelqu'un d'autre que lui, Emmanuel Macron en l'occurrence, ait réussi ce à quoi il a échoué, lui, auparavant. Au contraire : c'est un défi dit-il, « comme il n'en a jamais existé depuis cent ans ». Il ajoute : « C'est une ère nouvelle de la politique : la réalisation de ce qui était un rêve, devenu réalité. »

« C'est le retour même aux principes de la Ve République, et pas l'inverse », me démontre-t-il lorsque j'évoque un possible retour à la IVe République et à ses majorités de circonstance.

« C'est tout le contraire », m'explique-t-il. Quelle était l'idée du général de Gaulle, le fondateur de la Ve ? Celle qu'il exprimait dans son fameux discours de Bayeux dès 1946 : il s'agissait pour lui, dès l'après-guerre, de préserver l'exécutif des combinaisons des partis. À partir de là, le président est le patron, il nomme un Premier ministre à partir de ses compétences et de la sensibilité des Assemblées. Il n'est pas l'otage des partis politiques, il est au-dessus.

« Non, ce n'est pas le retour à la IVe République, comme je l'entends dire, insiste Bayrou. Le président garde tous les atouts, il a les pouvoirs de nomination, il a à sa disposition le 49.3, peut consulter le peuple par référendum, et peut choisir de dissoudre l'Assemblée nationale. Toutes choses qui n'existaient pas sous la IVe République. On revient à la vraie Ve République, le président inspire la politique, le Premier ministre est le chef de la majorité. Oubliés le règne des partis, la bipolarisation gauche-droite. »

Je n'ai même pas eu le temps de lui demander son jugement sur Emmanuel Macron, et son parcours époustouflant :

« Il est formidable ! »

Je ne m'attendais certes pas à ce qu'il me dise le contraire, mais son ton ne trompe pas. Il ne se force pas pour saluer l'homme qu'il était, et le président qu'il est si vite devenu.

Il répète :

« Formidable. Je n'ai pas l'admiration facile, mais là ! Avec quelle rapidité il s'est coulé dans le moule, en moins d'une minute, il était président. Il est ce qu'on peut appeler précoce. Je n'étais pas précoce, moi, même si, à trente ans, j'avais déjà compris un certain nombre de choses. Mitterrand non plus. Il lui a fallu du temps pour être Mitterrand. Peut-être Chirac, lui, l'était-il, mais sa précocité ne s'est jamais épanouie. »

Bref, il éprouve pour Macron une admiration complice, qu'il ne cache pas. Il le dit d'autant plus facilement qu'il ne se sent pas en concurrence directe avec cet homme qui a vingt-six ans de moins que lui. Il me rappelle, pour s'en émerveiller, cette anecdote oubliée :

« Vous savez, quand un petit garçon de cinq ans convoque ses parents comme l'a fait le tout petit Emmanuel Macron alors, et leur dit : "Je veux aller vivre chez ma grand-mère", ce n'est pas n'importe qui. »

Il pense que les relations qu'il a établies avec lui partent pour être durables. Il risque cette phrase : « Entre le coup de foudre et des décennies de vie conjugale, il y a une énorme différence... » La comparaison amoureuse me fait sourire mais elle résonne assez juste.

« C'est le premier, depuis Mitterrand, qui maîtrise bien la fonction. »

Il avait deux craintes, à son sujet, avant de le connaître davantage : que son côté énarque, inspecteur des Finances l'emporte. Et aussi son côté Wall Street, de jeune banquier.

« Aucune de ces deux craintes ne s'est révélée fondée. C'est un homme totalement libre, au contraire, un risque-tout. Il ira jusqu'au bout de ce qu'il veut faire. Je lui parle en toute liberté, rien ne sort jamais de nos échanges. »

Bref pour François Bayrou, tout va bien. Après m'avoir redit qu'il approuvait la nomination d'Édouard Philippe à Matignon, il me dit son estime pour Nicolas Hulot, qu'il juge solidaire et positif, et pour la nouvelle ministre du Travail. Il connaît peu les nouveaux venus et, absorbé par l'écriture de son texte sur la transparence de la vie politique, il ne me donne pas l'impression d'avoir accordé une attention démesurée aux personnalités des ministres, ni même réellement au chef du gouvernement. Cela changera peut-être, dans quelques semaines ou quelques mois. On verra bien.

Ce qui l'intéresse davantage, c'est la création de la nouvelle majorité. Quel rôle y jouera-t-il, y jouera le Modem, à côté du parti présidentiel ? Beaucoup de choses dépendent des résultats des législatives, mais en attendant, il faudra bien qu'il y ait, autour d'Emmanuel Macron, un parti majoritaire. Pas unique, puisque le Modem existe, mais un parti sorti tout droit du mouvement En Marche ! qui a porté le président au pouvoir et qui fera élire, toutes les prévisions l'annoncent, une majorité, relative ou absolue.

« Le défi le plus impressionnant est de créer un mouvement politique au pouvoir, avec 300 députés sans aucune expérience de la vie parlementaire. C'est difficile, m'explique-t-il, de créer un parti qui ne vient de rien. Il faut un leader, une doctrine, une vision du monde, un appareil aussi et puis surtout une envie de vivre ensemble, une *affectio societatis*. Le leader ne peut pas être Macron, puisqu'il est président de la République. Ce ne peut plus être Richard Ferrand, maintenant. Alors qui ?

— Et le Premier ministre ?

— Il ne le pourra pas, il ne vient pas d'En Marche !. »

Je me demande un instant si lui, Bayrou a l'intention d'être ce leader-là. Il me détrompe. Non, le Modem lui suffit, et le groupe parlementaire qui sera sans doute le sien après les législatives. Dans son schéma, il prévoit une majorité centrale, celle d'En Marche !, avec des appuis latéraux. Dont le Modem, qu'il conçoit comme il l'a toujours conçu, en somme :

« Un parti au centre, volontaire et soudé, qui aidera à la stabilité de l'ensemble. »

Pour le reste, il a raison : le mouvement En Marche ! n'est pas encore un parti. En dehors de la poignée des proches de Macron, la plupart de ceux qui, à un moment, ont adhéré d'un clic informatique à l'aventure de Macron ne se connaissent pas. Il leur sera difficile, dans un premier temps, de pratiquer une vie commune. Il faudra un président de groupe assez ferme pour calmer l'ardeur des nouveaux venus au Parlement, ivres de la présence des caméras. Et des relais partout en France, Ce sera un des premiers défis du nouveau pouvoir.

« Tout est à inventer. »

Cela lui fait-il peur ? Pas tellement. Car il attend beaucoup, en tout cas pour le moment, d'Emmanuel Macron :

« Il peut arriver que l'action politique soit contestée. Mais quand on comprend où on va, c'est mieux. Les Français sentent qu'il faut réformer, ne pas se laisser bloquer. À condition que la volonté soit clairement affichée, qu'on donne un sens au combat. Macron, lui, en est capable, avec l'incroyable ardeur de son âge. »

Il est près de 13 heures, ce samedi, lorsque je le quitte. En partant, j'ai évoqué, bien sûr, le problème dont la presse commence à parler très fort : celle des attachés parlementaires européens qui auraient été utilisés par le Modem, et spécialement par Marielle de Sarnez, pour des tâches qui n'ont rien à voir avec l'Assemblée européenne. Il hausse les épaules. « Si quelqu'un a fait attention à cela, me dit-il, c'est bien Marielle. Elle peut produire un millier de pages et de notes rédigées par son attaché parlementaire. » Il me paraît serein sur ce sujet, dont je crains qu'il prenne un tour plus alarmant pour lui. Pour le reste, je ne mets pas en cause ce qu'il m'a dit, dans la joie de la recomposition future. Le moment viendra-t-il où il dira : non, pas comme cela, pas maintenant, pas ici ? Oui, à coup sûr, il viendra plus tard. Pour le moment, c'est la lune de miel. Je ne pense pas qu'il déforme ses sentiments en me parlant des qualités d'Emmanuel Macron. D'abord parce qu'il l'a aidé, de ses encouragements et de ses conseils, depuis le mois de février. Ensuite parce que la victoire ainsi lui semble être comme une victoire par procuration. Macron a eu l'intelligence de laisser à François Bayrou une place à part dans son dispositif. Il arrive pourtant, hélas, que la politique et l'intelligence ne fassent pas longtemps bon ménage.

6 juin

Attente des résultats du premier tour des élections législatives. Après que l'opposition a fait semblant de croire quelques jours seulement après l'élection d'Emmanuel Macron, à ses chances de victoire, suivie donc d'une cohabitation, elle en a pris son parti aujourd'hui. François Baroin est passé progressivement de la cohabitation à la coopération, au pouvoir partagé. Il se demande aujourd'hui, comme tout le monde, quelle sera l'ampleur de la victoire de La République en Marche. Son seul argument : une majorité trop vaste est un déni de démocratie, ou presque. Je pense pourtant à l'Assemblée nationale de 1981, surtout à celle de 1968, ou encore de 1993, où un âne aurait été élu. On sent une vague de cette nature, en effet : les Français de l'étranger ont tous, ou presque, blackboulé leurs députés pour voter pour d'illustres inconnus, pourvu qu'ils aient l'étiquette En Marche !. Je pense à ma propre incrédulité lorsque François Bayrou m'a parlé, la première fois, de l'effet « blast » (il n'a pas prononcé le mot, c'est moi qui le rajoute) de l'effet de l'élection du président sur le corps électoral.

Après une belle campagne présidentielle, Jean-Luc Mélenchon, qui l'avait abondamment axé sur le « dégagisme », précisément, est apparu, à l'occasion de ces législatives, revanchard et mauvais joueur. Il a, en quelques jours, effacé son image de leader charismatique, d'éloquence et de culture politique. Il est redevenu le pire des Mélenchon, celui qu'il a caché au fond de lui-même pendant la campagne présidentielle. Les socialistes sont pris en étau entre lui et Emmanuel Macron, Hamon est distancé, Manuel Valls menacé. Enfin, le Front national, en plein doute sur lui-même et sur sa présidente, fait une campagne morne. Marine Le Pen sera élue sans doute dans le Nord. Mais le Front national a atteint son niveau le plus haut, il ne peut plus maintenant que se diviser.

De tout cela, j'ai longuement parlé aujourd'hui avec Antoine Rufenacht, l'ancien maire chiraquien du Havre, qui a laissé sa place, en 2010, à Édouard Philippe. Je voulais connaître les débuts de Philippe en politique. J'en sais assez, la conversation terminée, pour conclure que, dans le nouveau monde politique, il a eu pour arriver à Matignon, une chance analogue à celle, plusieurs fois saisie, par Emmanuel Macron pour s'installer à l'Élysée. Le moins qu'on puisse dire est qu'Édouard Philippe, jeune rocardien vite passé à droite, n'a pas eu beaucoup de mal pour être élu maire du Havre d'abord, député de Seine-Maritime ensuite. Il y a été fortement aidé.

Jean-Pierre Denis est secrétaire adjoint de l'Élysée en 1997, lorsqu'il appelle Antoine Rufenacht pour lui recommander un grand jeune homme, énarque et membre du Conseil d'État, fils d'enseignants havrais, et voisin de bureau de sa femme. Il aimerait bien comme tant d'autres de ses camarades de promotion se lancer dans la politique dans la ville qui l'a vu naître. Aussitôt dit, aussitôt fait : Édouard Philippe entre dans l'équipe municipale, devient adjoint aux affaires juridiques en 1997. En 2010, Antoine Rufenacht a soixante-dix ans. Après avoir plusieurs fois refusé les postes gouvernementaux offerts par Jacques Chirac, il décide de se retirer. Pour lui succéder, Antoine Rufenacht pense d'abord à Christine Lagarde, alors ministre de l'Économie et des Finances de Nicolas Sarkozy, qui a passé son enfance au Havre, et qu'il a rencontrée lorsqu'elle était présidente d'un des plus grands cabinets d'avocats américains. Antoine Rufenacht songe sérieusement à lui transmettre son poste, ce qu'envisage avec bonheur la ministre des Finances, jusqu'au moment où sa vie personnelle l'éloigne brutalement du Havre, et la rapproche de Marseille. Elle n'a plus aucune envie de saisir l'occasion que lui offre Rufenacht : le cœur a ses raisons... Exit donc Lagarde, la place est libre pour Édouard Philippe, élu en octobre 2010, sans coup férir, à la mairie du Havre, « en héritier », note Rufenacht.

La même chance passe à sa portée deux ans plus tard. L'ancien suppléant de Rufenacht, Jean-Yves Besselat, est candidat aux législatives dans la 7e circonscription de Seine-Maritime en 2012. Il a déjà choisi sa suppléante, une jeune pharmacienne, mère de famille. Celle-ci, engagée dans la vie municipale, hésite. Antoine Rufenacht parvient à la convaincre de laisser sa place à Édouard Philippe qui devient ainsi le numéro deux de Besselat. Ce qui est fait. Deux ans plus tard, celui-ci, atteint d'un cancer, meurt, laissant ainsi sa place au Parlement à Édouard Philippe. En deux ans, le voici devenu maire et député. C'est le charismatique directeur de Sciences Po, Richard Descoings, qui met en relation Emmanuel Macron et Édouard Philippe. Et c'est chez son successeur, Frédéric Mion, qu'ils dînent ensemble pour la première fois. L'un est proche de Hollande, l'autre s'est rapproché d'Alain Juppé, En 2017, après l'échec à la primaire d'Alain Juppé, dont Édouard Philippe est un des porte-parole, celui-ci accuse le coup. L'ouverture au centre ne se fera pas avec le maire de Bordeaux. Elle se fera avec Emmanuel Macron.

A-t-il des défauts, ce quadragénaire qui, hormis la barbe et la très haute taille, a quelque mimétisme avec Alain Juppé ? Antoine Rufenacht réfléchit à peine :

« Je lui ai donné un rare conseil qu'il ne suit pas : quand on est plus intelligent que les autres, il faut le faire oublier... »

Une bataille d'intelligence avec Emmanuel Macron, dans un mois, dans un an ? Qui sait ?

Petite histoire sur Alain Juppé : le maire de Bordeaux est invité à Versailles, pour une exposition. La présidente de l'établissement public du château de Versailles, puisque c'est son titre, Catherine Pégard, lui fait les honneurs des lieux.

« Revenez quand vous voulez », lui dit-elle lorsque, la visite terminée, elle le raccompagne à la grille du château.

« Vous croyez que je n'ai que cela à faire ? » lui répond-il, presque agacé. Du pur Juppé. On ne le changera plus.

7 juin

Je rencontre Michel Sapin dans le bar qui est une sorte de quartier général de la politique, le Bourbon, à deux pas de l'Assemblée. Il n'est plus ministre, plus candidat, une page se tourne, moins douloureuse qu'il ne le croyait.

« Rien à voir avec le climat de 1993, me dit-il, en habitué des défaites électorales écrasantes comme ce fut le cas cette année-là. Nous ne sommes pas dans une alternance, au sens classique du terme. Une alternance, depuis quarante ans, c'est un changement brutal. La gauche partait, la droite arrivait, et puis c'était le contraire. Aujourd'hui, je ne ressens pas de violence dans ce qui se passe. Les gens ne sont pas désagréables avec moi. »

Tout de même, quelle campagne pour les socialistes !

« L'intelligence de Macron a été, me dit-il, d'avoir compris que, la gauche divisée en deux camps irréconciliables, selon la formule, il fallait, pour arriver au pouvoir, passer par le centre, du centre droit d'Alain Juppé au centre gauche du socialisme de gouvernement. »

Je lui demande à quel moment lui, Sapin, un des plus vieux amis de François Hollande, depuis l'ENA (c'est chez lui que, pour la première fois François Hollande avait amené Ségolène Royal en week-end pendant leur scolarité à l'ENA, ça ne date pas d'hier !), a compris que Hollande ne se représenterait pas. Assez tôt apparemment, et bien avant que Hollande ne prenne lui-même la décision. Sinon, il n'aurait pas laissé Macron commencer son ascension, il aurait mis un terme à l'action des frondeurs, il aurait essayé au moins d'empêcher la division des socialistes.

« Macron peut m'être utile, m'a dit François Hollande en novembre dernier, un jour que Michel Sapin le mettait en garde. Il peut ajouter une ou deux dents au râteau. » Je lui ai répondu : « Le râteau, c'est toi qui risques de le prendre dans les dents ! »

Emmanuel Macron a su profiter des faiblesses de Hollande, en effet, un président qui s'interrogeait sur sa candidature. Il a fait une bonne analyse de la situation, ajoute mon interlocuteur. Notamment sur l'attitude à avoir avec les frondeurs. Je me rappelle qu'en effet, Michel Sapin, alors ministre du Travail, avait dû, parce que 50 frondeurs de gauche affichaient leur mauvaise humeur, trouver, en urgence, une cinquantaine de parlementaires de droite acceptant de s'abstenir au moment du vote.

« Certains parlementaires socialistes, continue-t-il, n'ont jamais, pendant tout le quinquennat, voté une seule fois pour une loi du gouvernement. »

C'est le cas de Barbara Romagnan, par exemple, députée du Doubs.

Bref, ce dont il me parle, sans vouloir le dire tout haut, par amitié pour lui, c'est bien de la faiblesse d'autorité de François Hollande. À moins que ce ne soit de l'aveuglement sur les personnes. Il a accepté d'être trompé par Emmanuel Macron :

« Le jour du départ de celui-ci du ministère de l'Économie, il pensait encore que Macron ne se présenterait pas... Cela ne l'empêchait pas de dire, souvent par la suite, qu'il préférait l'élection de Macron à celle de Fillon. »

Je l'interroge sur Manuel Valls, le grand absent de cette campagne présidentielle, qui se bat aujourd'hui pour survivre.

« J'ai connu six Premiers ministres, assure Michel Sapin, Valls était un excellent Premier ministre. »

Mais il est aujourd'hui tout seul, sans « vallsistes » autour de lui. Comme d'autres socialistes, Michel Sapin lui donne tort d'avoir annoncé, trop tôt, après la primaire de la gauche, que, tout compte fait, il voterait pour Macron alors qu'il s'était engagé au contraire.

Comme d'autres aussi, Michel Sapin a souffert de cette sorte de descente aux enfers de l'hiver et du printemps dernier. Et notamment, erreur fatale, de la façon dont s'est emmanchée la loi El Khomri :

« J'étais présent lorsque nous avons pris la décision. Il y avait là Valls, Macron, Myriam El Khomri, évidemment, avec le président, Jean-Pierre Jouyet et le conseiller social de l'Élysée. Valls et Macron s'étaient mis d'accord sur un texte très dur, avec deux paragraphes, l'un sur les indemnités prudhommales, l'autre sur les procédures de licenciement. Autrement dit, deux dispositions que la CFDT jugeait inacceptables. “Pas grave”, m'ont-ils tous les deux répondu quand je le leur ai fait remarquer. À la fin de la réunion, j'ai dit : “Et qui appelle Laurent Berger[1], maintenant ?” Personne n'a répondu, et personne ne l'a fait... »

« Dix jours plus tard, face à l'agitation syndicale, toutes centrales ouvrières confondues, nous avons été obligé de modifier le texte de loi. Comme l'a dit Laurent Berger lui-même, « la fusée était partie de travers... »

Lorsque j'entends aujourd'hui Michel Sapin, je pense évidemment au projet de loi discuté en ce moment même entre les partenaires

1. Laurent Berger est secrétaire général de la CFDT.

sociaux et Matignon, où les mêmes paragraphes qui ont mis des centaines de milliers de gens dans les rues au printemps dernier sont à nouveau soumis, à peu près dans les mêmes termes, aux organisations syndicales et patronales. Comment, pourquoi, ces textes soumis à ordonnances, seraient-ils mieux accueillis pendant l'été ? Parce que les Français sont en vacances, ou parce que, contrairement à François Hollande, Emmanuel Macron l'a inscrit dans son programme électoral ? Il faudra, cette fois, que la fusée parte droit.

11 juin

Premier tour des législatives. Du jamais-vu sous cette République : un « dégagisme » farouche, qui touche les grandes figures de la gauche et de la droite, clouées au sol par l'émergence d'une nouvelle classe politique, représentants de la société civile ou professionnels de la politique, autour de l'étiquette de la République en Marche. Je pense à tous ceux qui depuis deux mois se décarcassent et sont battus ce soir sans avoir compris pourquoi.

J'avais trouvé qu'il perdait un peu l'esprit lorsque, dans le discours qu'il avait prononcé pour la fête de Jeanne d'Arc, à Orléans, en mai, Macron avait parlé de la trajectoire « comme une flèche » de la pucelle devenue chef de guerre. Évidemment, c'était à lui qu'il pensait. Mais qui, alors, pouvait y croire sans sourire ?

Ce soir, la « flèche » est montée très haut : les candidats d'En Marche !, pour la moitié venus de la société civile, souvent inconnus des électeurs, sont largement en tête du premier tour d'hier. Le renouvellement est bien là[1]. Si le second tour conforte le

1. Les six ministres qui avaient choisi de solliciter à nouveau les suffrages des électeurs, y compris Richard Ferrand, sont en bonne position pour l'emporter dimanche prochain. Le renouvellement annoncé est bien là. Les Républicains, le Front national et surtout les socialistes n'en croient pas leurs yeux. Seule émerge, et encore, la France insoumise de Jean-Luc Mélenchon, en tête à Marseille. Quant à Marine Le Pen, elle domine le combat dans sa circonscription du Nord, mais le FN n'en tire pas parti sur le plan national.

premier – ce qui n'est jamais sûr –, Emmanuel Macron et son Premier ministre sont assurés d'une majorité qui pourrait être écrasante, entre 390 et 430 sièges.

Le fort niveau d'abstention nuance évidemment cette victoire. Le chiffre des votants aujourd'hui est préoccupant, en effet, tant il révèle d'indifférence chez les Français.

La lassitude, d'abord, a fait son effet, après une année politique chargée : depuis la primaire de la droite et du centre en novembre dernier, en passant par celle de la gauche en janvier jusqu'à la présidentielle de mai, les Français n'ont cessé de voter. Et puis, la plupart des abstentionnistes d'hier ont sans doute eu l'impression qu'après avoir porté Emmanuel Macron à l'Élysée il y a à peine plus d'un mois, ils avaient fait l'essentiel du travail. Ceux qui, au contraire, n'avaient pas voté pour lui en mai dernier ont jugé qu'il leur était inutile de se déplacer dimanche, les jeux leur paraissant faits, et trop bien faits, pour les candidats de la République en Marche.

L'élection présidentielle est la bataille politique essentielle. Les élections législatives, qui ont lieu quelques jours après seulement, n'en sont qu'un pâle reflet.

13 juin

Premières escarmouches gouvernementales. Ridicules, comme tant d'autres, mais malfaisantes. Bayrou « recadré », comme dit la presse, par le Premier ministre. Comment, en effet, quelqu'un d'aussi informé que François Bayrou a-t-il pu téléphoner à un journaliste de France Inter pour lui demander de ne pas harceler le petit personnel du Modem à propos de l'histoire des attachés parlementaires ? Comment n'a-t-il pas compris que la presse, en trente ans, avait changé, qu'aujourd'hui un ministre, en outre garde des Sceaux, qui a autorité sur le Parquet, ne peut appeler, même sans hausser le ton, un journaliste chargé d'une enquête sans s'attendre à un terrible retour de bâton de la part de celui-ci ? « Je lui ai téléphoné en tant que citoyen », a argué François Bayrou. Hélas, il n'est plus citoyen et les journalistes ne sont plus ceux qu'ils étaient. Ç'a été le cas, au point qu'Édouard Philippe a publiquement, et indirectement, gourmandé le ministre de la Justice.

Cette histoire d'attachés parlementaires européens paraît sans doute insupportable à François Bayrou. D'abord parce qu'elle émane d'une dénonciation d'une députée européenne du FN. Ensuite parce qu'elle concerne d'abord Marielle de Sarnez. Mystérieuse relation que celle qui lie ces deux êtres, au-delà des soubresauts et des coups durs de la politique. Amitié venue de loin, de Giscard et de l'UDF, En tout cas, c'est le danger qui pèse sur la présence de celle-ci au gouvernement qui le rend si réactif. L'affaire est surtout dangereuse, en pleine rédaction du texte de loi sur la moralisation de la vie politique. S'ensuit, donc, une réprimande du Premier ministre. Le premier couac gouvernemental est à la une de tous les journaux, et les réseaux sociaux s'en emparent. La mise en garde d'Édouard Philippe est tout sauf improvisée. Sa riposte a une signification claire : il y a un Premier ministre, il n'y a pas de Premier ministre bis.

Macron se tait. Il se tient, apparemment, en dehors de l'affaire Ferrand et ne dit mot sur les attachés parlementaires européens. Mais qui peut imaginer qu'Édouard Philippe ait fait cette sortie contre Bayrou sans avoir le blanc-seing du président ?

Pour le reste, cet entre-deux-tours ne me satisfait pas. À peine revenu l'espoir, peut-être illusoire, d'un changement, où est le souffle ? Je le sens bien, ce souffle qui emporte, à lire les principaux titres des journaux allemands et français, l'Europe entière : un homme, jeune, vainqueur du Front national que beaucoup de nos alliés européens pensaient invincible, un homme qui parle à Poutine – enfin ! –, et dont la séduction semble toucher Angela Merkel. Je vois les couvertures des journaux, le représentant marchant sur les eaux, tandis que Theresa May se noie. Mais en France ? Je n'entends que les cris de colère de Jean-Luc Mélenchon, que les provocations inefficaces de Marine Le Pen. Je ne vois partout que des socialistes désemparés. Le mot « trahison » est sans doute le plus employé dans le vocabulaire politique aujourd'hui : par les Républicains qui accusent Édouard Philippe, Bruno Le Maire et

Gérald Darmanin de collaboration (diable ! Quel mot !); par les socialistes qui ne cessent d'exclure, jour après jour, ceux qui ont trouvé en Macron une autre voie. L'intelligent Cambadélis est devenu coupeur de têtes en chef. Procès infinis que ceux qui vont à la soupe et ceux qui croient, sincèrement, que le moment est venu, nécessaire, d'abolir les ridicules clivages gauche-droite. De ceux qui hésitent entre l'opportunisme et la conviction.

D'un coup, les mêmes qui disaient avant le premier tour qu'Emmanuel Macron ne serait jamais fichu d'avoir une majorité stable autour de lui, entonnent sans avoir l'air de se contredire, le refrain inverse. Voilà maintenant qu'une majorité trop forte le transformerait en despote, qu'il concentrerait tous les pouvoirs, qu'il porterait atteinte même à la démocratie. Ridicule. Emmanuel Macron n'a pas la majorité au Sénat, le « macronisme » est absent des conseils généraux, régionaux, des grandes zones urbaines. Pourtant, l'opposition, de gauche ou de droite, n'a cessé d'assurer, depuis une semaine qu'une majorité écrasante donnée à Emmanuel Macron serait la fin de la représentation nationale, pour ne pas dire la fin des libertés politiques. Tout de même, que d'excès !

16 juin

Mort d'Helmut Kohl. L'hommage de l'Europe est unanime : oubliée, et c'est tant mieux, la fin angoissante de ce géant cloué dans un fauteuil roulant, atteint, après une carrière inattendue (« le paysan », c'est ainsi que l'appelaient les sociaux-démocrates allemands lorsqu'il est devenu chancelier pour la première fois), par des affaires de financement de son parti politique, de ce chancelier de l'Allemagne réunifiée, trahi par Merkel qu'il avait installée à ses côtés. Il reste, bien sûr, l'image de Mitterrand et de Kohl, tous deux vêtus de sombre, l'un immense, l'autre impérial, se recueillant devant les victimes de la Première Guerre mondiale à Douaumont.

La même chaleur, le même enthousiasme ont saisi ensemble les deux hommes qui ont tendu la main l'un vers l'autre dans un mouvement spontané.

Je n'ai vu Helmut Kohl qu'une fois, non pas avec Mitterrand mais avec Jacques Chirac. Je me rappelle qu'ils sont allés dîner tous les deux dans un restaurant de Strasbourg, Chez Yvonne, près de la cathédrale, où l'un et l'autre se sont gavés de charcuterie tandis que les journalistes dont j'étais, battant la semelle, attendaient dans la rue la fin de ces agapes. Les patrons du restaurant, connu des leaders politiques lorsque l'Assemblée européenne se réunit à Strasbourg, étaient fiers de les voir manger ainsi d'un même appétit, pinte de bière sur la table. Kohl pourtant n'aimait que Mitterrand. Je revois les larmes qui coulaient de ses yeux pendant l'enterrement de son camarade de route, en 1995. Anomalie de l'Histoire : le socialiste Helmut Schmidt et le libéral Valéry Giscard d'Estaing sont restés, pendant et après leur passage au pouvoir, de grands amis. Le chrétien-démocrate Helmut Kohl a noué avec le socialiste Mitterrand des liens indissolubles. Miracle, et bonheur, de l'Histoire !

Kohl est mort, il avait été sali et trahi après avoir réussi ce que nous ne croyions pas possible de voir de nos jours, la réunification de l'Allemagne occidentale et de l'Allemagne de l'Est.

18 juin

Deuxième tour des législatives. On prédisait à Macron une chambre introuvable, une chambre bleu horizon. Lorsque Gérard le Gall m'a appelée, vers 18 heures (juste après avoir prévenu Hollande) il n'a fait état que de 350 à 360 députés d'En Marche !. Les chiffres de la majorité annoncés toute la semaine par les instituts de sondages étaient si hauts, dépassant parfois les 450, que mon premier réflexe est de trouver étriquée la victoire de Macron. Victoire néanmoins, avec une majorité absolue.

De retour chez moi, vers minuit, je me suis dit en effet qu'il s'était bel et bien passé, entre les deux tours, un rééquilibrage. Plus important que je ne l'avais pensé. Celui-ci a sauvé du désastre des leaders de la droite, comme à Paris, Claude Goasguen. Ou des dirigeants de la gauche mélenchonienne, ou encore des députés du

Front national. Le haut score de l'abstention qui a touché tous les partis s'est conjugué avec la crainte, en effet, d'une Assemblée monocolore, à la botte[1] de Macron.

Qu'ils soient au nombre de 450 ou de 308, il faudra un meneur d'hommes pour coordonner tous ces nouveaux élus d'En Marche !, venus de la société civile, comme on dit, sympathiques, qui viennent de se lancer dans la bataille politique et parlementaire dont ils ignorent tout. Vu leurs formations aux uns et aux autres, chefs d'entreprise, professeurs, avocats, et même mathématicien, comme le prestigieux titulaire de la médaille Fields Cédric Villani, ils ne mettront pas longtemps avant de connaître les rouages de la maison dans laquelle ils, et elles, sont entrés ce soir. Les Français a dit Édouard Philippe à 20 h 30, « ont préféré l'espoir à la colère ». Puisse-t-il avoir raison !

Lorsqu'on a vu, ce soir, les images de Manuel Valls contesté, hué, annonçant sa (courte) victoire au milieu des hurlements de ses adversaires de la France insoumise, on mesure, je pense, ce que sera peut-être le Parlement. La République en Marche est certes majoritaire. Mais que de bruit feront ses adversaires au Palais-Bourbon !

20 juin

Climat politique brutalement détestable. Passe encore que Richard Ferrand, le premier rallié à Macron, son lieutenant fidèle, pris dans une affaire de cornecul et de petits aménagements entre amis mutualistes, ait été sorti du gouvernement hier, après une conversation serrée avec Emmanuel Macron dans l'après-midi. Il

1. Le Front national a voté pour la droite classique dans certaines circonscriptions pour faire obstacle à une trop grande victoire de la République en Marche. La droite a préféré faire élire, ici et là, des candidats du Front national. Emmanuel Macron dispose d'une majorité absolue, sans son allié le Modem. Les six ministres qui se présentaient aux suffrages des électeurs ont été élus haut la main. Les amis de Mélenchon font leur entrée au Parlement ; ceux, moins nombreux, de Marine Le Pen aussi. Le nombre d'abstentions a été particulièrement élevé.

sera président du puissant groupe parlementaire d'En Marche ! à l'Assemblée nationale. Comme si, entre parenthèses, c'était le rôle du président « jupitérien » de nommer le président du groupe majoritaire au Parlement. Qu'il ait un favori, passe encore. De là à lui mettre le marché en mains...

« Normal qu'il lui ait proposé un poste, me rétorque Jean-Louis Bourlanges, un peu plus tard. Ce n'était pas une confusion volontaire entre le législatif et l'exécutif, mais l'impossibilité de faire gicler un des artisans principaux de sa victoire sans lui proposer de jouer un autre rôle, important, dans un autre contexte. »

Passons.

Mis à part cette exfiltration de Ferrand, la préparation du second gouvernement d'Édouard Philippe était présentée, la victoire aidant, comme une formalité. Quelques petits ajustements techniques, avait dit le porte-parole du gouvernement, Christophe Castaner.

Interrogé ce matin même par Jean-Jacques Bourdin, Édouard Philippe l'avait confirmé : François Bayrou resterait bien au gouvernement. Tout, entre les deux hommes, assurait-il, est au beau fixe. Et puis, patatras. Quelques minutes seulement après qu'Édouard Philippe a quitté le plateau, Sylvie Goulard, ministre des Armées, annonce sa démission. Pourquoi ? Pour démontrer sa « bonne foi », dans « l'hypothèse où l'enquête préliminaire visant le Modem la conduirait à vérifier les conditions d'emploi de ses assistants au Parlement européen ». Sa bonne foi ? Reconnaît-elle ainsi que les accusations qui portent sur l'emploi de ses attachés parlementaires européens sont fondées ?

C'était hier dans l'après-midi que la ministre des Armées, en plein meeting aérien du Bourget, a fait part de sa décision définitive à Emmanuel Macron de quitter le gouvernement. Elle en aurait parlé quelque temps auparavant au chef de l'État, qui lui aurait recommandé de ne pas brusquer les choses. Était-ce d'ailleurs le bon moment pour l'annoncer ? Au moment où tous les acheteurs de matériel militaire assistent en France aux performances de l'aéronautique française ? Certes non.

Sylvie Goulard qui, entre parenthèses, comme Corinne Le Page, n'aime guère Bayrou, a allumé un pétard sous le siège du garde des Sceaux. Comment Bayrou, président du Modem, ministre de la Justice, pourrait autoriser le parquet à intenter des actions alors qu'il s'agit du Modem et qu'il est donc juge et partie ? Je songe à la conversation que nous avons eue à la Chancellerie samedi dernier : cette loi de moralisation de la vie politique qu'il porte depuis si longtemps, peut-elle lui revenir en boomerang en plein visage ?

Interrogation immédiate, dans mon esprit retors : la démission de Sylvie Goulard a-t-elle été télécommandée par le chef de l'État ? Après tout, Dieu sait si, dimanche soir, les commentateurs ont souligné la chose : Macron n'a plus besoin de François Bayrou pour disposer d'une majorité convenable à l'Assemblée. Je n'oublie pas que Gilles Legendre, ancien directeur de la rédaction du *Nouvel Économiste*, lorsque j'y étais éditorialiste, qui vient de battre sous l'étiquette En Marche !, NKM dans la première circonscription de Paris avait eu, en me parlant, ce cri du cœur il y a déjà quelques jours : « Pourvu que EM ! ait une majorité sans Bayrou. Pourvu qu'on s'en débarrasse ! » S'il le dit, lui, je pense que d'autres « marcheurs » devaient se dire la même chose.

Sans doute au surplus Macron n'a-t-il pas envie de traîner cette affaire du Modem dans le prochain gouvernement. Dans ce cas, il me semble, mieux aurait valu agir avec François Bayrou comme il l'a fait avec Ferrand. Directement. Pas par la bande.

Un cadre du Modem au téléphone, pendant que j'écris ces lignes, vers midi. La vraie raison de la démission de Sylvie Goulard ne serait pas celle qu'elle invoque. Elle aurait été rémunérée de 2013 à 2016, et fortement, par un think tank californien pendant qu'elle siégeait au Parlement européen. A-t-elle voulu mettre en avant l'affaire des attachés parlementaires européens du Modem, ou plutôt craint de se voir attaquée sur ses liens avec la société américaine dont mon interlocutrice ne me donne pas le nom[1] ?

Il lui paraît évident que Sylvie Goulard n'a invoqué dans son communiqué de départ l'affaire des attachés parlementaires que pour obliger Bayrou à la suivre. Mon interlocutrice voit derrière la

1. Il s'agit en réalité, *Le Canard enchaîné* et le *JDD* l'affirmeront dans la semaine, de l'institut Berggruen, une organisation à but non lucratif, chargée de réfléchir aux systèmes de gouvernance. Sylvie Goulard aurait été appointée par cet organisme pendant deux ans, pour un total brut de 300 000 euros.

décision de Sylvie Goulard, elle me l'assure, la main « jupitérienne » d'Emmanuel Macron. Selon elle, l'affaire est simple : la décision annoncée de Sylvie Goulard arrange à merveille le président, à la veille de la constitution du second gouvernement Philippe. D'ici à ce qu'il l'ait sollicitée, il n'y a qu'un pas, que franchit, sinon Bayrou, que je n'arrive pas à joindre au téléphone, du moins son entourage. Si même je pensais que le chef de l'État n'y est pour rien – ce qu'assurent certains de mes confrères, et ce que je ne crois pas forcément – de toute façon, c'est de notoriété publique, les relations entre Bayrou et les leaders d'En Marche !, Richard Ferrand notamment, sont notoirement mauvaises.

Bref, mauvaise, très mauvaise passe pour François Bayrou, dont j'ignore comment elle se terminera. Très vite, à mon avis, puisque, après le deuxième tour des législatives, Édouard Philippe doit, dans les deux jours, reconstruire son gouvernement. Réponse demain sans doute puisque l'annonce du gouvernement est prévue pour ce mercredi.

21 juin

Le début de journée a été consternant, faisant ressurgir ce que l'on croyait oublié, effacé, disparu après la victoire de Macron à la présidentielle, puis aux législatives : le climat délétère d'un monde politique que l'on croyait, désormais, revêtu de probité candide et de lin blanc. Dès le matin, François Bayrou et Marielle de Sarnez ont fait savoir, par un communiqué matinal à l'AFP qu'ils ne figureraient pas dans le gouvernement Philippe 2. C'est manifestement l'ouverture de ce qu'on peut appeler une crise gouvernementale : quatre ministres sur seize sont sur le carreau, le quart du gouvernement. Le remaniement, qui devait être facile, technique, devient un casse-tête politique.

Conversation dès le matin avec Jean-Louis Bourlanges, sur le plateau de Télé-Sud. Il me confirme que Bayrou, dont il est redevenu l'ami, après une longue période de brouille, avait plusieurs fois parlé au chef de l'État de l'épée de Damoclès qui à tout moment pouvait retomber sur lui-même et sur Emmanuel Macron par ricochet, après l'ouverture, le 9 juin, de l'enquête préliminaire, sur l'emploi d'attachés parlementaires européens par le Modem. Le président n'était pas chaud, du moins avant le deuxième tour des législatives. « Votre cas, lui aurait-il même dit (j'écris au conditionnel car il s'agit de propos non entendus mais qui m'ont été rapportés), n'est pas le même que celui de Richard Ferrand. »

C'est bien la démission de Sylvie Goulard, mardi, au nom des « valeurs », qui a reposé le problème Bayrou de manière plus embarrassante pour le président et Bayrou lui-même. Ce dernier est devenu gênant ; Christophe Castaner l'a dit très clairement ce matin au micro d'Europe 1 : cela arrangerait tout le monde qu'il s'en aille[1]... Pas besoin de faire de dessin. Personne ne saura jamais si le président de la République a utilisé Sylvie Goulard pour se débarrasser de François Bayrou en douce, sans qu'il soit possible de l'en rendre responsable, ou si c'est la ministre des Armées qui, seule, en a pris l'initiative, rendant impossible le maintien du garde des Sceaux au gouvernement. En tout cas, apparemment, au siège d'En Marche !, il me semble, c'est un euphémisme, qu'on n'exprime pas le moindre regret.

Tout de même, quel coup pour François Bayrou qui sera resté trente-neuf jours à la Chancellerie, pendant lesquels il a présenté au Conseil des ministres sa loi de moralisation de la vie politique qui, désormais sera défendue par quelqu'un d'autre. On peut aimer ou ne pas aimer Bayrou, et je sais que beaucoup, à droite et à gauche, ne l'aiment pas. Moi, je l'aime bien. Et je suis bouleversée par son aventure personnelle : il n'est plus ministre depuis vingt ans, il revient au gouvernement, après avoir aidé un autre que lui à s'installer à l'Élysée, pour en partir aussitôt. Tout cela pour une petite histoire, dont je persiste à ne pas voir la gravité, ni au FN, ni au Modem, d'assistants parlementaires utilisés à quart de temps, ou à demi temps au siège de leur parti. Marielle de Sarnez a fourni 1 200 pages de rapports parlementaires rédigés par son assistant.

1. « Je ne vais pas faire de langue de bois, cela [la démission de François Bayrou] simplifierait la situation », a dit Christophe Castaner répondant aux questions de Fabien Namias.

Les juges lui ont dit : « On lira ça en septembre. » J'en conclus que la justice va vite quand elle veut éliminer un candidat à la présidence de la République (Fillon) et qu'elle traîne lorsqu'il s'agit de rendre sa place à quelqu'un, Bayrou, Sarnez. Quelle dureté, la politique !

Suite de la journée : Bayrou a annoncé une conférence de presse à 17 heures. Dès 15 heures, les journalistes se pressent au siège du Modem, rue de l'Université. Rumeurs, bruits, affirmations, démentis : le Modem tout entier va-t-il passer sans l'opposition ? Macron lâché par le Modem, etc.

À 17 heures et quelques minutes, Bayrou, calme en apparence, ravagé au-dedans de lui, explique son départ, tout en confirmant, sans que quiconque puisse en douter, sa confiance à Emmanuel Macron et en lui réitérant en quelques phrases bien choisies son soutien.

Je le joins quelques minutes après la fin de sa conférence de presse

« J'ai beaucoup hésité à partir, me dit-il, mais en ouvrant *Libération* ce matin, je suis tombé sur sept pages titrées : le "système Bayrou". C'était insupportable, je ne l'ai pas supporté... »

Il ne semble pas même sonné. Il a la certitude – et qui peut vraiment jurer du contraire ? – que sa loi sur la moralisation de la vie politique lui créait beaucoup d'ennemis. Et que sa présence à la Chancellerie finirait par compromettre Macron. Il ne le veut à aucun prix, il me le répète fortement. Sait-il, au moment où il me parle, qu'une partie des dirigeants d'En Marche ! se réjouiront, se réjouissent déjà de son départ ? Il n'est pas un perdreau de l'année, il le sait sûrement. Peut-être pensait-il néanmoins que ses liens privilégiés avec Macron le protégeraient. Mais quels liens privilégiés avec un président de la République tout juste élu, confronté à sa première crise politique, peuvent-ils protéger qui que ce soit ?

Celle-ci est évitée, et le secrétaire général de l'Élysée peut annoncer, après quelques heures de retard, la composition du gouvernement Philippe 2. J'y reviendrai demain. Car ce qui m'a frappée tout au long de cette journée un peu folle, comme il en existe de temps en temps dans la vie politique, c'est le rôle du président de la République. Je ne parviens pas à me faire une idée exacte de ce qu'il a voulu et de ce qui lui a été imposé par les circonstances. Quel homme est-il ? Le jeune président qui séduit ses interlocuteurs, ou celui qui s'est débrouillé, pour se défaire, sans coup férir, d'un caillou dans sa chaussure ? Tout ce qu'on me dit dresse de lui un personnage complexe. Tout chez lui est calculé, pensé, pesé. Pas un hasard s'il a choisi comme sujet de mémoire à Paris 1 le personnage de Machiavel. C'est la preuve, en tout cas, qu'il pensait déjà à la politique. François Heisbourg, à Europe 1, racontait samedi dernier à Catherine Nay comment il était tombé sous le charme d'Emmanuel Macron qui le consulte de temps en temps. Une attention soutenue, pas de notes, il écoute son interlocuteur après avoir posé des questions précises et directes. Il ne dit mot, mais, quelques jours après, ressert dans un de ses discours les arguments essentiels de son conseiller. Peut-il se résumer à son apparence ? Cet homme qui fait montre d'autorité sur les autres, ministres et compagnons de route, et dont personne, pour le moment, ne conteste le leadership, est-il aussi calculateur, prêt à se débarrasser de ses ennemis avec méthode, à poignarder avec un sourire ? À faire porter par d'autres des coups à sa place ?

22 juin

Le remaniement prévu et annoncé comme étant purement technique était devenu depuis dimanche dernier éminemment politique. Les choix effectués répondent néanmoins à un sens subtil de l'équilibre politique. Deux ministres proches du Parti socialiste font leur entrée au gouvernement[1]. Deux personnalités venant de la droite les rejoignent[2]. Les macronistes enfin ont la part belle : plus jeunes, la trentaine, tous « marcheurs » de la première heure, ils prennent, secrétaires d'État ou ministres délégués, leur place dans

1. L'une, ancienne membre du Conseil constitutionnel, Nicole Belloubet, hérite du ministère de la Justice, et Florence Parly, ancien membre du cabinet et ancienne ministre du Budget de Lionel Jospin, de celui des Armées.

2. Il s'agit de Sébastien Lecornu et Jean-Baptiste Lemoyne.

le gouvernement Édouard Philippe 2, qui est aussi, largement, on s'en doute, celui d'Emmanuel Macron.

Enfin, Jacqueline Gourault et Geneviève Darrieussecq nommées tout à l'heure sont toutes deux très proches de François Bayrou. Après le départ de François Bayrou et de Marielle de Sarnez, le Modem, avec un groupe parlementaire nouveau et important, restera donc, à l'Assemblée et ailleurs, un pilier de la majorité. Quelle que soit sa responsabilité dans le départ de Bayrou, Emmanuel Macron a su le convaincre, en tout cas, que leur amitié était intacte.

«Il faut convenir, me dit en une de ces réflexions aiguës dont il a l'habitude mon ami Hervé de Charette ce matin, que les deux y ont intérêt.» Rien à ajouter.

Pendant que le secrétaire général de l'Élysée annonçait la composition du gouvernement, Emmanuel Macron accueillait ostensiblement devant photographes et cameramen le président de la République de Colombie. Façon de montrer que, en apparence du moins, c'est au Premier ministre, et à lui seul, de mettre ses mains dans le cambouis.

23 juin

Une heure passée, avant-hier, avec Gaspard Gantzer, le porte-parole de François Hollande qui l'a accompagné jusqu'à la fin du quinquennat. Ils n'étaient pas nombreux... Un homme jeune, qui paraît encore plus jeune qu'il ne l'est, qui parle de François Hollande avec pudeur et respect. Mais il ne dit pas grand-chose sur les trahisons qui ont marqué sa fin de parcours. Tout au plus une phrase : «Il ne m'a pas fait part de ses sentiments sur le départ d'Emmanuel Macron, de Benoît Hamon ou de Manuel Valls, mais il n'en a pas été content.»

C'est le moins que l'on puisse dire, en effet.

«Nous vivions tous une aventure difficile, exigeante, éprouvante, ce n'était pas le moment de quitter le navire.» Ce sera tout pour Macron et Valls. Pour Hamon, en revanche, c'est différent. J'ai l'impression qu'il rend les frondeurs responsables, et non pas les deux premiers, de la trahison fondamentale qui a ébranlé tout le quinquennat. »

« Oh, dit-il, je pourrais ajouter d'autres responsables, Christian Paul par exemple, mais je ne suis pas sûr que les Français retiennent longtemps leur nom. »

24 juin

Images, hier, d'Emmanuel Macron à Bruxelles, avec Angela Merkel aux anges.

Images aujourd'hui d'un président jouant au tennis sur les quais de la Seine, en pleine opération séduction de la ville de Paris auprès du Comité olympique, entouré d'une foule de Parisiens avides de selfies. Image hier de sa rencontre avec Arnold Schwarzenegger, l'équivalent américain de Nicolas Hulot, pour aller vite. Interrogé par les journalistes dans la cour de l'Élysée, le célèbre acteur a répondu, ce qui coupe le souffle, qu'il félicitait les Français d'avoir élu un président si formidable !

Je sais bien qu'après tout il n'y a guère que cinq semaines qu'il est élu. Mais enfin qu'a-t-il fait ? Pour le moment, pas grand-chose. Il s'est limité à faire du couple franco-allemand la pierre angulaire, le pivot de l'Europe. Pas mal mais pas très original. Pour le reste, il n'a pas remporté de victoire éclatante à Bruxelles. La directive sur les travailleurs détachés, dont il fait un cheval de bataille, n'a pas été modifiée d'un iota. La politique commerciale plus protectionniste qu'il souhaitait, notamment face à la Chine, a été battue en brèche par ceux des pays qui préfèrent attirer chez eux des investissements, d'où qu'ils viennent. Et si Angela Merkel a fait un pas dans sa direction, semblant accepter ce qu'elle refusait, la nomination d'un ministre européen des Finances, c'est d'abord dans la perspective de sa campagne électorale. Je pense à la réflexion de Nicolas Sarkozy, parlant de lui, il y a quelques mois : « Je pense, disait-il, qu'il ne réussira pas à être élu ni à dynamiter la gauche et la droite. Mais s'il y arrive, c'est un génie ! » Il plaisantait, évidemment, lui-même n'ayant pas, pour les autres, le compliment facile. Génie, il faudra sans doute attendre pour le savoir. Chanceux, oui : la croissance repart en Europe, et l'Insee prévoit une embellie française, Le chômage baisse. Le ciel pour le moment lui est favorable. La réforme du Code du travail, celle de la retraite et de la Sécurité sociale, l'augmentation de deux points de la CSG, tout cela est pour demain. Pour le moment.

La recomposition à l'ordre du jour commence par une décomposition. Les socialistes sont réduits à une portion plus que congrue au Parlement, le groupe républicain s'est divisé hier, entre « constructifs » et Républicains « canal historique ». Édouard Philippe joue son rôle : il est même, c'est la première fois sous la Ve République, le chef d'une majorité dont il n'est pas membre. Tout est cul par-dessus tête.

Les vieux partis sont à la peine. Les socialistes sont réduits à l'Assemblée nationale au dixième de ce qu'ils étaient en 2012. Les Républicains, qui pensaient il y a peu conquérir la majorité, sont certes la force principale de l'opposition[1], mais ils ont perdu plus d'une centaine de députés. De quoi s'interroger sur les raisons d'un tel tremblement de terre qui ne frappe pas les extrêmes, à gauche et à droite, ni le mouvement de Jean-Luc Mélenchon, ni celui de Marine Le Pen, qui pourront s'exprimer haut et fort dans l'hémicycle du Palais-Bourbon. Elle frappe seulement les partis politiques à l'ancienne. Pendant le week-end, Républicains et socialistes ont fait chacun de leur côté à peu près le même constat : tous deux connaissent une hémorragie de leurs adhérents, au moment où le mouvement En Marche ! continue son expansion. Tous deux se cherchent des leaders. À gauche, c'est le grand désordre. Manuel Valls est en rupture de parti, Benoît Hamon pense à créer un mouvement cet été, Martine Aubry et les siens ont été sévèrement défaits dans le Nord. Jean-Christophe Cambadélis lui-même, le dernier des Mohicans, a jeté l'éponge après la sévère défaite du 18 juin dernier. Même recherche d'un chef chez les Républicains : François Baroin qui a mené la campagne législative a pris, depuis, du recul. Nicolas Sarkozy, cette fois, a tourné définitivement la page. Alain Juppé

1. Avec 112 élus.

aussi. Force Républicaine, le mouvement de François Fillon, se réunira mardi pour faire le point, mais sans François Fillon. Quant à Laurent Wauquiez, sa ligne d'ouverture avec le Front national n'entraîne qu'une partie des Républicains.

Car socialistes et républicains ne sont pas seulement à la recherche de leaders, ils sont tous deux en panne de ligne politique. Ce qui reste du PS a abandonné l'idée de socialisme de gouvernement et se replie sur une opposition déclarée à Emmanuel Macron. Les autres ont abandonné depuis belle lurette la rue de Solferino pour rejoindre En Marche !. Le mouvement LR ne se porte pas mieux. Xavier Bertrand, le président des Hauts-de-France, vient, d'une phrase, dans une interview, de faire ce constat amer : « Nous continuons à vivre ensemble mais ça fait bien longtemps qu'on ne s'aime plus. » Refonder le PS, rebâtir les Républicains ? Et s'il n'y avait rien à faire, pour le moment, pour redonner vie aux partis qui l'ont perdue ?

Coup de téléphone de Bayrou, au moment où je termine ces lignes. Il a fait une longue marche dans la montagne pendant quarante-huit heures. Il m'assure qu'il va mieux. À la question, claire, que je lui pose sur le rôle d'Emmanuel Macron dans son départ forcé, il répond non moins clairement que le président n'a rien fait ni rien cherché à faire pour précipiter son départ. S'il le dit...

27 juin

Rentrée parlementaire. Dès midi trente, sur la place du Palais-Bourbon, l'agitation est intense. Quelques nouveaux députés traînant une valise à roulettes se font désigner, par les huissiers de faction où est leur bureau qui sera peut-être leur chambre à coucher. D'autres, qui ont déjà visité les lieux, prennent leurs marques au café du coin ou à la buvette. Des jeunes, beaucoup de jeunes, évidemment inconnus des journalistes, et même des dirigeants du groupe En Marche !, accordent des interviews pour la première fois de leur vie. Les jeunes femmes me semblent, comme toujours, plus graves que les hommes, comme si elles redoutaient de ne pas être à la hauteur, alors que leurs collègues masculins ne se posent même pas la question.

Au moment où, sur la place, l'atmosphère est plutôt à la joie, je vois, de loin, Manuel Valls pénétrer seul, bien avant l'heure prescrite, par la porte d'entrée de l'Assemblée.

Lui non plus, il me semble, n'a pas mérité ce qui lui arrive. Les coups lui sont portés de tous côtés : par la gauche de la gauche et les ex-frondeurs. On ne m'ôtera pas de l'esprit que les socialistes lui reprochent aussi et même surtout sa position sur la laïcité et l'islamisme. Il a été le premier, en effet, à parler de terrorisme islamiste, au moment où Macron lui-même semblait penser qu'après tout, si l'islamisme s'installait dans les banlieues, c'était parce que nous n'avions pas su apporter aux jeunes issus de l'immigration des raisons d'espérer. À Solferino, une partie des socialistes, humanistes, catholiques, ont jugé presque qu'il s'agissait, de sa part, d'atteintes aux droits de l'homme. Même chose lorsqu'il s'en est pris à Dieudonné, en faisant interdire son concert – interdiction confirmée par le Conseil d'État : on lui a fait le grief, sans oser le dire trop haut, parce qu'à l'époque il était Premier ministre, d'avoir répondu par la force au lieu de laisser ce faux humoriste déverser sa bile. Il l'a souligné ce matin à RTL : il n'a pas trouvé beaucoup d'amis politiques pour le défendre, au cours de cette campagne, alors que Dieudonné avait choisi de se présenter contre lui dans sa propre circonscription. Et le burkini ? Huit jours après l'attentat de Nice, sur les plages voisines, des musulmanes, encadrées évidemment de leurs maris, ont exhibé cet étrange maillot de bain. En d'autres circonstances, peut-être, je n'aurais pas parlé de provocation. Mais en juillet, à quelques mètres de l'endroit où il y avait eu tant de morts, Valls n'a-t-il pas eu raison de leur dire, si j'ose, de se rhabiller ? Il n'avait pas eu de soutien, ces jours-là, autour de lui. Même pas celui de François Hollande. Oui, c'est vrai, il avait juré qu'il se soumettrait à la loi de la primaire, et il ne l'a pas fait. N'avait-il pas été empoisonné pendant tout son mandat par les frondeurs ? Peut-on vraiment en faire un parjure ? Hier, un des dirigeants du PS, dont je tairai le nom par charité, m'a dit avec une forme de mépris : « Vous verrez, il finira président du Parti radical de gauche »...

À 14 heures, j'assiste à la présentation par Richard Ferrand, salle Victor Hugo au 111 rue de l'Université, du bureau du groupe En Marche ! à l'Assemblée nationale (auquel participe Gilles Legendre, dont j'ai parlé plus haut). Il prend un engagement ferme : tous les mandats, présidence de l'Assemblée, questures, présidence et nomination au bureau du groupe EM seront redistribués après deux ans et demi. Cela ne peut se faire, puisqu'il n'y a aucun texte, aucun règlement de l'Assemblée qui l'impose, que par la démission, concomitante et volontaire des titulaires. Je trouve que c'est une bonne idée, cela redistribue les rôles et fait émerger de nouvelles personnalités. Quoi que favorable à l'initiative de Richard Ferrand, je reste sceptique. Je voudrais être sûre que dans deux ans et demi, les élus d'aujourd'hui ne s'accrocheront pas bec et ongles à leur poste et à leurs avantages.

Après que Richard Ferrand, dont l'élection à la présidence du groupe n'a fait aucun problème, a précisé le mécanisme du groupe parlementaire, les nouveaux venus envahissent la salle des Quatre Colonnes et celle des pas perdus. Nous sommes quelques journalistes à nous interroger du regard. Connais-tu celui-là ? Et celle-là ? Non, je ne les connais pas. Ils seront peut-être célèbres dans quelques jours, quelques semaines. Les députés réélus, de gauche et de droite, disparaissent sous leur nombre. Il faut dire que cette quinzième législature compte 415 nouveaux députés sur 577. Un renouvellement jamais atteint depuis les débuts de la Ve République en 1958.

Puis c'est la rentrée officielle, dans l'hémicycle. Pas un bruit, on entendrait une mouche voler : les nouveaux ont été « briefés » par Ferrand, qui leur a conseillé la discipline. Les élus plus âgés n'osent pas être moins sages que les plus jeunes. L'opposition reste pour une fois muette. De mémoire de Ve République, je n'ai jamais entendu ni vu rentrée parlementaire plus silencieuse.

Seuls Mélenchon et ses amis ont voulu se distinguer : ils sont venus sans cravate – tu parles d'un acte de bravoure ! Le plus drôle est que Mélenchon, qui sous sa veste Mao, porte souvent la cravate – ce qui n'est pas le cas de ses ouailles –, l'a enlevée dans la rue juste avant d'entrer au Palais-Bourbon.

28 juin

Je pensais qu'après les législatives et l'installation de la nouvelle assemblée, on pourrait souffler. Eh bien non ! C'est d'Emmanuel Macron qu'est repartie l'initiative. Il s'exprimera donc devant les députés et les sénateurs qu'il réunira en congrès à Versailles le lundi 3 juillet. À Versailles ! Il avait bien affirmé tout au long de sa campagne électorale qu'il s'adresserait régulièrement, au moins une fois par an, aux parlementaires, et, à travers eux aux Français, pour fixer son cap et rendre compte, au cours de son mandat, de l'action accomplie. Le rendez-vous donné aux élus est donc tout sauf une surprise. Ce qui l'est, en revanche, c'est la date à laquelle l'allocution présidentielle est annoncée : le 3 juillet, donc la veille du discours de politique générale d'Édouard Philippe. On entend bien que les deux discours, comme le plaide l'Élysée, sont de nature différentes : au président de montrer la ligne, de projeter son action et sa volonté dans le temps; au Premier ministre, comme disait le général de Gaulle, l'intendance. Mais ce télescopage me semble inutile. Qui y gagne ? Certes Emmanuel Macron entend bien briser les codes de la vieille politique. Mais, qu'il le veuille ou non, forcément, l'un des discours, le premier, fera de l'ombre au second. Le Premier ministre n'est qu'un exécutant, Pour autant est-il nécessaire d'en faire la démonstration devant les députés ? Est-ce pour prouver que, comme l'avait dit un autre ex-Premier ministre, pas une feuille de papier à cigarette ne les sépare ? Cela apparaîtra, en tout cas, symbolique de la place et du rôle qu'entend se donner le nouveau président : à la tête de ses troupes pour la conquête, comme Bonaparte au pont d'Arcole, les généraux suivent.

Cette façon que Macron a de tout vouloir contrôler, organiser, diriger, orienter, m'inquiète presque. Je m'interroge pour savoir ma pensée exacte sur ce qui se passe en France en général et à l'Élysée en particulier. Je sais bien que jusqu'à présent, il a fait, comme le disent les journaux, un parcours sans faute : Bruxelles, Merkel, Trump, Poutine. De quoi ai-je donc peur ? Pourquoi ai-je ce sentiment que tout cela est d'une extrême fragilité ? Ce n'est pas parce que d'un seul coup l'affrontement classique droite-gauche a disparu. Au contraire, je pensais depuis longtemps que ce clivage était insupportable, réducteur, paralysant. Je l'ai écrit et réécrit. Ce qui m'effraie, c'est cette impression que Macron concentre tout dans ses mains : la communication, les cabinets ministériels (on se rappelle qu'il a voulu imposer son directeur de cabinet à Édouard Philippe, lequel a dit non, et choisi le sien, Ribadeau-Dumas), l'expression de ses ministres, la mise en scène de ses rencontres internationales, celle de ses propres prises de parole. Les Français sont eux aussi aujourd'hui sur leur petit nuage : je parle de la courbe confortable de popularité du couple exécutif. Ils attendent tout de Macron, même s'ils font semblant d'être blasés et de ne plus croire dans la classe politique. Au premier accroc grave, à la première faute, je crains que l'opinion ne se retourne, et gravement, contre celui auquel elle a cru. D'autant qu'il n'y a plus guère de garde-fous : la droite est en morceaux, il suffit de la voir se disputer pour un poste de questeur, aller à Thierry Solère et non pas à Éric Ciotti. La gauche est inexistante, Olivier Faure, le président du groupe parlementaire de gauche qui ne veut même plus s'appeler socialiste, a des cernes bleuâtres sous les yeux, tant il se consume sur les cendres du PS. Le Pen et Mélenchon s'agitent, rameutent leurs troupes, sans convaincre les Français qui ont encore envie de rêver que tout va mieux. Alors, si l'homme providentiel qui nous dirige venait à trébucher, qui le relèverait ?

Dans un premier temps, l'invitation de Donald Trump m'a presque fait rire, tant je la trouvais incompréhensible, sinon par une volonté « jupitérienne » de faire venir à lui l'homme le plus puissant du monde, dans le genre : « moi-même, Macron, maître du monde ». Le prétexte est certes excellent : ce sera le centième anniversaire de l'intervention américaine auprès des forces françaises en 1917. Les avis, y compris ceux des ennemis du nouveau régime, sont opposés.

« C'est très intelligent d'avoir invité Trump », convient auprès de moi, comme malgré lui, un député républicain. « Trump sait sûrement qu'il a raté son voyage en Europe. Macron lui offre une seconde chance, dont nous avons tous besoin. »

Adieu aux armes, hier de Jean-Pierre Raffarin. On comprend, entre les lignes, qu'il pense et a sans doute toujours pensé, depuis l'échec de sa campagne auprès d'Alain Juppé l'année dernière, que la bipolarisation était non seulement fichue, mais nuisible. Il voit ce rêve centriste se réaliser pour la première fois par l'équipe Macron. Il ne veut pas livrer bataille à ceux qui étaient hier dans le même camp que lui, de Fillon à Sarkozy, de Baroin à Xavier Bertrand. Il tire sa révérence, abandonnant le mandat de trois ans qui lui restait à accomplir au Sénat. Le vieux monde politique est fini, au moins pour un quinquennat, et il n'a pas l'âge d'en attendre un autre. Il le fait avec dignité et sans se retourner. J'appelle au Sénat son assistante dévouée, Cécile Ozanne, à ses côtés depuis près de trente ans. Elle n'est pas triste, elle comprend que Jean-Pierre Raffarin prenne le large. Il aime la Chine, l'action extérieure et s'essoufflait dans son bureau au Sénat, dont il n'a jamais pu être président, les sénateurs de son camp lui ayant toujours préféré quelqu'un d'autre. Comme il me l'avait dit, il s'était épuisé dans la campagne de Juppé, l'année dernière. Une quarantaine de réunions en quelques semaines, pour finalement voir son candidat battu. Cette expérience douloureuse a sifflé pour lui la fin de partie.

Rencontré ce même jour Jean-Louis Debré, accablé par l'ignorance de certains présentateurs. Il parlait l'autre jour, au cours d'une émission, du Front populaire, celui de Léon Blum en 1936.

« Le Front populaire ? lui a demandé l'animateur, surpris. Vous voulez plutôt parler du Front national ? »

29 juin

Quelle photo ! Tout, dans l'image officielle du président, est pesé au trébuchet, sa façon de s'appuyer sur son bureau dont on a l'impression qu'il a toujours été le sien. Les livres de la « Bibliothèque de la Pléiade » sur lesquels il s'appuie aussi : Stendhal, Gide et de Gaulle. Qui peut ne pas penser, en regardant Macron, à l'ambitieux Julien Sorel du *Rouge et le Noir* ? Au jeune Amiénois de 17 ans qui, lorsqu'il a quitté sa famille – et son amour

– pour venir s'enfermer, interne, dans les murs du lycée Henri-IV, s'est dit avec André Gide, en partant de sa province : « Famille, je vous hais », sans suivre le conseil donné à l'enfant prodigue : « Prends garde aux marches du perron » ?

Derrière lui, dans l'encadrement de la fenêtre, le ciel bleu, les grands arbres du jardin. De part et d'autre, le drapeau tricolore et le drapeau européen. Tout est millimétré, calculé, arrangé, la référence à Barack Obama évidente. Une photo présidentielle, vraiment, à comparer à celle, par défaut, de François Hollande, en juin 2012 : François Hollande, au fond du parc, passant comme par hasard dans les jardins de l'Élysée, et ne cherchant qu'une chose : s'en éloigner le plus possible. Au loin, pendait, comme une serviette de plage, un drapeau bleu, blanc, rouge délavé.

Toujours cette impression que Macron surveille tout, prémédite tout. Que se passera-t-il le jour où il se prendra les pieds dans le tapis ?

30 juin

Tant de tristesse, tant de souvenirs me remontent à l'esprit en ce jour. Simone Veil est morte aujourd'hui, après des années d'une maladie, qui patiemment, méthodiquement a ravagé son esprit et qui a fini par avoir raison de cette femme restée libre d'un bout à l'autre de son intense vie politique, enfermée depuis plusieurs mois chez elle, dans son appartement de la place Vauban. De cette femme si intelligente, si belle qui ne pouvait plus même s'exprimer. De cette femme aimante, quoique exigeante, qui ne reconnaissait plus ses amis et à peine ses enfants, qui pourtant l'ont entourée jusqu'au bout. Lors d'une émission qui lui avait été consacrée il y a deux ans seulement, elle avait évoqué pour la première fois sa douleur et son amour pour sa mère, morte du typhus et d'épuisement dans un cortège de déportés agonisant d'Auschwitz à Bergen-Belsen. On lui avait demandé si elle ressemblait à sa mère, à laquelle, avouait-elle, elle pensait tous les jours depuis 1945. Elle avait eu un demi-sourire, et répondu, éclatante : « Non, je suis beaucoup plus dure.» Et en effet, comment, sans carapace, sans caractère, se serait-elle sortie, à dix-sept ans, de son enfer ?

Je ne me souviens pas exactement de la façon ni du moment exact où se sont nouées nos relations amicales. Je l'avais accompagnée en 1974 en Israël, où elle était, après le septennat inachevé de Pompidou, la première des ministres de Giscard à effectuer une visite d'État à Jérusalem et Tel-Aviv. Plus tard, j'étais à Strasbourg le jour de 1979 où elle avait été élue présidente du Parlement européen. Elle y avait prononcé un discours à sa manière, sans effets de manches, sans véritable éloquence, avec des phrases longues et sincères, avec émotion contenue et bonheur intense. En 1989, nous étions ensemble, à Berlin, avec Robert Namias, au lendemain de la chute du Mur. Je me souviens de cette nuit où les habitants de l'Est étreignaient ceux de l'Ouest, où des deux côtés, avec des bêches, des pics, des marteaux, chacun s'employait à détruire le mur de la honte qui avait si longtemps déchiré la ville. L'émotion, là, celle d'une Europe en train de se reconstruire après la longue et lourde séparation, l'avait submergée. Elle avait compris, au moment où d'autres, dont François Mitterrand, en doutaient encore, que rien n'empêcherait désormais la réunification de l'Allemagne. Oui, je pense que c'est là que je l'ai trouvée la plus lumineuse sur la France, l'Allemagne et l'Europe. Longtemps après, nous nous sommes retrouvées sur un terrain amical plus que professionnel.

Tant de souvenirs en effet. Pas seulement les souvenirs officiels, mais ceux que nous avons partagés, par la suite, avec Antoine, son mari, et Philippe, le mien, au cours d'années pleines d'une sorte de tendresse amicale, faite de respect et d'admiration.

Ce qui me reste aussi d'elle, ce sont nos vacances à Beauvallon, dans cette maison qu'elle aimait et où nous occupions, lorsqu'il n'était pas là, la chambre de son fils Jean. Elle parlait beaucoup, presque jamais des camps (elle a attendu l'âge de 60 ans pour en parler publiquement, et amener enfants et petits-enfants dans un froid neigeux, devant ce qu'il reste des baraquements d'Auschwitz). Elle évoquait plustôt son passage au ministère de la Santé, de l'infernal débat sur l'IVG où, contrairement à ce qu'a écrit la presse, elle n'avait pas pleuré, où elle s'était battue, au contraire, pieds et poings liés, contre la bêtise crasse des députés qui hurlaient des injures obscènes dans sa direction. J'avais assisté à ce débat qui a duré plus de deux jours et l'avais vue cent fois remonter à la tribune, reprendre le micro, répondre à ses détracteurs. Jamais décoiffée, indignée mais toujours avec le ton juste et l'attention intacte. Sortant de l'hémicycle, elle voyait sans s'y attarder les croix gammées dessinées sur la voiture d'Antoine, ou bombées sur le perron de son immeuble. Des tracts osaient la comparer à Hitler, elle qui a vu sa mère mourir dans les camps, sous le prétexte qu'elle voulait détruire des embryons pour les «jeter à la poubelle». Elle était là, superbe, avec une voix fraîche et jeune, dans sa robe Chanel bleue, face au déferlement des députés de sa propre majorité, puisque c'est Valéry Giscard d'Estaing qui avait inscrit au programme de son septennat l'IVG.

Je me rappelle comme si c'était hier que Jacques Chirac avait dû revenir au Palais-Bourbon, au milieu de la nuit précédant le vote, pour rameuter les députés de sa majorité et leur ordonner de voter, avec la gauche, un texte que la plupart d'entre eux exécraient.

Eh bien, à Beauvallon, chez Antoine et Simone, la vie était douce. Un gros chat blanc restait enfermé dans sa chambre sans jamais oser sortir. Antoine jouait au piano, nous nous baignions dans une piscine à l'eau très fraîche. Antoine faisait les courses pour le déjeuner, elle cuisinait dans une pièce minuscule les plats niçois de son enfance. Parfois le matin, son grand ami André Rousselet – il habitait à quelques mètres de là – passait nous rendre visite. Rien ne l'amusait autant que de parler à Simone de François Mitterrand qu'elle détestait avec obstination. Simone supportait un moment les phrases laudatives d'André Rousselet, et finissait par éclater : «Ne me parlez plus de Mitterrand», disait-elle à celui qui était le meilleur ami de l'un et de l'autre. La première fois que j'ai assisté à une de leurs discussions, j'ai été effrayée par la violence de leurs propos. Je me suis vite aperçue que c'était presque un jeu entre eux. Je ne sais si elle détestait Mitterrand depuis l'affaire Bousquet, ou bien parce qu'il avait fait, en 1981, entrer les communistes au gouvernement. Rien, même pas la cause européenne, ne pouvait les réunir.

Souvenir aussi de nos voyages en Chine – nous avons visité Hong-Kong, sa baie et son port, avec ses cavaliers de terre cuite enterrés, Shanghai où nous buvions des verres le soir sur le Bound, près du fleuve, au Bar rouge, grouillant de jeunes hommes en jean, de jeunes femmes aux cheveux décolorés. Difficile alors de se croire en pays communiste, et d'ailleurs, il ne l'était plus. Elle adorait les marchés aux puces, les objets qu'elle savait faussement d'époque, les bols bleus, les laques rouges, les vêtements richement brodés, elle pouvait passer des heures devant des échoppes pour acheter un petit bijou pour ses petites-filles ou un objet trop encombrant pour le ramener à Paris. Dans plusieurs valises, pourtant, elle finissait par tasser ses achats et faire entrer ses emplettes. La taxe d'excédent de poids était toujours supérieure à ce qu'elle croyait. Mais elle rapportait toujours des cadeaux pour belles-filles, petites-filles et petits-fils. Antoine râlait, s'amusait, la regardait avec indulgence.

C'était cela aussi, Simone Veil. La femme publique était d'abord une femme privée. En France, elle ne pouvait faire un pas sans que quelqu'un vienne tout simplement lui parler ou la regarder. Elle était aimable, souriait, plutôt contente d'être reconnue et aimée. En Chine, elle appréciait au contraire l'indifférence dans laquelle elle pouvait circuler. Elle se gardait bien de prévenir de son passage les ambassadeurs et avait apprécié, avec nous, qu'à Xian, une avenue Jacques-Chirac rende hommage au seul président de la République française qui ait jamais connu, aimé, étudié la Chine et l'art chinois.

Je me disais alors, en la regardant, qu'elle était à la fois la mort et la vie. La mort, parce qu'elle avait été, à 16 ans, pas encore sortie de son adolescence à Nice, plongée dans un univers de cadavres vivants, de corps calcinés, de femmes et d'hommes rongés jusqu'à l'épuisement dans une permanente odeur de chair brûlée. Elle y a vu mourir sa mère, tandis que, séparée de son père, elle n'a pas su pendant des années où et quand celui-ci avait été abattu. Elle et ses sœurs en avaient réchappé, décharnées, détruites, par miracle. Mais Simone Veil n'en avait pas encore fini avec la mort. Plus tard encore, après Auschwitz et Bergen-Belsen, elle a perdu sa sœur aînée dans un accident de voiture tandis que son neveu, un bébé de quelques mois, est mort dans ses bras. Puis ce fut le tour d'un de ses trois fils, Nicolas, et encore de sa sœur Denise, quelques semaines avant le décès de son mari, Antoine, avec lequel elle était mariée depuis l'âge de vingt ans.

Un destin tragique, dans lequel toute autre que Simone Veil se serait mille fois écroulée, et pourtant un amour de la vie d'autant plus fort, peut-être, qu'elle avait côtoyé la mort de si près. Simone Veil aimait la vie de toutes ses forces, elle aimait sa famille, ses amis, tout en appréciant aussi la vie publique extraordinaire qui fut la sienne. Elle n'aimait pas les honneurs pour les honneurs, et détestait les hochets de la politique. Elle était avant tout une combattante au service de ses idées : celle de la réconciliation franco-allemande qu'elle jugeait nécessaire, essentielle pour que jamais plus l'Europe ne soit en guerre. De la cause des femmes aussi, avec la loi sur l'interruption volontaire de grossesse, aujourd'hui passée dans les mœurs, elle a été à la fois le principal artisan et le symbole. De la barbarie à la modernité, Simone Veil a tracé son chemin. Elle restera vivante. Pas seulement pour nous, ses amis, mais pour les Français, qui demandent déjà sa panthéonisation.

2 juillet

Tout de même, Macron prend un risque calculé, mais un risque tout de même. Il veut, d'entrée de jeu, imposer aux Français sa propre conception de la présidence. Il a raréfié sa parole depuis son élection. Mais aujourd'hui la machine est lancée, il est temps de dire où elle veut aller. Au président, donc, de le faire.

Je me demande, tout de même, si l'autorité d'Édouard Philippe, chef de la majorité, ne souffrira pas du discours présidentiel qui précédera le sien de tout juste vingt-quatre heures. L'opposition scrutera le moindre petit écart entre les deux discours, et en fera une divergence fondamentale. Si, au contraire, Édouard Philippe emploie les mêmes termes, au mot près, que le président, elle en conclura que le Premier ministre n'existe pas.

3 juillet

Une heure et demie d'un discours qui n'a rien à voir avec celui de l'état de l'Union, ni avec l'énoncé, sous forme de catalogue d'un programme de gouvernement. De ce point de vue, Emmanuel Macron a réussi le plus difficile : montrer qu'il n'a pas tiré le tapis sous les pieds de son Premier ministre. Il a assez bien, il me semble, fixé la frontière entre la fonction présidentielle – montrer le cap – et celle du Premier ministre – mettre en œuvre sa politique. Forcément les deux ne se contrediront pas, du moins faut-il l'espérer. J'ai tout de même trouvé son discours un peu long, parfois répétitif, mais force est de dire que depuis dix ans, aucun président de la République française ne s'est livré à exercice aussi difficile.

Du discours de Macron, je retiens trois aspects. Le premier est son énergie, avec son désir d'un nouveau souffle pour la France, pour l'Europe, sa foi en la réforme – il a prononcé plusieurs fois le mot moins fort (ou plus fort) de « transformation ». Un coup de jeunesse ne déplaît pas. Le second est sa volonté de rassemblement. Ce n'est pas par hasard s'il a rendu un hommage appuyé à trois personnages : Georges Bataille, porté aux nues par une certaine gauche, lorsqu'il défend la « part maudite de notre société », Fernand Braudel, maître à penser des historiens de notre temps et à Simone Veil, la femme de droite la plus aimée de la gauche, qui recueille depuis deux jours des témoignages unanimes, de Mélenchon à Le Pen, de Balladur à Sarkozy, de François Hollande à Emmanuel Macron lui-même.

Il y a pourtant un revers à son discours rassembleur, c'est la recherche d'une sorte d'unanimisme, de bonne volonté chrétienne-démocrate universelle. Pas beaucoup d'aspérités dans ses propos. Qui peut être hostile à l'accélération des procédures, juridiques ou parlementaires ? À ce que chaque Français prenne sa part de responsabilité et définisse son rôle à jouer demain ? À une liberté plus forte, qui permette à chacun de sortir de ses origines sociales, de monter plus haut, de ne pas subir sa vie ? Qui ne pense pas que l'union est préférable à la division ? Bref, quelques portes ouvertes enfoncées, tout de même, dans ce discours.

J'en retiens pourtant l'inspiration chère à Mendès France et à Rocard : le lien entre l'électeur et l'élu, entre l'État et ses territoires, la notion de ce contrat social nécessaire à établir et si difficile à entretenir.

Un discours qui aurait gagné à être plus court, donc plus fort. Un souffle de jeunesse. Mais tout est à faire. Au boulot !

4 juillet

Eh bien, il s'en est très bien sorti, Édouard Philippe. Un discours plus structuré que celui de Macron, des mesures annoncées sur un ton de sergent-major, qui mettent dans l'embarras la gauche et la droite. La droite parce qu'elle pourrait accepter une bonne partie des mesures proposées par le chef du gouvernement, la gauche parce qu'on voit mal qu'elle soit hostile à la préservation du système de Sécurité sociale, à l'accès égal aux soins de santé, à la nécessité du dialogue social.

Le discours de politique générale du Premier ministre a donc semé, et ce n'est pas pour lui déplaire, le désarroi chez les Républicains, le malaise chez les socialistes. Tout au plus les uns, à droite, demandent-ils où diable le chef de gouvernement trouvera les économies nécessaires pour répondre aux sévères injonctions de la Cour des comptes. Tandis que dans les rangs socialistes, ou plutôt dans ceux de la Nouvelle Gauche, nom choisi pour l'intitulé de leur groupe parlementaire, certains craignent que, derrière les propos amènes et tranquilles d'Édouard Philippe, ne se profile une politique d'austérité qui ne dit pas encore son nom. Le vote de confiance a néanmoins été massif, une bonne partie du groupe républicain ayant approuvé le discours de politique générale d'Édouard Philippe.

C'est ainsi que Jean-Luc Mélenchon a beau jeu de se dire le seul réel opposant à Emmanuel Macron. Lui aussi profite du malaise des uns, du désarroi des autres.

D'autant que, après relecture du discours de Philippe, il est aisé de comprendre que nombre des réformes annoncées, baisses d'impôts, transformation du CICE, sont renvoyées à l'année prochaine et même plus tard, en fin de quinquennat.

La mise en scène du rapport de la Cour des comptes est parfaite : 8 milliards, cela ne se trouve pas sous les pieds d'un cheval. Didier Migaud tombe à pic pour repousser pas mal de promesses de Macron, y compris, j'oubliais, la suppression de la taxe d'habitation, remise à la fin du quinquennat. Pour le moment, ça passe. En fait, tout sera joué avec la loi sur le travail : si les ordonnances s'imposent à l'automne, tout ira bien. Si c'est le désordre à l'automne, alors...

5 juillet

Cérémonie déchirante dans la cour des Invalides en l'honneur de Simone Veil. Après celui de chacun de ses deux fils, Jean et Pierre-François, l'un et l'autre bouleversés et bouleversants, très bon discours du président, qui pourtant, vu son âge, ne l'avait guère connu. Et puis, cette panthéonisation annoncée, à la fin de son propos, par Emmanuel Macron. Je me rappelle qu'un jour, Antoine avait dit, en plaisantant : « Si tu vas au Panthéon, je veux y être avec toi. ». Eh bien, ils iront ensemble, et c'est tant mieux. Sans Antoine, il n'y aurait peut-être pas eu de Simone Veil, qui sait ?

6 juillet

Longue, très longue conversation avec Xavier Bertrand ce matin. J'ai voulu le voir parce qu'il me semble que dans l'océan dans lequel se noient les Républicains, il est à peu près le seul, pour le moment, à s'en sortir. François Baroin, qui a mené la difficile campagne législative, a bien compris que ses troupes étaient incertaines, et a préféré se consacrer à sa Présidence, plus solide, des maires de France. Courageux, intelligent, mais pas téméraire. On sait ce qu'il est arrivé à tous les autres, Juppé, Sarkozy, sans oublier Fillon. Les Républicains, divisés, sont en panne de chefs. À moins qu'ils ne soient trop nombreux, mais pas assez légitimes les uns, les unes et les autres. Xavier Bertrand en tout cas ne sera pas candidat à la présidence de LR lors du futur congrès, il l'a annoncé il y a quelques jours, proposant que Valérie Pécresse y aille à sa place, contre Laurent Wauquiez. Ce qui ne peut, à mon avis, qu'accentuer la division plutôt qu'y mettre fin.

Donc, Xavier Bertrand, finaud, ne sera pas de cette bataille. Président de région – et de quelle région, six millions d'habitants – il a pris ses distances d'un mouvement qu'il vient de condamner durement dans *Le Journal du dimanche*. À tel point qu'il y est aujourd'hui haï. Il a choisi, depuis deux ans qu'il a été élu, de renoncer à tous ses mandats autres que celui qu'il exerce dans les Hauts-de-France. C'est à la base, il en est certain, sur le terrain, que se gagneront les batailles futures. Quand j'écris « les batailles », je pense, le concernant, à la future présidentielle.

Je mettrais ma main au feu qu'il y songe aussi, dans le désert qui est actuellement celui de LR. Quoi, y penser dès aujourd'hui, au moment où Macron commence à peine son parcours, où la droite est en morceaux, au Parlement et ailleurs ? Mais la nature, politique surtout, a horreur du vide comme du trop-plein. S'il se retire – provisoirement – du jeu politicien, c'est parce qu'il voit venu, aussi surprenant que cela puisse être, le moment de se préparer. Je m'aperçois d'ailleurs qu'il n'est pas étonné quand je lui pose une question sur ses intentions. Pour en arriver là, il lui faut d'abord poser un diagnostic.

« Le mal est profond, ancien, me dit-il. Les partis politiques sont définitivement coupés des Français. Nous avons depuis longtemps oublié qu'ils ne sont pas uniquement des machines électorales, qu'ils doivent être aussi, et même surtout, des usines à idées. C'est dans le domaine des idées qu'il faut être présent. On perd son âme, sa raison d'être. Derrière les ambitions, la division arrive, on est prêt à préférer l'élection d'un ennemi à celle d'un concurrent. »

Il fait allusion, évidemment, à François Fillon. Il a déjà dit ailleurs, il ne me le répète pas, mais je le comprends à demi-mot : si Fillon s'est accroché jusqu'au bout, c'est qu'il a été aidé, en réalité, par ceux qui pensaient, au sein de LR, qu'il valait mieux le laisser continuer sa campagne, jusqu'à ce qu'il perde, ce qui dégagerait le terrain pour eux-mêmes par la suite.

« Nous avons ainsi sédimenté les haines[1], reprend-il. Ce que j'ai répondu la semaine dernière aux interviewers du *Journal du dimanche* était bien en deçà de la réalité. J'ai connu des réunions du bureau politique d'une violence telle que, si le meilleur scénariste d'une série politique osait seulement l'imaginer, personne n'y croirait. »

Il a rendu visite récemment à l'équipe de production qui filme, à Amiens, avec l'aide du conseil régional, la fin de la série *Le Baron noir*, série très noire en effet sur les luttes de pouvoir au sein du Parti socialiste. Par rapport à ce qui se passe en vrai dans mon mouvement, leur a-t-il dit, la fiction est rattrapée, et même dépassée par la réalité.

Son constat tient en une phrase : rien ne va plus chez les Républicains.

« La direction feint de consulter les militants, par le biais de questions et réponses sur Internet, tout cela n'est qu'une mascarade. »

Lui, en revanche, a organisé une vraie primaire dans sa circonscription, et non par Internet, lorsqu'il a abandonné son mandat de député pour se consacrer à la région. « Normalement, c'était à la fédération locale du parti de désigner un nouveau candidat, mais quelle légitimité aurait-il eue ? Terminées, finies, les commissions d'investiture ! »

Je lui demande si Emmanuel Macron, avec ses « marcheurs » recrutés par les réseaux sociaux, est en train ou non d'inventer le parti politique du futur. Il ne le croit pas et m'assure, sans grandes explications, que le nouveau modèle n'est pas dans la République en Marche, qu'il reste à inventer.

« On ne fera plus jamais du neuf avec du vieux, poursuit-il. Ce qui a précipité la chute des socialistes, ce sont les frondeurs. Imaginez que, à l'occasion du futur congrès de LR, Laurent Wauquiez soit battu, que croyez-vous qu'il fera ? Il ira sur tous les plateaux dire ce qu'il pense, et personne ne pourra l'en empêcher.

1. « Cela fait bien longtemps qu'on ne s'aime plus », avait déclaré Xavier Bertrand au *JDD* : « J'en ai assez de payer les factures des autres responsables politiques. »

Thierry Mariani veut que LR discute avec le Front national, qui peut l'en dissuader ? »

Bref, pour lui, il faudra aller sur le terrain aller chercher de nouvelles start-up, de nouvelles idées, des « créateurs du possible ».

« La route est longue, avoue-t-il [ce qui montre à quel point il y pense], jusqu'en 2022... »

En dehors des élections sénatoriales de septembre prochain, il n'y aura plus d'élections jusqu'aux européennes de 2019. Puis arriveront les municipales en 2020, les régionales en 2021.

« Croyez-vous que les candidats vont accepter, dans trois ans, le diktat des partis ? D'ici à 2022, de l'eau aura coulé sous les ponts... »

Il ne me cache pas à cette occasion que pour lui, l'essentiel est dans sa réussite à la tête de la région, seule façon d'être en mesure de se présenter à la présidentielle.

« Pourquoi avons-nous perdu ? s'interroge-t-il à nouveau. Le logiciel de Sarkozy est dépassé. Nous avons toujours misé sur l'illégitimité de la gauche, toujours vécu sur cette idée que le pouvoir reviendrait tout naturellement de notre côté : nous nous sommes trompés du tout au tout. »

Deux risques selon lui dans notre vie politique après ou même pendant le quinquennat Macron : que la droite n'existe plus, ou explose lorsque Marion Maréchal-Le Pen reviendra, car il ne doute pas qu'elle revienne ; le second est la montée de la France insoumise.

« Les idées de la gauche radicale progressent partout : Jeremy Corbyn en Grande-Bretagne, Bernie Sanders aux États-Unis, Mélenchon en France. Tsipras est toujours Premier ministre de la Grèce. »

Le danger des extrêmes, à gauche et à droite, est réel dans les cinq années qui viennent. Sa conviction est que En Marche ! n'est pas un bouclier contre ces extrêmes-là. Il me donne l'exemple du bassin minier. Aux dernières législatives, celles de 2017, cinq députés FN ont été élus dans le Nord-Pas-de-Calais[1]. Dans deux

1. À Hénin-Beaumont, Marine Le Pen a été élue. Dans la 12e circonscription du Pas-de-Calais, Bruno Bilde a battu Coralie Rembert, la candidate EM. De même José Evrard ancien militant communiste passé au FN a été élu face au candidat d'En Marche !.

Ludovic Pajot, 23 ans, benjamin de l'Assemblée nationale, et Sébastien Chenu, 40 ans, ont également été élus dans le Pas-de-Calais.

circonscriptions, ils ont balayé au deuxième tour les candidats d'En Marche!. La preuve par neuf qu'En Marche! n'est pas un parti proche du peuple.

« Et, ajoute Xavier Bertrand, qu'Emmanuel Macron est loin de disposer d'un soutien populaire. C'est à la droite d'aller le chercher, ce soutien. »

La démonstration suit :

« Ceux qui, chez les Républicains, veulent conquérir une partie de l'électorat FN [il ne me dit pas son nom, mais c'est bien sûr à Laurent Wauquiez qu'il pense] font fausse route. Ils croient en récupérer 10 %, ce qui, à leurs yeux, avec LR à 20 %, leur assurerait mathématiquement 30 % des voix. C'est une erreur : si les Républicains se mettent à courir derrière le FN, ils n'auront plus ce socle de 20 % des suffrages, ils perdront une partie de leurs propres troupes. Sarkozy s'est fait élire en 2007 sur deux thèmes : l'autorité de l'État et le pouvoir d'achat. Il a perdu lorsque, avec le discours de Grenoble, il a semblé se rapprocher du Front national. »

Et pan pour Wauquiez !

Retrouver donc la fibre populaire, c'est à quoi, dans les quatre prochaines années, Xavier Bertrand s'efforcera.

« Se remettre au travail, dit-il, se poser et réfléchir. Se renouveler, avoir des idées, convaincre. »

Dans l'intervalle, il convient que le président de la République peut bénéficier d'un retour de la croissance, donc de recettes supplémentaires.

« Si la France va mieux, cela profite à tout le monde. »

Pas d'opposition systématique donc : la réforme du code du travail n'ira peut-être pas assez loin; arriverait-elle à 30 % seulement de ce qui est souhaitable, ce serait mieux que rien.

« La réalité est qu'Emmanuel Macron s'adresse à la France qui va mieux, en pensant que, si elle va mieux encore, cela profitera à tout le monde. Je pense pour ma part que l'ouvrier qui est au SMIC ne profitera pas de la France qui va bien. »

La réconciliation des deux France, comme on dit aujourd'hui, c'est à quoi Xavier Bertrand veut désormais s'attacher. Depuis les Hauts-de-France ? Oui, depuis les Hauts-de-France, et pas depuis Paris, à grand renfort de bureaux ou de conseils politiques

Et il ne pense pas, il me le dit, qu'Emmanuel Macron soit capable de le faire :

« Il a voulu diviser pour régner, conclut-il, il a cassé tous les partis, de gauche et de droite, il ne pourra jamais se poser en rassembleur. »

Là, je trouve Xavier Bertrand, il n'y a pas d'autre mot, gonflé. Emmanuel Macron me paraît avoir rassemblé pas mal de monde autour de lui, au point de se faire élire et d'amener à l'Assemblée plus de 300 nouveaux députés. Passons...

Intéressant de suivre dans les prochaines années le parcours de cet homme qui dit avoir eu un électrochoc pendant la dernière campagne régionale, celui d'avoir découvert, dans cette zone qui s'appauvrit depuis des années, la France d'en bas.

7 juillet

Long échange après le déjeuner aujourd'hui, à L'Avenue, avec Gilles Le Gendre, le « tombeur », dans la 2e circonscription de Paris, de Nathalie Kosciusko-Morizet. Personne ne l'aurait donné vainqueur il y a seulement quelques semaines. Il n'a eu aucune difficulté pour éliminer NKM dans une circonscription ancrée à droite depuis le règne de Jean Tibéri sur le 5e arrondissement. Notons au passage qu'à cette occasion, NKM a tout perdu : siège au Parlement, puis présidence du groupe LR au Conseil de Paris[1].

J'ai connu Gilles Le Gendre au *Nouvel Économiste* où il dirigeait en 1992 la rédaction d'une main de fer. Je le retrouve aujourd'hui porte-parole du groupe En Marche ! au Palais-Bourbon, et membre de la commission des Finances au Palais-Bourbon. La politique le tentait depuis longtemps, mais il s'en était tenu éloigné tant il avait l'impression que, dans ce monde fermé, il n'entrerait jamais. Et puis voilà, il n'a eu qu'à marcher sur l'eau, comme tant d'autres ailleurs en France, pour que, outsider quinze jours avant le scrutin, il soit élu

1. Elle y est remplacée par la maire du 5e arrondissement, Florence Berthout, ex-directrice de campagne de Bruno Le Maire à la primaire de la droite, donc appartenant aujourd'hui à ce qu'on appelle les élus « constructifs ».

en juin. Comment se retrouve-t-il au milieu de ces 300 parlementaires d'EM !, qui ne se connaissent pas encore, malgré les séminaires qui ont été organisés en urgence après leur élection ? Pas mal, passionné par sa nouvelle vie, au milieu de députés qu'il est loin de trouver « godillots ».

Déjà, au bout de quelques séances, certains demandent des débats, jugent qu'ils ne sont pas assez consultés par l'exécutif, qu'ils ne peuvent pas vraiment s'exprimer, qu'ils ont droit à la parole et qu'on ne la leur donne pas, tandis que d'autres, attentistes, estiment qu'ils ne connaissent pas les règles du jeu et qu'il leur faut attendre pour y voir un peu plus clair.

« Ce qui m'est arrivé, ainsi qu'à tous les autres, juge-t-il, est déjà assez formidable. Il ne faut pas perdre la tête. Ce qui vaut individuellement vaut collectivement. »

Il m'en a assez dit pour que je comprenne que le groupe En Marche ! n'est pas aussi docile qu'on le pense. C'est une réflexion que j'ai eu souvent l'occasion de me faire : à peine élus dans une vague qui les dépasse, les députés pensent devoir leur élection à leurs propres mérites, et non à ceux, ou à celui, qui les a fait élire. Je vois que quelques jours à peine après sa constitution, le groupe dirigé par Richard Ferrand n'échappe pas à la loi générale.

La présidence de l'Assemblée nationale à François de Rugy ? Il fronce le nez. Puis, c'était peut-être l'homme de la situation, puisqu'il avait déjà été vice-président de l'Assemblée nationale. Un regret tout de même :

« Nous aurions été plus près de la valeur du moment en faisant accéder au perchoir une femme primoélue. »

Primoélue, dit-il, comme les médecins parlent de primoparturiente. Drôle de vocabulaire qui révèle une certaine fierté à l'idée que tant de primoélus, dont lui-même, fassent désormais la pluie et le beau temps à l'Assemblée nationale. À ceci près qu'Édouard Philippe, mardi dernier, a donné un singulier coup de frein aux promesses électorales d'Emmanuel Macron. Ne craint-il pas de décevoir, si tôt, ses électeurs ?

Le moyen de faire autrement ? demande Le Gendre.

« Nous sommes conscients du danger qui nous oblige tous, proches des chefs à plumes, à changer de logiciel. Nous avons été, tous tant que nous sommes, plongés dans une liesse inouïe pendant les deux campagnes, la présidentielle et les législatives. Nous sommes aujourd'hui seulement conscients de la gravité de la situation du pays et de celle de tout exercice du pouvoir. L'atterrissage s'est fait dans les équipes dès après le premier tour de la présidentielle, lorsque les combattants de Macron ont été sûrs qu'il serait président de la République. Paradoxalement, nous avions accompli notre objectif, amener cet homme de trente-neuf ans à l'Élysée, et c'est là seulement qu'est venue une sorte de décompression, presque d'inquiétude. »

« Sur la boucle télégramme... », ajoute-t-il.

Je l'interromps :

« La boucle télégramme, qu'est-ce que c'est ? »

J'apprends que c'est par ce moyen, une sorte de ligne informatique, que les militants font savoir à leurs dirigeants ce qu'ils pensent. Une sorte de Facebook réservé aux « marcheurs » en somme. Et bien sûr, par cette « boucle télégramme », dès l'entre-deux-tours de la présidentielle, les « marcheurs » ont pris conscience que le pouvoir n'allait pas être une fête.

« D'ailleurs, le climat aux législatives, m'assure-t-il, n'avait plus rien à voir avec la joie de la présidentielle. Les électeurs nous disaient : "Nous vous soutenons, mais faites attention. Vous n'avez pas le droit d'échouer." De quoi nous ramener aux réalités. »

C'est donc au Premier ministre qu'est revenue la dure nécessité d'exposer, dès son premier discours, les retards apportés aux décisions annoncées quelques semaines plus tôt seulement par le président de la République. Mon interlocuteur m'assure ne pas être très inquiet sur la suite, Édouard Philippe ayant, me dit-il, « un charisme exceptionnel ».

Je ne suis pas sûre que ce charisme ait paru évident mardi à l'Assemblée nationale, où le Premier ministre, assez raide, a délivré sa feuille de route en parlant comme jadis Michel Rocard, dont il se réclame au demeurant, sur un rythme de mitraillette.

« Il a pour lui une configuration politique et parlementaire particulière : une majorité absolue, et une opposition LR qui s'est largement abstenue. »

Échappera-t-il, cependant, même dans cet environnement favorable, à la déception des Français qui ont élu Macron ? Ne risque-t-il pas, dans ce report des mesures promises, abaissement des impôts, transformation du CICE en crédit d'entreprise, de rappeler ce qui s'est passé en 2012, où la pression fiscale a immédiatement et durablement, retourné l'opinion ? Gilles Le Gendre ne le croit pas : non, il a présenté son programme d'action sur cinq ans, personne n'avait dit qu'il fallait tout faire dans la première année, et sur les questions structurelles, celle du travail, de la formation professionnelle, de la fiscalité, seront les premières traitées.

Il est pourtant conscient que les deux années qui viennent seront décisives.

« Ce que nous faisons, c'est l'équivalent de l'agenda Schröder, il faut s'en donner le temps. Il faudra être très courageux et très déterminé. Et surtout tenir tête au scepticisme qui traverse toutes les couches sociales, y compris celles de nos propres électeurs. Il s'agit d'un scepticisme toxique, parce que goguenard, ironique, cruel. Cette idée répandue que la classe politique a failli, provoquant l'éloignement de tant de Français qui se refusent à être des acteurs de la vie et se considèrent désormais comme de simples spectateurs impuissants. Ce qu'a réussi Schröder, c'est à entraîner les Allemands derrière lui. »

Ce qui ne l'a pas empêché – je ne le rappelle pas à mon interlocuteur, qui le sait bien – d'être battu, à la chancellerie, par Angela Merkel après l'adoption chahutée de ses lois sur le travail.

Gilles Le Gendre ne me cache pas cependant l'espoir secret qui est celui de l'exécutif : le redémarrage de l'économie mondiale, qui donnera des marges budgétaires, avec des rentrées fiscales plus importantes, et une incidence sur le travail et le chômage. Mais cela, Édouard Philipe n'a pas voulu en parler le 4 juillet pour ne pas vendre la peau de l'ours.

« Et puis, deuxième motif d'espoir : l'Europe est repartie, elle n'est plus impopulaire, on ne la charge plus de tous les maux. Voilà pourquoi c'est une ardente obligation de ramener le déficit à 3 %, seul moyen d'être crédible à Bruxelles. »

Et à Berlin.

Nous revenons à ce qui sera le premier morceau de bravoure du gouvernement, le vrai test où l'on attend Édouard Philippe : la loi sur le code du travail.

« Muriel Pénicaud s'y prend bien. Les syndicats prient pour qu'il ne lui arrive rien. »

C'est une allusion, en effet, à l'ouverture d'une information judiciaire qui vise la ministre du Travail. Après l'affaire Ferrand, la démission du ministre des Armées prise dans un conflit d'intérêt avec un think thank américain, celle, qu'elle a entraînée, de François Bayrou et de Marielle de Sarnez, cela commence à faire beaucoup. Celle de Muriel Pénicaud, inconnue hier du grand public, mais respectée des syndicats pour un parcours de DRH sans anicroches, serait un coup difficile, presque fatal, pour le gouvernement au début de la discussion sur la loi travail, qui commence à l'Assemblée lundi prochain.

Il en convient volontiers, et aussi de ce que l'élaboration du budget va se révéler plus difficile que prévu.

9 juillet

Déjeuner avec Jean-Pierre Chevènement. Il pense que Macron a tout désormais en mains pour imposer ses réformes aux Français, et pour bousculer les choses. Il juge son parcours international parfait jusqu'à présent, avec sa volonté de faire de la France la première puissance européenne. Ce n'est pas impossible, selon lui, s'il continue à avoir de la chance et de la vision. La démographie allemande est en déclin, celle des pays de l'Est aussi. Emmanuel Macron, me dit-il, a très bien compris que l'Allemagne s'était taillé une part du lion dans l'élargissement de l'Europe aux pays anciennement communistes. D'où sa volonté de prendre une part d'indépendance vis-à-vis d'Angela Merkel, tout en réaffirmant, bien sûr, publiquement, la primauté du couple franco-allemand. Prendre son indépendance, c'est multiplier les relations multilatérales avec Moscou et Washington. Il a déjà rencontré Vladimir Poutine deux fois depuis son élection, à Versailles puis à Hambourg, et invité Donald Trump pour le défilé du 14 Juillet. L'invitation passera mal en France, et il faut s'attendre à des remous, mais « Macron a raison, souligne Chevènement, de tendre la main des deux côtés. Cela lui donne une dimension qu'il est le premier à tenter d'avoir. Seule façon de redonner sa place à la France dans le monde ».

« Bien sûr, sur le plan intérieur, les difficultés vont arriver, dit-il, mais, s'il ne réussit pas à imposer sa volonté et son calendrier, la France dégringolera d'un cran, et ce sera irréversible. »

Et puis tant d'autres choses encore, autour d'une délicieuse bouteille de bourgogne blanc que nous regrettons de ne pas finir, sur le Parti socialiste, dont il demandait depuis si longtemps le changement, sur François Hollande qu'il a ménagé jusqu'au bout, sur Marine Le Pen qui s'est embrouillée sur l'euro, la double monnaie ou sur Trump, « qui n'a pas toujours tort » et vaut mieux que le dénigrement systématique. Sans oublier un couplet sur la presse dont il ne sait pas trop ce qu'elle veut et où elle va. Élégamment, il ne parle jamais de tous ces domaines où il a eu le tort d'avoir raison trop tôt : l'Éducation nationale, *La Marseillaise* dans les écoles, l'orthographe et la lecture, la police de proximité, la laïcité, l'immigration. Seul de son avis, le plus souvent, Jean-Pierre Chevènement reste pour moi, qui le connais depuis si longtemps, une exception dans le monde où nous avons plongé, l'un et l'autre différemment, depuis notre sortie de Sciences Po. Il est aujourd'hui comme lorsqu'il avait vingt ans : ironique sans être méchant, n'ayant jamais reculé d'un pouce sur ses convictions, quoi qu'il lui en ait politiquement coûté. Et, comme il le dit lui-même, « un art qui n'appartient qu'à lui de se faire des ennemis ».

13 juillet

11 milliards de baisses d'impôts. Je dois dire que je n'y comprends rien. Édouard Philippe avait à peine prononcé son discours de politique générale, échelonnant jusqu'à la fin du quinquennat,

et même au-delà, la réalisation des promesses du président. Dès le lendemain, branle-bas de combat à l'Élysée. Les baisses d'impôts, elles sont pour tout de suite, 11 milliards, excusez du peu. La réforme de l'ISF, aussi. La suppression de la taxe d'habitation pour 80 % des Français, c'est pour 2018 et non pas 2019, comme l'avait annoncé Édouard Philippe.

Derrière tout cela, je comprends qu'il s'agit de ne pas reproduire les erreurs des premiers mois du règne de Hollande, tout le monde peut le comprendre, mais alors pourquoi avoir laissé Édouard Philippe dire le contraire ? Le désavouer, pourquoi si tôt ? Corriger ses propos, c'est l'humilier. Serait-ce que les sondages marquent les premiers signes de méfiance ? Je crains que ce ne soit le cas. En attendant, c'est le premier grand cafouillage de l'ère Macron. Difficile, après la valse-hésitation de cette semaine, de donner des leçons de gouvernance.

Longue conversation avec Nicolas Baverez sur le sujet. Il a publié, après le discours d'Édouard Philippe, une tribune où il s'étonnait de l'aggravation de la pression fiscale, et la condamnait.

« D'une certaine façon, même si mon papier n'y est pour rien, me dit-il, ma mise en garde a été entendue, puisque justement le président s'est prononcé pour la baisse dans l'année de 11 milliards d'impôts. Beaucoup de mes critiques tombent de ce fait, pas toutes. »

Tout de même, que penser du revirement présidentiel sur le sujet ?

« Il est révélateur d'une réelle improvisation. Au fond, Emmanuel Macron n'a jamais solidement construit son programme. Il ne s'en est préoccupé que lorsqu'il a eu la certitude de sa victoire deux mois avant l'élection. Il a alors récupéré Pisani-Ferry. Mais on ne fait pas de projet de redressement cohérent du pays en quelques semaines. Tant que Macron est dans le symbolique, c'est très bien. Mais autrement... »

Mais comment, pourquoi avoir laissé le Premier ministre prononcer un discours de politique générale immédiatement contredit par le président ?

« À l'origine de ce dysfonctionnement, la folie d'avoir voulu faire son intervention de Versailles la veille du jour du discours d'Édouard Philippe à l'Assemblée nationale. Songez que le discours du Premier ministre est celui qui, sous la Ve République, a été adopté à la plus grande majorité des parlementaires ! Je vois très bien comment les choses se sont passées : l'attention de l'Élysée a été concentrée pendant dix jours sur les propos du président, pas sur ceux du Premier ministre. Certes, il y a eu des échanges entre Matignon et l'Élysée. Édouard Philippe n'a pas fait ce qu'avait fait Jacques Chaban-Delmas en 1969 : prononcer un discours qu'il n'avait pas soumis au président Pompidou. Mais ce discours a été relu par le président ou ses collaborateurs en catastrophe. »

D'où, évidemment, le cafouillage de la semaine.

« Dommage pour Édouard Philippe, me dit mon interlocuteur. Il a été mis à la place qu'il occupe pour diviser la droite. C'est fait. La vérité est qu'aujourd'hui, il n'existe plus. Quelle autorité a-t-il ? Plus aucune. »

En réalité, poursuit Baverez, le projet de budget actuel ne tient pas la route.

À force de vouloir concentrer les pouvoirs, le président laisse des trous béants dans son dispositif. La Défense, par exemple.

« Il a voulu se débarrasser de Le Drian à ce poste, mais il ne l'a pas remplacé. »

D'ailleurs, c'est la seconde des mises en garde de Baverez : les économies à réaliser pour permettre la baisse des impôts ne touchent pas l'État-Providence, elles touchent l'État régalien ; l'armée, précisément, le Quai d'Orsay, la Justice, l'Intérieur.

« Heureusement, Emmanuel Macron est très vif et très mobile. Il a toujours des capteurs très efficaces. Il a réagi à temps. »

La question est de savoir s'il pense, comme tant d'autres présidents l'ont fait avant lui, que tout s'arrangera avec la conjoncture économique, qui s'annonce meilleure en Europe dans les prochaines années.

« Misera-t-il sur la conjoncture ou engagera-t-il des réformes structurelles nécessaires. Tous les économistes sont aujourd'hui d'accord pour dire que le critère des 3 % n'est pas coulé dans le bronze, que mieux vaut entreprendre des réformes structurelles que de le respecter. À ceci près que le président a choisi de jouer sa crédibilité en Europe sur ce critère. Il est très hollandais de ce point de vue-là. Il pense tout pouvoir faire à la fois. Il risque, comme Hollande, de perdre sur les deux tableaux. »

Eh bien quelle douche froide !

« Il faut que, progressivement, il retrouve le réel. Encore une fois, conclut mon interlocuteur qui passe pour sévère et qui l'est en effet dans la longue conversation que nous avons eue, il est superbe et symbolique, il a écarté la menace populiste. »

Bref, encore un petit effort, monsieur Macron.

Au dîner, ce soir, les 850 millions d'économies demandées à l'armée passent mal chez cet ancien préfet, ancien directeur de cabinet de François Léotard, qui il y a quelques années a piloté les travaux d'un comité sur les dépenses militaires.

« L'armée est à l'os, me dit-il, les soldats doivent acheter eux-mêmes leur gilets pare-balles, les véhicules sont anciens, les équipements déplorables. Et ils risquent leur peau tous les jours. »

Un autre convive n'est pas d'accord :

« Il y a toujours des économies à faire, toujours des gaspillages. »

Nous ne savons pas, au moment où ces échanges ont lieu, qu'Emmanuel Macron vient, devant toute la hiérarchie militaire traditionnellement réunie au ministère des Armées la veille du 14 Juillet, de condamner en termes extrêmement rudes les propos du chef d'état-major des armées, Pierre de Villiers. Pourquoi ? Parce que celui-ci s'est élevé avec vigueur, devant la commission de la Défense, à l'Assemblée nationale, contre les économies exigées par le gouvernement. La polémique ne fait que commencer.

14 juillet

Plutôt que du défilé de ce matin, plutôt que de la présence de Trump dans les tribunes, je retiens la cérémonie de Nice, le soir, en souvenir de l'attentat sur la promenade des Anglais l'année dernière. Le chanteur Calogero pleure plus qu'il ne chante, Christian Estrosi est sobre, Emmanuel Macron dit ce qu'il faut dire. Pas de « barnum », comme le craignaient les Niçois qui auraient mal apprécié une débauche d'effets spéciaux à cette occasion. La ville ne s'est pas encore remise. Elle apprécie la simplicité de la commémoration.

18 juillet

À Matignon, Gilles Boyer, qui vient de le rejoindre, est conseiller spécial de son ami Édouard Philippe. Je reviens, avec lui, sur le discours de politique du Premier ministre aussitôt dit, aussitôt démenti par le président. Il n'y voit pas malice et ne s'en inquiète pas. Pour lui, les choses sont simples :

« Il fallait que ce discours soit tenu, après l'accablant rapport de la Cour des comptes. On le connaissait, mais pas dans son ampleur. Il fallait montrer aux Français que le pays, comme l'a dit Édouard Philippe à l'Assemblée nationale, était "dans les cordes". Le choc a été tel que le président n'a pas pu ne pas en tenir compte. Les mesures adoptées dans l'urgence le surlendemain ont naturellement été prises en commun par Emmanuel Macron et Édouard Philippe. Il n'est tout de même pas interdit de tenir compte des objections, d'entendre les Français. »

Tout de même, fallait-il attendre le lendemain du discours pour le défaire ?

« Il n'y a pas de bons moments pour annoncer des économies, jamais de bons moments pour annoncer de mauvaises nouvelles. Ces économies sont massives et nécessaires si on veut tenir la promesse qui a dominé toute la campagne électorale du président. »

Il ne me cache pas qu'il trouve la situation bien difficile : faire des économies, c'est s'exposer à la critique, ne pas en faire aussi.

Il note qu'en tout état de cause, cela n'a pas fait de remue-ménage excessif à l'Assemblée :

« La loi d'habilitation a été votée, les Républicains étaient certes embarrassés, mais ils ne s'y ont pas opposés : je note que, comme pour le discours de politique générale, les trois quarts des députés européens se sont abstenus. Concernant la loi travail, la méthode retenue par le Premier ministre et la ministre du Travail marche, du côté de FO et de la CFDT, en dépit des changements sur la pénibilité, et Mélenchon annonce sa manifestation pour le lendemain du jour où les ordonnances doivent être promulguées. La loi sur le terrorisme avance. »

Il ajoute que la convention gouvernementale de la semaine dernière a été réussie, et que les parlementaires de la majorité ont été ravis de se voir inviter pour un pot par Édouard Philippe à Matignon.

Pour lui, tout va son chemin, à son train.

« Le Premier ministre, dit-il, ne cherchera pas un leadership à la schlague. Pour l'instant ça tourne, c'est la seule chose que je peux dire. La période est inédite, ajoute-t-il, très sérieux. On ne peut pas appréhender les relations entre le président et le Premier ministre à la lumière des années précédentes. Nous avons une majorité qui découvre pour l'essentiel la vie parlementaire, la loi sur le non-cumul des mandats oblige les députés à réinventer leur mandat. »

Je comprends bien que tout est nouveau dans la politique française puisque c'est ainsi que les Français l'ont voulu. Mais défricher n'est pas une tâche facile, Boyer ne me le cache pas.

Pour finir, cette anecdote qui le fait rire : le même jour, le 22 juin, Édouard Philippe et lui, dont les bureaux sont voisins, ont reçu une lettre de Bernard Accoyer, l'actuel président de LR. Dans celle adressée à Boyer – resté chez les Républicains le temps de l'élection législative, où il a d'ailleurs été battu –, ce paragraphe : « J'attends de vous que vous soyez au cœur de la reconstruction que va engager notre mouvement. » La lettre adressée à Édouard Philippe par le même Accoyer était d'une tout autre nature, puisqu'elle le menaçait d'exclusion.

« Et nous sommes à deux mètres l'un de l'autre, vous voyez l'absurdité. »

Revenue dans la cour de l'hôtel Matignon, je me dis que, derrière la bonne humeur et la gentillesse de Boyer, se cachent malgré tout bien des inquiétudes. Ces gens ont en effet brûlé leurs vaisseaux pour se lancer dans une aventure politique totalement inédite, qui n'a jamais été tentée sous la Ve République. De ce point de vue, le président vient de prendre une décision totalement inédite, elle aussi : président et Premier ministre auront désormais un grand nombre de collaborateurs en commun. Pour éviter les dysfonctionnements, ou pour contrôler le Premier ministre. Gilles Boyer me répondrait certainement, avec son optimisme, qu'à période nouvelle, organisation nouvelle.

Pougnadoresse
Le Vieux-Moulin
Juillet 2017

La photocomposition de cet ouvrage
a été réalisée par
GRAPHIC HAINAUT
30, rue Pierre Mathieu
59410 Anzin

Imprimé en France par CPI
en octobre 2017

N° d'édition : 56297/01
N° d'impression : 142261